von Dr. F. P. Datterer & Cie., Freising.

Die

Reich

enthalten

Mü

J. Schwe

Dru

Vorwort.

Der vorliegende erste Band der Rechtsprechung in Reichssteuersachen bringt die hierüber bis Ende 1919 ergangenen höchstrichterlichen Entscheidungen.

Dabei ist über den Begriff der Reichssteuern, wie er jetzt im § 1 Abs. 2 der Reichsabgabenordnung vom 13. Dezember 1919 festgelegt ist, hinausgegangen worden, indem auch das Doppelsteuergesetz vom 22. März 1909 und das Zuwachssteuergesetz vom 14. Februar 1911 Aufnahme gefunden haben. Beides sind Reichsgesetze. Doppelsteuersachen im Sinne jenes Gesetzes sind nunmehr dem Reichsfinanzhof zugewiesen. Sie sterben zwar ab; aber auch künftig wird es noch Doppelsteuerbeschwerden geben; vgl. § 46 des Landessteuergesetzes vom 30. März 1920. Für sie wird die höchstrichterliche Rechtsprechung auf diesem Gebiete ihre Bedeutung behalten. Die Zuwachssteuer wird noch in weiten Teilen Deutschlands auf Grund jenes Reichsgesetzes, wenn auch in der Hauptsache als Gemeindesteuer, erhoben; die für sie von den obersten Gerichtshöfen aufgestellten Grundsätze beanspruchen also allenthalben Beachtung. Vor allem aber — und das war für seine Aufnahme in das Werk ausschlaggebend — enthält das Zuwachssteuergesetz eine Reihe von Vorschriften, die im Grunderwerbssteuergesetz vom 12. September 1919 wiederholt oder ausgebaut worden sind, so daß man sich bei dessen Anwendung fortgesetzt mit der Auslegung wird abfinden müssen, die die vorbildlichen Vorschriften des Zuwachssteuergesetzes in der Rechtsprechung gefunden haben.

Im übrigen beschränkt sich der vorliegende Band auf die Reichssteuern, wegen deren seit dem Gesetz über die Errichtung eines Reichsfinanzhofes usw. vom 26. Juli 1918 der Reichsfinanzhof, bis dahin das Reichsgericht oder ein oberster Verwaltungsgerichtshof angerufen werden konnten. Bei Zöllen und Verbrauchssteuern bestand in Ansehung des Steueranspruchs selbst die Möglichkeit, eine gerichtliche oder verwaltungsgerichtliche Entscheidung herbeizuführen, wohl bloß in den Hansestädten und in Baden. Im übrigen waren nur die Strafgerichte in der Lage, sich gelegentlich damit zu befassen. Die wenigen einschlagenden Erkenntnisse, die veröffentlicht worden sind, sollen im 2. Bande nachgetragen werden.

Vom 2. Bande ab soll auch das Schrifttum, insbesondere soweit es in den laufenden Jahrgängen der Fachzeitschriften niedergelegt ist, möglichst vollständig berücksichtigt werden. Für die zurückliegende Zeit war das unmöglich. Hier mußte eine beschränkte Auswahl Platz greifen.

München, im April 1920.

Dr. Kloß.

Inhaltsverzeichnis.

Abkürzungen.

AM.	= Amtliche Mitteilungen des Reichsschatzamtes.		
BStG.	= Besitzsteuergesetz.		
DStG.	= Doppelsteuergesetz.		
E.	= Entscheidungen.		
EStG.	= Erbschaftssteuergesetz.		
KohStG.	= Kohlensteuergesetz.		
KrAbgG.1918	= Kriegsabgabegesetz f. 1918.		
KrStG. 1916	= Kriegssteuergesetz f. 1916.		
Mitt.	= Mitteilungen.		
OVG.	= Oberverwaltungsgericht.	Pr.	= Preußisch.
		Sächs.	= Sächsisch.
RFH.	= Reichsfinanzhof.		
RFHG.	= Gesetz über Errichtung eines Reichsfinanzhofes usw. vom 26. Juli 1918.		
RFHO.	= Reichsfinanzhofordnung.		
RG.	= Reichsgericht — Zivilsachen.		
RGStr.	= Reichsgericht — Strafsachen.		
RStempG.	= Reichsstempelgesetz.		
S.	= Sammlung.		
StFlG.	= Steuerfluchtgesetz.		
UStG.	= Umsatzsteuergesetz.		
VerkStG.	= Verkehrssteuergesetz.		
VGH.	= Verwaltungsgerichtshof.	Bad.	= Badisch.
		Bay.	= Bayerisch.
		Hess.	= Hessisch.
		Wü.	= Württembergisch.
WBG.	= Wehrbeitragsgesetz.		
WStempG.	= Wechselstempelgesetz.		
ZStG.	= Zuwachssteuergesetz.		

Nach Jahreszahlen werden zitiert:

Allg(Bay)StR.	= Allgemeine (vorher: Bayerische) Steuerrundschau	(1918 = Bd. 1).
AM.	= Amtliche Mitteilungen des RSchA.	
BayOBK.	= Bayerische Oberberufungskommission	(1910 = Bd. 10).
DJZ.	= Deutsche Juristenzeitung	(1910 = Jhrg. 15).
HoldhM.	= Holdheims Monatsschrift	(1910 = Jhrg. 19).
JW.	= Juristische Wochenschrift	(1910 = Bd. 39).
LZ.	= Leipziger Zeitschrift	(1910 = Jhrg. 4).
PrFMBl.	= Preußisches Finanzministerialblatt.	
PrZBl.	= Zentralblatt der preuß. Verwaltung der Zölle und indirekten Abgaben	(1910 = Jhrg. 52).
Recht		(1910 = Bd. 14).
SächsOVGJahrb.	= Jahrbuch der Entscheidungen des Sächsischen Oberverwaltungsgerichts.	
StA.	= Steuerarchiv	(1910 = Bd. 13).
ThürOVGE.		(1913 = Bd. 1).
ZschrfZollw.	= Zeitschrift für Zollwesen	(1910 = Bd. 10).

Nach Bänden werden zitiert:

BA.	= Bankarchiv.
BlBayFW.	= Blätter für bayerisches Finanzwesen.
DStBl.	= Deutsches Steuerblatt.
DStZ.	= Deutsche Steuerzeitung.
E.	= Entscheidungen des RG. des preuß. OVG.
MittWüFM.	= Mitteilungen des Württembergischen Finanzministeriums.
NStR.	= Neue Steuerrundschau.
S.	= Sammlung der Entscheidungen und Gutachten des Reichsfinanzhofes.
WarnRspr.	= Warneyer, Die Rechtsprechung des Reichsgerichts auf dem Gebiete des Zivilrechts.

1.

Besitzsteuergesetz

vom 3. Juli 1913 (RGBl. S. 524)

(BStG.).

Steuerpflicht.

§ 2.

Nr. 1.

Scheineigentum an einem Grundstück. Preuß. OVG. 5. April 19 AM. 1919, 255 = AllgStR. 1919, 180.

§ 4.

Lit. Wolf, Gehört der Gewinn aus dem massgebenden Geschäftsjahr zum kriegssteuerpflichtigen Betriebsvermögen? DStZ. 6, 101. Dazu Wolf, DStZ. 6, 129.

Abs. 1.

Der Verlagswert von Zeitungen ist dem Endvermögen (Betriebsvermögen) nicht hinzuzurechnen. PrOVG. 25. Januar 19 DStZ. 8, 85.

§ 6.

Lit. Glaser, Zu den Begriffen „Kapitalvermögen" und „Schulden" nach Besitz- und Kriegssteuergesetz. StA. 1918, 34. — Sintenis, Bewertung des Kapitalvermögens zum Zwecke der Besitz- und Kriegssteuer-Veranlagung. BA. 16, 214.

Nr. 2.

Lit. Varnhagen, Kriegs- und Besitzsteuerfragen der freien Berufe. DStZ. 6, 81 (behandelt die nach dem Stichtag eingezogenen Forderungen aus früherer Berufsbetätigung).

Nr. 4.

Lit. Varnhagen, Der Dreimonatsabzug der Gewerbetreibenden. DStZ. 6, 189. — Ritter, Der Dreimonatsabzug bei der Besitz- und Kriegssteuer. DStZ. 6, 57.

1. Gewerbliche Betriebskosten. Aus den Jahreseinkünften herrührende Barbestände und Guthaben, die zur Bestreitung landwirtschaftlicher oder gewerblicher Betriebskosten bestimmt sind, gehören nicht zu den Werten, die nach § 6 Abs. 4 von der Anrechnung als Vermögen ausgenommen sind. ThürOVG. 20. April 18 Jahrb. 1918, 12 = JW. 1919, 126.

2. — Kein Abzug der laufenden Ausgaben für drei Monate am Betriebsvermögen. PrOVG. 29. Mai 18 DJZ. 1918, 711.
3. — Der § 6 Abs. 4 läßt die aus den laufenden Jahreseinkünften vorhandenen Bestände und Bank- oder sonstige Guthaben, soweit sie zur Bestreitung der laufenden Ausgaben für drei Monate dienen, nur steuerfrei, sofern sie Teile des Kapitalvermögens darstellen und nicht Teile des Betriebsvermögens sind. PrOVG. 7. Dezember 18 AM. 1919, 124.
4. Größere Bestände. Zum Vermögen im Sinne des § 6 Nr. 4 gehören auch die aus den laufenden Jahreseinkünften vorhandenen Bestände, soweit sie nicht zur Bestreitung der laufenden Ausgaben für drei Monate dienen. PrOVG. 26. April 19 AM. 1919, 255 = BA. 1919, 33.

§ 8.

Lit. Petermann, Was ist Vermögen im Sinne des § 8 KrStG.? DStZ. 6, 84.

§ 9.

Lit. Zur Frage, ob der Fideikommissinhaber die Steuer aus dem Fideikommissvermögen entnehmen darf: Ermel DJZ. 1919, 501.

§ 10.

Abs. 1.

1. Abzugsfähigkeit des Wertes der dem Steuerpflichtigen obliegenden Leistungen der im § 6 Nr. 5 bezeichneten Art. BadVGH. 14. Mai 18 DStBl. 1, 297.
2. Bewertung der Schulden des Gemeinschuldners. Abrechnung vom besitzsteuerpflichtigen Vermögen. Zwangsvergleich im Konkurse. PrOVG. 4. Dez. 18 DStBl. 1, 295.

Abs. 2 Nr. 1.

3. Haushaltungsschulden. Rückständige Staats-, Gemeinde- und Kirchensteuern gehören zu den nicht abzugsfähigen Haushaltungsschulden. PrOVG. 1. Mai 18 BayStR. 1, 158.
4. — Kosten der Operation eines Kindes sind abzugsfähig. PrOVG. 18. Sept. 18 DJZ. 1919, 687.
5. — Zu den abzugsfähigen Haushaltungsschulden gehören solche unbezahlte Ausgaben nicht, die infolge von Unglücks- und außergewöhnlichen Krankheitsfällen entstanden sind. PrOVG. 18. Sept. 18 StA. 1919, 171.

§ 11.

1. Ehemalige, jetzt staatlose Deutsche sind als Ausländer anzusehen. Begriff des Wohnsitzes und des dauernden Aufenthalts. BadVGH. 23. April 18 JW 1919, 263 = DStBl. 1, 252 = JW. 1919, 263.
2. Die in § 11 gegebenen persönlichen Voraussetzungen der Steuerpflicht müssen am 31 Dez. des letzten zum Veranlagungszeitraume gehörigen Kalenderjahres noch vorliegen. ThürOVG. 11. Mai 18 Jahrb. 1918, 18.

3. Das Besitzsteuergesetz enthält keine Vorschrift, wonach der Vermögenszuwachs, der aus der Umwandlung nicht steuerbaren Vermögens herrührt, besitzsteuerfrei sein soll. PrOVG. 8. Febr. 19 AM. 1919, 117 = AllgStR. 1919, 182.

§ 14.

Lit. Beispiele: Marcuse JW. 1918, 605.

1. Kindesvermögen. Die Tatsache, daß das Besitzsteuergesetz die Kinder als selbständige Steuersubjekte behandelt, führt dazu, auch den Vermögenszuwachs jedes Kindes selbständig zu ermitteln und zu versteuern, weshalb es unzulässig ist, einen dem Steuerpflichtigen durch den Tod seines Bruders angewachsenen Anteil von der Besitzsteuer zu befreien. PrOVG. 7. Dez. 18 AM. 1919, 153 = AllgStR. 1919, 182.
2. Berechnung der Höhe des Vermögens bei Wiederverheiratung nach dem 31. Dezember 1913. PrOVG. 10. April 18 JW. 1918, 700 = BlBayFW. 27, 6.
3. Bedeutung der fortgesetzten allgemeinen Gütergemeinschaft für die Besitzsteuerpflicht. BadVGH. 11 Dez. 17 u. 30. Jan. 18 JW. 1918, 526.

§ 15.

Lit. Hallbauer, Streit- und Zweifelsfragen betreffs des Gattenprivilegs bei der Besitzsteuer. DStZ. 7, 6, 31, 48. — Hörmann, Zum § 15 BStG. BlBayFW. 26, 81.

1. Besitzsteuerfrei ist stets nur der aus dem Erbfalle dem überlebenden Ehegatten zufließende Vermögensbetrag; dieser verringert sich, wenn das Vermögen des Erblassers zwischen dem Beginn der Veranlagungsperiode und dem Tode einen steuerpflichtigen Zuwachs gehabt hat; die Steuerfreiheit kann aber niemals über den aus dem Erbfalle dem überlebenden Ehegatten entfallenen Vermögensbetrag hinausgehen. Für die Ermittelung des Wertes dieses Vermögensbetrages kann nur dessen Wert zur Zeit des Todes des Erblassers maßgebend sein. Eine Zurückverlegung der Wertfeststellung auf den 1. Januar 1914 würde jeder gesetzlichen Grundlage entbehren. PrOVG. 11. Januar 19 AM. 1919, 154 = AllgStR. 1919, 182.
2. Fällt dem überlebenden Ehegatten als Vermächtnisnehmer aus einem mit dem verstorbenen Ehegatten abgeschlossenen Erbvertrag der Nießbrauch an den Erbteilen der Kinder zu, so ist dieser Vermögenszuwachs insoweit von der Besitzsteuer befreit, als das vermachte Vermögen in der Hand des Erblassers nicht der Zuwachsbesteuerung unterliegen würde. Wegen des in der Hand des Erblassers eingetretenen Zuwachses ist der überlebende Ehegatte nach dem Verhältnisse des ihm Zugeflossenen zur Besitzsteuer heranzuziehen. PrOVG. 8. Febr. 19 AM. 1919, 119.

§ 17.

Lit. Hallbauer, Ein missverstandener Gesetzesparagraph: § 17 BStG. (Niessbrauch — Nutzniessung). DStZ. 7, 105.

Feststellung des Vermögenszuwachses, Veranlagungs- und Erhebungszeitraum.

§ 19.

1. Der vor dem 31. Dezember 1916 auf die Kriegssteuer vorausgezahlte Betrag (§ 31 Abs. 4 KrStG.) tritt ebenso, wie dies für die Kriegssteuer nach dem Gesetz vom 17. Dezember 1916 zu geschehen hat, auch für die Besitzsteuer dem auf den 31. Dezember 1916 festgestellten Vermögen hinzu. Die Steuerschuld entsteht erst mit der Veranlagung. PrOVG. 23. November 18 DStBl. 1, 295.

§ 20.

1. Veranlagung zum Wehrbeitrag. Die rechtskräftige Veranlagung zum Wehrbeitrag ist für die Feststellung des Anfangsvermögens unbedingt maßgebend, auch wenn sie objektiv unrichtig ist. RGStr. 14. Mai 18 AllgStR. 1919, 30 = Recht 1918 Nr. 1310; 13. Januar 19 Recht 1919 Nr. 383; ThürOVG. 26. Okt. 18 Jahrb. 1918, 81; 15. Jan. 19 Jahrb. 1919, 5. Ebenso RFH. 18. Sept. 19 DStBl. 2, 95.

2. — Die Wehrbeitragsveranlagung ist bei der Festsetzung des für die Veranlagung der Besitz- und Kriegssteuer maßgebenden Anfangsvermögens für die für diese Veranlagung zuständigen Veranlagungs- und Rechtsmittelbehörden auch dann, wenn die Voraussetzungen für eine Neuveranlaguug nach § 54 Satz 2 WBG. vorliegen, bindend, solange eine solche Neuveranlagung nicht stattgefunden hat. Für diese Neuveranlagung sind die zur Veranlagung des Wehrbeitrags berufenen Behörden ausschließlich zuständig.

Ob wegen eines beantragten oder schwebenden Neuveranlagungsverfahrens nach § 54 WBG. das Besitz- und Kriegssteuerveranlagungsverfahren auszusetzen ist, ist eine Frage, welche die Veranlagungs- und Rechtsmittelbehörden lediglich nach ihrem pflichtmäßigen Ermessen zu entscheiden haben. ThürOVG. 15. Jan. 19 Jahrb. 1919, 5.

Vgl. im übrigen zu § 54 WBG. unter Nr. 1 und 2.

3. — Anfangsvermögen ist das auf volle Tausende nach unten abgerundete Vermögen, nach dem der Wehrbeitrag berechnet ist. PrOVG. 1. Mai 18 = DJZ. 1919, 186.

4. — Für die Feststellung des steuerpflichtigen Vermögenszuwachses von Ehegatten ist die Wehrbeitragsveranlagung des Mannes auch dann maßgebend, wenn bei dieser Vermögen der Frau aus Versehen unberücksichtigt geblieben ist. ThürOVG. 19. März 19 Jahrb. 1919, 24.

5. — Für die Feststellung des steuerpflichtigen Vermögenszuwachses ist das bei der Wehrbeitragsveranlagung festgestellte Vermögen auch dann maßgebend, wenn hierbei das Betriebsvermögen nach dem Geschäftsabschluß vom 31. Dezember 1912 auf Grund des § 15 Abs. 2 WBG. angesetzt worden war, während seiner Berechnung für die Besitzsteuerveranlagung der Geschäftsabschluß des am 31. Dezember 1916 endenden Geschäftsjahres, als des letzten, zugrunde gelegt werden mußte. ThürOVG. 28. Mai 19 Jahrb. 1919, 54.

6. Erlaß. Neben der durch die besondere Bestimmung des § 36 dem Bundesrat übertragenen Zuständigkeit besteht seine allgemeine Befugnis zum Erlasse (Nachlaß) von Reichsabgaben aus Billigkeitsgründen unberührt. Nur auf solche aus Billigkeitsgründen gewährte Nachlässe beziehen sich die Vorschriften des § 20 Satz 2 und des § 21 Abs. 1 Satz 2. BadVGH. 18. März 19 AM. 1919, 204.

§ 21.

Lit. Körnigk, Eine Lücke im Besitzsteuergesetz. DJZ. 1917, 423. — Hallbauer, Die Zuwachsberechnung des BStG. BA. 17, 41.

§ 24.

Lit. Hallbauer, Die Besitzsteuer als Nachlassschuld. DJZ. 1917, 640.

Wertermittelung.

§ 28.

Abs. 2.

Lit. Preische, Eine Unstimmigkeit zwischen dem Wehrbeitrags- und dem Kriegssteuergesetz. DStZ. 6, 14. (Behandelt Verschiebungen zwischen Betriebs- und Kapitalvermögen).

1. Als letztes Betriebs- oder Rechnungsjahr im Sinne des § 28 Abs. 2 ist in Sachsen-Weimar das Jahr, für das beim Beginne des Steuerjahres eine fertige Bilanz vorgelegen hat, auch dann anzusehen, wenn zur Zeit der Abgabe der Steuererklärung nach Fristerteilung eine spätere Bilanz fertiggestellt war.

Der Steuerpflichtige kann das Wahlrecht aus § 28 Abs. 2 bis zur Entscheidung in der Berufungsinstanz auch dann noch geltend machen, wenn er vorher sein Vermögen nach dem Stande vom 31. Dezember 1916 deklariert hatte. ThürOVG. 15. Januar 19 Jahrb. 1919, 5.

§ 29.

1. Ermittlung des gemeinen Wertes eines Grundstücks ohne Rücksicht auf ungewöhnliche oder lediglich persönliche Verhältnisse (§ 27 Abs. 2 BesStAusfBest.). PrOVG. 5. April 19 AM. 1919, 253.
2. Als Verkaufswert von Warenbeständen gilt nicht der Betrag, den der Steuerpflichtige einmal durch den Absatz der Waren in seinem Geschäft erzielen wird, sondern der Betrag, den ein Kaufmann oder Gewerbetreibender nach den bestehenden Markt- und Preisverhältnissen anlegen müßte, wenn er am maßgebenden Stichtage die Waren anschaffen würde. PrOVG. 8. März 19 AM. 1919, 161.
3. Für die Beurteilung der Eigenschaft der in die Bilanz eingestellten Rückstellungen als Bewertungsposten oder als echte Rücklagen ist die Beantwortung der Frage maßgebend, inwieweit bei der Aufstellung der Bilanz eines Unternehmens schwebende Rechtsverhältnisse zu berücksichtigen sind. BadVGH. 14. Januar 19 AM. 1919, 129.

4. Eine öffentliche Versteigerung ist nur dann ein geeigneter und zuverlässiger Wertmesser für ein Grundstück, wenn das Meistgebot als das Ergebnis des freien Wettbewerbs der Steigerungslustigen sich darstellt und nicht in seiner Höhe durch besondere in der Person des Einsteigerers begründete Umstände beeinflußt ist. RFH. 4. Juli 19 S. 1, 157.

§ 30.

Abs. 1.

1. Antrag. Der Antrag, Grundbesitz nach den Gestehungskosten zu veranlagen, kann im Neuveranlagungsverfahren nach § 73 Satz 2 auch gestellt werden, wenn er im ursprünglichen Veranlagungsverfahren nicht gestellt war. ThürOVG. 23. Oktober 18 Jahrb. 1918, 79.
2. — Der Antrag aus § 31 auf Einsetzung des Ertragswertes an Stelle des Erwerbspreises ist zugleich Antrag auf Einsetzung des Betrags der Gestehungskosten nach § 30. HessVGH. 8. Dezember 17 E. 3, 218.

Abs. 2.

3. Wertminderung. Bei der Ermittlung der durch Verschlechterung entstandenen Wertverminderung dürfen Veränderungen der allgemeinen Konjunktur nach keiner Richtung hin berücksichtigt werden.

Werden Bestandteile des Grundstücks oder seines Inventars abgängig, und läßt sich feststellen, mit welchen Anschaffungskosten diese Gegenstände bei der Berechnung der Gestehungskosten angesetzt waren, so sind diese Anschaffungskosten als Wertverminderung von den Gestehungskosten abzusetzen.

In allen sonstigen Fällen läßt sich die abzugsfähige Wertverringerung nur durch Schätzung ermitteln. PrOVG. 26. Oktober 18 AM. 1919, 162 = DStBl. 1, 32.
4. — Nur wenn ein Abgabepflichtiger auf Grund des § 30 Abs. 1 beantragt, daß bei Feststellung seines besitz- und kriegssteuerpflichtigen Endvermögens an Stelle des gemeinen Wertes nach dem Stande am 31. Dezember 1916 der Betrag der Gestehungskosten zugrunde gelegt werden solle, kann er verlangen, daß von dem Betrage der Gestehungskosten die Wertminderung, die infolge Verschlechterung der Beschaffenheit des Grundstücks durch besondere Schäden entstanden war, abgezogen werde. BadVG. 14. Januar 19 AM. 1919, 129.

§ 31.

Abs. 1.

1. Antrag. Vgl. zu § 30 unter Nr. 1, 2.

§ 33.

1. Bei Anwendung des § 33 scheiden die §§ 31, 32 aus; diese kommen nur dann zur Anwendung, wenn ein Grundstück nach dem 1. Januar 1914 von dem Steuerpflichtigen erworben worden ist. HessVGH. 8. Dezember 17 E. 3, 218.
2. Die Vorschriften des § 30 können nicht bei Feststellung des Anfangsvermögens zur Anwendung kommen, wenn für dieses gemäß § 20 die bei der Einschätzung zum Wehrbeitrag getroffene Feststellung maßgebend ist. SächsOVG. 7. Februar 18 Jahrb. 24, 267.

§ 35.

Lit. *Bernhardt, Die steuerliche Bewertung von G. m. b. H.-Anteilen. DStZ. 7, 193.*

1. Grundsätze für die Bewertung von Stammanteilen einer G.m.b.G. PrOVG. 8. Juni 18 = StA. 1919, 9 = AllgStR. 1919, 117.

§ 36.

1. Veranlagung unsicherer (im Auslande beschlagnahmter) Forderungen zur Besitzsteuer. BadVGH. 14. Mai 18 JW. 1919, 338.
2. Feststellung des Wertes von Kapitalforderungen ausländischer Währung. BadVGH. 8. Oktober 18 AM. 1918, 136 = DStBl. 1, 474.

§ 39.

Lit. *Pinzger, Renten bei Besitz- und Kriegssteuerberechnung. Recht 1919, 320.*

§ 47.

1. Eine Forderung ist dann als unbeitreiblich anzusehen, wenn die Zwangsvollstreckung gegen den Schuldner fruchtlos ausgefallen ist oder das Beitreibungsverfahren voraussichtlich ohne Erfolg sein würde. BadVG. 8. Oktober 18 AM. 1918, 136 = DStBl. 1, 474.

Besitzsteuererklärung.

§ 55.

Sind dem Besitzsteueramt die zur Feststellung des Vermögens erforderlichen Grundlagen nicht in zuverlässiger oder ausreichender Weise bekannt, so hat es die nach der Sachlage erforderlichen und möglichen Ermittelungen vorzunehmen. Ob und welche Ermittelungen vorzunehmen sind, entscheidet das Ermessen der Veranlagungsbehörde. BadVG. 1. April 19 AM. 1919, 201.

Besitzsteuer- und Feststellungsbescheid.

§ 58.

Lit. *Hallbauer, Eine versteckte zivilrechtliche Bestimmung. LZ. 11, 955.*

§ 65.

1. Unzulässigkeit eines Besitzsteuerfeststellungsbescheids bei Vermögen von nicht mehr als 20000 Mk. PrOVG. 22. Juni 18 DJZ. 1918, 711.

Rechtsmittel.

§ 66.

Abs. 3.

Nur wenn keine oder eine falsche Rechtsmittelbelehrung erteilt wird, wird die Rechtsmittelfrist nicht in Lauf gesetzt. PrOVG. 26. Oktober 18 AM. 1919, 163.

Fälligkeit der Steuer.

§ 73.

Lit. Hallbauer, Die ausserordentlichen Rechtsbehelfe des Besitz- und Kriegssteuergesetzes: Nachveranlagung — Neuveranlagung — Nachträgliche Veranlagung. StA. 1918, 65, 81.

Strafvorschriften.

§ 76.

1. Aus § 26 Abs. 1 KrStG. 1916 folgt hinsichtlich der Tateinheit der Vergehen gegen das BStG. und das KrStG., daß die Verbindung der Besitzsteuererklärung und der Erklärung zur Veranlagung der Kriegsabgabe nur eine rein äußerliche ist und die Selbständigkeit der durch die Abgabe der vereinigten Steuererklärungen begangenen beiden Straftaten nicht aufhebt. RGStr. 19. Nov. 18 Recht 1919 Nr. 385 = DStBl. 1, 294.
2. Das schwerste Gesetz, das anzuwenden ist, wenn die Verfehlungen gegen das BStG. und das KrStG. in Tateinheit zusammentreffen sollten, ist in dem Fall, in dem die Kriegsabgabe in Hinterziehungsabsicht gefährdet ist, das KrStG., weil dieses als Hauptstrafe Gefängnis, wenn auch nur neben der Geldstrafe androht, andernfalls das Gesetz, das die höchste Geldstrafe für die begangene Hinterziehung androht. RGStr. 19. Nov. 18 Recht 1919 Nr. 384 = DStBl. 1, 294.
3. Sind die Erklärungen zur Veranlagung der Kriegs- und Besitzsteuer verbunden abzugeben (§ 26 KrStG.), so kann die einheitliche Erklärung nur als eine und dieselbe Handlung gelten. Deshalb scheiden §§ 73, 74, 78 StGB. aus, wenn in der Erklärung unrichtige Angaben enthalten sind, wodurch beide Steuern gefährdet werden. RG. 10. Februar 19 Recht 1919 Nr. 860.
4. Das Ergänzungsgesetz vom 9. April 1917 hat mit der Erhöhung der Steuersätze durch Zuschläge zugleich auch die von der Höhe der hinterzogenen Abgabe abhängige Strafe verschärft. RG. 19. Nov. 18 Recht 1919 Nr. 386.
5. Bei der Berechnung des Höchstmaßes der Strafe bleibt die in § 7 des Gesetzes über die Erhebung eines Zuschlags vorgesehene Erhöhung der Abgabe dann außer Betracht, wenn die Hinterziehungshandlung in der Zeit vor Inkrafttreten des Zuschlaggesetzes begangen ist (§ 2 Abs. 2 StGB.). Das Mindestmaß der Strafe beträgt 3 Mk. RG. 10. Febr. 19 Recht 1919 Nr. 703.

§ 77.

1. Nur wenn die wissentlich abgegebene unrichtige oder unvollständige Angabe, die zur Verkürzung geeignet ist, auch auf eine solche abzielt, ist die Absicht des Täters gegeben, die straffschärfend behandelt ist. RGStr. 10. Febr. 19 Recht 1919 Nr. 859.

§ 79.

1. Begriff der Untersuchung. RGStr. 18. Oktober 17 DJZ. 1918, 771 = Recht 1918 Nr. 184 = LZ. 12, 56.

2.

Doppelsteuergesetz

vom 22. März 1909 (RGBl. S. 332)

vorher: Reichsgesetz wegen Beseitigung der Doppelbesteuerung vom 13. Mai 1870 (BGBl. S. 63).

(DStG.)

§ 1.

Abs. 1.

1. Allgemeines. Zur Frage, inwieweit das Recht der Bundesstaaten zur Auferlegung direkter Steuern durch das Doppelsteuergesetz beschränkt wird. SächsOVG. 9. Febr. 14 Jahrb. 21, 359.
2. — Das Doppelsteuergesetz bezweckt nicht, jede Doppelbesteuerung auszuschließen, sondern eine solche nur nach bestimmten Richtungen hin einzuschränken. RG. 22. November 07 E. 67, 123 = JW. 1908, 51 = Recht 1908 Nr. 651.
3. Das Gesetz bezieht sich auch auf die Besteuerung von jurististischen Personen. RG. 20. Dezember 01 E. 50, 97. Ebenso RG. 20. Dezember 01 JW. 1902, 99.
4. Es widerspricht nicht dem § 1, wenn die Einkommensteuer voll für den Monat erhoben wird, in dem der zur Steuer herangezogene Deutsche seinen Wohnsitz in dem Bundesstaat aufgegeben hat. RG. 30. Oktober 06 E. 64, 241 = JW. 1906, 814 = Recht 1907 Nr. 1569.
5. Erbschaftssteuern gehören nicht zu den direkten Steuern im Sinne des § 1. RG. 8. März 97 E. 39, 11.
6. Das DStG. kommt nur zur Anwendung, wenn es sich um die Frage der Besteuerung eines Deutschen durch mehrere deutsche Bundesstaaten handelt und zu entscheiden ist, welcher von diesen Staaten steuerberechtigt ist, nicht dagegen, wenn ein Deutscher im Auslande wohnt oder sich aufhält und ein Bundesstaat ihn zur direkten Staatssteuer heranzieht. Ueber die Berechtigung zu dieser Heranziehung entscheidet lediglich die Gesetzgebung des Bundesstaates. RG. 8. Dezember 11 E. 78, 155 = JW. 1912, 205 = Recht 1912 Nr. 279.
7. Veranlagung in Hessen und Preußen bei Wohnsitz und Staatsangehörigkeit in beiden Staaten zulässig. HessVGH. 25. März 16 E. 2, 320.
8. Ein in Reichs- oder Staatsdienst stehender Deutsche, der in keinem Bundesstaat einen Wohnsitz i. S. von § 1 und in Hessen nur einen dienstlichen Wohnsitz hat, ist in Hessen zu den Staatssteuern heranzuziehen. HessVGH. 29. Dezember 17 E. 3, 240.

9. In Sachsen Beitragspflichtige haben das Einkommen, das ihnen durch Beerbung eines nichtsächsischen Deutschen vor dem ersten Steuertermine zugefallen ist, mit dem vollen Jahresbetrage zu versteuern. Das DStG. steht nicht entgegen. SächsOVG. 8. August 10 Jahrb. 16, 89.

10. Eine Verletzung des DStG. ist nicht vorhanden, wenn ein Bundesstaat den Mehrerlös als Einkommen besteuert, den der in diesem Bundesstaate wohnende Eigentümer eines in einem anderen Bundesstaate belegenen Grundstückes bei dessen Veräußerung im Vergleiche zum Einstandspreise deshalb erzielt hat, weil inzwischen der Wert des Grundstücks gewachsen war. Eine solche Steuer ist eine direkte Staatssteuer. RG. 22. November 07 E. 67, 123 = JW. 1908, 51 = Recht 1908 Nr. 652.

11. Mittelbare Besteuerung. Keine Verletzung des DStG. liegt vor, wenn ein Staat den seiner Besteuerung nicht zugänglichen Teil des Einkommens bei Bemessung des Steuersatzes für das übrige Einkommen mit berücksichtigt. RG. 6. Febr. 00 JW. 1900, 274.

12. — § 1 verbietet nicht, daß ein deutscher Bundesstaat bei Besteuerung der ihm in irgend einer Beziehung steuerpflichtigen Deutschen die Höhe des Steuersatzes unter Mitberücksichtigung der seinem Besteuerungsrechte nicht unterworfenen Teile ihres Einkommens bestimmt. RG. 22. Nov. 92 E. 30, 27. Ebenso: RG. 12. Juli 18 JW. 1918, 692 = Recht 1918 Nr. 1591.

13. — Berücksichtigung des in Hessen nicht steuerpflichtigen Einkommens bei Ermäßigung der Steuer wegen Verlustes einer Einnahmequelle. HessVGH. 30. Mai 14 E. 2, 74.

Abs. 2.

14. Begriff des Wohnsitzes. RG. 10. März 92 E. 29, 23; BayVGH. 25. Okt. 18 JW. 1919, 62 = BlBayFW. 27, 143.

15. — Ein Deutscher hat einen Wohnsitz im Sinne des DStG. an dem Orte, an dem er eine Wohnung unter Umständen inne hat, die auf die Absicht der dauernden Beibehaltung einer solchen schließen lassen. Es genügt nicht jede, wenn auch für einige Dauer beschaffte Unterkunft, jeder Schlafraum, sondern nur solchen Räumen, in denen die Lebensführung des Steuerpflichtigen so, wie sie im Einzelfalle beschaffen ist, wenn nicht ausschließlich, so doch in wesentlichen Teilen stattfindet, kann der Charakter einer Wohnung beigemessen werden. RG. 3. Juli 03 E. 55, 167.

16. — Innehabung einer Wohnung mit der Absicht dauernder Beibehaltung ist schon dann anzunehmen, wenn die Absicht des Innehabers auf Beibehaltung für eine gewisse, nach den vorliegenden Umständen von vornherein nicht näher bestimmte Zeitdauer gerichtet ist. SächsOVG. 10. Dez. 08 Recht 1910 Nr. 1839.

17. — Bei unverheirateten volljährigen Fabrikarbeitern ist die Schlafstelle, die sie am Arbeitsorte innehaben, in der Regel als eine Wohnung anzusehen, durch die der steuerliche Wohnsitz begründet wird. ThürOVG. 30. Nov. 14 Jahrb. 1914, 170.

18. — Begründung des Wohnsitzes durch Kriegsflüchtlinge. ThürOVG. 22. Dez. 15 JW. 1917, 560; BlBayFW. 25, 181.

19. — Begründung eines Wohnsitzes durch Sommeraufenthalt. ThürOVG. 1. April 16 JW. 1917, 561; BlBayFW. 25, 180.

20. — Der Umstand, daß ein Landhaus seit Jahren immer nur vorübergehend für die Jagd benützt wurde, schließt die Annahme eines steuerrechtlichen Wohnsitzes nicht aus, wenn sonst die gesetzlichen Voraussetzungen hiefür gegeben sind. BayOVK. 16. März 17 Mitt. 1917, 297.

21. — § 1 fordert eine standesgemäße Wohnung. Die Wohnung muß ausreichend sein, für den Hausstand des Steuerpflichtigen, diesen einbegriffen, standesgemäße Unterkunft zu bieten. Es genügt, daß die Wohnung dem Steuerpflichtigen zum Nebenaufenthalt (zu längerem Sommeraufenthalt, zur Wahrnehmung eines bestimmten Kreises von Geschäften) dient. Es muß die Absicht bestehen, in der Wohnung auch wirklich zu wohnen. ThürOVG. 11. Mai 18 Jahrb. 1918, 18.

22. — Der steuerrechtliche Wohnsitz fällt nicht schon mit der Kündigung, sondern erst mit der Räumung der Mietwohnung weg. BayOVK. 27. März 14 Mitt. 1914, 191.

§ 2.

Abs. 1.

1. Ein nichtbayerischer Reichsangehöriger, der wegen Geisteskrankheit dauernd in einer bayerischen Irrenanstalt untergebracht ist und außerhalb Bayerns keinen Wohnsitz hat, kann in Bayern besteuert werden. BayOVK. 27. Juni 13 Mitt. 1913, 173.

2. Begriff des Aufenthalts: BayOVK. 25. Sept. 14 Mitt. 15, 20; HessVGH. 5. Mai 17 E. 3, 189.

3. — Zulässigkeit der Heranziehung zu direkten Staatssteuern allein auf Grund der Staatsangehörigkeit. ThürOVG. 28. März 17 Jahrb. 5, 70; JW. 1917, 983.

4. — Ein kurzer Aufenthalt zu Besuchszwecken, ein Bade- oder Kuraufenthalt begründet noch keinen Aufenthalt i. S. des § 2. BayOVK. 12. Mai 16 Mitt. 17, 7.

Abs. 2.

5. Doppelter Wohnsitz. Eine Person, die in Bayern und in einem anderen Bundesstaate sowohl Wohnsitz als auch Staatsangehörigkeit besitzt, ist in den beiden Staaten unbeschränkt steuerpflichtig. BayOVK. 27. Februar 14 Mitt. 14, 135.

6. — Ein preußischer Staatsangehöriger, der in Preußen als Privatbeamter tätig und wohnhaft ist, in Preußen einen steuerlichen Wohnsitz hat und dessen Familie dauernd in einer von ihm gemieteten Wohnung in Hessen wohnt, die er selbst nur selten und vorübergehend benutzt, ist von der staatlichen Einkommensteuer in Hessen befreit. HessVGH. 3. Juni 16 E. 2, 279.

7. — Württembergische Gesandte in Berlin, die ihren Wohnsitz in Württemberg beibehalten, sind in Württemberg einkommensteuerpflichtig. Wü.VGH. 7. März 17 JW. 1919, 63 = DStBl. 1, 299.

§ 3.

Abs. 1.

1. Allgemeines. Durch § 3 ist das Steuerhoheitsrecht des einzelnen Bundesstaates in Ansehung der Besteuerung des Einkommens der dort wohnhaften Steuerpflichtigen bedingungslos dahin eingeschränkt, daß das Einkommen, das aus dem in einem anderen Bundesstaate belegenen

Grundbesitz oder betriebenen Gewerbe herrührt, überhaupt nicht vom Bundesstaate des Wohnsitzes des Steuerpflichtigen besteuert werden darf, ohne Rücksicht darauf, ob der andere Bundesstaat hinsichtlich dieses Einkommens von seinem Besteuerungsrechte Gebrauch macht oder nicht und ob letzterenfalls das Unterlassen darauf zurückzuführen ist, daß dieser Bundesstaat ein die Besteuerung dieses Einkommens betreffendes Gesetz überhaupt nicht erlassen hat, oder ob das erlassene Gesetz im einzelnen Fall aus irgendwelchen Gründen nicht zur Anwendung gelangt. RG. 20. Dezember 01 E. 50, 97. Ebenso RG. 20. Dezember 01 JW. 1902, 99.

2. Einkommen aus Grundbesitz. Das Einkommen der nutzungsberechtigten Familienmitglieder aus dem Vermögen einer Familienstiftung kann, wenn dieses in Grundstücken angelegt ist, als aus Grundbesitz herrührend im Sinne des Gesetzes über die Doppelbesteuerung angesehen werden. RG. 26. Mai 05 E. 61, 28; JW. 1905, 504.

3. — Der Ertrag aus der Nutzung von Grundstücken ist nur insoweit, als diese unmittelbar oder mittelbar dem gewerblichen Geschäftsbetriebe selbst dienen, als ein aus dem Gewerbebetriebe herrührendes Einkommen anzusehen. Der Ertrag dagegen, der durch Ueberlassung des Gebrauchs und der Nutzung der Grundstücke an Dritte erzielt wird, die bei dem Gewerbebetriebe nicht beteiligt sind, hat mit dem Gewerbebetriebe rechtlich nichts zu tun, auch wenn die Grundstücke nur vorübergehend vermietet oder verpachtet sind. Erst von der Zeit an, wo sie wieder zum Gewerbebetriebe selbst verwendet werden, gehört der Ertrag zum gewerblichen Einkommen. Daran ändert auch nichts der Umstand, daß der erzielte Pacht- und Mietzins in die Kasse des Geschäftes fließt und dadurch das Betriebskapital erhöht. RG. 1. Februar 07 E. 65, 322.

4. — Unter Einkommen im steuertechnischen Sinn ist regelmäßig nur der Inbegriff der wirtschaftlichen Güter zu verstehen, die dem einzelnen wiederkehrend aus dauernden Erwerbsquellen zufließen und ohne Verminderung seines Vermögens zum Verbrauche für ihn und seine Familie, mit dem davon ersparten Betrage aber zur Bildung von Vermögen ihm zur Verfügung stehen. Der Begriff setzt insbesondere eine Stetigkeit der Bezüge voraus. Diese Anschauung liegt auch dem § 3 zugrunde, worauf schon das Wort „Quelle“ hinweist. Ein einmal durch den Verkauf eines Grundstückes erzielter Gewinn kann daher nicht als Einkommen angesehen werden. Als Einkommen aus Grundbesitz ist nur „der laufende Reinertrag des fortdauernden Grundbesitzes“ anzusehen, nicht aber der Gewinn durch Verkauf des Grundstücks, der hinsichtlich der Versteuerung nach den allgemeinen Regeln des § 1 zu behandeln ist. RG. 22. November 07 E. 67, 123 = JW. 1908, 51 = Recht 1908 Nr. 652.

5. — Vergütungen für die Benutzung von Grundstückszubehör sind im Sinne des zwischenstaatlichen Steuerrechtes dem Einkommen aus Grundbesitz nicht zuzurechnen. SächsOVG. 26. März 14 Jahrb. 21, 361.

6. Grundstückshandel. Dieser ist ein Gewerbebetrieb. RG. 2. März 91 E. 27, 109.

7. — Einkommen aus dem Grundbesitz ist nur der laufende Reinertrag des Grundbesitzes, nicht aber der — gemäß § 1 zu versteuernde —

Gewinn aus den über Grundstücke abgeschlossenen Anschaffungs- und Veräußerungsgeschäften, abgesehen von dem Falle, daß die Anschaffung und Veräußerung von Grundstücken gewerbsmäßig betrieben wird. Dann ist aber nicht die Belegenheit der Grundstücke, sondern der durch diese bestimmte Ort des Gewerbebetriebes für die Bestimmung des zur Besteuerung berechtigten Bundesstaates entscheidend. Gleichermaßen kann auch das Einkommen aus Rechtsgeschäften, die die Substanz des in einem Gewerbebetrieb angelegten Vermögens zum Gegenstande haben, insbesondere aus solchen, durch die Anteilsrechte an dieser Vermögenssubstanz begründet werden, nicht als „Einkommen aus Gewerbebetrieb" angesehen werden. Die Besteuerung hat daher hier nicht an dem Orte zu erfolgen, wo das in dem Gewerbebetrieb angelegte Vermögen vorhanden ist, sondern nach § 1. RG. 20. Dezember 01 E. 50, 97. Ebenso RG. 20. Dezember 01 JW. 1902, 99. Vgl. auch unten Nr. 22.

8. Die ärztliche Praxis ist ein Gewerbe im Sinne des § 3. RG. 30. September 97 E. 39, 134.

9. Die Rechtsanwaltstätigkeit fällt wie die Ausübung der Heilkunde unter den Begriff des Betriebes eines „Gewerbes"; denn das Gesetz faßt die gewerbliche Tätigkeit nur als Einnahmequelle ins Auge.

Nicht unter jenen Begriff fallen jedoch, abgesehen von den Funktionen der öffentlichen Beamten und Geistlichen, die rein wissenschaftlichen und rein künstlerischen Tätigkeiten. RG. 3. Juli 03 E. 55, 167.

10. Veranlagungszeitraum. Eine Verletzung des § 3 liegt vor, wenn für das streitige Jahr eine Einkommenbesteuerung stattgefunden hat, ohne Rücksicht darauf, ob die Steuer nach dem tatsächlich in einem früheren Jahr erzielten Einkommen berechnet wird. RG. 28. Juni 10 JW. 1910, 837 = Recht 1910 Nr. 3287 = WarnRspr. 3, 374 = BlBayFW. 18, 280.

11. Mittelbare Doppelbesteuerung. Der Zweck des § 3 Abs. 3 wird verletzt, wenn ein Deutscher in einem Bundesstaate hinsichtlich seines Gewerbebetriebes nur deshalb, weil der letztere sich auch auf einen anderen Bundesstaat oder mehrere erstreckt, steuerlich schärfer herangezogen wird, als er herangezogen werden könnte, wenn er nur in diesem einen Bundesstaat sein Gewerbe betriebe.

Die Lübeckische „Filialsteuer" (§ 10 Abs. 1, 4 des lüb. Gewerbesteuergesetzes vom 14. Jan. 1911), eine in die Form einer Umsatzsteuer gekleidete Sondersteuer für diejenigen Unternehmungen, die nicht nur in Lübeck, sondern auch in anderen deutschen Bundesstaaten Betriebsstätten im Sinne des Doppelsteuergesetzes unterhalten, wurde demzufolge für unzulässig erklärt. RG. 25. April 13 E. 82, 201 = Recht 1913 Nr. 1823.

12. — Es bildet keine Rechtsverletzung wenn der Umstand, daß durch den Besitz außerhalb Bayerns gelegener Grundstücke der Ertrag aus einem in Bayern gelegenen landwirtschaftlichen Anwesen höher wird, als es ohne den außerbayerischen Besitz der Fall sein würde, bei der Steuerveranlagung in Bayern entsprechend berücksichtigt wird. BayOVG. 18. Febr. 16 Mitt. 16, 250.

13. § 3 betrifft nicht die Besteuerung des Aktionärs aus seinem Aktienbesitz. RG. 11. Februar 85 E. 13, 142.

14. Es verstößt nicht gegen das Reichsdoppelsteuergesetz, wenn der Gewinnanteil, den ein in Bayern Steuerpflichtiger aus der stillen Beteiligung an einem außerhalb Bayerns betriebenen Gewerbe bezieht, in Bayern besteuert wird. BayOBK. 6. Nov. 14 Mitt 15, 77.

Abs. 2.

15. Betriebsstätte. Genossenschaftliche Lagerhäuser sind Betriebsstätten. BayOVG. 13. März 14 Mitt. 14, 151.
16. — Warenlager sind Betriebsstätten. BayOBK. 5. Februar 15 Mitt. 15, 184.
17. — Betriebsstätten sind die Transformatorenstationen und die Fernleitungen elektrischer Ueberlandszentralen. SächsOVG. 24. Januar 18 Jahrb. 24, 269 = JW. 1919, 62.
18. Als Hauptsitz einer Gesellschaft im Sinne des § 3 Abs. 2 ist ein bloß formaler, satzungsmäßiger Sitz nicht zu erachten; vielmehr muß der Sitz auch tatsächlich an der Ausübung des Gewerbes beteiligt sein. BayOBK. 22. Juni 17 Mitt. 1918, 35.

Abs. 3.

19. Erstreckung des Betriebs auf mehrere Bundesstaaten: RG. 7. November 85 E. 15, 27.
20. — Wenn der Zweck einer Erwerbsgesellschaft zwar ausschließlich auf Erzielung eines Einkommens durch den Betrieb einer Fabrik gerichtet ist, aber maßgebende Organe der Gesellschaft — Aufsichtsrat und Generalversammlung — ihre Tätigkeit regelmäßig an einem Ort in einem anderen Bundesstaat entfalten, als in dem die Fabrik gelegen ist und die Geschäftsleitung nach außen erfolgt, so sind beide Bundesstaaten zur Erhebung einer Steuer aus dem Einkommen der Gesellschaft berechtigt. RG. 27. März 08 Recht 1908 Nr. 2420.
21. — Steuerpflicht einer Einkaufsstelle, die von einem außerbayerischen Holzhandelsgeschäft durch einen ständigen Vertreter in Bayern unterhalten wird. BayOBK. 9. Juli 16 Mitt. 1917, 69.
22. Verteilungsmaßstab. Leitung des Gewerbebetriebs und Schwerpunkt der gewerblichen Tätigkeit an verschiedenen Orten. Nutzung von Grundstücken zu gewerblichen Zwecken. RG. 8. Januar 07 Recht 1907 Nr. 959, 960.
23. — Bei der Anwendung des § 3 kommt es auf den Ort an, wo die Quelle sich befindet, aus der das gewerbliche Einkommen entspringt, nicht aber ausschließlich auf den Ort, von dem aus die durch das Zusammenwirken der mehrfachen wirtschaftlichen Kräfte und Veranstaltungen gebildete gewerbliche Gesamttätigkeit geleitet wird. Es ist daher rechtsirrig, daß das gesamte gewerbliche Einkommen einer Person einheitlich und nur in dem Staate zu versteuern sei, in dem die oberste Betriebsleitung des Geschäfts ihren Sitz hat. Der Anteil des Gesamteinkommens, der auf die einzelnen in verschiedenen Staaten betriebenen Teile des Gewerbebetriebes zurückzuführen ist, ist nach dem Umfange dieser Teile des Gesamtgeschäftes festzustellen. RG. 1. Febr. 07 E. 65, 322.
24. — Besteuerung eines Eisenbahnbetriebs, der sich auf mehrere Staatsgebiete erstreckt. RG. 10. April 08 JW. 1908, 436 = Recht 1908 Nr. 2421.

25. — Bei der Einkommenbesteuerung eines einheitlichen Gewerbeunternehmens, das in mehreren Bundesstaaten dergestalt betrieben wird, daß die Fabrikation in dem einen, der Verkauf in dem anderen Staate erfolgt, ist bis zum Beweise des Gegenteils davon auszugehen, daß Fabrikation und Verkauf für die Gewinnerzielung gleichwertig sind und demgemäß auf jeden Betrieb die Hälfte des Gewinnes entfällt. SächsOVG. 21. Sept. 08 Recht 1910 Nr. 1016 = DJZ. 15, 208.

26. — In Fällen, in denen die Fabrikation und der Handel mit den Fabrikaten in zwei verschiedenen Bundesstaaten erfolgen, ist für die Ausscheidung des gewerblichen Reinertrags auf die beteiligten Staaten in der Regel davon auszugehen, daß Fabrikation und Handel für die Gewinnerzielung gleichwertig sind und demgemäß auf jeden Zweig die Hälfte des Gewinns entfällt, sofern nicht im einzelnen Falle festgestellt werden kann, daß die eine Tätigkeit die Gewinnerzielung in höherem Maße beeinflußt als die andere. In fast sämtlichen deutschen Bundesstaaten besteht die Uebung, daß dem Staate, in dem sich die Leitung des Gesamtunternehmens befindet, vorweg etwa 10 vom Hundert des Gesamtgewinns zukommen. BayOVK. 13. Juni 13 Mitt. 1913, 157.

27. — Veranlagung einer Versicherungsgesellschaft mit Betriebsstätten innerhalb und außerhalb Bayerns. BayOVK. 7. Nov. 13 Mitt. 1914, 9.

28. — Besteuerung einer bayerischen Filiale eines Unternehmens mit dem Sitz in Preußen, das die Vermietung und den Verkauf von Maschinen betreibt. BayOVK. 24. Okt. 13 Mitt. 1913, 220.

29. — Beurteilung der Bedeutung von außerhalb Bayerns gelegenen Reparaturwerkstätten einer bayerischen Maschinenfabrik für die Veranlagung in Bayern. BayOVK. 13. Februar 14 Mitt. 1914, 100.

30. — Grundsätze für die Ermittlung der Einkünfte der bayerischen Zweiggeschäfte bei Bankanstalten mit dem Hauptsitz außerhalb Bayerns. BayOVK. 22. Mai 14 Mitt. 1914, 232; vgl. auch Nr. 34.

31. — Besteuerung eines gewerblichen Unternehmens, das mit eigenen und fremden Eisenprodukten handelt und in Baden seinen Sitz und sein Handels- und Konstruktionsbureau hat, in Bayern aber einen Werkstättenbetrieb unterhält. BayOVK. 23. Okt. 14 Mitt. 1915, 48.

32. — Das steuerpflichtige Einkommen einer nicht im Großherzogtum Weimar domizilierten Aktiengesellschaft aus einer inländischen Betriebsstätte ist auch dann, wenn die Veranlagung nach dem mutmaßlichen Jahresertrage vorzunehmen ist, in der Weise festzustellen, daß der auf die inländische Betriebsstätte entfallende Teil der steuerpflichtigen Ueberschüsse des Gesamtunternehmens nach dem Verhältnisse des aus der inländischen Betriebsstätte erzielten besonderen Gewinns zum gesamten Reingewinne des Unternehmens oder nach den aus den Betriebsverhältnissen der Unternehmungen sich ergebenden Merkmalen ermittelt wird, die für die Gewinnerzielung bestimmend sind. ThürOVG. 23. Juni 15 Jahrb. 1915, 134.

33. — Der Umsatz als Verteilungsmaßstab für die anteilige Besteuerung eines Unternehmens mit dem Sitz in Preußen und mit Betriebsstätten in mehreren Staaten. BayOVK. 14. April 16 Mitt. 1917, 1.

34. — Besteuerung einer außerbayerischen Bankanstalt für ihre bayerischen Zweiggeschäfte. BayOVG. 7. Juli 16 Mitt. 1917, 93.

35. — Für die anteilige Besteuerung eines Kleinbahnunternehmens ist die von einer Gemeinde zu leistende Garantiesumme dem ganzen Unternehmen zugute zu rechnen, auch wenn sie zunächst für den Betrieb auf der bayerischen Strecke geleistet wird. BayOVG. 25. Mai 17 Mitt. 1918, 15.

36. Voraus. Die Geltendmachung eines Vorabzuges bei der Besteuerung eines über mehrere Bundesstaaten sich erstreckenden Gewerbebetriebes wird durch das DStG. nicht ausgeschlossen. SächsOVG. 3. April 11 Jahrb. 1917, 182.

37. — Bei gewerblichen Unternehmungen, die sich über das Gebiet mehrerer Bundesstaaten erstrecken, ist dem Sitzstaat in der Regel ein Voraus (Präzipualquote) vom Reingewinne zur Besteuerung zu überlassen. — Grundsätze für die Gewährung eines solchen Voraus. ThürOVG. 1. Nov. 16 Jahrb. 1916, 177. Vgl. auch unter Nr. 26.

38. — Erstreckt sich der Gewerbebetrieb eines Einzelkaufmanns über mehrere Bundesstaaten, so ist, auch wenn der zu verteilende Geschäftsgewinn nach dem Maßstabe der gezahlten Gehälter und Löhne ermittelt wird, in der Regel zugunsten des Sitzstaates ein Voraus in Abzug zu bringen. SächsOVG. 9. März 17 Jahrb. 24, 107.

§ 6.

1. Das DStG. hat nicht bloß eine staatsrechtliche Verpflichtung der einzelnen Bundesstaaten in Ansehung der von ihrer Steuergesetzgebung einzuhaltenden Grenzen begründet, sondern enthält unmittelbar den etwa widerstreitenden Landesgesetzen nach Art. 2 RV. vorgehende Normen. Beschwerden gegen eine ordnungsmäßig erfolgte Veranlagung sind in jedem Falle, also auch außerhalb des ordentlichen im Verwaltungsbereiche gegebenen Rechtsmittelweges, zuzulassen, wenn die Veranlagung gegen das Reichsgesetz verstößt; dies Beschwerderecht darf durch die Landesgesetzgebung nicht eingeschränkt werden. Hinsichtlich der Voraussetzungen dagegen, unter denen, und der Form, in der der Steuerpflichtige sein Recht verletzende Verstöße gegen das Verbot der Doppelbesteuerung im Wege gerichtlicher Klage geltend machen darf, verweist das Reichsgesetz auf das Landesrecht, und zwar auf das Sonderrecht des Staats, das die zwischen dem Steuerpflichtigen und dem Staate bestehenden Rechtsverhältnisse, insbesondere die Rückforderung zu Unrecht erhobener Abgaben und die Frist regelt, innerhalb deren die Rückforderung zulässig ist. RG. 1. Febr. 07 E. 65, 151 = JW. 1907, 210 = Recht 1907 Nr. 2834, 2835.
2. Die Bestimmung in § 6 Satz 2 gilt nicht für die im ordentlichen Instanzenzuge zu erteilenden Entscheidungen. SächsOVG. 2. Febr. 11 Jahrb. 1916, 361.
3. Wegen der nunmehrigen Zuständigkeit des RFH. vgl. zu § 25 RFHG. unter Nr. 7 und 8.

3.

Erbschaftssteuergesetz

vom 3. Juni 1906, abgeändert durch Gesetz vom 3. Juli 1913 (RGBl. 1906 S. 654, 1913 S. 521).

(EStG.)

Gegenstand der Erbschaftssteuer.

§ 1.

Abs. 1.

1. Vergleich über Erwerb von Todes wegen. Der Erwerb auf Grund eines ernsthaften Vergleichs über die streitige Auslegung eines Testaments ist wie ein Erwerb von Todes wegen zu versteuern. RFH. 30. Jan. 19 S. 1, 1 = AM. 1919, 94 = DJZ. 1919, 352 = DStZ. 7, 188.
2. — Ebenso bei Vergleichen der an einem Nachlasse Beteiligten über zweifelhafte Rechtsnormen. RFH. 26. März 19 S. 1, 24 = AM. 1919, 182 = DJZ. 1919, 512.
3. — Ein Vergleich über einen streitigen Erbschaftsanspruch ist ebenso wie ein Vergleich zwischen den Erben und einem Nachlaßgläubiger über eine streitige Nachlaßforderung für die Erbschaftssteuerbehörde bindend, sofern er ernstlich gemeint und nicht etwa nur in der Absicht der Steuerersparnis geschlossen war. RG. 23. April 18 AM. 1918, 51 = BlBayFW. 26, 218.
4. — Anwendung des Grundsatzes zu 1 und 2 auf Schenkungen vgl. § 55 unter Nr. 12. Vgl. auch zu § 61 unter Nr. 5.
5. Vermächtnis. Wer nur einzelne bestimmte Sachen letztwillig zugewendet erhält, ist nicht Erbe oder Nacherbe (§§ 1922, 2100 BGB.). RG. 4. Febr. 19 AM. 1919, 177.

Abs. 2 Ziff. 1.

6. Pflichtteil. Der Erwerb des Pflichtteilanspruchs ist auch dann zu versteuern, wenn der Pflichtteilberechtigte den Anspruch nicht geltend macht und nicht geltend machen will. RG. 10. Okt. 11 E. 77, 238 = JW. 1911, 1017 = Recht 1911 Nr. 3870 = MittWüFM. 7, 19 = ZschrfZollw. 1912, 215 = BlBayFW. 20, 93.
7. — Ebenso RG. 7. Juni 18 Recht 1918 Nr. 1259.

Abs. 2 Ziff. 2.

8. Auflage. Auch wenn für Zuwendungen an einen unbestimmten Personenkreis die Voraussetzungen von § 12 Nr. 3 nicht zutreffen, tritt dennoch die Besteuerung so ein, als sei die Zuwendung der Er-

werber, wie bei der mit Rechtsfähigkeit ausgestatteten Stiftung diese als die Erwerberin des ihr zugewendeten Vermögens gilt. Mit der Steuer belastet ist die Zuwendung, für die Steuer haftbar der Beschwerte. RG. 17. Febr. 17 E. 75, 378 = JW. 1911, 329 = Recht 1911 Nr. 1656, 1657 = MittWüFM. 6, 119 = BlBayFW. 19, 252.

9. — Ebenso RFH. 14. März 19 S. 1, 10; vgl. auch § 11, 4 h unter Nr. 9 und § 12 Abs. 1 Nr. 3 unter Nr. 8.

10. — Hat der Erblasser die Verteilung eines — ganz allgemein — verschiedenen Vereinen, bedürftigen Personen usw. ausgesetzten Gesamtbetrages dem Gutdünken eines Dritten überlassen, so liegt darin eine Auflage, durch die eine sog. unselbständige Stiftung errichtet wird. Die Einteilung der vom Dritten verteilten Einzelbeträge in steuerrechtlich verschieden zu behandelnde Gruppen ist möglich. RG. 13. Mai 19 AM. 1919, 255 = Recht 1919 Nr. 1701.

11. — Uneigentliche Stiftung unter Miterben. RG. 6. Juli 12 BlBay.-FW. 20, 251.

12. — Schenkung an eine juristische Person für deren Zwecke. RG. 21. Mai 09 MittWüFW. 5, 30.

13. — Die Zuwendung an einen rechtsfähigen Verein ausdrücklich zu Vereinszwecken enthält keine Auflage. RG. 14. März 13 WarnRspr. 6, 334 = BlBayFW. 21, 301 = ZschrfZollw. 1914, 24.

14. — Zuwendungen an juristische Personen zu anderen als satzungsmäßigen Zwecken sind als Auflagen nach ihrer besonderen Zweckbestimmung zu versteuern. RG. 22. Nov. 18 AM. 1919, 71 = JW. 1919, 191 = Recht 1919 Nr. 502, 503.

15. — Ist einer Zuwendung an eine juristische Person eine Zweckbestimmmung beigefügt, die sich nicht mit den von der jur. Person verfolgten Zwecken deckt, sei es daß sie darüber hinausgeht, sei es daß sie nur einen Ausschnitt aus dem Kreise dieses Zweckes darstellt, so liegt eine Auflage vor. RFH. 26. März 19 S. 1, 20 = DJZ. 1919, 437 = AM. 1919, 184.

16. — Zuwendungen an nicht rechtsfähige Vereine sind Zuwendungen an deren Mitglieder mit der einheitlichen Auflage, das Zugewendete dem Vereinsvermögen zuzuführen und gleich diesem für Vereinszwecke zu verwenden. RFH. 14. Mai 19 S. 1, 57. Vgl. auch zu § 12 unter Nr. 8.

§ 3.

Nr. 1.

1. Wird ein Fideikommiß nach §§ 28, 62 T. II Tit. 4 ALR. durch „letzte Willensanordnung", nämlich durch Testament errichtet, so ist der erste Besitzer des Fideikommisses nach §§ 3 Abs. 1 Ziff. 1, 10, 18 EStG. erbschaftssteuerpflichtig, mögen auch erst die Erben des Stifters die Stiftungsurkunde verlautbart (§ 30 T. II, Tit. 4 ALR. u. § 1 G. v. 5. März 1855) haben. Durch diese zum Rechtswirksamwerden des Fideikommisses erforderliche Handlung der Erben verliert der Anfall an den ersten Fideikommißbesitzer nicht die Eigenschaft eines „Erwerbs von Todes wegen". RG. 13. Juni 13 E. 82, 391 = BlBayFW. 22, 45.

Räumliche Herrschaft des Gesetzes.

§ 6.

Abs. 1.

1. Zur Annahme eines gewöhnlichen Aufenthalts im Sinne des Gesetzes reicht die bloße Tatsache eines Verweilens, das nicht nur vorübergehend, sondern von einer gewissen Dauer und Regelmäßigkeit ist, aus. Ob im Einzelfall ein solches Verweilen vorliegt, ist wesentlich Tatfrage. Durch einen Wohnsitz im Auslande zur Zeit des Erbanfalles wird die Annahme eines gewöhnlichen Aufenthaltes im Inlande nicht ausgeschlossen. Auch ist zu solcher Annahme nicht erforderlich, daß die Absicht der betreffenden Person bestand, wenigstens für einige Zeit den Mittelpunkt ihrer Lebenshaltung an dem Ort des Aufenthalts zu begründen. RG. 20. November 17 E. 91, 287 = Recht 1918 Nr. 145 = AM. 1918, 8 = JW. 1918, 138 = PrZBl. 1918, 30.

Abs. 2.

2. Geldvermächtnisse, die im Testament eines im Auslande verstorbenen Ausländers Deutschen und innerhalb des Deutschen Reiches wohnhaften Vermächtnisnehmern zugewendet sind, unterliegen der Reichserbschaftssteuer. RG. 7. März 11 E. 75, 409 = JW. 1911, 405 = PrZBl. 1916, 30 = Recht 1911 Nr. 2001, 2002 = BlBayFW. 19, 212.

3. Bemessung des Steuersatzes in Ansehung des inländischen Vermögens vgl. zu § 10 unter Nr. 1.

4. Wann gilt ein von einem ausländischen Schenker durch Vermittlung eines Bankhauses einem inländischen Beschenkten überwiesenes Vermögen als im Inland befindlich? RFH. 20. Juni 19 AM. 1919, 355.

Abs. 3.

5. Gegenseitigkeit. Bei Anwendung des Abs. 3 kommt es nicht darauf an, ob im ausländischen Staate die Erhebung der Erbschaftssteuer nach denselben Grundsätzen erfolgt, wie in Deutschland. RG. 3. November 14 Recht 1915 Nr. 242 = HoldhM. 24, 49.

6. — Die Frage ist immer lediglich dahin zu stellen, ob bei Umkehrung des jeweiligen Einzelfalles der betreffende Fremdstaat die Steuer erheben würde. RG. 12. März 1915 E 86, 316 = JW. 1915, 590 = AM. 1915, 130 = Recht 1915 Nr. 1408 = ZschrfZollw. 1916, 61.

7. — Der in Oesterreich befindliche bewegliche Nachlaß eines im Inland verstorbenen deutschen Reichsangehörigen unterliegt nach dem Grundsatz der Gegenseitigkeit österreichischerseits der Vergebührung nicht, soweit er auswärtigen, d. h. nicht in Oesterreich wohnenden oder ständig aufhältlichen, Erwerbern anfällt. VGH.-Wien 24. Februar 14 AM. 1914, 147; ZschrfZollw. 1915, 57.

Abs. 4.

8. Ausgleichungsanordnungen. Die Rechtswirksamkeit des auf Grund des Abs. 4 ergangenen Erlasses des Reichskanzlers vom 2. November 1907 (RGBl. S. 550) unterliegt keinem Bedenken. Da durch

diesen Erlaß für Abs. 1 das Erfordernis des inländischen Wohnsitzes oder Aufenthalts des Erblassers bei russischen Erbschaften in Wegfall gebracht worden ist, hat der Abs. 2 im Verhältnis zu Rußland und zu russischen Erblassern überhaupt jede Bedeutung verloren. RG. 1. Mai 14 E. 84, 438 = JW. 1914, 835 = AM. 1914, 216 = Recht 1918 Nr. 1920 = HoldhM. 23, 197 = PrZBl. 1914, 232 = ZschrfZollw. 1915, 60

Betrag der Erbschaftssteuer.

§ 10.

Abs. 2.

1. Einfluß steuerfreier Nachlaßbestandteile. Bei einem ausländischen Erblasser ist für die Bemessung des Steuersatzes nur der Wert des von Todes wegen erworbenen Vermögens, das sich im Inlande befindet, in Rechnung zu ziehen und nicht der Gesamtwert des erworbenen Vermögens einschließlich der Vermögensteile, die sich im Auslande befinden. RG. 19. Dezember 11 E. 78, 158 = JW. 1912, 257 Recht 1912 Nr. 652 = MittWüFM. 7, 22 = ZschrfZollw. 1912, 216.
2. — Für die Staffelung des Steuersatzes ist der ganze dem Steuerpflichtigen aus einem Nachlaß zugeflossene Erwerb auch dann maßgebend, wenn ein Teil des Gesamterwerbes dem ermäßigten Steuersatze des § 12 des Gesetzes unterliegt. RG. 20. Oktober 16 AM. 1916, 205 = Recht 1917 Nr. 1160 = PrZBl. 1917, 4.
3. — Abweichend: Ist einer Zuwendung eine Auflage beigefügt, wonach ein Teil der Zuwendung zu Zwecken der im § 12 Abs. 1 Ziff. 3 erwähnten Art zu verwenden ist, so ist für die Staffelung nach § 10 Abs. 2 nur der Wert des von der Auflage nicht erfaßten Restes der Zuwendung maßgebend. RFH. 14. März 19 S. 1, 10 = AM. 1919, 230 = DJZ. 1919, 437.

Befreiungen.

§ 11.

Nr. 4a.

1. Eine unentgeltliche Zuwendung seitens einer offenen Handelsgesellschaft ist lediglich nach den Beziehungen zwischen der offenen Handelsgesellschaft als solcher und dem Beschenkten zu beurteilen. RFH. 2. Oktober 19 S. 1, 191 = AM. 1919, 385 = JW. 1919, 1006.

Nr. 4g.

2. Sache. Der Anteil am Vermögen einer offenen Handelsgesellschaft ist keine Sache im Sinne der Befreiungsvorschrift des § 11 Nr. 4g. RG. 28. November 13 E. 83, 312 = AM. 1914, 83 = JW. 194, 207 = Recht 1914 Nr. 265 = ZschrfZollw. 1914, 185.
3. — Die Vorschrift des § 11 Nr. 4g, wonach der Erwerb bestimmter Sachen, der leiblichen Eltern anfällt, von der Erbschaftssteuer befreit sein solle, bezieht sich nur auf „Sachen“ im Sinne des BGB., d. h.

auf körperliche Gegenstände, nicht auf Rechte (z. B. Forderungen). RG. 9. Januar 17 E. 89, 298 = AM. 1917, 50 = Recht 1917 Nr. 492 = JW. 1917, 295 = PrZBl. 1917, 73.

4. Uebergabevertrag. Entsprechend dem steuerrechtlichen Begriffe des Ueberlassungsvertrags im Sinne der Befreiungsvorschrift 2 zu T.-Nr. 11a RStempG. ist unter „Uebergabevertrag" im Sinne von § 11 Nr. 4g EStG. jeder entgeltliche Vertrag zu verstehen, der die Uebertragung von Grundstücken an Abkömmlinge zum Gegenstande hat, demnach auch ein Vertrag, durch den der überlebende Elternteil den Kindern — Nacherben — gegenüber hinsichtlich eines Grundstücks auf die Ausübung seines Vorerbrechts unter Vereinbarung einer Abfindung verzichtet. RG. 21. Januar 16 AM. 1916, 85 = Recht 1916 Nr. 848 = BlBayFW. 24, 131 = PrZBl. 1916, 80 = ZschrfZollw. 1916, 188.

5. Rückerwerb. Befreit nach § 11 Nr. 4 g ist, wenn beide Eltern erben, nur der Rückerwerb von Sachen durch den Elternteil, der sie geschenkt hat. RG. 13. Dezember 18 E. 94, 239 = AM. 1919, 67 = Recht 1919 Nr. 345.

Nr. 4h.

6. Dienstverhältnis. Ein Dienst- oder Arbeitsverhältnis im Sinne von § 11 Nr. 4h ist auch dann anzuerkennen, wenn ein Pensionsinhaber als selbständiger Unternehmer einem in die Pension aufgenommenen gewesenen Erblasser außer Wohnung und Beköstigung innerhalb des Pensionsvertrags für eine gewisse Zeit persönliche Dienste entgeltlich geleistet hat. RG. 23. April 18 AM. 1918, 51 = Recht 1918 Nr. 1430 = BlBayFW. 26, 218.

7. — Die Befreiungsvorschrift des § 11 Nr. 4h greift auch Platz, wenn die bedachte Person dem Erblasser, ohne seiner Hausgemeinschaft angehört zu haben, persönliche Dienste gegen die Zusage, letztwillig bedacht zu werden, geleistet hat. RFH. 16. Juli 19 S. 1, 148.

Nr. 5.

8. Familienstiftung. Eine Familienstiftung im Sinne des § 11 Nr. 5 setzt nicht voraus, daß die Stiftung nach der Stiftungsurkunde ausschließlich dem Familieninteresse dient, sondern nur, daß sie wesentlich im Interesse der Familienangehörigen gemacht ist, mögen auch vorübergehend oder subsidiär an andere Personen Bezüge aus der Stiftung gelangen können. RG. 25. April 13 E. 82, 197 = Recht 1913 Nr. 1824, 1825 = MittWüFM. 8, 36 = BlBayFW. 22, 22 = ZschrfZollw. 1914, 60.

9. — Wenn für eine letztwillig angeordnete Familienstiftung die Einholung der Genehmigung unterbleibt, so liegt nicht eine Familienstiftung im Sinne des § 11 Nr. 5 vor, sondern nur eine Zuwendung zugunsten eines unbestimmten Personenkreises, eine sogenannte unselbständige Stiftung, die als solche steuerpflichtig ist. RG. 29. Sept. 14 AM. 1914, 339 = Recht 1915 Nr. 245, 246 = HoldhM. 24, 50 = BlBayFW. 23, 20 = ZschrfZollw. 1915, 248.

10. — Die Befreiungsvorschrift in § 11 Nr. 5 ist auf Zuwendungen Dritter an eine bestehende Familienstiftung nicht anzuwenden. RFH. 12. Nov. 19 S. 1, 283.

§ 12.

Abs. 1 Nr. 1.

1. Zuwendung an eine Kirchengemeinde als deren Bereicherung. RG. 30. Jan. 12 WarnRspr. 5, 202.

Abs. 1 Nr. 2.

2. Auflagen gegenüber juristischen Personen. Zuwendungen an juristische Personen zur Verwendung innerhalb ihrer Zwecke stellen eine Bereicherung der juristischen Person dar. RG. 7. Mai 09 E. 71, 140; JW. 1909, 396 = Recht 1909 Nr. 1943—1946 = WarnRspr. 2, 376.

3. — Ebenso RG. 14. März 13 JW. 1913, 640 = Recht 1913 Nr. 1536 = MittWüFM. 8, 23 = BlBayFW. 17, 215. Vgl. auch zu § 30 unter Nr. 1 und zu § 56 unter Nr. 42

4. — Auch bei einem Vermächtnis an eine inländische Kirche, das mit einer Auflage zugunsten eines unbestimmten Personenkreises beschwert ist, ist zu prüfen, ob die Voraussetzungen des § 12 Abs. 1 Nr. 3 gegeben sind; es ist nicht deshalb der ermäßigten Steuer unterworfen oder steuerfrei, weil die Beschwerte eine Kirche im Sinne des § 12 Abs. 1 Nr. 1 ist. RG. 21. Febr. 11 E. 75, 383 = Recht 1911 Nr. 1658 = MittWüFM. 6, 121.

5. — Wird einer Kirchengemeinde ein Kapital mit der Auflage zugewandt, dessen Zinsen zur Förderung bestimmter Werke christlicher Liebestätigkeit zu verwenden, so handelt es sich nicht um ein Zweckvermögen, sondern um eine unter Abs. 1 bzw. 3 fallende Schenkung. RG. 30. Jan. 12 Recht 1912 Nr. 2597.

6. — Auflagen bei Zuwendung an dem § 12 Abs. 1 Nr. 2 unterfallende juristische Personen sind steuerlich selbständig, gegebenenfalls nach § 12 Abs. 1 Nr. 3, zu beurteilen. RFH. 26. März 19 DJZ. 1919, 437.

Abs. 1 Nr. 3.

7. Verwendet eine juristische Person, die nicht dem § 12 Abs. 1 Nr. 2 unterfällt, zugewendetes Vermögen zufolge ihrer eigenen Entschließung zu ausschließlich mildtätigen oder gemeinnützigen Zwecken, so unterliegt die Zuwendung dem gewöhnlichen Steuersatz. RFH. 14. März 19 S. 1, 10.

8. Zuwendungen an nicht rechtsfähige Vereine, die ausschließlich gemeinnützige Zwecke verfolgen, unterfallen der Vorschrift in Nr. 3. RFH. 14. Mai 19 S. 1, 57 = DJZ. 1919, 760.

9. Zuwendungen an einen unbestimmten Personenkreis zu Zwecken der Nr. 3 vgl. zu § 1 unter Nr. 8.

10. Die Anwendung des § 12 Abs. 1 Nr. 3 setzt eine rechtsverbindliche Zweckzuwendung des Erblassers selbst voraus. RFH. 14. März 19 S. 1, 10 = AM. 1919, 230.

Abs. 1 Nr. 4.

11. Eine Zuweisung an eine im Vermögen des Schenkenden stehende Kasse untersteht nicht dem § 12 Abs. 1 Nr. 4. RG. 29. März 12 Recht 1912 Nr. 1560.

Abs. 5.

12. Ueber das Vorhandensein der Voraussetzungen des § 12 Abs. 1 Nr. 3 hat gemäß Abs. 5 daselbst die Landesregierung endgültig zu entscheiden. RG. 20. Dez. 10 E. 75, 90 = JW. 1911, 231 = Recht 1911 Nr. 918.

13. Ebenso RG. 17. Febr. 11 JW. 40, 379 = WarnRspr. 4, 380 = Recht 1911 Nr. 1430 = BlBayFW. 19, 270, ferner RG. 18. Mai 15 AM. 1915, 180.

14. Die Entscheidung der Landesregierung, ob steuerbegünstigte Zwecke nach Abs. 1 Nr. 2 und 3 vorliegen, ist der Anfechtung mit der Rechtsbeschwerde entzogen. RFH. 2. April 19 = DJZ. 1919, 513 = JW. 1919, 1007.

15. Die Frage, ob die Zweckanwendung gesichert sei, unterliegt der Nachprüfung des RFH. RFH. 14. Mai 19 S. 1, 57.

§ 15.

Abs. 1.

1. Was als Grundstück anzusehen ist, das dauernd land- oder forstwirtschaftlichen Zwecken zu dienen bestimmt ist, richtet sich objektiv nach den äußeren Umständen, die von einem ordentlichen Wirt bei seiner Entschließung über die weitere zweckmäßigste wirtschaftliche Ausnützung des bisher land- oder forstwirtschaftlich genutzten Grundstücks für absehbare Zeit in Berücksichtigung gezogen werden würden. RFH. 3. Okt. 19 S. 1, 199 = AM. 1919, 386.

2. Die Vergünstigung des § 15 Abs. 1 ist nicht auf Zubehör oder Gebäude zu erstrecken, die ohne das landwirtschaftliche Grundstück, zu dessen Bewirtschaftung sie dienen, vererbt werden. RFH. G. 16. Juli 19 S 1 B, 33 = AM. 1919, 353.

3. Die im § 15 Abs. 1 bestimmte Steuerermäßigung ist dann nicht anzuwenden, wenn es sich um die Versteuerung des Erwerbes handelt, der durch den Eintritt eines Fideikommißanfalls herbeigeführt wird. RG. 29. Nov. 10 E. 75, 28 = JW. 1911, 196 = Recht 1911 Nr. 637; BlBayFW. 1919, 248; DJZ. 1911, 338.

Ermittelung des Wertes der Masse.

§ 16.

1. Steuern und öffentliche Abgaben, die nicht auf einem Stammgute lasten, sondern als reine, dem Stammgutserben obliegende Personalsteuern anzusehen sind, vermindern nicht die aus dem Stammgute zu ziehende Nutzung und können daher bei Bewertung der einjährigen Nutzung von dem Rohertrage nicht in Abzug gebracht werden. RG. 21. März 11 ZschrfZollw. 1911, 157.

Abs. 2.

2. Bei Ermittlung des Reinertrages des Fideikommißguts darf der das Gut selbst bewirtschaftende Besitzer unter den zur Erzielung des Reinertrages erforderlichen Aufwendungen als eigenen

Verdienst den Betrag in Abzug bringen, der das angemessene Entgelt für die Tätigkeit der Oberleitung des ganzen Wirtschaftsbetriebes darstellt, wenn eine sachgemäße, zur obersten Leitung des Betriebes erforderliche Arbeitskraft durch die eigene Tätigkeit des Besitzers erspart und ersetzt wird. RG. 15. Nov. 12 E. 80, 433 = AM. 1913, 47 = Recht 1913 Nr. 274.

§ 17.

1. Für die Ermittlung der Nutzungen ist nicht ausschließlich der Zustand zur Zeit des Anfalls maßgebend. Es kommt vielmehr auf den Ertrag an, den das angefallene Vermögensstück bei ordnungsmäßiger Benutzung im Durchschnitte jährlich gewähren kann. Die Steuer bleibt also nicht schon deshalb außer Hebung, weil der angefallene Gegenstand, beispielsweise ein Landgut, im Jahre des Anfalls einen Ertrag nicht abgeworfen hat. Hat ein Gegenstand bis zum Anfalle Nutzungen überhaupt nicht gewährt, ist aber anzunehmen, daß er in Zukunft solche gewähren wird, so ist der einjährige Wert durch Schätzung zu ermitteln. RG. 4. Okt. 10 E. 74, 236.
2. Hat der Stifter in der Stiftungsurkunde sich verpflichtet, der Stiftung jährliche Zahlungen in bestimmter Höhe zu leisten, so ist nicht von den jedesmaligen Zahlungen, sondern für den einmaligen Schenkungsakt die Schenkungssteuer zu entrichten. RG. 10. Mai 12 Recht 1912 Nr. 1938.

§ 18.

Abs. 1.

1. Ist ein auf Lebenszeit zugesichertes Rentenrecht unter einer auflösenden Bedingung eingeräumt, so nötigt die Beschränkung nicht, von der Anwendung des § 18 abzusehen und die Steuer nach einem zu dem wirklichen Werte des Rechtes außer Verhältnis stehenden Betrage lediglich deshalb zu berechnen, weil die Rente infolge der Beschränkung weggefallen ist. RG. 18. Okt. 10 E. 74, 289 = JW. 1911, 68 = Recht 1910 Nr. 4195 = MittWüFM. 5, 133 = BlBayFW. 19, 273 = ZschrfZollw. 1911, 24.
2. Die Vorschriften der §§ 19 ff. EStAusfBest. sind nur für die Berechnung des der Feststellung des Wertes von Grundstücken zugrunde zu legenden Ertragswerts gegeben. Zur Ermittelung des Wertes der einjährigen Nutzung im Sinne des § 18 kann bei Amortisationshypotheken neben den Amortisationsbeträgen nur der Durchschnittsbetrag der zu zahlenden Zinsen vom Rohertrag abgesetzt werden. RG. 21. März 11 ZschrfZollw. 1911, 157.

Abs. 2.

3. Die Anwendung der Bestimmung setzt nicht voraus, daß auch für den Fiskus eine Verpflichtung zur Erstattung erhobener Steuern entstanden ist. Es hat vielmehr in jedem Falle eine Neuberechnung der Erbschaftssteuer unter Richtigstellung des Wertes zu erfolgen. RG. 21. März 11 Recht 1911 Nr. 2239.
4. Die Ermäßigungsvorschrift des § 18 Abs. 2 findet auf den Fall keine Anwendung, daß der Nutzungsberechtigte auf sein Recht vertragsmäßig verzichtet; der Verzicht bewirkt kein Erlöschen des Rechtes im Sinne jener Vorschrift. RG. 14. März 13 E. 82, 56 = PrZBl. 1913, 176 = Recht 1913 Nr. 1389 = ZschrfZollw. 1913, 218.

§ 20.

1. § 20 findet auf Forderungsrechte, die Zinsen abwerfen (z. B. Wertpapiere, Hypothekenforderungen), Anwendung, sofern sie vom Bedachten in absehbarer Zeit in Geld umgesetzt werden können, nicht also wenn der Erblasser eine bestimmte Kapitalsanlage, z. B. Eintragung im Reichsschuldbuch, vorgeschrieben hat oder wenn Hypothekenforderungen auf längere Zeit unkündbar sind. RFH. 28. Mai 19 S. 1, 74 AM. 1919, 295 = DJZ. 1919, 761.

Bedingter Erwerb.

§ 21.

Lit. Kaisenberg, Erbschaftssteuerpflicht entgeltlicher Veräusserungen des Stammvermögens bei bedingtem Erwerb und Erwerb von Vermögen ohne Nutzung. DJZ. 1914, 821.

Abs. 2.

1. Zuwendungen an eine Pensionskasse, die im Falle der späteren Feststellung von Fehlbeträgen zu deren Deckung zu verwenden sind, stellen auflösend bedingte Schenkungen dar. RG. 3. April 17 Recht 1917 Nr. 1025.

Unsichere Rechte.

§ 24.

1. Sind die Einkünfte des Nachlasses, soweit sich nach Unterhaltung des Erben ein Ueberschuß ergibt, einem Dritten vermacht, so handelt es sich um ein Vermächtnis mit unbestimmtem Inhalt, auf das, wenn der Jahreswert der Nutzungen schätzbar ist, die §§ 18, 19, andernfalls § 24 anwendbar ist. RG. 9. März 17 Recht 1917 Nr. 1161.
2. Eine dem Erblasser zustehende Forderung gegen einen zahlungsunfähigen Miterben ist für die Berechnung der Erbschaftssteuer nach ihrem gemeinen Wert einzustellen. Dieser deckt sich mit dem Betrage, zu dem der Schuldner-Miterbe zahlungsfähig wird, durch seinen Anteil an dem übrigen Nachlaß. Auch der Schuldner-Miterbe selbst hat nicht den vollen Nennbetrag zu versteuern, um den er durch Vereinigung von Schuld und Forderung in seiner Person entlastet wird. RFH. 11. Juni 19 S. 1, 102 = AM. 1919, 350.

§ 25.

1. Fällt ein zu einem Fideikommiß gehöriges Grundstück, das bisher einen Reinertrag nicht gewährt hat, über das aber bereits ein Enteignungsverfahren schwebt, dem neuen Fideikommissar an, so ist hierin ein zur sofortigen Wertermittlung nicht geeigneter Gegenstand im Sinne des § 25 zu erblicken. RG. 4. Oktober 10 E. 74, 226.

Erwerb von Vermögen ohne die Nutzung.

§ 26.

1. Beschränkungen, die dem Erben durch Einrichtung einer Testamentsvollstreckung in seinem Interesse in der Verwaltung und Verfügung über den Nachlaß auferlegt sind, rechtfertigen keine Aussetzung der Versteuerung. RG. 31. Mai 18 E. 1918, 66 = Recht 1918 Nr. 1611.

§ 27.

1. Gemeinschaftliche Testamente von Ehegatten begründen im Zweifel keine Nacherbschaft in Ansehung des Nachlasses des zuerst Versterbenden (§ 2269 BGB.). RG. 5. Dez. 11 JW. 1912, 206 = BlBayFW. 20, 119 = ZschrfZollw. 1912, 217. Vgl. auch zu § 28 unter Nr. 3 und 4.

2. Erblasser. Wenn ein Ehemann seine Ehefrau zur Alleinerbin derart ernannt hat, daß sie völlig unbeschränkt über den Nachlaß verfügen kann, und die Ehefrau dann einem Wunsche ihres Mannes folgend dessen Verwandte bezüglich der Vermögenswerte, die sie von ihrem Manne geerbt hat, zu Erben einsetzt, so bestimmt sich die Erbschaftssteuer der letzteren nach dem Verhältnis zu der Ehefrau. RG. 17. Dez. 09 Recht 1910 Nr. 1841.

Berechnung der Erbschaftssteuer.

§ 28.

Abs. 1.

1. Ganzer Erwerb. Erwerb teils steuerfreien, teils steuerpflichtigen Vermögens oder Vermögens, das verschieden hohen Steuersätzen unterliegt: vgl. zu § 10 unter Nr. 1—3.

2. — Bei gleichzeitigem Anfall eines Fideikommißvermögens und Erwerb des Allodialvermögens ist die Erbschaftssteuer aus der Summe beider Vermögen und nicht für jedes gesondert zu berechnen. RFH. 5. Nov. 19 S. 1, 258.

3. Gemeinschaftliche Testamente. Haben in Gütergemeinschaft lebende Eheleute durch Erbvertrag sich gegenseitig zu Erben eingesetzt und für den Todesfall des Ueberlebenden einem Dritten einen bestimmten Nachlaßgegenstand zugewendet, so ist der Bedachte nur Vermächtnisnehmer des letztverstorbenen Ehegatten. RG. 4. Febr. 19 E. 95, 12 = AM. 1919, 177. Vgl. auch zu § 27 unter Nr. 1.

4. — § 2269 des BGB. findet Anwendung auf gemeinschaftliche, vor dem 1. Januar 1900 errichtete Testamente von Ehegatten, wenn der Erstversterbende über diesen Zeitpunkt hinaus gelebt hat. RFH. 30. Juni 19 S. 1, 121.

Abs. 2.

5. Die Vorschrift, daß Steuerbeträge auf volle Mark nach unten abzurunden sind, findet auf vom Fiskus geschuldete Zinsbeträge solcher zurückzuzahlenden Steuern keine Anwendung. RG. 6. Juli 15 AM. 1915, 231 = JW. 1915, 1198 = ZschrfZollw. 1916, 124 = BlBayFW. 24, 48.

§ 29.

Lit. *Freude, Das Vermächtnis der Erbschaftssteuer. ZschrfZollw. 1913, 7.*

Abs. 1.

1. Bereicherung. Zuwendung des Nießbrauches eines Vermögens an eine Person, der die elterliche Nutznießung an dem Vermögen zusteht. RG. 18. Dez. 08 JW. 1909, 145 = MittWüFM. 3, 66.
2. — Wird dem Vater der letztwillig bedachten Kinder der lebenslängliche Nießbrauch an dem diesen zugewendeten Vermögen vermacht, so ist für deren Nießbrauch, soweit er sich auf die Zeit bis zur Großjährigkeit der Kinder erstreckt, eine Erbschaftssteuer nur zu entrichten, wenn und soweit der Vater durch das ihm zugewendete Nießbrauchsrecht wirtschaftlich günstiger gestellt ist, als durch das gesetzliche Nutznießungsrecht. RG. 19. April 10 PrZBl. 1910, 285 = Recht 1910 Nr. 2738 = BlBayFW. 18, 218 = ZschrfZollw. 1910, 216.
3. — Wird die Fälligkeit eines Vermächtnisses durch letztwillige Bestimmung hinausgeschoben, so vermindert sich der steuerpflichtige Wert des Vermächtnisses und erhöht sich der steuerpflichtige Erwerb des Erben um den Wert der Zinsen des Vermächtnisses vom Todestage des Erblassers bis zum Fälligkeitstage des Vermächtnisses. RFH. 4. Juni 19 S. 1, 99 = AM. 1919, 349.
4. — Berechnung der Schenkungssteuer, wenn einer Stiftung außer dem Stammkapital fortlaufende Beträge zugewiesen werden. RG. 8. Dez. 14 HoldhM. 24, 51.
5. — Berechnung der Steuer von einem steuerfrei zugewandten Vermächtnis. RG. 22. Nov. 12 WarnRspr. 6, 146 = Recht 1913 Nr. 592 = JW. 1913, 220.
6. — Ebenso für Schenkungen RG. 3. Jan. 11 E. 75, 136 = JW. 1911, 336 = Recht 1911 Nr. 1433 = MittWüFM. 7, 89 = ZschrfZollw. 1913, 87.
7. — Inwieweit kommt eine von einem zahlungsunfähigen Miterben geschuldete Nachlaßforderung bei der Berechnung der steuerpflichtigen Erbteile in Betracht? RFH. 11. Juni 19 S. 1, 102 = AM. 1919, 350.
8. — Bereicherung bei Zuwendungen an juristische Personen vgl. zu § 1 unter Nr. 12—14, zu § 12 unter Nr. 2—6, zu § 30 unter Nr. 1.
9. Belohnendes Vermächtnis. Eine letztwillige Bestimmung, daß eine Zuwendung zur Tilgung einer „Schuld“ für zu Lebzeiten des Erblassers nicht entschädigte Dienste und Leistungen erfolge, bedeutet noch nicht notwendig das Anerkenntnis, daß der Erblasser dem Bedachten eine klagbare Vergütung für geleistete Dienste in Höhe der dem Bedachten gemachten letztwilligen Zuwendung schulde. RG. 12. April 18 AM. 1919, 93.
10. — Die letztwillige Zuwendung einer Rente bildet insoweit keine steuerpflichtige Bereicherung des Bedachten, als nachgewiesen wird, daß diesem nach einem mit dem Erblasser abgeschlossenen Dienstvertrage zur Zeit des Erbfalls gegen den Nachlaß ein entsprechender klagbarer Lohnanspruch zustand und das Vermächtnis der Rente zur Abgeltung dieses Lohnanspruchs bestimmt war. Eine letztwillig an-

geordnete Rente ist dagegen in voller Höhe steuerpflichtig, wenn der Bedachte, ohne daß gegen den Erblasser ein klagbarer Anspruch auf Lohn begründet war, die Dienste lediglich zwecks Erlangung der letztwilligen Zuwendung geleistet hat. RG. 5. März 15 AM. 1915, 153 = Recht 1915 Nr. 1173 = BlBayFW. 23, 155 = Zschrf.-Zollw. 1916, 59.

Abs. 2.

11. Bei Berechnung der Erbschaftssteuer ist der Betrag des Pflichtteils als Nachlaßverbindlichkeit von dem Werte des Nachlasses abzuziehen. Das trifft aber nur zu auf die Fälle, in denen es sich um die Versteuerung der Erbschaft nach demjenigen handelt, dessen Tod den Pflichtteilanspruch auslöst. RG. 7. Juni 18 Recht 1918 Nr. 1259.

12. Der Erbe ist aus einem Erbeinsetzungs- und Verpflegungsvertrage nicht berechtigt, seine Auslagen für Verpflegung des Erblassers von der Nachlaßmasse abzuziehen. RG. 5. Mai 14 AM. 1914, 251 = Recht 1918 Nr. 2337 = BlBayFW. 22, 247 = PrZBl. 1914, 242 = ZschrfZollw. 1915, 151.

13. Die einem Testamentsvollstrecker letztwillig ausgesetzte, rein sachlich betrachtet als angemessen zu erachtende Vergütung für Testamentsvollstreckung ist nicht erbschaftssteuerpflichtig. Zu der Streitfrage, ob eine derartige Vergütung sich stets als eine Zuwendnng unter der Auflage der Testamentsvollstreckung darstelle, hat der Gerichtshof nicht Stellung genommen. RG. 1. November 18 AM. 1919, 25 = Recht 1919 Nr. 346 = ZschrfZollw. 1919, 137.

14. Die Kosten der Umschreibung von Nachlaßgrundstücken und Nachlaßhypotheken auf den Alleinerben können von der Nachlaßmasse für die Berechnung der vom Erben zu entrichtenden Erbschaftssteuer nicht abgezogen werden, wohl aber die Kosten der Umschreibung vermachter Grundstücke und Hypotheken auf den Vermächtnisnehmer. RFH. 4. Juni 19 S. 1, 124 = DJZ. 1919, 853.

15. Wegen der Kosten der Erfüllung eines Schenkungsversprechens vgl. zu § 56 unter Nr. 1.

§ 30.

1. Eine abzugsfähige Auflage wurde verneint in folgendem Falle: Der Schenker hatte einer Stadtverwaltung ein Kapital mit der Bestimmung geschenkt, daß von den Zinsen zum Zwecke der Verschönerung eines Stadtteiles Bauprämien zu gewähren seien. Hiernach lag dem Schenker daran, eine Verschönerung der Stadt zu erreichen und durch die Prämien die Hauseigentümer zum Bauen zu bewegen. Wenn die Stadtverwaltung die Gelder bestimmungsgemäß verwandte, so wurde dadurch ihre Bereicherung weder ganz noch teilweise aufgehoben, denn die Verwendung erfolgte in ihrem eigenen Interesse und gegen eine ihr zugute kommende Gegenleistung. RG. 20. Dezember 1919 E. 75, 90 = JW. 1911, 231 = BlBayFW. 19, 270.

2. Im übrigen vgl. zu § 1 unter Nr. 8—14, zu § 12 unter Nr. 2—10.

Haftung für die Erbschaftssteuer.

§ 31.

Abs. 1.

1. Steuerschuldner. Erwerber im Sinne des § 31 ist auch der Beschenkte. RG. 30. September 10 Recht 10 Nr. 4196.
2. — Wer sich der Steuerbehörde gegenüber zur Abführung der Schenkungssteuer bereit erklärt, wird dadurch nicht Steuerschuldner. RFH. 14. November 19 S. 1, 260.

Abs. 2.

3. Die Gesamthaftung des Erben besteht auch für die Erbschaftssteuer von einem vermächtnisweise erfolgten Schulderlaß. RG. 9. Juni 14 Recht 18 Nr. 2919 = HoldhM. 24, 52.

§ 32.

Abs. 1.

1. Die Bezeichnung Nachlaßpfleger umfaßt auch den Nachlaßverwalter. Die Haftung aus Abs. 1 kann unter Umständen bereits durch ein Dulden oder Unterlassen begründet werden. WarnRspr. 10, 37 = BlBayFW. 24, 102 = ZschrfZollw. 1916, 185.

Erbschaftssteuererklärung.

§ 43.

Abs. 1.

1. Begriff der Einigung. RG. 21. März 11 WarnRspr. 4, 389 = ZschrfZollw. 1911, 151 = Recht 1911 Nr. 2238.

Erbschaftssteuerbescheid.

§ 45.

1. Ein im ordentlichen Verfahren den Streit von Erbbeteiligten über einen Anfall oder dessen Höhe entscheidendes Urteil ist auch dem Fiskus gegenüber für die Steuererhebung maßgebend. RG. 6. Juli 15 AM. 1915, 231 = JW. 1915, 1198 = ZschrfZollw. 1916, 124 = BlBayFW. 24, 48.
2. Vergleich über Erbansprüche vgl. zu § 1 unter Nr. 1—4.
3. Erbschein. Der Inhalt eines Erbscheins ist für die Erbschaftssteuer-Ansprüche des Fiskus nicht ohne weiteres maßgebend. Das Erbschaftssteueramt ist nicht gehindert, dem Erbschaftssteuerbescheid eine von dem Inhalt des Erbscheins abweichende Rechtsauffassung zugrunde zu legen. Ein Beschwerderecht gegen die Anordnung des Gerichts auf Erteilung oder Abänderung eines Erbscheins steht dem Fiskus aber nicht zu. RG. 29. Juni 16, AM. 1917, 51.
4. Die Steuerbehörde kann nicht die Einziehung eines unrichtigen Erbscheins betreiben. RG. 29. Juni 16 LZ. 10, 1310.
5. Ermittelungen. Nur insofern die Willenserklärung des Erblassers mißverständlich oder mehrdeutig ist, ist nicht den bei der Zweckbestimmung gebrauchten Worten ausschlaggebende Bedeutung beizumessen, sondern der wirkliche Wille des Erblassers zu erforschen. RFH. 14. März 19 S. 1, 10 = AM. 1919, 230.

Strafen.

§ 50.

1. Hinterziehungsabsicht wird nicht erfordert. RGStr. 7. Okt. 10 MittWüFM. 5, 132 = BlBayFW. 19, 302 = ZschrfZollw. 1911, 94.

Verjährung der Erbschaftssteuer.

§ 54.

1. Die Verjährung läuft in Ansehung von Schenkungen an juristische Personen in Preußen erst von der Erteilung der behördlichen Genehmigung — dem Eintritt der aufschiebenden Bedingung — an. RFH. 14. März 19 S. 1, 16 = AM. 1919, 185 = DJZ. 1919, 437 = ZschrfZollw. 1919, 187 = DStZ. 8, 35.

Schenkungen unter Lebenden.

§ 55.

Lit. *Mirre, Der nach dem Tode des Auftraggebers erfüllte Auftrag und die Erbschaftssteuer (Schenkung des Erblassers oder des Erben?) ZschrfZollw. 1915, 65. — Stützel, Erbschaftsausschlagung zugunsten eines anderen Steuerpflichtigen. BlBayFW. 19, 41.*

Abs. 1.

1. Begriff der Schenkung: RG. 7. Juli 14 HoldhM. 24, 52.
2. — Mit der bisherigen Rechtsprechung ist anzunehmen, daß der Begriff der Schenkung für das Erbschaftssteuergesetz dem BGB. zu entnehmen ist. Da hiernach die Einigung der Beteiligten über die Unentgeltlichkeit der Zuwendung eine wesentliche Voraussetzung der Schenkung ist, ist stets zu prüfen, welche Bedeutung die Beteiligten von ihrem subjektiven Standpunkte aus der Zuwendung beilegen wollten. RFH. 14. März 19 S. 1, 16 = AM. 1919, 185.
3. — Der Begriff der steuerpflichtigen „Schenkung unter Lebenden" bestimmt sich nach § 516 BGB.; hiernach ist die subjektive Bereicherungsabsicht des Schenkers nicht ein notwendiges Begriffsmerkmal, so daß also eine Schenkung nicht schon deshalb verneint werden kann, weil der Schenker im Endziel eine Vermehrung seines eigenen Vermögens erstrebt.

   So ist bei einer Zuwendung eines reichen Arbeitgebers an die Unterstützungskasse für Witwen und Waisen seiner Angestellten der Charakter einer Schenkung nicht deshalb zu verneinen, weil sie wesentlich zu dem Zwecke der Erhaltung eines festen Stammes zuverlässiger Angestellter erfolgte. RG. 16. Oktober 08 E. 70, 15 = Recht 1908 Nr. 3715—3718.
4. — Für die Annahme eines entgeltlichen Geschäftes ist nicht nötig, daß die beiden einander gegenüberstehenden Leistungen vermögensrechtlicher Natur sind. Der vermögensrechtlichen Zuwendung

des einen Teils kann auch ein bloßes Unterlassen des andern Teils gegenüberstehen, z. B. der Verzicht auf Ausschlagung des Erbteils im Falle des § 2306 Abs. 1 S. 2 des BGB. RFH. 4. Juni 19 S. 1, 99 = AM. 1919, 349.

5. Beweis. Ob eine Schenkung vorliegt, ist nicht lediglich aus dem Wortlaut der Urkunde zu beurteilen. RG. 8. Juli 13; Recht 1913 Nr. 2934; BlBayFW. 22, 49.

6. Außerordentliche Vereinsbeiträge als Schenkung. RGStr. 25. Oktober 12 MittWüFM. 7, 90 = BlBayFW. 21, 321 = ZschrfZollw. 1913, 186.

7. Zinslose Stundung eines Erbteils stellt in der Regel keine Schenkung der Zinsen dar. RG. 15. Juni 15 Recht 1915 Nr. 2258 = WarnRspr. 8, 357.

8. Wenn jemand ein ihm als Treuhänder von einem andern übereignetes Grundstück auf Veranlassung des andern einem Dritten aufläßt, ohne von diesem eine Gegenleistung zu erhalten, so liegt darin keine Schenkung des Treuhänders an den Dritten, möglicherweise aber eine solche des andern an den Dritten. RFH. 2. Oktober 19 S. 1, 197.

9. Verzicht auf testamentarisch vermachten Nießbrauch bei Erwerb des Gegenstandes des Nießbrauchs als Schenkung. RFH. 5. Oktober 19 JW. 1919, 1008.

10. Mitgift. Zuwendung an eine Halbschwester als Mitgift ist eine Schenkung an diese, selbst wenn der Zuwendende und der Ehemann der Beschenkten darüber einig waren, daß ohne die Hergabe der Mitgift die Heirat nicht stattfinden würde. RG. 3. Dezember 12 JW. 1913, 279 = WarnRspr. 6, 116 = BlBayFW. 21, 161 = PrZBl. 1914, 89 = ZschrfZollw. 1913, 89.

11. — Die Zuwendung einer Mitgift durch die Pflegemutter an ihre Pflegetochter ist beim Vorliegen der sonstigen Voraussetzungen für eine Schenkung nach § 55 auch dann steuerpflichtig, wenn die Zuwendung sich infolge einer Verpflichtung der Schenkerin gegenüber dem künftigen Ehemanne der Beschenkten als Entgelt für die Eheschließung darstellt. RG. 9. Februar 17 AM. 1917, 98.

12. Vergleich. Was aus einem ernstlichen Vergleiche als Abfindung aus einem streitigen formlosen Schenkungsversprechen gewährt wird, unterliegt der Schenkungssteuer. RFH. 23. April 19 S. 1, 28 = AM. 1919, 228.

Abs. 2.

13. Ueber Auflagen vgl. zu § 1 unter Nr. 8—16.

Abs. 3.

14. Bei Errichtung einer rechtsfähigen Stiftung ist Schenkungssteuer auch dann zu erheben, wenn der Stifter das gestiftete Vermögen schon bisher zu den der Stiftung eigenen Zwecken verwendet hat, ohne dazu Dritten gegenüber rechtlich verpflichtet gewesen zu sein. RG. 13. Okt. 14 AM. 1914, 349 = HoldhM. 24, 52 = BlBayFW. 23, 125 = ZschrfZollw. 1915, 250 = Recht 1915 Nr. 690.

15. Die Errichtung einer unselbständiger Bestandteil des Vermögens des Stifters bleibenden Stiftung ist schenkungspflichtig, wenn sich die Erben eines geschäftlichen Unternehmens dazu gegenseitig und dem Testamentsvollstrecker gegenüber verpflichten. RG. 29. März 12 MittWüFM. 7, 86 = ZschrfZollw. 1913, 20.

§ 56.

Lit. **Freude**, *Sittliche Pflicht und Anstandsrücksicht. ZschrfZollw. 1914, 165.* — **Nussbaum**, *Pensionskasse und Schenkungssteuer. DStZ. 7, 146.*

Abs. 1.

1. Die **Kosten** der Erfüllung eines Schenkungsversprechens (z. B. die der Uebergabe, der Auflassung) hat der Schenker zu tragen; übernimmt sie der Beschenkte, so ist er in Höhe ihres Betrags durch die Schenkung geringer bereichert als ohne eine solche Auflage. RFH. 14. Mai 19 S. 1, 59 = DJZ. 1919, 685.

Abs. 2.

2. Bei **Schenkungen an Bedürftige** zum Zwecke des Unterhalts muß die Bedürftigkeit wirklich vorhanden oder wenigstens mit einiger Sicherheit zu erwarten sein. Vorhandensein eines kleinen Vermögens schließt die Bedürftigkeit nicht aus. Sofern die Zuwendung die Möglichkeit in sich birgt, daß der geschenkte Betrag zum erheblichen Teile zu anderen Zwecken als zur Bestreitung des Unterhalts verwendet wird, geht sie über den Rahmen des Notwendigen hinaus und unterliegt deshalb in vollem Umfange der Steuerpflicht. RFH. 30. April 19 S. 1, 35 = AM. 1919, 297.

3. **Anstandsrücksicht und sittliche Pflicht im allgemeinen.** Den auf den Anstand zu nehmenden Rücksichten entspricht ein Verhalten, das nicht dergestalt gegen die Anschauungen der in Betracht kommenden Gesellschaftskreise verstößt, daß der Handelnde oder der ein bestimmtes Handeln Unterlassende dadurch eine Einbuße in der Achtung und Anerkennung dieser Kreise erleidet. RG. 20. Juni 11 JW. 1911, 827.

4. — Die bisherige Auslegung des Begriffs der „Anstandsrücksicht" wird aufrecht gehalten. Es ist jedoch eine einengende Auslegung der Befreiungsvorschrift in der Richtung am Platze, daß nicht etwa die Auffassung der Kreise der Verwandten und Bekannten des Schenkers, sondern die der weiteren Kreise aller dem Schenker sozial Gleichstehender als Maßstab für die Beurteilung der Frage zu gelten hat, ob das Vorhandensein einer auf den Anstand zu nehmenden Rücksicht als gegeben anzuerkennen sein möchte. RG. 8. Febr. 16 AM. 1916, 87 = BlBayFW. 24, 155 = ZschrfZollw. 1912, 13.

5. — Erfüllung einer sittlichen Pflicht ist nicht jede Betätigung der Nächstenliebe, wohl aber jede Handlung, die bei den besonderen Beziehungen der Beteiligten zueinander nicht unterlassen werden kann, ohne die Gebote der Sittlichkeit zu verletzen. RFH. 30. April 19 S. 1, 35 = AM. 1919, 297.

6. — Einer sittlichen Pflicht oder einer auf den Anstand zu nehmenden Rücksicht wird durch Schenkungen unter Lebenden nur entsprochen, wenn sie durch eine über die allgemeine Pflicht zur Wohltätigkeit hinausgehende besondere, aus den Umständen des Einzelfalls erwachsende, in den Geboten der Sittlichkeit wurzelnde Verpflichtung veranlaßt sind oder der Schenker bei ihrer Unterlassung in den Kreisen seiner Standesgenossen an Achtung und Ansehen Einbuße erleidet. Diese Voraussetzungen für die Steuerfreiheit treffen im allgemeinen für Zuwendungen eines vermögenden Schenkers an entfernte Ver-

wandte nicht zu. RG. 11. Dez. 14 AM. 1915, 55 = Recht 1911, 691 = ZschrfZollw. 1916, 25.

7. — Schenkungen aus Anstandsrücksichten sind die Gelegenheitsgeschenke des täglichen Lebens, denen sich niemand entziehen kann, ohne in den Augen Gleichstehender an Achtung und Anerkennung einzubüßen. RFH. 30. April 19 S. 1, 35 = AM. 1919, 297.

8. Einzelfälle. Der Begriff der sittlichen Pflicht erfordert das Vorliegen einer besonderen, aus den Umständen des Falles erwachsenen, in den Geboten der Sittlichkeit wurzelnden Verpflichtung. Dabei sind die persönlichen Beziehungen zwischen Schenkendem und Beschenktem, sowie die Vermögens- und Standesverhältnisse beider Teile und die Höhe der Schenkung zu berücksichtigen.

Eine Schenkung von 25000 Mk., die der Testamentsvollstrecker eines, einer jüdischen Gemeinde angehörenden Erblassers mit Zustimmung der Erben dieser Gemeinde gemacht hat, ist nicht steuerfrei. RG. 12. März 09 E. 70, 383 = JW. 1909, 286 = Recht 1909 Nr. 1630—1632.

9. — Haben Pflegeeltern der Pflegetochter in Anerkennung der ihnen geleisteten Dienste eine Ausstattung im Falle ihrer Verheiratung versprochen, so kann die Erfüllung dieses Versprechens durch eine sittliche Pflicht geboten scheinen. RG. 9. Febr. 17 Recht 1917 Nr. 717.

10. — Daß, wer eine nahe Verwandte als Pflegekind angenommen hat, dieser nach ihrer Verheiratung durch Zuwendungen ermögliche, ihr Leben gerade auf dem Fuße des pflegeelterlichen Hauses weiterzuführen, ist im Sinne des § 56 Abs. 2 EStG. weder durch sittliche Pflicht noch durch auf den Anstand zu nehmende Rücksichten geboten. RFH. 13. Juni 19 S. 1, 109.

11. — Wer mit einem Mädchen zwölf Jahre hindurch in intimen Beziehungen gestanden hat, entspricht einer sittlichen Pflicht, wenn er ihm im Falle der Erkrankung und Erwerbsunfähigkeit, ohne seine Beziehungen zu lösen, von seinem Ueberfluß zukommen läßt, was das Mädchen zur Wiederherstellung der Gesundheit und zum Unterhalten während der Erkrankung und Erwerbsunfähigkeit benötigt. RFH. 30. April 19 S. 1, 35 = AM. 1919, 297 = DJZ. 1919, 601.

12. — Ist ein Testament, worin der Erblasser, um seinen bedürftigen Verwandten mehr zuwenden zu können, eine vermögende Verwandte nicht bedacht hat, wegen Formmangels nichtig, so entspricht es einer auf den Anstand zu nehmenden Rücksicht, wenn die vermögende Verwandte zugunsten der bedürftigen Verwandten auf ihren Erbteil verzichtet. RG. 23. Sept. 10 Recht 1910 Nr. 3848 = PrZBl. 1910, 493 = DJZ. 1910, 1410 = ZschrfZollw. 1910, 250.

13. — Ist der zur Vorerbin eingesetzten zweiten Ehefrau im Testament ihres Ehemannes zur Pflicht gemacht, bei ihren Zuwendungen die Kinder aus erster Ehe den Kindern aus zweiter Ehe gleichzustellen, und hat die Vorerbin demgemäß gleiche Zuwendungen an ihre Kinder und Stiefkinder gemacht, so sind die Zuwendungen an die letzteren nicht der Steuerpflicht entzogen. RG. 11. April 13 Recht 1913 Nr. 1826.

14. — Erfüllung einer ungültigen letztwilligen Verfügung als Anstandsrücksicht. RG. 23. September 10 MittWüFM. 5, 131.

15. — Eine steuerfreie Anstandsschenkung kann auch darin liegen, daß der lediglich durch einen Formfehler zur Erbschaft Gelangte sie dem

nach der Absicht des Erblassers zu Bedenkenden überläßt. RG. 25. April 11 Recht 1911 Nr. 2770.

16. — Der Erbe, der, einer ihm von dem Erblasser mündlich ausgesprochenen Bitte folgend, einer Person, die sich bei der Pflege des Erblassers besonders verdient gemacht hat, einen von dem Erblasser bezeichneten Gegenstand aus dem Nachlaß schenkt, erfüllt damit lediglich eine Anstandspflicht. RG. 20. Juni 1911 Recht 1911 Nr. 3130.

17. — Erfüllung einer mündlichen Auflage des Erblassers kann Erfüllung einer sittlichen Pflicht darstellen. RG. 19. Dez. 11 JW. 1912, 363 = WarnRspr. 5, 201 = Recht 1912 Nr. 921.

18. — Die sittliche Pflicht kann auch aus dem Verhältnis des Schenkers zu einem Dritten hervorgehen. Ein Rechtsanwalt hatte einen Verwandten, der entschlossen war, seinen Nachlaß ihm und zwei Schwestern zu gleichen Teilen zuzuwenden, bestimmt, ihm den ganzen Nachlaß zuzuwenden, gegen das Versprechen, daß er ²/₃ des Nachlasses an die Schwestern herausgeben werde, und hatte dieses Versprechen auch erfüllt. RG. 17. Jan. 11 Recht 1911 Nr. 1435.

19. — Macht jemand, der seinen Bruder in einem Erbvertrag zum Erben eingesetzt hat, in einem weiteren, aber den Formvorschriften nicht entsprechenden Vertrage unter Zustimmung seines Bruders seiner bedürftigen Haushälterin unter deren Annahme ein Schenkungsversprechen, daß sie von seinem Tode ab eine Leibrente erhalten solle, so ist die Erfüllung dieses Versprechens nicht steuerpflichtig. RG. 15. Mai 14 Recht 1914 Nr. 2566 = HoldhM. 23, 203.

20. — Sittliche Pflicht oder Anstandsrücksicht bei Zuwendungen unter Miterben zum Ausgleich von Nachteilen, die durch letztwillige Verfügung entstanden sind. RG. 11. April 13 MittWüFM. 8, 38.

21. — Es besteht keine sittliche Pflicht, formungültige Verträge zu erfüllen. RG. 17. Januar 11 WarnRspr. 4, 175.

22. Angestellten- und Arbeiterfürsorge. Die in § 12 Abs. 1 Nr. 4 geregelten Zuwendungen können sehr wohl auch der Befreiungsvorschrift des § 56 Abs. 2 unterliegen, wenn deren Voraussetzungen vorliegen. Es besteht jedoch keine besondere sittliche Pflicht für den vermögenden Arbeitgeber zur Gründung und Ausstattung von Unterstützungskassen für die Witwen und Waisen der Angestellten. RG. 16. Oktober 08 E. 70, 15 = JW. 1908, 754 = Recht 1908 Nr. 3715 bis 3718 = MittWüFM. 3, 63 = BlBayFW. 17, 62.

23. — Macht eine Gesellschaft einer für ihre Angestellten und deren Witwen und Waisen bestehenden Pensionskasse regelmäßige, nach Höhe des Jahresgewinns bemessene Zuschüsse, so wird hierdurch zwar nicht einer sittlichen Pflicht, wohl aber einer auf den Anstand zu nehmenden Rücksicht entsprochen und es ist demnach, da die Befreiungsvorschrift des § 56 Abs. 2 Platz greift, die Steuerpflicht ausgeschlossen. RG. 11. Febr. 10 E. 73, 46 = JW. 1910, 299 = DJZ. 1910, 594 = Recht 1910 Nr. 1171 bis 1173 = BlBayFW. 18, 190.

24. — Eine Anstandsrücksicht ist nicht anzuerkennen bei der Neubegründung von Unterstützungskassen seitens der Arbeitgeber. RG. 15. November 10 MittWüFM. 6, 32 = WarnRspr. 4, 160 = BlBayFW. 19, 182 = ZschrfZollw. 1911, 122 = Recht 1911 Nr. 638.

25. — Wenn der Gründer und Aufsichtsrats-Vorsitzende einer Aktiengesellschaft dieser Geldbeträge zur Errichtung billiger Wohnungen für die Arbeiter der Gesellschaft schenkt, so ist die Schenkung unter Umständen nach § 12 Abs. 1 Nr. 3 mit 5 v. Hundert zu versteuern; es ist aber regelmäßig nicht anzuerkennen, daß die Schenkung in Erfüllung einer sittlichen oder Anstandspflicht erfolgt und deshalb nach § 56 Abs. 2 steuerfrei ist, zumal wenn der Schenker selbst Besitzer von Aktien der Gesellschaft ist. RG. 3. Januar 11 E. 75, 132 = JW. 1911, 336 = Recht 1911 Nr. 1431—1434 = MittWüFM. 6, 33 = BlBayFW. 19, 306.

26. — Zuwendungen, die industrielle Unternehmungen, Banken, an Vereine zur Versorgung der Hinterbliebenen ihrer Angestellten machen, können als durch den Anstand gebotene Zuwendungen nur dann gelten, wenn die Unternehmungen sich der Schenkung, ohne ihren Ruf zu gefährden, nicht entziehen konnten. RG. 2. Januar 12 Recht 1912 Nr. 788 = BlBayFW. 20, 117 = DJZ. 1912, 402.

27. — Für eine Aktiengesellschaft oder den Inhaber des größten Teils ihrer Aktien besteht regelmäßig nicht eine sittliche oder Anstandspflicht zu Schenkungen zugunsten der bei der Aktiengesellschaft beschäftigten Arbeiter oder deren Hinterbliebenen. RG. 23. Januar 12 E. 78, 412 = JW. 1912, 409 = Recht 1912 Nr. 922, 923 = MittWüFM. 8, 42 = BA. 11, 250 = BlBayFW. 20, 183.

28. — Errichtung einer Arbeiterunterstützungskasse entspricht im allgemeinen keiner Anstandspflicht. RG. 29. März 12 WarnRspr. 5, 318.

29. — K.'sche Arbeiterstiftung. RG. 13. April 13 HoldhM. 23, 199.

30. — Ist eine zur Unterstützung hilfsbedürftiger Arbeiter eines gewerblichen Unternehmens gegründete Kasse nicht mehr in der Lage, aus den ihr zur Verfügung stehenden Mitteln ihre Verpflichtungen zu erfüllen, so kann es als eine sittliche Pflicht oder Anstandspflicht des Unternehmers angesehen werden, durch weitere Zuwendungen die Kasse zur Erfüllung ihrer satzungsmäßigen Aufgaben fähig zu erhalten. RG. 15. April 13 Recht 1913 Nr. 1927.

31. — Schenkungen an Kassen oder Anstalten eines Gewerbeunternehmens, die die Unterstützung der Arbeiter bezwecken, unterliegen regelmäßig der ermäßigten Abgabe des § 12 Nr. 4; sie sind aber von der Steuer nach § 56 Abs. 2 nur dann völlig befreit, wenn besondere, aus den persönlichen Beziehungen des Schenkers zu den Beschenkten zu entnehmende Umstände vorliegen, aus denen sich ergibt, daß durch die Schenkung einer sittlichen Pflicht oder einer auf den Anstand zu nehmenden Rücksicht entsprochen wird. RG. 15. April 13 Recht 1913 Nr. 1926 = ZschrfZollw. 1914, 120.

32. — Stiftung einer Beamten-, Witwen- und Waisenkasse. RG. 15. April 14 HoldhM. 23, 201.

33. — Zuwendungen von Arbeitgebern an eine Ruhegehaltskasse für ihre Arbeiter sind nicht als Schenkungen anzusehen, die einer sittlichen Pflicht oder einer auf den Anstand zu nehmenden Rücksicht im Sinne des § 56 Abs. 2 entsprechen. RG. 12. Mai 14 AM. 1914, 253 = Recht 194 Nr. 2567 = HoldhM. 23, 198.

34. — Schenkungen von Arbeitgebern an Arbeiterunterstützungskassen fallen nicht ausnahmslos unter die Befreiungsvorschrift in § 56 Abs. 2. Die Vorschrift setzt zu ihrer Anwendung noch besondere Gründe voraus,

die in Verbindung mit den aus dem Arbeitsverhältnisse sich ergebenden Beziehungen die Annahme rechtfertigen, daß die Schenkung unter einem gewissen Zwange erfolgt ist und die Arbeiter sie erwarten durften. RFH. 3. Oktober 19 S. 1, 213 = JW. 1919, 1009.

35. Uebermäßige Zuwendung. Wenn der Betrag einer Schenkung über das hinausgeht, was die sittliche Pflicht gebietet, ist der Gesamtbetrag der Besteuerung zugrunde zu legen. RG. 12. März 09 JW. 38, 286.

36. — Die sittliche Pflicht zur Unterhaltsgewährung usw. geht nicht über das Maß dessen hinaus, was zur Zeit der Gewährung zu dem beabsichtigten Zwecke als notwendig angesehen werden kann. RFH. 30. April 19 S. 1, 35 = AM. 1919, 297.

37. Belohnung. Eine Zuwendung, die im Hinblick auf geleistete Dienste und als Entgelt dafür gemacht wird, ist keine Schenkung. RG. 6. Nov. 14 Recht 1915 Nr. 488.

38. — Steuerpflichtig ist auch die ohne Schenkungsabsicht vorgenommene belohnende Schenkung; auch ist unerheblich, ob der Schenkgeber einem Dritten gegenüber die Verpflichtung übernommen hatte, die Zuwendung zu machen. RG. 9. Febr. 17 JW. 1917, 480 = Recht 1917 Nr. 716.

39. — Für den Begriff der Schenkung ist § 516 BGB. maßgebend. Er setzt voraus, daß die Beteiligten von ihrem subjektiven Standpunkt aus die Zuwendung nicht als Gegenleistung für gewisse Leistungen angesehen wissen wollen. RFH. 14. März 19 S. 1, 16.

40. — Zuwendung, die die Sicherung künftiger Dienste des Bedachten bezweckt, als Schenkung. RG. 8. Juli 13 BlBayFW. 22, 49 = Recht 1913 Nr. 2935.

41. — Eine nachträgliche besondere Zuwendung seitens einer Aktiengesellschaft an ein Vorstandsmitglied über die vertragsmäßigen Gebührnisse hinaus ist je nach der subjektiven Auffassung der Beteiligten entweder die nachträgliche Abgeltung für geleistete außerordentliche Dienste oder eine belohnende Schenkung und dann steuerpflichtig. RG. 7. Febr. 19 E. 94, 322 = AM. 1919, 179 = DJZ. 1919, 509.

42. Auflage. Bei Zuwendungen an eine juristische Person, die einen bestimmten Zweck verfolgt, wird die Bereicherung nicht dadurch ausgeschlossen, daß satzungsgemäß die zugewendeten Beträge wieder verausgabt werden müssen. Das gleiche gilt, wenn die Verwendung bei der Zuwendung ausdrücklich angeordnet worden ist. RG. 30. Sept. 10 Recht 1910 Nr. 4197. Vgl. hierüber noch zu § 12 unter Nr. 1—6.

43. — Während bei einem lästigen Veräußerungsgeschäft die Leistungen beider Vertragsteile in einem wechselseitigen Abhängigkeitsverhältnis zueinander stehen, besteht bei der Schenkung unter einer Auflage rechtlich nur ein einseitiges Abhängigkeitsverhältnis, nämlich das der Leistung des Beschenkten von der des Schenkers. RG. 4. Nov. 13 Recht 1914 Nr. 264.

Rechtsweg.

§ 57.

Abs. 1.

1. Zulässigkeit der Feststellungsklage. RG. 15. Februar 16 JW. 1916, 843.

2. Zinsen. Der Fiskus schuldet Zinsen von zurückzuzahlenden Steuerbeträgen nicht vom Tage der Einzahlung ab, sondern erst seit der Zustellung der Rückforderungsklage und der durch sie eingetretenen Rechtshängigkeit (§ 818 BGB.).

Die Verzinsungspflicht tritt nach § 819 Abs. 1 a. a. O. nur dann schon früher ein, wenn der Fiskus als Empfänger der Abgabe den Mangel des rechtlichen Grundes bei dem Empfang kannte oder später erfahren hat. In diesem Falle besteht die Zinspflicht schon vom Augenblick der Kenntnis des Mangels des rechtlichen Grundes des Steueranspruchs ab, und zwar ohne Rücksicht darauf, innerhalb welcher Frist nach diesem Zeitpunkt bei ordnungsmäßigem Geschäftsgang die Anweisung zur Rückzahlung hätte erteilt werden können. RG. 6. Juli 15 AM. 1915, 231 = JW. 1915, 1196 = BlBayJW. 24, 48 = ZschrfZollw. 1916, 124.

3. — Der Anspruch auf Zahlung von Verzugszinsen für einen als Erbschaftssteuer entrichteten und wieder zurückgezahlten Betrag ist öffentlichrechtlicher Natur. Seine Geltendmachung im Wege der Klage unterliegt daher der Ausschlußfrist des § 57. RG. 29. Oktober 15 AM. 1916, 17 = PrZBl. 1916, 2 = ZschrfZollw. 1916, 123.

Abs. 2.

4. Die in Abs. 1 für die Rückforderungsklage gegen den Fiskus vorgeschriebene sechsmonatige Frist ist nicht Verjährungsfrist sondern Ausschlußfrist. RG. 12. Mai 11 E. 76, 270.

Uebergangsvorschriften.

§ 60.

1. Die TSt. 23 zum PrStempG. ist durch das REStG. nicht beseitigt; Familienstiftungen unterliegen danach dem dreiprozentigen Landesstempel. RG. 29. Sept. 11 E. 77, 77 = PrZBl. 1911, 430 = Recht 1911 Nr. 3771, 3772 = ZschrfZollw. 1912, 28.

Schlußvorschrift.

§ 61.

1. Nacherbschaft. Als begründet im Sinne dieser Uebergangsvorschrift ist ein Erwerb dann anzusehen, wenn für ihn eine der Willkür des Erblassers entrückte Grundlage in dessen letztwilliger Verfügung gegeben ist, sollte auch durch andere, vom Willen des Erblassers unabhängige Umstände der Erwerb noch vereitelt werden können. Mit dem Tode des Erblassers ist daher bereits das Recht des Nacherben begründet, auch wenn dieser nur unter einer Bedingung eingesetzt ist. RG. 16. April 19 Recht 1919 Nr. 1204.

2. Gemeinschaftliches Testament. Ein Erwerb von Todes wegen ist im Sinne der Uebergangsvorschrift des § 61 auch dann schon begründet, wenn im Falle eines gemeinschaftlichen Testaments der überlebende Ehegatte die Erbschaft nach dem Erstverstorbenen an=

genommen hat und nunmehr an seine zugunsten des Bedachten getroffene Verfügung gebunden ist. Fällt daher der Tod des Erstverstorbenen in die Zeit vor dem Inkrafttreten des RESt G., so findet auf die Versteuerung des Erwerbs das frühere Recht Anwendung. RG. 23. Mai 13 E. 82, 305 = Recht 1913 Nr. 2009 = MittWüFM. 9, 86.

3. — Begründetheit eines Erwerbs erfordert mehr als eine bloße Hoffnung, jedoch weniger als den wirklichen Anfall. Dies trifft insbesondere beim gemeinschaftlichen Testament von Ehegatten nach dem Vorabsterben eines Gatten zu, wenn damit dessen letztwillige Anordnungen der Willkür des anderen Gatten entrückt sind. RG. 20. Jan. 14 Recht 1918 Nr. 994 = HoldhM. 24, 52 = PrZBl. 1914, 194.

4. Fideikommiß. Der Erwerb eines Fideikommisses ist nicht vor dem Wegfall des zuletzt Berechtigten begründet. RFH. 4. April 19 DJZ. 24, 513 = DStBl. 1, 434.

5. Vergleich. Haben sich die Beteiligten nach dem Inkrafttreten des EStG. über ein vor diesem Zeitpunkte abgegebenes streitiges Schenkungsversprechen verglichen, so ist der Erwerb aus dem Vergleich als vor dem Inkrafttreten des Gesetzes begründet anzusehen. RFH. 23 April 19 S. 1, 28 = AM. 1919, 228.

§ 62.

1. Die Ermächtigung des Bundesrats zum Erlaß von Ausführungsbestimmungen im § 62 enthält nicht die Ermächtigung zur authentischen Auslegung des Gesetzes. RFH. 3. Okt. 19 S. 1, 199 = AM. 1919, 386.

4.

Kohlensteuergesetz

vom 8. April 1917 (RGBl. S. 340).

(KohStG.)

§ 3.

Lit. *Recken, Zur Abwälzung der Kohlensteuer auf den Mieter bei laufenden Verträgen. DJZ. 1918, 759. — Drabert, Kann der Vermieter die Kohlensteuer auf die Mieter abwälzen? DJZ. 1917, 673.*

§ 5.

Abs. 1.

Die Befreiungsvorschrift im § 5 Abs. 1 greift auch Platz für Kohlen, die das Werk von anderer Seite bezogen hat.

Beim Tagebau umfaßt der steuerfreie Bergwerksbetrieb die Abraumarbeiten und ähnliche der Förderung ausschließlich dienende Verrichtungen selbst insoweit, als sie der eigentlichen Förderung zeitlich vorangehen. RFH. 29. Oktober 19 S. 1, 254.

§ 8.

Lit. *Nachvergütungen (AusfBest. § 13): Heinemann, JW. 1918, 757.*

Abs. 1.

1. Die in den Kohlenverkaufspreis eingerechnete Umsatzsteuer darf bei Berechnung der Kohlensteuer von dem Verkaufspreis nicht in Abzug gebracht werden. RFH. 17. Sept. 19 S. 1, 176 = DStZ. 8, 179 = DJZ. 1919, 1025.
2. An der im Urteil vom 17. September 1919 ausgesprochenen Rechtsauffassung, daß für Berechnung der Kohlensteuer die in dem Verkaufspreis enthaltene Umsatzsteuer nicht ausgeschieden werden darf, wird festgehalten.

   Berechnung der Umsatzsteuer und der Kohlensteuer aus dem reinen Verkaufspreis. RFH. 5. Nov. 19 S. 1, 263.
3. Von dem Verkaufspreise für Kohle kann bei der Steuerberechnung nach §§ 6, 8 die nach altenburgischem Rechte erhobene Förderabgabe selbst dann nicht gekürzt werden, wenn sie den Abnehmern gesondert in Rechnung gestellt wird. RFH. 9./21. Mai 19 S. 163, 48 = PrZBl. 1919, 194.

§ 37.

Lit. *Eckstein, Kohlensteuer, Schiedsklauseln und Schiedsgericht. HoldhM. 26, 128.*

5.

Gesetz über eine außerordentliche Kriegsabgabe für das Rechnungsjahr 1918

vom 26. Juli 1918 (RGBl. S. 964).

(KrAbgG.)

Abgabepflicht der Einzelpersonen.

§ 4.

Abs. 1.

1. Begriff der allgemeinen landesgesetzlichen Jahresveranlagung zur Einkommensteuer im Sinne von § 4. RFH. 6. November 19 S. 1, 267.

Abs. 3.

2. Wenn keine drei Jahresveranlagungen vorliegen, ist für das Antragsrecht des Steuerpflichtigen auf Zugrundelegung des durchschnittlichen Friedenseinkommens nach Abs. 3 des § 4 kein Raum. RFH. 6. Nov. 19 S. 1, 267.

§ 5.

1. Wenn das von dem Abgabepflichtigen nachgewiesene Einkommen, das er im Jahre 1913 oder im Durchschnitt der Jahre 1911, 1912, 1913 tatsächlich bezogen hat, 5 vom Hundert des bei Eintritt der Steuerpflicht vorhandenen Vermögens übersteigt, so ist es als Friedenseinkommen zu berücksichtigen, auch wenn es ganz im Ausland erworben und dort veranlagt war. RFH. 1. Juli 19 S. 1, 165 = DStBl. 2, 103.

§ 6.

Lit. Erler, Zur Auslegung von § 6 Satz 3. JW. 1918, 761. — Hirschwald, Zu § 6 des KrAbgG. vom 26. Juli 1918. DStZ. 8, 36. — Uhlich, Das der Nutzniessung unterliegende Kindesvermögen und die Kriegsabgabe vom Mehreinkommen. DStBl. 1, 198. — Oppenheim, Berechnung des Friedenseinkommens des überlebenden Ehegatten. DStZ. 8, 86. — Potthart, Die Berücksichtigung der Erbanfälle bei der Kriegsabgabe am Mehreinkommen. DStBl. 2, 69. — Schäffer, Kriegssteuer und Kriegsabgabe vom Vermögenszuwachse beim Vermächtnisnehmer. DStBl. 2, 70.

1. Voraussetzung für die Anwendung des § 6 ist, daß nach dem maßgebenden Stichtag Vermögen angefallen ist, dessen Nutzung zu einem Einkommmen für den Abgabepflichtigen führt.

Der Vermögensanfall braucht nicht zugunsten des Abgabepflichtigen eingetreten zu sein; es genügt, wenn der Abgabepflichtige im Zusammenhange mit dem einem Dritten angefallenen Vermögen Bezieher des Einkommens daraus wird.

Ein solcher Vermögensanfall liegt nicht vor, wenn durch Vertrag unter Lebenden eine Erhöhung des Gewinnanteils des einen Teilhabers einer offenen Handelsgesellschaft für den Fall und vom Zeitpunkt des Todes des anderen Gesellschafters ab verabredet ist.

In dem Wegfall eines Nutznießungsrechts liegt der Fortfall einer Belastung, dagegen kann darin weder der Erwerb eines Vermögens noch die Erlangung von Einkommen durch Erbanfall oder einen anderen Anfall im Sinne von § 3 Abs. 1 Nr. 1 bis 3 KrStG. 1916 erblickt werden. RFH. 8. August 19 S. 1, 184, 188 = DStBl. 2, 99, 103.

2. Das Friedenseinkommen des Erblassers aus vererbtem Vermögen gilt nicht als fiktives Friedenseinkommen des Erben aus diesem Vermögen. RFH. 31. Okt. 19 S. 1, 232.

§ 9.

1. Unter § 9 fallen auch die Offiziere, Sanitäts- und Veterinäroffiziere der Reserve und der Landwehr, die seither zur Disposition gestellten oder verabschiedeten, im Kriege aber wieder verwendeten Offiziere, Sanitäts- und Veterinäroffiziere und oberen Militärbeamten, sowie die vorübergehend in Stellen von oberen Militärbeamten verwendeten Personen. RFH.G. 14. Januar 19 S. 1 B, 27 = AM. 1919, 41 = StA. 1919, 147 = JW. 1919, 746.

§ 10.

Abs. 2.

1. Die Ermäßigung der Einkommensteuer auf Grund eines nach § 63 PrEinkStG. gestellten Antrags ist keine Berichtigung der maßgebenden Jahresveranlagung im Sinne von § 10 Abs. 2. RFH. 7. Oktober 19 S. 1, 244 = DJZ. 1920, 154.

2. Wird die auf den Ehemann veranlagte Einkommensteuer nach dessen Tode in Abgang gestellt (§ 64 PrEinkG.) und von dem Tage ab die Witwe neuveranlagt, so liegt hierin keine Berichtigung der veranlagten Steuer des Ehemanns. RFH. 14. Oktober 19 S. 1, 247.

§ 14.

Lit. Lang, Die Berechnung des freizulassenden Abgabebetrags nach § 14 des Gesetzes über eine ausserordentliche Kriegsabgabe für das Rechnungsjahr 1918 vom 26. Juli 1918. DStZ. 7, 148.

Abs. 1.

1. Vgl. zu § 10 Abs. 1 KrStG. 1916 unter Nr. 2.

§ 15.

1. Der Veranlagung für die Kriegsabgabe 1918 zugrunde zu legen ist die auf den 31. Dezember 1916 auf Grund des § 55 BStG. von der Veranlagungsbehörde in ihren Akten erfolgte Feststellung des Vermögens des Steuerpflichtigen, auch wenn ihm weder ein Besitzsteuer- noch Feststellungs- noch Kriegssteuerbescheid auf den 31. Dezember 1916 erteilt worden ist. Er kann diese Vermögensfeststellung mit den Rechtsmitteln gegen die Veranlagung zur Kriegsabgabe 1918 (§ 35) anfechten, es sei denn, daß ihm auf den 31. Dezember 1916 auf Grund des § 65 Abs. 1 BStG. ein rechtskräftiger Besitzsteuer- oder Feststellungsbescheid erteilt ist. RFH. 23. September 19 S. 1, 223 = DJZ. 1920, 154.

§ 16.

Nr. 2.

1. Vermögensanfall nach dem 31. Dezember 1916; Berechnungsart: RFH. 30. September 19 DStBl. 2, 230.

§ 17.

1. Ist das Vermögen des Abgabepflichtigen auf den 31. Dezember 1916 rechtskräftig festgestellt, so kann er nicht Neufestsetzung auf den 31. Dezember 1917 auf Grund des § 17 KrAbgG. verlangen mit der Begründung, daß das Vermögen um mehr als den fünften Teil zu hoch festgestellt sei, beispielweise weil er als überlebender Ehegatte bei bestehender fortgesetzter Gütergemeinschaft rechtsirrtümlich das ganze Gesamtgut als ihm gehörendes steuerbares Vermögen angegeben hatte. RFH. 24. Juni 19 S. 1, 164 = DStZ. 8, 153 = DStBl. 2, 102.

Abgabepflicht der Gesellschaften.

§ 22.

Abs. 1.

1. Wenn bei der Kriegsabgabeveranlagung für 1918 als Friedensgewinn der gleiche Betrag wie bei der Kriegssteuer für 1916 angesetzt wurde, so kann den im Rechtsmittelweg erhobenen Einwendungen gegen die Berechnung des Friedensgewinns nicht der Hinweis auf die Rechtskraft der Kriegssteuerveranlagung für 1916 entgegengesetzt werden, sondern es ist zu prüfen, ob die Berechnung des Friedensgewinns den Vorschriften in §§ 16, 17 KrStG. 1916 entspricht. RFH. 27. Mai 19 S. 1, 172 = AM. 1919, 333 = DStZ. 8, 154.
2. Das erste Geschäftsjahr einer G. m. b. H. läuft erst von ihrer Eintragung in das Handelsregister. Erst auf diesen Zeitpunkt, der auch ihre Steuerpflicht erst entstehen läßt, darf die G. m. b. H. ihre Eröffnungsbilanz einrichten, auch wenn sie ihren tatsächlichen Geschäftsbetrieb bereits früher eröffnet hatte.

   Umfaßt ein Friedensgeschäftsjahr einer G. m. b. H. einen Zeitraum von weniger als 12 Monaten, so ist für die Berechnung des Friedensgewinns durch Zusammenrechnung der tatsächlichen Ergebnisse der Friedensgeschäftsjahre und Teilung der Summe durch die Anzahl der Monate zu ermitteln, wieviel von dem Gesamtgewinn der Friedensgeschäftsjahre auf einen Monat entfällt; dieser Betrag ist alsdann mit der Zahl der Monate des Kriegsgeschäftsjahres zu vervielfachen und mit dem Geschäftsgewinne des Kriegsgeschäftsjahres zu vergleichen. RFH. 16. September 19 S. 1, 205 = AM. 1919, 372.

Abs. 3.

3. Wann sind die Bezüge der Geschäftsführer einer G. m. b. H., die zugleich die einzigen Gesellschafter sind, für die Berechnung des Gewinns der Friedensgeschäftsjahre sowohl wie des 4. Kriegsgeschäftsjahres als abzugsfähige Betriebskosten zu behandeln? RFH. 26. Juli 19 AM. 1919, 334.

§ 23.

Lit. *Becher, Verkürzung der Kriegsabgaben durch künstliche Verlängerung des Geschäftsjahres. DStBl. 2, 218.*

§ 24.

Abs. 1.

1. Das Geschäftsjahr, das den Monat August 1914 mitumfaßt, hat als erstes Kriegsgeschäftsjahr bei der Berechnung des durchschnittlichen früheren Geschäftsgewinns (Friedensgewinns) auszuscheiden.

Bei der Vergleichung des durchschnittlichen früheren Geschäftsgewinns mit dem in einem Kriegsgeschäftsjahr erzielten Geschäftsgewinn können stets nur die Ergebnisse von Geschäftszeiträumen gleicher Dauer einander gegenübergestellt werden. RFH. 27. Mai 19 S. 1, 172 = DJZ. 1919, 941 = DStZ. 8, 154.

Abs. 2.

2. Die Abzugsfähigkeit der Kriegssteuer ist durch § 24 Abs. 2 sowohl für das 4. wie für das 1. bis 3. Kriegsgeschäftsjahr ausgeschlossen. RFH. 22. Mai 19 S. 1, 115 = DStZ. 8, 113.

§ 25.

1. Bei Anwendung des § 25 ist, wenn die drei ersten Kriegsgeschäftsjahre die Zeit von 36 Monaten umfassen, deren Gesamtergebnis nicht dem einfachen, auf ein Jahr berechneten Betrage des Friedensgewinns (durchschnittlichen früheren Geschäftsgewinns), sondern dem Betrage gegenüberzustellen, der auf eine Zeitdauer von 36 Monaten trifft. RFH. 12. Juni 19 S. 1, 111.

Gemeinsame Vorschriften.

§ 36.

1. Anfechtung der Vermögensfeststellung für 31. Dez. 1916: vgl. zu § 15 unter Nr. 1.
2. Anfechtung der Feststellung des Friedensgeschäftsgewinns vgl. zu § 22 unter Nr. 1.
3. Unterschied zwischen Verneinung der subjektiven Steuerpflicht und Freiveranlagung. § 13 des hamburgischen EStG. enthält keine bloße Veranlagungsvorschrift. RFH. 31. Okt. 19 S. 1, 232.

6.

Kriegssteuergesetz

vom 21. Juni 1916 (RGBl. S. 561).

(KrStG. 1916)

Allgemeines.

1. Soweit für die Erhebung von Steuern Rechtsvorgänge des bürgerlichen Rechts maßgebend sind, ist grundsätzlich deren Begriff und Tragweite dem bürgerlichen Rechte zu entnehmen. RFH. 16. Sept. 19 S. 1, 205

Steuerpflicht der Einzelpersonen.

§ 2.

1. Ausländisches Betriebs- und Grundvermögen; beschränkte Steuerpflicht. PrOVG. 21. Dez. 18 StA. 1919, 86.
2. Hat eine Veranlagung zum Wehrbeitrag stattgefunden, so hat das im Wehrbeitragsbescheid festgestellte beitragspflichtige Vermögen bei der Veranlagung zur Kriegssteuer als Anfangsvermögen zu gelten; der Nachweis, daß das Anfangsvermögen in Wahrheit größer gewesen sei, ist nicht zugelassen. RG. 10. Febr. 19 Recht 1919 Nr. 858. Vgl. auch zu § 20 BStG. unter Nr. 1 und 2.
3. Nach § 2 KrStG. in Verbindung mit § 20 BStG. hat als kriegssteuerpflichtiges Anfangsvermögen das nach dem Wehrbeitragsgesetze rechtskräftig festgestellte Vermögen zu gelten. Ist die Veranlagung zum Wehrbeitrag unterblieben, so ist, sofern eine Verpflichtung des Steuerpflichtigen zur Abgabe einer Vermögenserklärung gemäß § 36 Abs. 1 WBG. gegeben sein sollte, vor der Veranlagung zur Kriegssteuer zunächst das Wehrbeitragsverfahren durchzuführen. RFH. 28. Oktober 19 S. 1, 270 = AM. 1919, 396.

§ 3.

Lit. Alfer, Die Abzugsfähigkeit des Erwerbs von Todes wegen nach § 3 des KrStG. vom 21. Juni 1916 DStZ. 7, 14. — Arlt, Ueber die Kriegssteuerpflicht des durch Verminderung oder Fortfall einer Niessbrauchs- oder Rentenlast herbeigeführten Vermögenszuwachses. DStBl. 1, 233. — Sternberg, Die Aussteuer im Kriegssteuerrecht. DStZ. 7, 192. — Hirschfeld, Wie sind die Aussteuer, Mitgift und Ausstattungen kriegssteuerpflichtig? StA. 1917, 33.

Abs. 1 Nr. 1.

1. Erbanfall. Ist ein Erbfall vor dem Veranlagungszeitraum (1. Januar 1914 bis 31. Dezember 1916) eingetreten, so ist die Anwendbarkeit

des § 3 Nr. 1 nicht gegeben, auch wenn ein Vermächtnisanspruch erst während des Veranlagungszeitraums fällig geworden und ausgezahlt ist. PrOVG. 9. Nov. 18 AM. 1919, 121.

2. — Von dem nach den Vorschriften des Besitzsteuergesetzes für den 31. Dez. 1916 festgestellten Vermögen ist der Wert des Vermögens, das nachweislich im Veranlagungszeitraume durch Erbanfall aus dem Nachlaß eines Verstorbenen von Todes wegen erworben ist, für den Abzug gemäß § 3 Abs. 1 KrStG. nach dem Stande zur Zeit des Erbschaftserwerbs zu bemessen Den Wert der ererbten Gegenstände zur Zeit der Wehrbeitragsveranlagung zugrunde zu legen, findet keine gesetzliche Stütze. PrOVG. 11. Jan. 19 AM. 1919, 121.

3. — Unter einem Erbanfall gemäß § 3 Abs. 1 Nr. 1 ist der Erbanfall im Sinne von § 1942 BGB. zu verstehen, der mit dem Erbfall unmittelbar kraft Gesetzes eintritt. Ein Gewinn, der beim nachträglichen Verkaufe eines im Erbauseinandersetzungsverfahren einem Miterben bereits übereigneten Grundstücks erzielt wird, ist nicht durch einen Erbanfall im Sinne des § 3 Abs. 1 Nr. 1 erlangt. RFH. 28. Okt. 19 S. 1, 284 = AM. 1919, 398.

4. Wegfall von Lasten. Verminderung der Nießbrauchslasten infolge höheren Alters des Berechtigten bedingt nicht Steuerfreiheit des dadurch entstehenden Vermögenszuwachses. PrOVG. 22. März 18 StA. 1918, 152.

5. — Durch Tod wegfallende Renten sind mit ihrem Kapitalwert am kriegssteuerpflichtigen Zuwachs nicht abzugsfähig. PrOVG. 28. Sept. 18 JW. 1919, 337.

6. — In dem Wegfall eines Nutzungsrechts liegt kein Anfall im Sinne von § 3 Abs. 1—3. RFH. 8. August 19 S. 1, 184.

7. — Die Vermögenszunahme, die ein Steuerpflichtiger durch den Wegfall eines Nießbrauchs oder einer Alimentationsverpflichtung infolge des Todes des Berechtigten erfährt, ist kein Erwerb „durch Erbanfall" oder „aus dem Nachlaß". ThürOVG. 26. Okt. 18 Jahrb. 1918, 81.

Nr. 2.

8. Nach § 3 Nr. 2 ist von dem nach den Vorschriften des Besitzsteuergesetzes für den 31. Dezember 1916 festgestellten Vermögen der Betrag einer nachweislich im Veranlagungszeitraum erfolgten Kapitalauszahlung aus einer Versicherung nach Absetzung des bei der Wehrbeitragsveranlagung festgestellten oder des auf den Anfang des Veranlagungszeitraums festzustellenden Kapitalwerts der betreffenden Versicherung abzuziehen. Die Ausdehnung des § 3 Nr. 2 auf andere dort nicht vorgesehene Tatbestände ist nicht statthaft. PrOVG. 22. Febr. 19 AM. 1919, 122.

Nr. 3.

9. Schenkung. Rechtswirksamkeit der Schenkung eines Steuerpflichtigen an sein fünfjähriges Kind. PrOVG. 26. April 19 AM. 1919, 259.

10. — Freiwillige Tilgung von Schulden, die durch Zwangsvergleich nachgelassen waren, stellt keine Schenkung oder sonstige Zuwendung (Vermögensübergabe) im Sinne des § 3 Abs. 1 Nr. 3 Abs. 1 Satz 1 dar. PrOVG. 8. Febr. 19 AM. 1919, 157.

11. — Ein Lotteriegewinn fällt nicht unter § 3 Nr. 3. PrOVG. 13. Mai 1918 DJZ. 1919, 687.

12. Vermögensübergabe. Für den Begriff der Vermögensübergabe genügt das Vorliegen einer freiwilligen Leistung, durch die jemand aus dem Vermögen eines anderen bereichert wird. Freiwilligkeit der Leistung ist nicht vorhanden, wenn ein gesetzlicher oder durch Rechts-

geschäft begründeter Anspruch auf die Leistung, nicht aber lediglich eine moralische Verpflichtung dazu besteht. BadVGH. 1. Okt. 18 AM. 1919, 39 = AllgStR. 1919, 99.

13. Aussteuer. Die einer Tochter bei der Eheschließung gegebene Mitgift ist eine „ohne entsprechende Gegenleistung erhaltene Zuwendung (Vermögensübergabe)" im Sinne § 3 Nr. 3 KrStG. BadVGH. 13. November 17 AM. 1918, 2 = StA. 1918, 74.

14. — Hat eine Tochter innerhalb des Veranlagungszeitraums einen Geldbetrag von ihrem Vater zur Bezahlung der von diesem bestellten Aussteuergegenstände erhalten, so liegt seitens der Tochter eine Schulderfüllungsübernahme vor, die der Zuwendung des Vaters die Eigenschaft einer Schenkung, wie überhaupt einer ohne entsprechende Gegenleistung gemachten Zuwendung nimmt.

Der Anspruch des Vaters gegen die Tochter, von der Schuld an den Lieferanten der Aussteuer befreit zu werden, ist nicht zum Kapitalvermögen des Vaters zu rechnen. PrOVG. 28. September 18 DStBl. 1, 254.

15. Zum Begriff der ohne entsprechende Gegenleistung erhaltenen Zuwendung im Sinne von § 3 Ziff. 3 des KrStG. 1916. RFH. 28. Oktober 19 S. 1, 284 = AM. 1919, 398.

16. Zuwendung ohne entsprechende Gegenleistung. ThürOVG. 21. Dezember 18 JW. 1919, 861 = DStBl. 2, 227.

Nr. 4.

17. Ausländisches Betriebsvermögen setzt bei einem stehenden Gewerbebetrieb voraus, daß das Gewerbe von einem im Ausland gelegenen Betriebsstück aus betrieben wird. PrOVG. 3. Juli 19 DStBl. 2, 96.

Abs. 2.

18. Nach § 3 Abs. 2 ist von dem ganzen abgabepflichtigen Vermögenszuwachse eines Erblassers auszugehen, mit dem dieser auf den Zeitpunkt seines Todes zur Kriegsabgabe zu veranlagen gewesen sein würde. Der vom Abzug ausgeschlossene Anteil an diesem Zuwachse bemißt sich für den einzelnen Erben nach dem Verhältnisse seiner Erbschaft zu dem gesamten Nachlaß. PrOVG. 11. Januar 19 AM. 1919, 124.

19. Zur Auslegung des § 3 Abs. 2. PrOVG. 9. Juli 19 AM. 1919, 332.

§ 5.

Lit. *Rohloff, Die praktische Bedeutung des § 5 KStG. StA. 1918, 88.*

§ 6.

1. Der § 6 findet auf alle Fälle des Erwerbes nach dem 1. August 1914 Anwendung ohne Rücksicht darauf, aus welchem Grunde der Erwerb stattgefunden hat. PrOVG. 26. April 19 AM. 1919, 260.

2. Nach § 6 Satz 2 sind von den Gestehungskosten die durch Verschlechterungen entstandenen Wertminderungen, nicht aber Wertminderungen infolge allgemeiner Konjunktureinwirkung des Krieges bei unveränderter Substanz abzuziehen. PrOVG. 26. April 19 AM. 1919, 260.

§ 8.

Lit. *Schemm, § 8 des neuen Kriegssteuergesetzes und Härteparagraph. DStZ. 7, 94.*

1. Das Kriegssteuergesetz kennt kein Kinderprivileg. PrOVG. 8. Juni 18 DJZ. 1919, 687.

§ 9.

Lit. *Petermann, Die Abgabe nach § 9 Nr. 2 des KrStG. StA. 1917, 73.* — *Mohrmann, Zur Frage der Abzugsfähigkeit von Erbschaften, Schenkungen u. dgl. bei der Berechnung der Vermögenserhaltungsabgabe. DStZ. 7, 92.* — *König, Das Verhältnis des § 8 zu § 9 KrStG. DJZ. 1917, 822.*

Abs. 1 Nr. 2.

1. Der Steuerberechnung sind die abgerundeten Beträge zugrunde zu legen. PrOVG. 26. Juni 18 DJZ. 1919, 687.
2. Die Abgabe nach § 9 Abs. 1 Nr. 2 ist von dem nach dem Besitzsteuergesetz selbst festgestellten Vermögen, also ohne Berücksichtigung der in den §§ 3—5 des KrStG. vom 21. Juni 1916 vorgesehenen Abweichungen zu erheben. RFH. 26. April 19 S. 1, 161 = DJZ. 1919, 852 = StA. 1919, 243.

§ 10.

Lit. *Hachenburg, JW. 1917, 12.* — *Werneburg, Berechnung des bei der Kriegssteuer unerhoben bleibenden Abgabebetrags bei Gesellschaftern einer G. m. b. H. DStZ. 7, 28.*

1. § 10 enthält keine Veranlagungsvorschrift, sondern lediglich eine Erhebungsvorschrift, für deren Nachprüfung die Berufungskommission nicht zuständig ist. PrOVG. 8. März 19 AM. 1919, 202.
2. Wenn Geschäftsanteile einer inländischen G. m. b. H. zum Gesamtgut einer ehelichen Gütergemeinschaft oder einer fortgesetzten Gütergemeinschaft gehören und nur der eine Ehegatte oder bei fortgesetzter Gütergemeinschaft nur der überlebende Ehegatte oder nur die Abkömmlinge zu andern Gesellschaftern in einem Verwandtschaftsverhältnisse der im Abs. 2 des § 10 KrStG. 1916 und des § 14 KrAG. 1918 bezeichneten Art stehen, so findet der Abs. 1 der genannten Gesetzesparagraphen mit der Maßgabe Anwendung, daß der Gesellschaftsanteil als unter die am Gesamtgut beteiligten Personen aufgeteilt gilt nach dem Verhältnisse der Größe ihrer Anteile am Gesamtgut, die auf Grund der Annahme, daß die Auseinandersetzung des Gesamtguts auf den Stichtag erfolgt sei, zu errechnen sind. Die Prüfung des Verwandtschaftsverhältnisses zu den übrigen Gesellschaftern der G. m. b. H. hat für jeden Gesamtgutsbeteiligten zu erfolgen. Für die Frage, ob danach bei den einzelnen am Gesamtgut Beteiligten die Voraussetzungen der ziffermäßigen Beteiligung gemäß § 10 Abs. 2 Nr. 1 KrStG. 1916 und § 14 Abs. 2 Nr. 1 KrAG. 1918 gegeben sind, ist jedem Anteilsberechtigten der auf ihn rechnerisch entfallende Anteil an dem zum Gesamtgut gehörenden Geschäftsanteil als selbständiger ihm allein gehörender Geschäftsanteil anzurechnen. RFH. 9. April 19 S. 1 B, 51 = AM. 1919, 263 = DStBl. 2, 102.

§ 12.

Lit. *Zirndorfer, JW. 1917, 806.* — *Rheinstrom, Die Milderung der Doppelsteuer auf Gesellschaften m. b. H. nach dem neuen Kriegsabgabegesetz. DStZ. 7, 122.*

1. § 12 bezieht sich nicht auf den Fall, daß der Wohnsitz schon vor dem Erlaß des Gesetzes verlegt ist. ThürOVG. 11. Mai 18 Jahrb. 1918, 18.

Steuerpflicht der Gesellschaften.

§ 14.

1. § 14 Abs. 2 Satz 2 findet auf die nach § 14 Abs. 3 ausgeglichenen Mehrgewinne der einzelnen Geschäftsjahre Anwendung. PrOVG. 15. März 19 StA. 1919, 170.

§ 15.

Lit. *S t r u t z, Die Behandlung eines weniger oder mehr als ein Zeitjahr umfassenden Geschäftsjahrs bei der Kriegssteuer. DStZ. 7, 71.*

1. **Geschäftsjahre, die länger oder kürzer als das Kalenderjahr sind.** PrOVG. 26. April 18 PrFMBl. 1918, 225. Vgl. auch zu § 16 unter Nr. 4.

§ 16.

Lit. *S t i e r - S o m l o, Die stillen Reserven und die Kriegsgewinnsteuer. StA. 1916, 57. — S t r u t z, Die Frage der Abzugsfähigkeit der Kriegssteuer der Gesellschaften. DStZ. 7, 2. — V a r n h a g e n, Kriegssteuerfreiheit für die realisierten stillen Reserven. DStZ. 7, 104. — V a r n h a g e n, Steuerfreie Rückstellungen auf abgeschriebene Bilanzkonten. DStZ. 8, 19. — V a r n h a g e n, Abzugsfähigkeit der Aufsichtsratstantiemen für die Kriegssteuerberechnung. DStZ. 8, 172. — E r l e r, Der Einfluss der Unterbilanz auf die Berechnung des kriegssteuerpflichtigen Mehrgewinns der Gesellschaften. DStBl. 2, 222.*

Abs. 1.

1. § 16 Abs. 1 gilt für die Feststellung des Geschäftsgewinnes der Friedensgeschäftsjahre und der Kriegsgeschäftsjahre. PrOVG. 15. Apr. 19 AM. 1919, 260.
2. Bewertung von W a r e n v o r r ä t e n in der Bilanz. PrOVG. 15. April 19 AM. 1919, 260.
3. E r ö f f n u n g s b i l a n z. Eine Vereinbarung, nach der die Gesellschaft mit beschränkter Haftung das Geschäft eines Rechtsvorgängers von einem früheren Zeitpunkt ab mit Aktiven und Passiven auf Grund einer vom Rechtsvorgänger für diesen Zeitpunkt aufgemachten Bilanz übernimmt, überhebt die Gesellschaft mit beschränkter Haftung nicht der Verpflichtung, eine Eröffnungsbilanz auf den Tag ihrer Eintragung zu machen. RFH. 16. Sept. 19 S. 1, 205 = AM. 1919, 372.
4. G e s c h ä f t s j a h r. Berücksichtigung eines nicht 12 Monate umfassenden Geschäftsjahres bei Berechnung der Kriegssteuer. BadVGH. 26. März 18 JW. 1919, 529. — Vgl. auch zu § 17 Nr. 2.
5. P a s s i v e n. Steuern aller Art sind bei Berechnung des Bilanzgewinns im Sinne von § 16 Abs. 1 als Geschäftsunkosten abzugsfähig, wenn die Steuer auf Grund eines Schuldverhältnisses gezahlt oder am Bilanztag noch geschuldet ist. RFH. 22. Mai 19 S. 1, 115 = DStZ. 8, 113.
6. — Die T a n t i e m e d e r A u f s i c h t s r a t s m i t g l i e d e r, die diesen auf Grund eines vor der Beschlußfassung der Gesellschafterversammlung über Bilanz und Gewinnverteilung vorhandenen Rechtsanspruchs zusteht, ist nicht anders zu behandeln, wie Gehalt oder Tantieme

eines Vorstandsmitglieds oder Beamten der Gesellschaft. Diese an den Aufsichtsrat einer G. m. b. H. in den Friedens- und Kriegsgeschäftsjahren bezahlten Tantiemen sind daher bei der Berechnung des Geschäftsgewinns im Sinne des § 16 Abs. 1 als abzugsfähige Betriebskosten zu behandeln. BadVGH. 11. März 19 AM. 1919, 158.

7. — Geschäftsführertantiemen des als Geschäftsführers bestellten einzigen Gesellschafters einer G. m. b. H. sind abzugsfähig. RFH. 8. August 19 DStZ. 8, 158 = DStBl. 2, 228.

8. — Vorauszahlungen auf Kriegssteuer vgl. zu § 31 unter Nr. 1.

9. Abschreibungen. Wertverminderungen bei Konten, die mit einer Mark zu Buche stehen. PrOVG. 25. Okt. 18 DStBl. 1, 256.

10. Rückstellungen. Eine an sich zulässige Abschreibung kann auch in Form der Einsetzung eines Gegenpostens unter die Passiven erfolgen. Die Bezeichnung einer solchen Buchung durch den Steuerpflichtigen als Rückstellung ist unschädlich. RFH. 8. Aug. 19 S. 1, 182 = DStZ. 8, 154 = DJZ. 1919, 941.

11. — Rücklagen zur Ueberführung in die Friedenswirtschaft. PrOVG. 25. Okt. 18 AllgStR. 1919, 83 = StA. 1919, 55.

12. — Eine Steuerfreiheit von Rückstellungen für künftige Aufwendungen in bezug auf die durch die spätere Ueberführung des Betriebs in die Friedenswirtschaft bedingten Veränderungen ist weder im Kriegssteuergesetz begründet, noch kann sie aus § 22 Abs. 2 KrStAusfBest. gefolgert werden. Der Umstand, daß die Aufwendungen in bestimmter Aussicht stehen und die Rückstellung den Grundsätzen ordnungsmäßiger kaufmännischer Buchführung entspricht, vermag der Rückstellung die Eigenschaft eines echten Reservefonds nicht zu entziehen. Bei Beurteilung der zulässigen Abschreibungen sind dagegen künftige Ereignisse insoweit zu berücksichtigen, als durch sie in dem betreffenden Bilanzjahr eine Wertverminderung an dem Aktivvermögen tatsächlich schon eingetreten ist. BadVGH. 29. Jan. 19 AM. 1919, 125.

13. Unrichtige Bilanz. Eine materiell unrichtige Bilanz vermag die Steuerbehörde bei der Feststellung des nach § 16 steuerpflichtigen Geschäftsgewinns nicht zu binden, sondern nur eine solche, die den Gesetzen und Grundsätzen ordnungsmäßiger kaufmännischer Buchführung entsprechend aufgestellt ist. PrOVG. 15. April 19 AM. 1919, 260.

14. — Das Gesetz verschränkt der steuerschuldnerischen Gesellschaft nicht das Recht, eine Berichtigung der von den Gesellschaftsorganen festgestellten Bilanzen zu ihren Gunsten zu verlangen, wenn sie den Nachweis führen kann, daß sie den gesetzlichen Vorschriften und den Grundsätzen ordnungsmäßiger kaufmännischer Buchführung nicht entsprechen. PrOVG. 25. Oktober 18 AM. 1919, 21 = DStBl. 1, 255 = AllgStR. 1919, 50 = StA. 1919, 109.

15. — Die Gesellschaften sind berechtigt, zum Zwecke der Ermittelung ihrer steuerpflichtigen Kriegsgewinne Berichtigungen sowohl ihrer Friedens- wie ihrer Kriegsbilanzen, selbst wenn diese schon durch Gewinnausschüttung ausgeführt sind, vorzunehmen, falls sie die Unrichtigkeit der früheren Bilanzen nachweisen. RFH. 23. Sept. 19 S. 1, 239 = DStBl. 2, 105.

16. — Zulässigkeit der Berichtigung einer Friedensbilanz; Beweispflicht des die Berichtigung verlangenden Steuerpflichtigen. Grundsätze über die bilanzmäßige Bewertung bei Veränderung der Kenntnis der Bewertungsgrundlagen in der Zeit zwischen Schluß des Geschäftsjahres und Bilanzaufstellung. RFH. 31. Okt. 19 S. 1, 272 = AM. 1919, 401.
17. — Berichtigung der Friedensbilanz. PrOVG. 15. April 19 StA. 1919, 244.

§ 17.

Lit. Rosendorff, Eigene und amortisierte Aktien bei der Berechnung des früheren Durchschnittsgewinns nach § 17 KrStG. DStZ. 7, 177. — Stern, Die Berechnung der Kriegssteuer bei Gesellschaften, die erst im 3. Kriegsjahr gegründet sind. DStZ. 6, 7.

Abs. 1.

1. Berechnung des durchschnittlichen früheren Geschäftsgewinns. PrOVG. 26. April 18 JW. 1918, 836.
2. Behandlung von Geschäftsjahren, die nicht volle 12 Monate umfassen, bei Feststellung des durchschnittlichen früheren Geschäftsgewinns. PrOVG. 26. April 18 StA. 1918, 173.

Abs. 3.

3. Es ist unzulässig, bei abgabepflichtigen Gesellschaften, die erst im Laufe des Krieges entstanden sind, an Stelle des auf 6% des Grund- oder Stammkapitals zu fingierenden Friedensgewinnes einen durch Schätzung zu ermittelnden, höheren Friedensgewinn einzusetzen, den die Gesellschaft, wenn sie schon bestanden hätte, hätte erzielen können. Unzulässig ist auch die Einsetzung des Friedensgewinnes, den eine offene Handelsgesellschaft (in eine abgabepflichtige Gesellschaft umgewandelt) vor der Umwandlung erzielt hat. RFH. 16. Sept. 19 S. 1, 207 = DStBl. 2, 232.

Abs. 4.

4. Das bei der Erhöhung des Grundkapitals einer Aktiengesellschaft erzielte Aufgeld auf die ausgegebenen Aktien ist der Gesellschaft insoweit nicht tatsächlich zugeflossen, als es alsbald zur Deckung von mit der Aktienausgabe zusammenhängenden Kosten verwendet worden ist. RFH. 28. Oktober 19 S. 1, 278.

§ 22.

Abs. 1.

1. § 22 enthält keine Veranlagungsvorschrift, sondern lediglich eine Erhebungsvorschrift, für deren Nachprüfung die Berufungskommission nicht zuständig ist. PrOVG. 8. März 19 AM. 1919, 202.

Abs. 2.

2. Darüber, ob die veranlagte Abgabe den Betrag der nach den Vorschriften des Sicherungsgesetzes vom 24. Dez. 1915 zu bildenden Sonderrücklage übersteigt, ist im Rechtsmittelwege zu befinden. PrOVG. 21. Dezember 18 StA. 1919, 86.

§ 28.

Abs. 1.

1. Fälligkeit der vorläufig festgesetzten Kriegsabgabe der nicht physischen Personen. PrOVG. 15. April 19 StA. 1919, 243.

Gemeinsame Vorschriften.

§ 29.

1. Die Kriegssteuerschuld entsteht mit Zustellung des Steuerbescheids. RFH. 22. Mai 19 S. 1, 115 = DStZ. 8, 113.

§ 31.

Lit. *Strutz, Die Verzinsung der Kriegssteuer. DJZ. 1917, 814.*

1. Vorauszahlungen auf die Kriegssteuer gemäß § 31 Abs. 4 sind freiwillige Vorschüsse auf eine erst erwartete Steuerschuld, also am Bilanzgewinn nicht abzugsfähig. RFH. 22. Mai 19 S. 1, 115 = DJZ. 1919, 852 = DStZ. 8, 113. Vgl. auch zu § 19 BStG. unter Nr. 1.

§ 32.

Lit. *Strutz, Eine Unstimmigkeit im Vermögenszuwachsabgabegesetz und im Kriegsabgabegesetz vom 10. Sept. 19. AllgStR. 2, 191.*

§ 33.

1. Bei Festsetzung der Hinterziehungsstrafe auf Grund des § 33 ist behufs Berechnung der verkürzten Abgabe lediglich das nach dem WBG. rechtskräftig festgestellte Vermögen als Anfangsvermögen und nicht das Ergebnis von nachträglichen Ermittelungen über die wahre Höhe des am 1. Januar 1914 vorhandenen Vermögens maßgebend.

   Ist die Straftat bereits vor Erlaß und Inkrafttreten des Gesetzes vom 9. April 1917 über die Erhebung eines Zuschlages zur Kriegssteuer begangen, so sind bei Berechnung der gefährdeten Kriegsabgabe die durch dieses Gesetz angeordneten Zuschläge nicht mitzuberücksichtigen. RGStr. 13. Januar 19 AM. 1919, 35. Vgl. auch zu § 76 BStG. unter Nr. 4 und 5.

§ 34.

Vgl. zu § 77 BStG.

§ 36.

Lit. *Kaiser, DJZ. 1919, 425. — Rohde, Härteparagraph und Kriegssteuer. DStZ. 7, 61. — Rheinstrom, Die neuen Vorschriften zum Härteparagraphen. DStZ. 8, 45.*

1. § 36 erteilt in der bewußten Unterstellung, daß die strenge Anwendung des Gesetzes unter Umständen zu besonderen Härten für den Steuerpflichtigen führen kann, dem Bundesrat die weitergehende Ermächtigung, auf Antrag eines Steuerpflichtigen zur Vermeidung besonderer Härten von dem Gesetze abweichende Grundsätze — für einen einzigen Steuerfall — in bestimmten beschränkten gesetzlichen Beziehungen vorzuschreiben, z. B. die Abweichung von einer die Berechnung des Vermögenszuwachses betreffenden Vorschrift des Kriegssteuergesetzes oder einer auf die Kriegssteuer Anwendung findenden Vorschrift des Besitzsteuergesetzes anzuordnen. BadVGH. 18. März 19 AM. 1919, 204.
2. Keine Aussetzung der Veranlagung, wenn ein Antrag nach § 36 noch schwebt. PrOVG. 20. Juni 19 StA. 1919, 244.

7.

Gesetz über die Erhebung eines Zuschlags zur Kriegssteuer vom 9. April 1917 (RGBl. S. 349).

(KrStZuschlG. 1917)

§ 1.

1. Wegen des Strafmaßes vgl. zu § 76 BStG. unter Nr. 4 und zu § 33 KrStG. 1916 unter Nr. 1.

8.

Gesetz über die Kriegsabgaben der Reichsbank vom 24. Dezember 1915 (RGBl. S. 840).

(RBKrAbgG.)

Art. 4.

1. Die Befreiung von der Kommunalbesteuerung bezieht sich lediglich auf die durch dieses Gesetz selbst bestimmten Kriegsabgaben der Reichsbank, nicht auch auf die Reingewinnanteile, die von der Reichsbank nach § 24 Abs. 1 Ziff. 2 BankG. an das Reich abzuführen sind. SächsOVG. 27. Juli 17 Jahrb. 24, 198 = JW. 1919, 204.

9.

Gesetz über die Errichtung eines Reichsfinanzhofes und über die Reichsaufsicht für Zölle und 'Steuern

vom 26. Juli 1918 (RGBl. S. 959).

(RFHG.)

Lit. *Schultzenstein, Der Reichsfinanzhof. JW. 1918, 578. — Strutz, Der Reichsfinanzhof. JW. 1918, 578, 641. — Friedrichs, Der Amtsschutzanspruch vor dem RFH. ZschrfZollw. 1919, 104, 119, 148, 161. — Lindemann, Die Neuordnung des Rechtsmittelzugs in gerichtlichen Stempelsachen für Preussen. HoldhM. 27, 163.*

Reichsfinanzhof.

§ 8.

1. Reichsabgaben. Wegen der Entscheidung über landesrechtliche Kosten kann keine Rechtsbeschwerde eingelegt werden. RFH. 30. April 19 S. 1, 49. Vgl. auch UStG. § 3 Nr. 2; EStG. § 12 Abs. 5.

2. — Unzulässigkeit der Rechtsbeschwerde gegen Steuerstrafen. RFH. 4. April 19 DStBl. 1, 435.

3. Heranziehung. Die Rechtsbeschwerde ist auch gegen eine Entscheidung zulässig, die über den Steueranspruch nicht dem Betrage, sondern lediglich dem Grunde nach befindet. RFH. 23. April 19 AM. 1919, 195 = DJZ. 1919, 600 = DStZ. 8, 80 = PrZBl. 1919, 152.

4. — Eine Heranziehung zu einer Reichsabgabe liegt auch in der Ablehnung eines auf Rechtsgründe gestützten Erstattungsantrags. Rechtsbeschwerde ist daher nicht ausgeschlossen. Voraussetzung ist aber, daß der Rechtsmittelzug für Erstattungsanträge landesrechtlich geregelt ist, was die preußische Rechtsmittelverordnung vom 21. Oktober 1918 nicht getan hat. RFH. 14. Nov. 19 S. 1, 265.

5. — Nach Ablauf der Rechtsmittelfristen kann die Erstattung eines zu Unrecht gezahlten Reichsstempelbetrages nur im Verwaltungswege gemäß § 226 AusfBest. z. RStG. verfolgt werden. RFH. 23. April 19 AM. 1919, 207.

6. Rechtsmittelzug in Umsatzsteuersachen in Preußen. RFH. 17. Sept. 19 DStBl. 2, 107.

§ 9.

1. **Wegen der Beschwerdeberechtigung vgl. zu RFHO. § 8.**

Nr. 2.

§ 10.

1. **Verfahrensmangel.** Ein wesentlicher Mangel des Verfahrens ist die Begründung einer Entscheidung in solcher Art, daß sich aus ihr nicht entnehmen läßt, ob die Entscheidung auf tatsächlichen oder rechtlichen Erwägungen beruht. RFH. 23. April 19 S. 1, 32 = DJZ. 1919, 601.
2. — Unterlassung der Prüfung einer Behauptung als wesentlicher Verfahrensmangel. RFH. 5. Juni 19 JW. 1919, 595.
3. — Macht der Steuerpflichtige im Berufungsverfahren gegen seine Besitz- und Kriegssteuerveranlagung geltend, daß er sein Grundstück im Wege der öffentlichen Zwangsversteigerung erworben habe und daß dabei ein dem von der Veranlagungsbehörde angenommenen gemeinen Wert entsprechendes Meistgebot trotz Ausfalls von Hypotheken nicht zu erzielen gewesen sei, so muß die Berufungskommission dieses Vorbringen würdigen und im Falle der Nichtberücksichtigung darlegen, warum es nicht berücksichtigt werden konnte. Geschieht dies nicht, so liegt ein wesentlicher Mangel des Verfahrens vor. RFH. 4. Juli 19 S. 1, 157.
4. — Eine im Widerspruch zur Sachdarstellung des Steuerpflichtigen stehende tatsächliche Feststellung bedarf der ausdrücklichen Begründung. Die Unterlassung der Begründung enthält einen wesentlichen Verfahrensmangel dann nicht, wenn eine Rechtsvermutung für die von der angefochtenen Entscheidung festgestellte Tatsache bestand und der gegenbeweispflichtige Steuerpflichtige keinen Beweis angetreten hatte. RFH. 31. Okt. 19 S. 1, 272.

§ 11.

1. **Prozeßzinsen** können in dem Verfahren vor dem Reichsfinanzhof nicht geltend gemacht werden, es sei denn, daß das betreffende Steuergesetz eine Verzinsung der zu erstattenden Steuerbeträge ausdrücklich anordnet. RFH. 26. Febr. 19 S. 1, 4 = AM. 1919, 167.

§ 14.

Lit. Hochstetter, Rechtsprechung des RFH. in Doppelsteuersachen. DStBl. 1919, 560.

Nr. 1.

1. Die Doppelsteuerbeschwerde setzt eine Besteuerung in mehreren Bundesstaaten durch Steuergläubiger gleichen Ranges voraus. RFH. 17. Juli 19 S. 1, 168 = AM. 1919, 367 = JW. 1919, 1010 = DJZ. 1919, 1024.

Nr. 2.

2. Im Falle der Konkurrenz einer Wohnsitzgemeinde mit einer Aufenthaltsgemeinde ist das Besteuerungsrecht hinsichtlich des Einkommens aus

Beruf und Kapitalbesitz nach der Dauer des Wohnens oder des Aufenthalts in den beteiligten Gemeinden unter Berücksichtigung der Zahl der dabei in Betracht kommenden Personen oder ähnlicher Umstände, die für die allgemeinen Aufwendungen der Gemeinden von Bedeutung sein können, zu verteilen. RFH. 5. Juni 19 S. 1, 151.

3. Wegen der Uebergangsfälle vgl. zu § 25 unter Nr. 7 und 8.

Schlußvorschriften.

§ 25.

Lit. Strutz, Die Zuständigkeit des RFH. in den am 1. Oktober 1918 bereits anhängigen Sachen. JW. 1919, 390.

1. Rechtsmittel. Soll ein Rechtsmittel als ein anderes als eine Verwaltungsbeschwerde anzusehen sein, dann muß der Instanzenzug so geordnet sein, daß über das Rechtsmittel eine mit richterlicher Unabhängigkeit ausgestattete Behörde zu entscheiden hat. Darüber hinaus ist aber auch noch erforderlich, daß die Entscheidung dieser Behörde nicht in letzter Instanz durch eine Behörde, der diese Eigenschaft fehlt, oder durch Eingriff einer Aufsichtsbehörde geändert oder aufgehoben werden kann. Ein Rechtsmittelzug, in dem zwar zunächst durch eine richterlich unabhängige Behörde, in letzter Instanz aber durch eine nicht mit solcher Eigenschaft ausgestattete Behörde entschieden wird, gewährt nicht den Schutz, der von einem Rechtsmittelverfahren, das als ein anderes als ein Verwaltungsbeschwerdeverfahren anzusehen sein soll, gefordert werden muß. RFH. 25. Febr. 19 S. 1, 41 = AM. 1919, 82 = DStZ 8, 34 = DStBl. 7, 291.
2. — Ebenso RFH. 6. März 19 DStZ. 8, 34 = StA. 1919, 146.
3. — Wenn in Bayern vor dem 1. Oktober 1918 ein Rechtsmittel gegen die Veranlagung zur Besitz- und Kriegssteuer eingelegt ist, so ist die Rechtsbeschwerde an den Reichsfinanzhof ausgeschlossen, da die Berufungskommissionen und die Oberberufungskommission in Bayern richterlich unabhängig sind und selbständig nach freier Ueberzeugung entscheiden. Ihre Entscheidungen sind für die Steuerverwaltung unter allen Umständen bindend und können auch nicht von Aufsichts wegen abgeändert oder aufgehoben werden. RFH. 25. Febr. 19 AM. 1919, 133.
4. — Der Umstand, daß gegen eine Kriegssteuer-Veranlagung noch vor dem 1. Oktober 1918 Beschwerde an das württembergische Steuerkollegium (Beschwerdekommission) und weitere Beschwerde an das württembergische Finanzministerium eingelegt ist, steht der Erhebung der Rechtsbeschwerde gegen die Entscheidung des Finanzministeriums an den Reichsfinanzhof nicht entgegen, weil es sich bei jenen Rechtsmitteln nicht um „andere als eine Verwaltungsbeschwerde“ handelt. RFH. 26. April 19 S. 1, 161.
5. — Der Rechtsmittelzug in Besitzsteuersachen geht, wenn vor dem 1. Oktober 1918 Berufung eingelegt war, auch dann an das OVG. als letzte Instanz, wenn die Berufungsentscheidung erst nach dem 1. Oktober 1918 ergangen oder zugestellt ist. ThürOVG. 19. März 19 Jahrb. 1919, 24.

6. — In der Anrufung der Mecklenburg-Schwerin'schen Berufungskommission zu Rostock vor dem 1. Oktober 1918 ist nicht ein anderes Rechtsmittel als eine Verwaltungsbeschwerde zu erblicken. RFH. 4. Juli 19 S. 1, 157.

7. Doppelbesteuerung. Der RFH. ist zur Entscheidung über die am 1. Oktober 1918 beim Bundesrat anhängigen Doppelsteuerbeschwerden nicht zuständig. RFH. G. 21. Jan. 19 S. 1 B, 23 = AM. 1919, 75 = DJZ. 24, 319 = DStBl. 1, 298 = StA. 1919, 149.

8. — Der Reichsfinanzhof ist zur Entscheidung über Doppelsteuerbeschwerden in Gemeindesteuerangelegenheiten für Steueransprüche, die vor dem 1. Oktober 1918 liegen, nicht zuständig. Voraussetzung ist hierbei, daß die letzte Steuerforderung, die zu einer Doppelbesteuerung führt oder von dem Steuerpflichtigen als unzulässige Doppelbesteuerung angesehen wird, vor dem 1. Oktober 1918 geltend gemacht wurde. RFH. 27. Mai 19 S. 1, 131 = AM. 1919, 307 = DJZ. 1919, 853; RFH. 5. Juni 19 S. 1, 151 = DStBl. 1919, 581; RFH. 24. Juni 19 DStBl. 1, 562 = StA. 1919, 243.

10.

Reichsfinanzhofordnung

(Bekanntmachung des Reichskanzlers vom 21. September 1918, RGBl. S. 1119).

(RFHO.)

Lit. *Friedrichs, Streitverhältnis und Verfügungsrecht im Verfahren vor dem RFH. DStBl. 1, 451, 563. — Schultzenstein, JW. 1918, 643. — Fuchs, RFH. und Anwaltszwang. JW. 1919, 268. — Boetke, RFH. und Anwaltszwang. JW. 1919, 636.*

I. Allgemeines.

§ 8.

Abs. 1.

1. Beschwerdeberechtigung. Auch ein von der Steuer freigestellter Erbe ist zur Einlegung von Rechtsmitteln gegen den Erbschaftssteuerbescheid berechtigt, um die Höhe seiner Mithaftung für die Steuerschuld von dem Erwerber zu erzwingen. RFH. 26. März 19 S. 1, 24.
2. — Der Testamentsvollstrecker ist zur Einlegung von Rechtsmitteln bei Bestreitung des Erbschaftssteueranspruchs auch noch nach Zahlung der Erbschaftssteuer legitimiert. Den Erben steht das Rechtsmittel der Rechtsbeschwerde auch gegen den an den Testamentsvollstrecker erlassenen Beschwerdebescheid zu. RFH. 16. Juli 1919 S. 1, 148 = AM. 1919, 354.
3. — Zur Rechtsbeschwerde ist ein für die Steuer Mitverhafteter, der sich an dem vorausgegangenen Beschwerdeverfahren nicht beteiligt hatte, nicht legitimiert. RFH. 23. Juli 19 S. 1, 134 = AM. 1919, 343.

II. Spruchverfahren.

§ 12.

Lit. *Boetke, Zwei Mängel der RHFO. JW. 1919, 179.*

Abs. 4.

1. Der Ausdruck „Rechtsbeschwerde" ist nicht wesentlich. RFH. 19. Febr. 19 DJZ. 1919, 437.

§ 14.

Nr. 2.

1. Zur Begründung ist nicht Anführung der verletzten Gesetzesstelle notwendig; es genügt, daß erkennbar ist, welcher Rechtssatz als verletzt gerügt wird. RFH. 30. April 19 S. 1, 49 = DJZ. 1919, 437 = DStZ. 8, 80.

2. Die allgemeine Bemerkung, daß die Beschwerde auf Verletzung formellen und materiellen Rechts gegründet werde, enthält keine ausreichende Angabe der Beschwerdegründe. RFH. 28. Mai 19 S. 1, 67.

§ 19.

1. Die Entscheidung der Vorinstanz mußte, nachdem die Rechtsbeschwerde das gerügt hatte, aufgehoben und die Sache an diese zurückverwiesen werden, weil aus der keine vollständige Sachdarstellung enthaltenden Begründung nicht zu erkennen war, inwieweit die Entscheidung auf tatsächlichen oder rechtlichen Erwägungen beruht. Es konnte daher die Zulässigkeit der Rechtsbeschwerde nach § 10 des Gesetzes über die Errichtung eines Reichsfinanzhofs usw. nicht geprüft werden. RFH. 23. April 19 S. 1, 32 = DJZ. 1919, 601 = AM. 1919, 251.
2. Enthält die mit der Rechtsbeschwerde angefochtene Entscheidung keine ausreichende Begründung, aus der sich die Grundlagen der Feststellung des Tatbestandes ersehen lassen, so ist die Zurückverweisung der Sache an die Vorinstanz auch dann auszusprechen, wenn die Rechtsbeschwerde nur auf die Nichtanwendung oder auf die unrichtige Anwendung des bestehenden Rechts, nicht aber auf wesentliche Mängel des Verfahrens gestützt war. RFH. 3. Oktober 19 S. 1, 203.

§ 36.

1. Keine Wiedereinsetzung in den vorigen Stand, wenn die Rechtsbeschwerdefrist wegen unzutreffender Rechtsbelehrung in der angefochtenen Entscheidung versäumt worden ist. RFH. 11. April 19 DStZ. 8, 34.
2. Die Unmöglichkeit, einen Schriftsatz fristgemäß dem Reichsfinanzhof einzureichen, ist kein Grund zur Wiedereinsetzung, wenn die Frist durch Einreichung des Schriftsatzes bei einer Vorinstanz gewahrt werden konnte. RFH. 28. Mai 19 S. 1, 67.

Kosten.

Abs. 1. § 65.

1. Die Vorschrift in § 65 Abs. 1 Buchstabe b regelt die Kostentragung für alle Fälle des Obsiegens des Steuerpflichtigen, in denen sich nicht die Reichsbehörde oder bei gemeindlichen Doppelbesteuerungsangelegenheiten im Sinne des § 14 Nr. 2 des Gesetzes über die Errichtung eines Reichsfinanzhofs usw. eine Gemeinde am Verfahren beteiligt hat. RFH. 5. Juni 19 S. 1, 151.

§ 73.

Lit. Lüdemann, Die Anwaltsgebühren im Verfahren vor dem RFH. JW. 1919, 298. — Kloss, Rechtsanwaltskosten im Verfahren vor dem RFH. AllgStR. 1919, 175.

Schlußvorschriften.

Abs. 2. § 74.

1. Die Beschwerdefrist läuft mit dem 31. Okt. 1919 ab. Abweichende landesrechtliche Vorschriften sind unwirksam. RFH. 8. Jan. 19 DStZ. 7, 188.
2. Wegen Doppelsteuersachen vgl. zu § 25 Abs. 2 RFH.G. unter Nr. 7 u. 8.

11.

Reichsstempelgesetz

vom 3. Juli 1913 (RGBl. S. 639) in der durch die Gesetze vom 17. Juni 1916, vom 8. April und 26. Juli 1918 (RGBl. 1916 S. 555, 1917 S. 329, 1918 S. 799) geänderten Fassung.*)

(RStempG.)

Allgemeines.

1. Für die Auslegung des Reichsstempelgesetzes als eines Finanzgesetzes entscheidet in erster Reihe der aus dem Gesetz ersichtliche oder sonst als unzweifelhaft feststehende Zweck des Gesetzes. RG. 5. Jan. 14 E. 84, 17 = AM. 1914, 142 = JW. 1914, 478 = BA. 13, 296 = PrZBl. 1914, 132.
   Dazu Heinitz, DJZ. 1914, 782.

2. Wenn privatrechtliche Begriffe in einem Steuergesetze vorkommen, sind sie regelmäßig in dem Sinne zu verstehen, den das bürgerliche Recht mit ihnen verbindet. RG. 9. Jan. 17 E. 86, 14; 89, 298.

I. Gesellschaftsverträge.

(Tarifnummer 1 unter A.)

§ 1.

1. Wegen Formmangels nichtige Rechtshandlungen lösen eine Stempelpflicht nicht aus. RFH. 4. Juni 19 S. 1, 79.

§ 2.

Lit. Schultze, Ein Beitrag zur Erläuterung der §§ 2 und 4 RStempG. ZschrfZollw. 1916, 193 (handelt vom Steuerschuldner).

1. Begriff des Veranlassens. RG. 18. Sept. 17 WarnRspr. 11, 26.

---

*) Dazu Tarifnummer 1a in der Fassung vom 15. Juli 1909 (RGBl. S. 833), §§ 76—83c und Tarifnummer 10 auch in der Fassung des Gesetzes über einen Warenumsatzstempel vom 26. Juni 1916 (RGBl. S. 639).

§ 7.

Lit. *Greiff, JW. 1914, 24. — Greiff, Noch eine Frage aus dem neuen RStempG. (betrifft Errichtung einer Zweigniederlassung in einem anderen Bundesstaat). BA. 13, 131. — Toemblau (kritisiert das U. d. RG. vom 5. Juni 17; vgl. unter Nr. 7), HoldhM. 27, 23.*

Abs. 1.

1. Zeitpunkt der Errichtung der G. m. b. H., wenn die zunächst nichtige Beurkundung später geheilt wird. RG. 9. März 15 WarnRspr. 8, 273.
2. Tragweite der Vorschrift. § 7 Abs. 1 verbietet den Bundesstaaten nur, denselben wirtschaftlichen Vorgang zu besteuern, den das Reich besteuert.

   Mit dem Ausdruck „ihre Beurkundung" ist an eine Besteuerung des beurkundeten Vorgangs, nicht aber an einen, auf die notarielle Urkundenform als solche, gleichviel was Urkundeninhalt ist, gelegten Stempel gedacht. RG. 26. Nov. 15 E. 87, 342 = AM. 1916, 61 = HoldhM. 25, 69 = JW. 1916, 594 = ZschrfZollw. 1916, 186.
3. — Im Sinne von § 7 gehören zu einem Gesellschaftsvertrage nur diejenigen Vereinbarungen, die unmittelbar der Begründung der Gesellschaft und der sich darin verkörpernden Kapitalbildung dienen, also die Festsetzung über die gesellschaftlichen Rechte und Pflichten der Beteiligten, deren Gesamtheit das Gesellschaftsverhältnis darstellt. Dagegen sind ihrem Wesen nach selbständige Nebenverabredungen, die der Gesellschaftsvertrag enthält, von einer besonderen Besteuerung nach Landesrecht durch den § 7 a. a. O. nicht ausgeschlossen. SächsOVG. 17. März 17 AM. 1917, 111.
4. — Die Ausführungsgeschäfte auf Grund eines auf Erhöhung des Stammkapitals einer G. m. b. H. gerichteten Beschlusses unterliegen einem etwaigen Landesstempel. RG. 22. Febr. 18 Recht 1918 Nr. 799.
5. — Wird bei einer G. m. b. H. das Stammkapital erhöht, so stellt die Erklärung eines außerhalb der Gesellschaft Stehenden, einen neuen Stammanteil zu übernehmen, einen vom Erhöhungsbeschluß der Gesellschafter verschiedenen Rechtsvorgang dar. Die Beurkundung dieser Erklärung unterliegt also, wenn sie das Versprechen der Zahlung einer bestimmten Geldsumme enthält, trotz der Vorschrift des § 7 Abs. 1 RStempG. vom 3. Juli 1913 der für Schuldverschreibungen durch das Landesstempelrecht angeordneten Abgabe. RG. 22. Febr. 18 E. 92, 244 = Recht 1916 Nr. 327, 328.

Abs. 4.

6. Die im Anschluß an eine beschlossene Erhöhung des Stammkapitals einer G. m. b. H. von dritten Personen abgegebene Erklärung, auf das Stammkapital einen bestimmten Stammanteil zu übernehmen, erfordert nicht den Schuldverschreibungsstempel, wenn die Gesellschaft die Uebernehmer in derselben Urkunde als Gesellschafter annimmt. RG. 9. Juli 18 PrZBl. 1918, 507.

Abs. 5.

7. Das Anwendungsgebiet des § 7 Abs. 5 ist ein allgemeines; die Anwendung ist nicht auf den Fall des Einbringens von Wertpapieren in die Gesellschaft beschränkt.

Eine Anrechnung des Stempels der T.=Nr. 4 a auf den Stempel der T.=Nr. 1 A gemäß § 7 Abs. 5 ist nur dann zulässig, wenn das Geschäft der Aktienausreichung (T.=Nr. 4 a) in der Urkunde des Gesellschaftsvertrages oder =Beschlusses enthalten ist, also der schuldrechtliche Anspruch der Uebernehmer der Aktien auf deren Aushändigung als ein Bestandteil des Gesellschaftsvertrages oder Gesellschaftsbeschlusses (z. B. auf Erhöhung des Grundkapitals) beurkundet ist. RG. 5. Juni 17 E. 90, 297 = AM. 1917, 142 = Recht 1918 Nr. 1729 = PrZBl. 1917, 185.

§ 8.

1. Aelteres Recht. Einzahlungen vor dem 1. August 1909 auf Aktien einer erst nach diesem Tag eingetragenen Gesellschaft sind nach dem alten Satze zu versteuern. RG. 1. März 12 WarnRspr. 5, 261 = BA. 11, 381 = BlBayFW. 20, 192 = ZschrfZollw. 1913, 19.

2. — Die Abgabepflicht von Einzahlungen auf inländische Aktien ist bereits vor dem 1. Oktober 1913 eingetreten, wenn Interimsscheine ausgegeben worden sind, bei deren erstmaliger Vorlegung zur Abstempelung unter der Herrschaft des Reichsstempelgesetzes vom 15. Juli 1909 die volle tarifmäßige Abgabe für die vollgezahlten Stücke entrichtet worden ist, und die demgemäß nach § 12 Abs. 2 der Ausführungsbestimmungen zum genannten Gesetze den Vermerk „Vollzahlung ist vorausbesteuert usw." tragen. Eine Nachbesteuerung derartiger Einzahlungen, soweit sie nach dem Inkrafttreten des Reichsstempelgesetzes vom 3. Juli 1913 geleistet werden, ist daher ausgeschlossen (§ 8 Abs. 2 des Gesetzes). RG. 7. Juli 16 AM. 1916, 157 = Recht 1916 Nr. 1797 = JW. 1916, 1411 = WarnRspr. 9, 432 = BA. 16, 35 = PrZBl. 1916, 187.

3. Bedeutung der Vorschrift. Durch die Vorschrift in § 8 Abs. 1, daß es hinsichtlich der vor dem 16. April 1918 beurkundeten Gesellschaftsverträge und Gesellschaftsbeschlüsse bei den bisherigen Gesetzen bewendet, kommt zugleich zum Ausdruck, daß die später stattfindenden Beurkundungen dem neuen Gesetz unterliegen sollen. RFH. 4. Juni 19 S. 1, 79 = AM. 1919, 311 = DJZ. 1919, 853.

4. Maßgebender Vorgang. Die in Zusatz 4 zu Nr. 1 A a, b des Tarifs zum RStempG. in der Fassung des Gesetzes vom 26. Juli 1918 aufgeführten Rechtsvorgänge werden von der Steuerpflicht nach diesem Gesetz nur erfaßt, soweit sie nach dem 31. Juli 1918 stattgefunden haben. Werden auf eine Aktiengesellschaft eigene Aktien übertragen, so entsteht die Steuerpflicht erst mit der Wiederveräußerung durch die Gesellschaft. RFH. 15. Okt. 19 S. 1, 216 = AM. 1919, 375.

5. — Für die Anwendung der Uebergangsvorschrift ist entscheidend, ob die Niederschrift der Urkunde vor dem 16. April 1918 oder später bewirkt worden ist, ohne Rücksicht auf den Zeitpunkt der Erteilung der zur Wirksamkeit des beurkundeten Rechtsgeschäfts oder Beschlusses etwa erforderlichen behördlichen Genehmigung. RFH. 29. Oktober 19 S. 1, 243 = AM. 1919, 407.

II. Ausländische Aktien, inländische und ausländische Kuxe, Schuld- und Rentenverschreibungen, Genußscheine, Gewinnanteilschein- und Zinsbogen.

(Tarifnummer 1 unter B, C bis 3 A)

§ 11.

Abs. 1.

1. Geschäft unter Lebenden. Die Erteilung einer Vollmacht zum Verkaufe von Wertpapieren ist nicht als „ein damit gemachtes Geschäft unter Lebenden" anzusehen. RGStr. 20. Oktober 84 E. 11, 171.
2. — Ein mit einem Wertpapier gemachtes Geschäft unter Lebenden liegt dann vor, wenn auf einen anderen irgend ein Recht an dem Wertpapier oder auf das Wertpapier, sei es auch nur ein Zurückbehaltungsrecht, übertragen wird. RGStr. 23. März 09 E. 42, 253 = Recht 1909 Nr. 3516.
3. — Zur Begründung der Stempelpflicht für eine Urkunde der in Tarifnummer 1—3 genannten Art genügt nicht, daß das betreffende Wertpapier hergestellt und seine vorläufige Anmeldung bei der Steuerbehörde erfolgt ist, sondern es muß mit dem Wertpapier eine Handlung vorgenommen werden, die sich als eine Betätigung des Willens darstellt, das Papier in den inländischen Rechtsverkehr zu übernehmen. RG. 28. Mai 18 Recht 1918 Nr. 1260.
4. Es ist nicht als ein Ausgeben von Aktien zu betrachten, wenn die Zeichner des gesamten Grundkapitals bei der Gründung einer Aktiengesellschaft beschließen, daß die Aktien während eines bestimmten Zeitraums in Verwahrung des Vorstands der Gesellschaft bleiben und nicht veräußert werden sollen. RGStr. 12. Dez. 98 E. 31, 400.
5. Von einem Inländer erworben ist eine ausländische Aktie auch dann, wenn sie einem andern als seinem Vertreter übergeben ist und dieser sie ohne Widerspruch angenommen, dann aber in ungetreuer Weise hinterher wirtschaftlich für sich verwertet hat. RG. 3. Dez. 18 Recht 1919 Nr. 666.
6. § 11 ist in dem Falle, daß die Aktien usw. noch nicht urkundlich festgestellt worden sind, nicht zur Anwendung zu bringen. RGStr. 12. Februar 83 E. 8, 34.
7. Die Hinterziehung wird regelmäßig mit der Aenderung des Besitzes der Urkunde vollendet. Die Zuwiderhandlungen gegen §§ 11, 31 können zueinander in dem durch § 74 StGB. geregelten Verhältnis stehen. RGStr. 23. März 09 E. 42, 253.
8. Täter. Bei den von einer Aktiengesellschaft ausgegebenen stempelpflichtigen Renten- und Schuldverschreibungen haben die vertretungsberechtigten Organe als diejenigen zu gelten, welche das Wertpapier ausgeben.

   Ein Irrtum über die Eigenschaft eines Wertpapiers als stempelpflichtiger Schuldverschreibung enthält nicht einen Irrtum über Tatsachen, sondern einen Strafrechtsirrtum. RGStr 22. Jan 85 E. 11, 426.

Abs. 2.

9. Begriff des Kontrahenten. RGStr. 20. April 96 E. 28, 359.

§ 12.

1. Die dem Emittenten von Wertpapieren auferlegte Verpflichtung, der Steuerbehörde vor der Auflegung der Papiere zur Zeichnung Anzeige zu erstatten, hat das Vorhandensein urkundlich ausgefertigter Wertpapiere nicht zur Voraussetzung.

Die Anzeigepflicht erstreckt sich auch auf die Fälle der Simultangründung von Aktiengesellschaften und auf Fälle nicht öffentlicher Zeichnung.

Als Emittent im Sinne dieser Gesetzesvorschrift ist die Gesellschaft, von der und unter deren Namen die Wertpapiere ausgegeben werden, zu betrachten, insbesondere bei Aufforderung zu weiteren Einzahlungen auf Wertpapiere. RGStr. 12. Juni 88 E. 17, 431; 20. Febr. 94 E. 25, 145.

2. Bei einer Aktienemission durch eine bereits bestehende Aktiengesellschaft ist die den Emittenten von Wertpapieren auferlegte Anzeigepflicht nicht schon vor dem auf die Emission bezüglichen Beschlüsse der Generalversammlung begründet. RGStr. 3. Okt. 90 E. 21, 90.

3. Der Vorstand einer Aktiengesellschaft ist nicht strafbar, wenn bei der Gründung vor dem Auflegen der Aktien zur Zeichnung die vorgeschriebene Anzeige an die Steuerbehörde unterlassen wurde.

Im Falle der Simultangründung kann neben den Gründern auch ein Dritter als Emmittent im Sinne des § 4 angesehen werden. RGStr. 12. Dez. 98 E. 31, 400.

§ 13.

Abs. 1.

1. Ein Darlehnsvertrag ist der landesrechtlichen Besteuerung zugänglich, obgleich von dem Schuldner reichsstempelpflichtige Teilschuldverschreibungen ausgestellt sind. RG. 21. Febr. 90 E. 25, 64.

Abs. 2.

2. Die Versteuerung eines Aktienindossaments mit dem Abtretungsstempel unterliegt der T.-Nr. 2 PrStempG., wenn die Aktie bereits vor dem 1. Oktober 1881 ausgegeben worden war. RG. 14. Oktober 02 E. 52, 318.

3. Die Vorschrift in Abs. 2 ergibt nicht, daß auch Papiere, die nur durch Zession übertragbar sind, dem Reichsstempel unterliegen, sondern nur, daß Zessionen, wenn sie auf reichsstempelpflichtige Papiere gesetzt sind, frei vom Landesstempel sind.

Die Vorschrift trägt nur dem Umstande Rechnung, daß auch die Forderungen aus indossablen Papieren durch bloße Abtretung übertragen werden können. RG. 15. Nov. 07 E. 67, 90.

§ 14.

Abs. 2.

1. Stempelaufdruck auf einer Aktie oder Schuldverschreibung über die Veränderung des Rechtsverhältnisses. RG. 16. Dezember 95 E. 36, 91. RG. 18. Oktober 97, 7. u. 13. Januar 98 E. 40, 14, 126, 131.

2. Die Befreiungsvorschrift ist auf den Fall anwendbar, daß eine Aktiengesellschaft ihren Aktionären gegen Einreichung der über geringere Beträge lautenden Aktien solche über höhere Beträge in entsprechend geringerer Anzahl gewährt. RG. 13. März 00 E. 46, 35.

3. Wesentliche Aenderung des Rechtsgeschäfts liegt bei Aenderung des Aktien ausgebenden Rechtssubjektes vor. RG. 3. Januar 02 JW. 1902, 142.

§ 15.

1. Die Ausführungsbestimmungen des Bundesrats zu den Steuergesetzen haben regelmäßig die Natur von allgemeinen Verwaltungsvorschriften; nur die auf Grund gesetzlicher Ermächtigung erlassenen Ausführungsbestimmungen stehen dem Gesetze gleich.

Niemals können aber die Ausführungsbestimmungen im Widerspruch mit dem Gesetze stehen. RG. 10. Dezember 15 E. 87, 427 = AM. 1916, 37 = JW. 1916, 320 = HoldhM. 25, 72 = PrZBl. 1916, 20 = ZschrfZollw. 1916, 219.

2. Die Verpflichtung zur Tragung der Talonsteuer liegt dem Aussteller der Wertpapiere ob und darf von diesem ohne Rechtsgrund nicht auf den Besitzer der Papiere abgewälzt werden. RG. 19. Oktober 11 BA. 11, 78 = DJZ. 1912, 281.

3. Die Bereitstellung von Gewinnanteilscheinbogen zur Empfangnahme durch die Bezugsberechtigten stellt noch keine Ausgabe von Wertpapieren im Sinne der §§ 14, 15 und der T.-Nr. 3 A RStempG. dar. Unter Ausgabe ist lediglich die Besitzübertragung durch den Aussteller oder dessen mit der Ausgabe beauftragten Vertreter, also die Aushändigung an den Bezugsberechtigten oder dessen Bevollmächtigten zu verstehen. RFH. 24. September 19 S. 1, 191 = AM. 1919, 377.

4. Vor dem 1. August 1909 ausgegebene Gewinnanteilscheinbogen: Sie unterliegen der Stempelabgabe, wenn ihre Ausgabe entgegen dem ordnungsmäßigen Geschäftsgange vorzeitig erfolgt ist. RG. 7. Oktober 19 E. 96, 326 = AM. 1919, 379.

5. — Die zwischen dem Reichskanzler und einigen Gesellschaften zustande gekommenen Vereinbarungen über die steuerliche Behandlung von Gewinnanteilschein- und Zinsbogen (T.-Nr. 3 A), die aus Anlaß, aber vor Inkrafttreten der durch das Gesetz vom 15. Juli 1909 eingeführten Reichsabgabe ausgegeben worden waren, haben die Natur eines rechtswirksamen Vergleichs, der auch nicht aus dem Grunde angefochten werden kann, weil eine Vergleichspartei beim Abschluß von Voraussetzungen ausgegangen ist, die sich nicht erfüllt haben. RG. 20. März 17 AM. 1917, 113 = Recht 21 Nr. 1163 = BA. 16, 361.

6. Nach dem 1. August 1918 ausgegebene Gewinnanteilscheinbogen unterfallen dem Gesetz vom 26. Juli 1918, wenn auch der Ablauf der alten Bogen vor dem 1. August 1918 eingetreten war. RFH. 20. Juni 19 S. 1, 96.

§ 16.

1. Bei Vorzugsaktien, denen ein Nachbezugsrecht zusteht, ist für die Frage, ob eine Kürzung des Steuerbetrages zulässig ist, allein entscheidend, ob für ein oder mehrere Jahre im letzten Jahrzehnt ein Gewinnanteil nicht gezahlt ist. Unerheblich ist, ob die Möglichkeit besteht, daß nach Ablauf des Jahrzehnts aus dem Gewinn eines späteren Jahres eine Nachdividende für eines der früheren Jahre gezahlt wird. RG. 13. Nov. 14 Recht 1919 Nr. 692 = HoldhM. 24, 39, 46 = WarnRspr. 8, 81 = BA 14, 213 = PrZBl 1915, 61 = Recht 1915 Nr. 692.

2. Dem letzten Nebensatz des zweiten Absatzes („es sei denn usw.") ist eine Voraussetzung, nicht aber der Maßstab für die Kürzung zu entnehmen. Den Maßstab enthält die Kürzungsvorschrift selbst.

Die Kürzung ist deshalb in der Weise vorzunehmen, daß für jedes Jahr, in dem eine Gewinnverteilung nicht stattstand, die Steuer um 1/10 zu ermäßigen ist.

Ist eine Gewinnverteilung satzungsgemäß ausgeschlossen, so sind die Worte, daß „ein Gewinnanteil nicht gezahlt ist", ausnahmsweise dahin zu verstehen, daß ein Gewinn nicht erzielt ist. RG. 27. Okt. 14 E. 85, 384 = Recht 1914 Nr. 251 = AM. 1915, 49 = HoldhM. 24, 40 = BA. 14, 231 = PrZBl. 1915, 17 = ZschrfZollw. 1915, 251.

§ 17.

Abs. 1.

1. Ist eine Gewinnverteilung satzungsgemäß ausgeschlossen, so ist die Talonsteuer gleichwohl unter entsprechender Anwendung der §§ 16 und 17 zu erheben. RG. 27. Okt. 14 E. 85, 384 = Recht 1919 Nr. 251, 252 = AM. 1915, 49 = HoldhM. 24, 40 = BA. 14, 231 = PrZBl. 1915, 17 = ZschrfZollw. 1915, 251.
2. Hat eine Aktiengesellschaft im Laufe ihres Geschäftsjahres junge Aktien ausgegeben, die am Gewinn erst von Beginn des neuen Geschäftsjahres an beteiligt sein sollen, und sind sofort mit den Aktien entsprechend lautende Gewinnanteilscheine ausgegeben, so ist für die Zeit von der Ausgabe der Aktien bis zum Beginn der Laufzeit der Gewinnanteilscheine die Gesellschaft als eine solche anzusehen, die keine Gewinnanteilscheine ausgibt. RG. 22. März 18 E. 92, 332 = AM. 1918, 59 = Recht 1918 Nr. 934.
3. Dadurch, daß sich die Ausgabe der neuen Gewinnanteilscheinbogen über den Zeitpunkt des Ablaufs der alten Gewinnanteilscheinbogen hinaus verzögert, wird die Aktiengesellschaft an sich noch nicht zu einer solchen, die im Sinne des § 17 keine Gewinnanteilscheine ausgibt, sofern nur die Reihe der neuen Gewinnanteilscheine unmittelbar an die abgelaufenen Gewinnanteilscheinbogen anschließt und bei der Gesellschaft unverändert die Absicht fortbestanden hat, den Bezug des zur Verteilung ausgeschütteten Geschäftsgewinns nicht anders als auf Grund der Einlösung von Gewinnanteilscheinen zu gestatten. RFH. 11. Juni 19 S. 1, 89 = AM. 1919, 316.

III. Kauf- und sonstige Anschaffungsgeschäfte.

(Tarifnummer 4.)

§ 18.

Abs. 1.

1. Gegenstand der Besteuerung. Beim Anschaffungsstempel ist nicht die Schlußnote, sondern das Geschäft selbst der Gegenstand der Versteuerung. RG. 6. Okt. 08 E. 69, 336 = PrZBl. 1909, 17 = JW. 1908, 753 = Recht 1908 Nr. 3911 = MittWüFM. 3, 14. Vgl. auch zu § 21 unter Nr. 1.
2. — Der Kaufstempel ruht auf dem obligatorischen Veräußerungsgeschäft ohne Rücksicht auf das Nachfolgen eines dinglichen Erfüllungsgeschäfts. RGStr. 23. März 09 E. 42, 253.
3. Im Inland abgeschlossene Geschäfte. RG. 30. Sept. 86 E. 18, 25; RG. 2. Juli 01 JW. 1901, 657; vgl. auch nachstehend Nr. 4 und 5.

Abs. 3.

4. Ein Geschäft ist nicht durch telegraphische Korrespondenz zwischen einem Orte des Inlandes und des Auslandes zustande gekommen, wenn der ausländische Kommissionär vom Ausland aus den Selbsteintritt in das aufgetragene Geschäft seinem Agenten im Inlande telegraphisch mitteilt und dieser von sich aus in besonderer dechiffrierter und in deutscher Sprache abgefaßter Depesche die erhaltene Anzeige an den inländischen Kommittenten weiterbefördert. RG. 4. Okt. 10 E. 74, 240 = JW. 1910, 954 = Recht 1910 Nr. 3858 = BA. 10, 174 = BlBayJW. 19, 160 = PrZBl. 1910, 519 = ZschrfZollw. 1910, 251.

5. Wenn der ausländische Gegenkontrahent die Annahme des ihm brieflich zugegangenen Vertragsantrages durch seinen im Inland wohnenden Agenten, der nicht lediglich Bote, sondern ein frei handelndes Organ der Willensäußerung ist, dem inländischen Besteller übermitteln läßt, so ist der Vertrag im Inland abgeschlossen und fällt nicht unter Abs. 3. RG. 3. Januar 05 E. 59, 335 = JW. 1905, 188.

§ 19.

Abs. 1.

1. **Bedingtes Geschäft.** Die vorbehaltene Zustimmung eines Dritten zu einem Kauf ist im Zweifel keine Bedingung. Bedingung ist eine Bestimmung, wonach die Wirkung eines endgültig abgeschlossenen Rechtsgeschäfts erst mit dem Eintritt eines künftigen Ereignisses eintreten oder aufhören soll. RGStr. 23. März 09 E. 39, 254. Vgl. auch zu § 28 unter Nr. 1.

2. — Auch **vor** der Eintragung einer **Kapitalerhöhung** ins Handelsregister können die jungen Aktien, obwohl sie zu dieser Zeit rechtlich noch nicht bestehen, wenn auch nur aufschiebend bedingt, übereignet werden und damit Gegenstand eines steuerpflichtigen Anschaffungsgeschäfts sein. RG. 22. September 14 E. 85, 327 = AM. 1915, 21 = Recht 1918 Nr. 2923 = HoldhM. 23, 260 = BA. 14, 166 = ZschrfZollw. 1915, 217.

3. — Werden gelegentlich der Beschlußfassung über Erhöhung des Grundkapitals einer Aktiengesellschaft die neuen Aktien an eine in der Generalversammlung vertretene Bank überlassen, so liegt hierin ein stempelpflichtiges Anschaffungsgeschäft, selbst wenn die zur Kapitalserhöhung erforderliche **staatliche Genehmigung** versagt wird. RFH. 22. Okt. 19 S. 1, 219 = AM. 1919, 410 = DStZ. 8, 203.

Abs. 2.

4. Ein **neues abgabepflichtiges** Geschäft im Sinne des Abs. 2 liegt nicht vor, wenn eine Vertragspartei von der Befugnis Gebrauch macht, die bei Abschluß des als Kassageschäft bezeichneten Anschaffungsgeschäfts dahin vorbehalten worden ist, daß es jedem Teile freistehen solle, durch eine sofort nach Abschluß abzugebende Erklärung Hinausschiebung der Erfüllung zu verlangen. RG. 12. Dezember 99 E. 45, 65 = JW. 1900, 53.

Abs. 3.

5. **Kommissionsgeschäfte.** Begriff des **Abwicklungsgeschäftes.** RG. 14. Mai 88 E. 21, 58.

6. — Ein nach Abs. 3 zu versteuerndes, von einem Kommissionär geschlossenes Geschäft liegt vor, wenn dieser das Hauptgeschäft gewerbsmäßig in eigenem Namen für Rechnung des Auftraggebers geschlossen hat. RGStr. 11. April 90 E. 20, 364.

7. — Wird von einem Bankkonsortium der von ihm fest übernommene Teilbetrag einer öffentlichen Anleihe zur Zeichnung aufgelegt, so tritt der Zeichner nur zu der einzelnen Bank, bei der er zeichnet, nicht zu dem Konsortium in ein Vertragsverhältnis, wenn der von diesem veröffentlichte Prospekt nur eine gemeinschaftliche Aufforderung zur Stellung von Kaufanträgen, gerichtet an die einzelnen Banken, enthielt und letztere über die Berücksichtigung der einzelnen Zeichnungen entscheiden sollten. Daß den Schlußnoten, in denen demgemäß die einzelnen Banken als Verkäuferinnen bezeichnet wurden, den Zusatz: „für Rechnung" oder „im Auftrag eines Konsortiums" enthielten, ändert nichts, da diese Worte nicht besagen, daß namens des Konsortiums verkauft werde. Die Banken handeln, wenn sie für Rechnung des Konsortiums, aber in eigenem Namen verkaufen, nicht als Kommissionäre im Sinne des § 383 HGB. RG. 9. Januar 04 E. 56, 297.

§ 20.

1. Die Aktiengesellschaft haftet nicht für die Stempelabgabe, wenn die Gründer sämtliche Aktien übernommen haben. RG. 2. Juni 90 E. 26, 34.

2. Vermittler. Der Vermittler ist nur, wenn er beim Vertragsschlusse mitgewirkt hat, zur Entrichtung der Stempelabgabe verpflichtet. RGStr. 6. Nov. 06 E. 39, 258 = Recht 1906 Nr. 1374.

3. — Als Vermittler im Sinne des Abs. 1 Nr. 1 ist anzusehen, wer durch eine auf Herbeiführung der Willenseinigung der Kontrahenten abzielende selbständige Tätigkeit zu diesem Ergebnisse mitgewirkt hat. RGStr. 30. Mai 08 E. 41, 344 = BlBayFW. 1917, 27. Ebenso RGStr. 23. März 09 E. 42, 253.

§ 21.

Abs. 1.

1. Steuerpflichtig ist nicht die Schlußnote, sondern das Geschäft. RG. 1. Dez. 08 JW. 1909, 60 = Recht 1909 Nr. 605 = BlBayFW. 17, 176 = MittWüFM. 4, 27. Vgl. auch zu § 18 unter Nr. 1 und 2.

Abs. 2.

2. Wenn ein Anschaffungsgeschäft von zwei Maklern vermittelt wird, kann die Schlußnote nicht in der Weise hergestellt werden, daß jede Hälfte nur einen der beiden Vermittler namhaft macht. RGStr. 14. Juni 89 E. 19, 324.

§ 23.

Abs. 2.

1. Der Zusatz auf der Schlußnote „als Vertreter eines Kunden" genügt nicht, um die Kommissionseigenschaft der beauftragten Bank auszuschließen und darzutun, daß die Bank nicht im eigenen, sondern im Namen des Kunden handelt. RG. 28. Mai 18 AM. 1918, 74 = JW. 1918, 689 = BA. 17, 201 = PrZBl. 1918, 467.

2. Die Befreiung findet keine Anwendung, wenn die zweite Kommission im Ausland ausgeführt worden ist. RG. 25. Mai 00 E. 46, 106.
3. Das Wort „auswärtig" hat mit der Staatsangehörigkeit an sich nichts zu tun. Es bezieht sich nur auf den Wohnort und besagt, daß der Zwischenkommissionär einen anderen Wohnort wie der Ausführungskommissionär haben müsse. Die Befreiungsvorschrift ist jedoch auf den Fall zu beschränken, daß auch das Ausführungsgeschäft unter das RStempG. fällt. Sie findet daher keine Anwendung, wenn mit der Ausführung des Ankaufs ein an einem ausländischen Börsenplatze niedergelassener Kommissionär beauftragt war. RG. 25. Mai 00 E. 46, 106.

Abs. 3.

4. Kostgeschäft. Schon die Tatsache, daß ein Kostgeschäft vorliegt, hat zur Folge, daß die Stempelabgabe nur einmal erhoben wird. Der Vermerk auf der Schlußnote ist nur als Ordnungsvorschrift vorgeschrieben. RG. 18. Okt. 10 DJZ. 1911, 1508.
5. — Abweichend: Die den Kostgeschäften (Reportgeschäften) gewährte steuerliche Vergünstigung erfordert, daß die zu verstempelnden Schlußnoten den Anforderungen der §§ 12, 14 Abs. 3 und den §§ 28 und 42 der Ausführungsbestimmungen des Bundesrats (1909) entsprechen. RG. 30. Mai 11 E. 76, 335 = JW. 1911, 725 = DJZ. 1912, 97 = Recht 1911 Nr. 3253.

§ 24.

Lit. Konietzko, Versteuerung der sog. Kompensationsgeschäfte. HoldhM. 25, 132.

§ 25.

1. Tausch als Anschaffungsgeschäft. Keine Zerlegung des Anschaffungsgeschäfts, wenn auf einer Seite Wertpapiere zweier Gattungen, die verschiedenem Stempel unterliegen, hingegeben werden. RG. 20. Jan. 03 JW. 1903, 106.

§ 28.

1. Geschäfte, für die die rechtzeitige Berechnung der Steuer nicht möglich ist, im Gegensatz zu bedingten Geschäften. RG. 24. Okt. 92 E. 30, 9.

§ 30.

1. Verhältnis zu den landesgesetzlichen Abgaben. RG. 17. Januar 95 E. 34, 137.
2. Fusionsverträge unterliegen nicht dem Landesstempel. RG. 21. März 94 E. 33, 40.
3. Neben dem Stempel für die Zuteilung von Aktien an den ersten Erwerber unterliegt auch das Einbringen ausländischer Aktien in eine bestehende Aktiengesellschaft dem Stempel nach T.-Nr. 4a. Die landesgesetzliche Besteuerung dieses Einbringens ist daher unzulässig. RG. 27. Mai 02 E. 51, 351.
4. Die Versteuerung eines Aktienindossaments nach der T.-Nr. 2 PrStempG. ist zulässig, wenn die Aktie bereits vor dem 1. Okt. 1881 ausgegeben worden war. RG. 14. Okt. 02 E. 52, 318.

5. Der preußische Schuldverschreibungsstempel wird nicht dadurch ausgeschlossen, daß der Aussteller der Urkunde in dieser erklärt, das Darlehen, dessen Rückzahlung er verspricht, durch Uebergabe von Wertpapieren im Sinne der T.-Nr. 4 RStempG. erhalten zu haben. RG. 9. Juni 03 E. 55, 97.

Abs. 1.

§ 31.

1. Die Hinterziehungsstrafe kann gegen den Veräußerer erst ausgesprochen werden, wenn festgestellt ist, daß kein Vermittler im Sinne des § 20 Abs. 1 bei Abschluß des Geschäfts tätig war. RGStr. 23. März 09 E. 42, 253 (256).
2. Die Feststellung des äußeren Tatbestandes genügt zum Nachweise der Stempelsteuerhinterziehung im Sinne dieser Vorschrift. RGStr. 22. Juni 09 E. 42, 370.
3. Haftung des Nachlaßverwalters. RG. 23. Juni 16 LZ. 11, 277.

IV. Spiel und Wette.

(Tarifnummer 5.)

Abs. 1.

§ 34.

1. Veranstaltung. Wenn eine juristische Person als Veranstalterin einer öffentlichen Ausspielung durch ihre gesetzlichen Vertreter die reichsstempelpflichtigen Gutscheine zu dieser Ausspielung ausgibt, so sind zur Entrichtung der in der T.-Nr. 5 bestimmten Stempelabgabe nicht diese gesetzlichen Vertreter verpflichtet. Der Stempel ist vielmehr von der veranstaltenden juristischen Person zu erfordern ohne Rücksicht darauf, daß die Stempelhinterziehungsstrafe die gesetzlichen Vertreter, nicht aber die juristische Person trifft. RG. 19. April 07 E. 66, 32 = Recht 1906 Nr. 3401.
2. — Die Veranstaltung einer öffentlichen Lotterie kann auch dann vorliegen, wenn den einzelnen Lotterieverträgen zum Zwecke der Verschleierung der Natur des Unternehmens eine Form gegeben ist, nach der lediglich die Uebertragung des Eigentums an Losen in Frage steht.
   Der Grundsatz, daß die Stempelpflichtigkeit einer Urkunde sich nach ihrem Inhalte richtet, gilt zwar auch für Lose und Spielausweise. Bei der Auslegung ihres Inhalts ist aber in erster Reihe der Wille zu ermitteln, den die Vertragschließenden in die Urkunde hineingelegt haben und der auf Grund der Umstände sich ergibt, die zur Zeit der Ausstellung der Urkunde für die Vertragschließenden obwalteten. RG. 10. Okt. 11 E. 77, 342 = JW. 1912, 90 = Recht 1912 Nr. 307, 308 = BlBayFW. 20, 314.

Abs. 1.

§ 35.

1. Eine Voraussetzung der Vorschrift ist die Oeffentlichkeit des Wettunternehmens, nicht aber der Handlungen, die zum Abschluß der Wetten vorgenommen werden. RGStr. 27. März 06 E. 38, 383 (387).
2. Bei inländischen Wetten setzt die Anwendung der Tarifnummer 5 die Veranstaltung eines für eigene Rechnung betriebenen Wettunternehmens voraus. RGStr. 18. Dez. 02 E. 36, 46.

3. Die Steuerpflicht bezieht sich nicht auch auf gelegentlich und vereinzelt abgeschlossene Rennwetten. RGStr. 28. Sept. 06 E. 39, 186 (188).
4. Unerlaubter Wettbetrieb nicht stempelpflichtig. RGStr. 18. Jan. 07 Recht 1907 Nr. 698.
5. — Von unerlaubten Wettunternehmungen (G. v. 4. Juli 1905) kann keine Abgabe erhoben werden. RGStr. 16. November 06 E. 39, 269; RG. 29. Januar 07 E. 39, 395.
6. — Staatliche Abgaben nur von Unternehmungen, die nicht ein strafbares Tun enthalten (Buchmacher). RGStr. 11. Oktober 07 BlBayFW. 16, 152.

Abs. 2.

7. Abs. 2 bezieht sich nur auf die Inhaber öffentlicher Wettunternehmungen, die in eigenem Namen als Vertragsgegner die Einsätze annehmen. RGStr. 16. November 06 E. 39, 269.
8. Für die Stempelpflichtigkeit der Ausweise über Wetteinsätze bei Pferderennen ist die Identität des Orts des Wettunternehmens und der Rennveranstaltung nicht notwendig. RGStr. 1. März 97 E. 29, 425.

§ 37.

1. Vermittlung von Wetten bei ausländischen Wettunternehmungen; Unterschied von Wetten auf eigene Rechnung. Der Vermittler hat eine dreitägige Frist für die Erfüllung seiner Verpflichtung zur Ausstellung versteuerter Nachweise. RGStr. 20. Juni 02 E. 35, 386.
2. — Durch eine Vermittlung von Wetten wird die Steuerpflicht nur begründet, wenn der die Wetteinsätze Entgegennehmende im Auslande wohnt. RGStr. 18. Dezember 02 E. 36, 46.
3. — Das Wetten in eigener Person schließt den Begriff des Vermittlers aus. RGStr. 9. Februar 04 E. 37, 74.
4. — § 37 setzt die Vermittelung des Abschlusses von Wettverträgen zwischen inländischen Wettenden und ausländischen Wettunternehmungen voraus. Eine Vermittelung von Wettverträgen zwischen inländischen Wettenden und einer inländischen Wettannahmestelle (Sportbureau) fällt auch dann nicht unter § 37, wenn das Wettobjekt ein Rennen im Auslande ist. RGStr. 17. Dez. 08 E. 42, 117 = Recht 1909 Nr. 2893.

§ 39.

Abs. 1.

1. Wenn eine juristische Person als Veranstalterin einer öffentlichen Ausspielung durch ihre gesetzlichen Vertreter die reichsstempelpflichtigen Gutscheine zu dieser Ausspielung ausgibt, so trifft die Stempelhinterziehungsstrafe die gesetzlichen Vertreter, nicht aber die juristische Person. RG. 19. April 07 E. 66, 32 = Recht 1906 Nr. 3401.
2. Die Anwendung des § 39 erheischt nicht die Feststellung, ob die Voraussetzungen des Abs. 1 oder die des Abs. 2 vorliegen. RGStr. 30. Oktober 99 E. 32, 353.
3. Die Hinterziehung der Stempelabgabe auf Lotterielose oder Ausweise über Spieleinlagen setzt den wirklichen Absatz voraus. RGStr. 17. Februar 03 E. 36, 104.

4. Zur Freisprechung von einer Anklage aus §§ 35, 39 genügt die Feststellung, daß der Veranstalter der Wettunternehmung nur von Bekannten Wetteinsätze angenommen habe, nicht. RGStr. 29. April 02 E. 35, 209.
5. Die Strafandrohung des § 39 Abs. 1 Satz 2 greift auch auf die in § 35 Abs. 2 erwähnten Wettunternehmer Platz. RGStr. 4. Jan. 06 E. 38, 306.
6. Abs. 1 Satz 2 findet Anwendung auf die in § 35 Abs. 2 genannten Wettunternehmer und auf die in § 37 Abs. 2 erwähnten Vermittler ausländischer Rennwetten. RGStr. 27. Juni 07 E. 40, 250.
7. **Verhältnis zum RStrGB.** Die Bestrafung wegen unbefugter Veranstaltung einer öffentlichen Lotterie schließt die Bestrafung wegen Hinterziehung der Reichsstempelabgabe nicht aus. RGStr. 9. Juni 84 E. 11, 9; 10. Nov. 87 E. 16, 301; 11. Jan. 98 E. 30, 396.
8. — Verhältnis der in § 39 vorgesehenen Straftat zu dem gleichzeitig betriebenen gewerbsmäßigen Glücksspiele. RGStr. 15. April 98 E. 31, 114.
9. — Verhältnis des Vergehens zu der Uebertretung des § 111 und zu dem Vergehen des gewerbsmäßigen Glückspiels. RGStr. 19. Sept. 02 E. 35, 344.
10. — Wer aus dem Glückspiel ein Gewerbe macht, kann zugleich wegen Stempelhinterziehung bestraft werden. RGStr. 12. Mai 05 E. 38, 55; 4. Jan. 06 E. 38, 306; 28. Sept. 06 E. 39, 186; 16. Nov. 06 E. 39, 269; 22. Jan. 07 E. 39, 395; 7. Dez. 08 E. 42, 117; 17. Febr. 09 Recht 1909 Nr. 1091; 24. Juni 11 E. 45, 97.
11. — Die Bestrafung wegen gewerbsmäßigen Glückspiels schließt Bestrafung wegen Reichsstempelhinterziehung nicht aus. RGStr. 4. Februar 08 BlBayFW. 16, 182.
12. — Als Täter kann nicht bestraft werden, wer bei öffentlich veranstalteten Pferderennen für Rechnung eines inländischen Wettunternehmens Wetteinsätze unter Aushändigung unversteuerter Ausweise entgegennimmt. RGStr. 15. April 98 E. 31, 53.
13. — Das Vergehen der Stempelsteuerhinterziehung nach § 39 kann mit einer Zuwiderhandlung gegen die Vorschriften des Rennwettgesetzes vom 4. Juli 1905 rechtlich nicht zusammentreffen. RGStr. 28. Sept. 06 E. 39, 186; 16. Nov. 06 E. 39, 269; 24. Juni 11 E. 45, 97 (100).
14. — Verhältnis zwischen § 284 RStrGB. und § 6 des Gesetzes, betreffend die Wetten bei öffentlich veranstalteten Pferderennen vom 4. Juli 1905. RGStr. 25. April 13 ZschrfZollw. 14, 62.
15. — Verhältnis zu § 78 StGB. RGStr. 2. April 97 E. 30, 49.

Abs. 2.

16. Abs. 2 ist anwendbar bei Stundung von Wetteinsätzen. RGStr. 2. April 97 E. 30, 49.
17. Abs. 2 findet Anwendung auf die Vermittler von Wettaufträgen für ausländische Pferderennen, die im Inland Wetteinsätze entgegennehmen und bei den ausländischen Wettunternehmungen einzahlen, ohne die von den letzteren ausgestellten Wettausweise in das Reichsgebiet einzuführen oder daselbst zu empfangen. RGStr. 2. Dez. 98 E. 31, 364.
18. Abs. 2 findet gegen Buchmacher Anwendung. RGStr. 30. Okt. 99 E. 32, 353.

V. Frachturkunden.

(Tarifnummer 6.)

§ 43.

Lit. Klein, Der Frachturkundenstempel im privatrechtlichen Verhältnis zwischen Verkäufer und Käufer. JW. 09, 96.

1. Ist bei einem Kaufgeschäfte die Ware nach einem anderen Orte als dem Erfüllungsorte zu versenden, so fällt mangels anderweitiger Vereinbarung der Frachturkundenstempel, als zu den Kosten der Versendung gehörig, dem Käufer zur Last. Das gilt auch dann, wenn der Kauf vor dem Inkrafttreten des Gesetzes vom 3. Juni 1906 geschlossen worden ist. RG. 28. Februar 08 E. 68, 43 = JW. 1908, 284.

§ 44.

Abs. 1.

1. Bei Sammelladungen im Binnenschiffsfrachtverkehre besteht keine Verpflichtung des Absenders zur Ausstellung eines über die Ladung des ganzen Schiffsgefäßes lautenden Transportpapiers. RG. 3. März 16 AM. 1916, 117 = Recht 20 Nr. 1209, 1210, 1211 = WarnRspr. 9, 171 = ZschrfZollw. 1917, 125.

§ 51.

1. Der § 51 bezieht sich lediglich auf die für die Tarifnummer 6 in Betracht kommenden Schriftstücke; einer landesrechtlichen Besteuerung der Charteparties steht nichts entgegen. RG. 4. Dezember 14 E. 86, 79 = AM. 1915, 73 = JW. 1915, 247 = Recht 19 Nr. 695 = ZschrfZollw. 1916, 23.

VI. Personenfahrkarten.

(Tarifnummer 7.)

(Außer Kraft: § 34 Abs. 2 Gesetz über die Besteuerung des Personen- und Güterverkehrs vom 8. April 1919 [RGBl. S. 329].)

VII. Erlaubniskarten für Kraftfahrzeuge.

(Tarifnummer 8.)

§ 62.

Abs. 1.

1. Im Falle der Veräußerung des Kraftfahrzeugs ist die Befugnis des Erwerbers zur Ingebrauchnahme von der vorher erfolgten Umschreibung der Erlaubniskarte auf seinen Namen abhängig.

Die Ingebrauchnahme des Kraftfahrzeugs kann nicht ohne Erlaubniskarte erfolgen, auch wenn deren Aushändigung mindestens drei Tage vorher bei der zuständigen Behörde beantragt worden ist. RGStr. 21. September 09 E. 42, 401 = BlWüFW. 4, 110.

2. **Probefahrt:** RGStr. 3. Jan. 10 Recht 1910 Nr. 629 = ZschrfZollw. 1910, 59. RG. 12. März 13 ZschrfZollw. 1913, 217.
3. — Nur Fahrten, die von Fabrikanten oder Händlern unternommen werden, können als Probefahrten gelten. RGStr. 14. Mai 12 Recht 1913 Nr. 1078.
4. — War der Wagen bereits an einen Dritten verkauft, so war seine Erprobung nicht ohne Erlaubniskarte zulässig, selbst wenn der Verkäufer sich selbst nur darüber unterrichten wollte, ob das Fahrzeug die vertragsmäßig von ihm zu gewährleistenden Eigenschaften besaß. RGStr. 2. März 11 PrZBl. 1912, 37 = Recht 1911 Nr. 1469.
5. — Wenn der Verkäufer dem Kauflustigen das Fahrzeug zur freien Verfügung, wenn auch zum Zweck der Erprobung, überläßt, so veranstaltet er keine Fahrten mit dem Fahrzeug. Der Andere nimmt dieses als Eigenbesitzer in Gebrauch. Eine solche Ingebrauchnahme zum Befahren öffentlicher Wege ist keine Probefahrt im Sinne des Gesetzes. RGStr. 18. April 13 Recht 1913 Nr. 1686. Abweichend s. Nr. 9.
6. — Probefahrten sind von der Steuer frei, solange bei ihnen das Fahrzeug sich noch als zum Verkauf gestellte Ware oder allenfalls auch aus Anlaß einer Instandsetzung oder eines Umbaues im Bereiche der Industrie oder des Handels befindet. Ist aber das Fahrzeug aus diesem Bereich ausgeschieden und in den der Verbraucher eingetreten und soll es innerhalb des Kreises der Verbraucher den Eigentümer wechseln, so kann für eine aus diesem Anlaß auf Verlangen der Erwerbslustigen vorgenommene Probefahrt, wenn sie sonst die Voraussetzungen der Stempelpflicht erfüllt, die Anwendung der Ausnahmevorschrift nicht in Anspruch genommen werden. RG. 2. Dez. 13 E. 83, 325 = AM. 1914, 74 = Recht 18, 267 = ZschrfZollw. 1914, 249.
7. — Es ist nicht angängig, steuerfreie Probefahrten vorzunehmen, wenn das Kraftfahrzeug nicht mehr Ware ist, sondern von dem Erwerber für sich gebraucht wird. HessOLG. 19. Dez. 13 AM. 1914, 166.
8. — Eine Probefahrt liegt nicht nur dann vor, wenn sie zu dem erwähnten Zwecke von dem Fabrikanten oder Händler selbst unternommen wird, sondern auch dann, wenn jene das Fahrzeug dem Kaufliebhaber zwecks eigener Erprobung zur Verfügung stellen. RGStr. 27. März 14 AM. 1914, 168 = Recht 1914 Nr. 1780 = HoldhM. 24, 42 = ZschrfZollw. 1914, 253.
9. — Probefahrt ist eine Fahrt, die ausschließlich dazu dienen soll, die Gebrauchsfähigkeit des Fahrzeuges zu prüfen und dessen besondere Eigenschaften kennen zu lernen. Es kommt hierbei nur auf die Erprobung des Fahrzeugs, nicht des Fahrers an. Der ausschließliche Zweck muß auf den Abschluß eines bestimmten Rechtsgeschäfts gerichtet sein. RGStr. 1. Juli 07 E. 40, 256.
10. — Handelt es sich nicht um die Prüfung des Fahrzeuges zum Zweck der Vornahme oder des Zustandekommens eines darauf bezüglichen Rechtsgeschäfts, sondern dient die Fahrt anderweiten Interessen, insbesondere der Uebung im Steuern von Kraftwagen eines bestimmten Systems, so fällt sie aus dem Rahmen der Probefahrt heraus. RGStr. 20. April 09 Recht 1909 Nr. 1753.
11. — Fahrten, die von anderen Personen als Fabrikanten und Händlern ausgeführt werden, und durch die nur festgestellt werden soll, ob das

Fahrzeug als gebrauchsfähig der Polizeibehörde zur Prüfung der Gebrauchsfähigkeit vorgeführt werden kann, sind nicht Probefahrten mit Kraftfahrzeugen im Sinne des Gesetzes. RGStr. 14. Mai 12 E. 46, 95 = PrZBl. 1912, 257 = MittWüFM. 7, 66 = ZschrfZollw. 1913, 52 = Recht 1913 Nr. 1078.

12. — Die Ausnahme für Probefahrten ist nicht auf Fahrten anzuwenden, die zur Erlangung, Uebung und Erprobung der Geschicklichkeit von Personen in der Führung des Fahrzeuges erfolgen. Eine solche Benutzung von Kraftwagen ist eine nach T.-Nr. 8 steuerpflichtige Ingebrauchnahme des Fahrzeugs selbst dann, wenn sie durch einen der gewerbsmäßigen Personenbeförderung dienenden Betrieb veranlaßt ist. RG. 15. Okt. 15 AM. 1915, 257 = Recht 1920 Nr. 133 = JW. 1916, 49 = HoldhM. 25, 73 = PrZBl. 1915, 236 = Zschrf.-Zollw. 1916, 118.

13. — Sind mit der Fahrt auch Reklame- und Vergnügungszwecke verfolgt worden, kann von einer bloßen Probefahrt im Sinne des Gesetzes keine Rede mehr sein. RGStr. 1. Mai 09 Recht 1909 Nr. 2083.

14. — Keine Probefahrt bei Einstellung von sog. Probe- oder Vorführungswagen (Typ). RGStr. 31. Jan. 10 E. 43, 214 = MittWüFM. 5, 67 = ZschrfZollw. 1910, 152.

15. — Wenn jemand fortgesetzt und ohne daß ein besonderer Anlaß gegeben ist, einen bestimmten Wagen einzufahren oder einem anderen vorzuführen, die Kraftfahrzeuge in Benutzung genommen hat, um dauernd ihre allgemeine Beschaffenheit und die Notwendigkeit etwaiger Ausbesserung beurteilen zu können, so handelt es sich nicht um Probefahrten. RGStr. 12. Dez. 11 Recht 1912 Nr. 358.

16. — Wenn das Aufsuchen von Bestellungen, das Anpreisen eines neuen Wagentyps oder das Erteilen von Fahrunterricht, nachdem dem Käufer die Gebrauchsfähigkeit des Wagens dargelegt war, der ausschließliche oder doch der Hauptzweck des Fahrens mit dem Kraftfahrzeug war, so handelt es sich nicht um eine Probefahrt im Sinne des Gesetzes. RGStr. 29. April 12 Recht 1912 Nr. 1992.

17. — Nirgends besteht eine Bestimmung, die den Veranstalter der Fahrt auf die Mitwirkung seiner Geschäftsangestellten beschränkte und die Zulassung von Familienangehörigen als mit dem Begriffe der Probefahrt grundsätzlich unvereinbar erklärte. RGStr. Bd. 40 S. 256 steht nicht entgegen. RGStr. 21. Sept. 09 Recht 1909 Nr. 3024.

18. — Eine Ingebrauchnahme des Fahrzeugs im Sinne des Gesetzes tritt nicht ein, wenn bei Gelegenheit der Probefahrt andere Personen, die mit der Erprobung des Fahrzeuges nichts zu tun haben, mitgenommen werden. RGStr. 28. Sept. 11 E. 45, 161.

§ 63.

1. Wer ein in Gesellschaftsform betriebenes Kraftfuhrwerksunternehmen leitet, haftet als Eigenbesitzer auch dann für die Entrichtung der Stempelabgabe und bei Nichtbezahlung für die Strafe, wenn ihn keine Schuld daran trifft, daß das Kraftfahrzeug nicht ausschließlich zu gewerblichen Zwecken benutzt worden ist. RGStr. 3. März 13 ZschrfZollw. 1913, 217.

§ 70.

Abs. 1.

1. Haftung für die Strafe vgl. zu § 63 unter Nr. 1.
2. Die Strafvorschrift des Abs. 1 erfordert nicht den Nachweis eines Verschuldens des Steuerpflichtigen. Das Verschulden wird solange gesetzlich vermutet, als nicht ein Nachweis im Sinne des § 71 Abs. 2 erbracht worden ist. RGStr. 26. Sept. 10 E. 44, 122.

Abs. 2.

3. Die Anwendung des Abs. 2 beschränkt sich auf den Fall, wo eine jede von mehreren Personen aus selbständigem Grunde zur Entrichtung der Steuer verpflichtet war. RGStr. 22. April 09 E. 42, 307.

Abs. 4.

4. Ueber die Rechtmäßigkeit der Beschlagnahme eines Kraftfahrzeugs nach Abs. 4 findet in Preußen der Rechtsweg nicht statt. RG. 1. April 13 E. 82, 126 = JW. 1913, 695 = Recht 1913 Nr. 1528, 1529 = Zschr. f. Zollw. 1914, 25.

§ 71.

1. Die Einziehung der in dem bremischen Gesetze betreffend verschiedene indirekte Abgaben vom 22. März 1896 (GBl. S. 51) § 9 vorgesehenen Abgabe für Lastfuhrwerke von dem Halter eines Kraftfahrzeugs neben dem Reichsstempel für die vor der Ingebrauchnahme eines Kraftfahrzeuges nach § 62 zu lösende Erlaubniskarte ist unzulässig. RG. 9. Januar 1912 E. 78, 322 = JW. 1912, 410 = DJZ. 1912, 513 = Recht 1912 Nr. 1095 = ZschrfZollw. 1912, 94.

VIII. Vergütungen.

(Tarifnummer 9.)

§ 72.

1. Die besondere Aufstellung hat die im abgelaufenen Geschäftsjahr ausgezahlten Vergütungen zu umfassen. RFH. 26. Febr. 19 S. 1, 4 = DJZ. 1919, 352. Vgl. zu T.-Nr. 9 unter 3.

§ 73.

Lit. Bernhard, Die Tantiemeerhöhung bei Uebernahme der Steuer durch die Gesellschaft. DStZ. 7, 128. — Kloss, Die privatrechtliche Bedeutung von § 73 Satz 2 des RStempG. (Tantiemesteuer). DStZ. 8, 105.

1. Die Abgabe der Tarifnummer 9 RStG. für die den Aufsichtsratsmitgliedern gewährten Vergütungen ist festzusetzen von dem Betrage der Vergütungen unter Hinzurechnung der auf ihnen ruhenden Stempelabgabe, wenn die Gesellschaft die Vergütungssteuer nicht gemäß § 73 Satz 2 des Gesetzes zu Lasten der Aufsichtsratsmitglieder entrichtet, sondern unter Verzicht auf das Rückgriffsrecht auf die Gesellschaftskasse übernimmt, und zwar auch dann, wenn der Betrag der Stempelabgabe in der Vergütungsaufstellung nicht angegeben worden ist. OLG. Cassel 8. April 15 AM. 1915, 245.
2. Der vertragsmäßige Verzicht der Gesellschaft auf Erstattung des Vergütungsstempels stellt eine Erhöhung der Vergütung auf den Betrag dar, der verkürzt um die von ihm zu entrichtende Abgabe die reine Vergütung ergibt. RFH. 4. Apr. 1919 S. 1, 27 = DJZ. 1919, 513 = DStZ. 8, 35.

IX. Warenumsätze.

(Tarifnummer 10)
[in der Fassung eines Gesetzes über den Warenumsatzstempel vom 26. Juni 1916].

§ 76.

Lit. Michaelis, Zur Auslegung des WUStG. LZ. 11, 29.

Abs. 1.

1. Erzielung von Einnahmen. Der Warenumsatzstempel ist auch von den Umsätzen zu entrichten, bei denen objektiv und nach der Absicht des Gewerbetreibenden nicht ein Gewinn erzielt wird, sondern nur die mutmaßlichen Selbstkosten gedeckt werden. OLG. Stuttgart I 8. März 18 Recht 1918 Nr. 935.
2. — Gewerbebetrieb i. S. des § 76 erfordert die Absicht, Gewinn zu erzielen. RG. 2. Juni 18 JW. 1918, 776 (überholt; siehe Nr. 3 und 4).
3. — Ein Gewerbebetrieb i. S. des § 76 hat, abweichend von der engeren Begriffsbestimmung der Reichsgewerbeordnung, Gewinnerzielung nicht zur Voraussetzung, die Stempelpflicht nach T.-Nr. 10 tritt vielmehr bei jeder auf die Erzielung von Einnahmen gerichteten geschäftlichen Tätigkeit ein. RG. 19. Nov 18 E. 94, 209 = AM. 1919, 48 = JW 1919, 192 = Recht 1919 Nr. 349.
4. — Ein Gewerbebetrieb i. S. von § 76 RStempG. in der Fassung des Warenumsatzstempelgesetzes setzt eine auf Erzielung von Einnahmen — nicht notwendig von Gewinn — gerichtete Tätigkeit voraus. RFH. 9. Juli 19 S. 1, 128 = DStZ. 8, 178 = DJZ. 1919, 1025.
5. — Die von einem Bergwerk für seine Arbeiter, sei es auch nur für die Dauer des ausgebrochenen Krieges, eingerichtete Kantine stellt einen (unselbständigen) Nebenbetrieb des Bergwerksbetriebes (eines Gewerbebetriebes) dar. Der in der Kantine erzielte Warenumsatz unterliegt daher der Steuer, ohne daß es darauf ankommt, ob auch durch den Betrieb der Kantine für sich allein ein Gewinn zu erzielen beabsichtigt wird.
   Zum Begriff der Gewerbsmäßigkeit gehört, daß die Absicht des Gewerbetreibenden nicht auf ein einzelnes oder mehrere einzelne Geschäfte gerichtet ist, sondern auf einen Kreis für die Dauer unternommener Geschäfte als Ganzes. Diesen Anforderungen entspricht ein nur für die Dauer des Krieges unternommener Kantinenbetrieb für die Arbeiter eines Bergwerks. RG. 28. Juni 18 E 93, 224 = AM. 1918, 105 = Recht 1918 Nr. 1432 = JW. 1918, 737.
6. — Einem unselbständigen Teil eines einheitlichen Geschäftsbetriebs ist hinsichtlich der Abgabepflicht nach § 76 die Gewerbsmäßigkeit nicht deshalb abzusprechen, weil in ihm als Vergütung für die Leistungen des Unternehmens nur ein Prozentsatz des erzielten Erlöses gewährt wird, der nur zur Deckung der durch diese Leistungen entstandenen Selbstkosten bestimmt ist. RG. 9. Juli 18 AM. 1918, 107 = Recht 1918 Nr. 1722.
7. Einzelne Gewerbetreibende. Zwar wird ein Arzt nicht schon dadurch im Sinne der GewO § 30 Gewerbetreibender, daß die auf Gewinnerzielung gerichtete ärztliche Tätigkeit, die an sich keinen Gewerbebetrieb bildet (§ 6 GewO.), die Unterhaltung der Anstalt erforderlich macht, wie z. B. die Unterhaltung der Klinik eines Chirurgen, in welche die Kranken lediglich zum Zwecke der Durchführung operativer

Eingriffe für eine gewisse Zeit aufgenommen werden. Aber ein Arzt, der eine **Privatkrankenanstalt** unterhält, ist als **Gewerbetreibender** anzusehen, wenn die Anstalt von ihm als ein **selbständiges** Mittel zur Erzielung einer dauernden Einnahmequelle gehalten wird, wenn sie also Selbstzweck zur Gewinnerzielung ist.

Aerztliche Behandlung, Gewährung von Unterkunft und Beköstigung der Kranken sind gleichwertige Leistungen innerhalb des auf Gewinnerzielung gerichteten Gesamtunternehmens, wenn ein Gewerbebetrieb vorliegt. Die Lieferung der Kost ist deshalb als Warenlieferung i. S. des Warenumsatzsteuer-Gesetzes zu versteuern und ist **nicht** etwa als Nebenleistung steuerfrei. RG. 8. November 18 E. 94, 109 = AM. 1919, 8 = JW. 1919, 683 = DStBl. 2, 236.

8. — **Zahnärzte** sind, soweit es sich um die von ihnen bewirkten Lieferungen künstlicher Zahnersatzstücke (Zahngebisse, Einzelzähne) handelt, als **Gewerbetreibende** im Sinne des § 76 anzusehen. Die Einnahmen der Zahnärzte für solche Werklieferungen unterliegen dem Warenumsatzstempel der T.-Nr. 10. RG. 11. April 19 E. 95, 322 = AM. 1919, 165 = Recht 1919 Nr. 1703.

9. **Kriegswirtschaft.** Die Bekanntmachung des Reichskanzlers vom 14. November 1916 über Befreiungen vom Warenumsatzstempel (AM. 183) findet nur auf solche Lebensmittelversorgungsgesellschaften Anwendung, die unmittelbar in Vertretung von Gemeinden in deren Namen handeln. RG. 11. März 19 AM. 1919, 85 = Recht 1919 Nr. 1207.

10. — **Fleischer**, die eine ihnen nach Maßgabe der Kundenliste zustehende Menge Fleisch seitens der Kreisschlächterei gegen Barzahlung ausgehändigt erhalten und das Fleisch gegen Bezahlung an ihre Kunden weitergeben, erlangen als selbständige Gewerbetreibende das Eigentum an der Ware und haben den Warenumsatzstempel zu entrichten. RFH. 23. April 19 AM. 1919, 173 = DJZ. 1919 Nr. 880.

11. — Ein nach § 76 RStG. in der Fassung des Warenumsatzstempelgesetzes vom 26. Juni 1916 stempelpflichtiger Gewerbebetrieb liegt bei der organisierten Lebensmittelversorgung der Gemeinden vor, wenn von einem Vermittler Umsätze erkennbar in eigenem Namen ausgeführt werden. RFH. 24. September 19 AM. 1919, 342.

12. — Wenn eine **Fleischerinnung** innerhalb der öffentlichen Bewirtschaftung das Eigentum an Fleisch in eigenem Namen gegen Entgelt an die Fleischer überträgt, so sind die für diese Tätigkeit von der Innung vereinnahmten Entgelte warenumsatzstempelpflichtig, auch wenn hierbei kein Gewinn erzielt wird.

Auf die Befreiung vom Warenumsatzstempel auf Grund der unterm 14. November 1916 bekanntgemachten Bundesratsverordnung hat die Innung, die keine Gesellschaft darstellt, an der Gemeinden oder Gemeindeverbände beteiligt wären, keinen Anspruch. RFH. 22. Okt. 19 AM. 1919, 411.

§ 77.

Lit. *Kloss, Warenumsatzstempel und Konkurs. JW. 1918, 81.*

§ 78.

1. **Die Befreiungsvorschrift ist nicht anwendbar, wenn der Gesamtumsatz in einem von einer Erbengemeinschaft weiterbetriebenen gewerb-**

lichen Unternehmen des Erblassers im Sinne des § 76 a. a. O. die Mindestentgeltgrenze von 3000 Mk. überschreitet. RFH. 24. Sept. 19 AM. 1919, 381 = JW. 1919, 1006.

§ 80.

1. Die Höhe des in einem Schätzungsbescheide festgestellten Gesamtbetrages der warenumsatzpflichtigen Zahlungen kann nicht durch die Rechtsbeschwerde angefochten werden. RFH. 24. Sept. 19 S. 1, 190.

§ 83 c.

1. Zur Anwendung des § 83 c bedarf es nicht des Nachweises, daß eine Hinterziehung des Warenumsatzstempels beabsichtigt gewesen sei. Beim Vorliegen des äußeren Tatbestandes wird die Hinterziehungsabsicht vermutet, sofern nicht festgestellt wird, daß eine Hinterziehungsabsicht nicht vorgelegen hat. RGStr. 11. Febr. 18 AM. 1918, 35 = LZ. 12, 708.

IX. Geldumsätze.

(Tarifnummer 10.)

Lit. Eckstein, *Zur Bestimmung des Begriffs des stempelpflichtigen Geldumsatzes bei industriellen Werken. DStZ. 7, 198.*

X. Grundstücksübertragungen.

(Tarifnummer 11.)

§ 84.

1. Gegenstand der Besteuerung. Bei der Zwangsversteigerung ist der Zuschlagsbeschluß das der Stempelabgabe unterworfene Rechtsgeschäft. RG. 13. Juni 11 E. 76, 350 = JW. 1911, 725.
2. — Der privatschriftliche Antrag auf gerichtliche Bestätigung eines Grundstückskaufvertrags und auf Berichtigung des Ortssteuerkatasters in Sachsen-Weimar begründet die Verpflichtung zur Entrichtung der Reichsstempelabgabe von Grundstücksübertragungen. RGStr. 12. Febr. 15 E. 49, 184.
3. — Die Besteuerung der Vertragsurkunde bei dem Umsatz von Grundstücken erfolgt mittels eines reinen Urkundenstempels, so daß Gegenstand der Besteuerung nur der durch die formelle Beweiskraft der Schrift beurkundete Rechtsvorgang bildet. Wird ein Tauschvertrag über Grundstücke mündlich vereinbart, zur Ersparung des Stempels aber lediglich hinsichtlich der von einem Vertragsteil in Tausch gegebenen Grundstücke, die sofort aufgelassen werden sollen, ein Kaufvertrag beurkundet, so ist nur dieser zu versteuern, nicht aber der Tauschvertrag. RGStr. 19. April 15 Recht 1915 Nr. 2200 = HoldhM. 24, 173 = BlBayFW. 24, 105.
4. — Für die Stempelpflicht nach T.-Nr. 11 a haben Umstände, die sich nicht aus der schriftlichen Vertragsurkunde ergeben, keine Bedeutung. RGStr. 4. Juni 15 E. 49, 259.

5. — Ist die Auflassung vor dem 1. August 1909 erklärt, so wird sie nicht dadurch nachträglich stempelpflichtig, daß ihr Vollzug durch das Grundbuchamt erst nach diesem Tage erfolgt. BayOLG. 17. Juni 10 Recht 1910 Nr. 2748.

6. Nichtigkeit des Veräußerungsgeschäfts: Wenn diese nicht aus der formell einwandfreien Urkunde hervorgeht, berührt sie die Stempelpflichtigkeit nicht, sondern gewährt nur einen im Rechtsweg nicht verfolgbaren Erstattungsanspruch. RG. 14. März 13 WarnRspr. 6, 403 = Recht 1913 Nr. 1391. Vgl. auch zu § 85 unter Nr. 2.

7. — Die Nichtigkeit des beurkundeten Rechtsgeschäfts schließt die Steuerpflichtigkeit der Urkunde nicht aus. Nur wenn aus der Urkunde selbst die Nichtigkeit hervorgeht, ist der Stempel nicht zu erheben oder der trotzdem erhobene zurückzuerstatten (Formmangel, ersichtliche Verstöße gegen §§ 134, 138 BGB.). RGStr. 4. Juni 15 Recht 1915 Nr. 2199 = HoldhM. 24, 171.

8. — Ob und in welchem Betrage eine Stempelabgabe zu entrichten ist, bestimmt sich lediglich nach dem Inhalt der Urkunde selbst. Ist das beurkundete Rechtsgeschäft nichtig, ergibt sich aber die Nichtigkeit nicht aus der Urkunde, sondern aus Umständen, die außerhalb der Beurkundung liegen, so berührt die Nichtigkeit die Stempelpflicht überhaupt nicht. RGStr. 2. Mai 16 Recht 1916 Nr. 1054.

§ 85.

1. Die Wiedereinziehung einer auf Grund des § 170 (jetzt 198) ABzRStempG. an den Käufer erstatteten Grundwechselabgabe von dem Verkäufer ist gerechtfertigt, wenn dieser durch unrichtige Angaben über die Größe des Grundstückes den Käufer zum Abschluß des Kaufvertrags bewogen und dadurch die Nichtausführung des Geschäftes verschuldet hat. RG. 10. Okt. 13 AM. 1913, 288 = BlBayFW. 22, 141 = ZschrfZollw. 1914, 90.

2. Wegen des Rechtswegs bei Erstattungsansprüchen vgl. zu § 84 unter Nr. 6 und zu § 110 unter Nr. 1.

§ 89.

Abs. 1a.

1. Veranlassung der Aufnahme einer Urkunde: RGStr. 30. Nov. 14 HoldhM. 24, 42; RG. 28. März 16 JW. 1916, 1344 = PrZBl. 1916, 106 = BlBayFW. 24, 263.

2 — Zu den nach § 89 Abs. 1 unter a zur Entrichtung der Grundwechselabgabe Verpflichteten, d. i. zu den Veranlassern der Beurkundungen, gehört in der Regel jede Person, die zur Abgabe rechtsgeschäftlicher, vom Notar beurkundeter Erklärungen vor diesem erschienen ist. RG. 11. Febr. 16 AM. 1916, 79 = PrZBl. 1916, 76 = ZschrfZollw. 1916, 221.

3. — Wer es übernimmt, für ein Grundstück einen Käufer zu suchen und den Verkauf zu vermitteln, und demnächst in Verfolgung eines eigenen Interesses beim Amtsgericht die Anberaumung des Auflassungstermins beantragt, ist für den Auflassungsstempel haftbar. RG. 7. Juli 16 BlBayFW. 25, 224 = Recht 1916 Nr 1798.

4. — Als Veranlasser und somit Steuerschuldner nach T.-Nr 11 i. S. des § 89 RStempG. hat auch zu gelten, wer den Antrag auf Anberaumung des Auflassungstermins stellt. RFH. 23. April 19 S. 1, 32 = AM. 1919, 219 = DJZ. 1919, 601.

§ 91.

1. Mit der Zahlung des Stempelbetrages an den Notar erfüllt der Steuerpflichtige für seine Person die Steuerpflicht; die öffentlich-rechtliche Abgabe als solche ist damit aber noch nicht geleistet.

Liegen deshalb troß der Zahlung seitens des eigentlich Verpflichteten die Voraussetzungen für die Haftung des Notars vor, so ist der Anspruch des Staates gegen den Notar immer noch öffentlich-rechtlicher Natur mit dem Vorrechte des § 61 Nr. 2 KO. RG. 16. Okt. 14 E. 85, 341 = AM 1914, 347 = PrZBl. 1915, 5 = LZ. 10, 39 = ZschrfZollw. 1915, 155.

§ 94.

Abs. 4.

1. Unrichtige Wertangabe. Eine unrichtige Wertangabe im Sinne des Abs. 4 liegt vor, wenn bei der Auflassung eines Grundstückes ein Gesamtkaufpreis ausgegeben wird und dabei für das Inventar ein höherer als der wirkliche Wert angegeben wird. RG. 24. Januar 13 AM. 1913, 83 = ZschrfZollw. 1913, 157.

2. — Eine unrichtige Wertangabe liegt vor, wenn zur Ausschließung des Auflassungsstempels ein schriftlicher Vertrag über das Veräußerungsgeschäft vorgelegt wird, der die vereinbarte Gegenleistung zu niedrig angibt, ohne Rücksicht darauf, ob die tatsächlich getroffene Vereinbarung rechtsgültig ist. RGStr. 21. April 14 AM. 1914, 203 = HoldhM. 24, 42 ZschrfZollw. 1915, 126.

3. — Für die Anwendbarkeit der Strafvorschrift im Abs. 4 kommt es nicht darauf an, ob die für die Berechnung des Auflassungsstempels abgegebenen unrichtigen Erklärungen vor der Festsetzung der Steuer oder später zur Herbeiführung der Erstattung des gezahlten Betrages geschehen.

Es ist nicht erforderlich, daß die unwahren Angaben in einem ausdrücklichen Antrag auf Steuerbefreiung und gegenüber einer Steuerbehörde abgegeben wurden. Es genügt, daß die Unwahrheit dem Notar erklärt wurde, der den Stempel zu verwenden hatte. RGStr. 30. November 14 AM. 1915, 26 = ZschrfZollw. 1915, 189.

4. — Unrichtige Angabe der Gegenleistung in der Kaufsurkunde zum Zwecke der Gebührenbewertung. RGStr. 25. Juni 14 AM. 1914, 248 = BlBayFW. 22, 296 = ZschrfZollw. 1915, 184.

5. — Die Voraussetzungen des Abs. 4 sind für die am Rechtsgeschäft beteiligten Personen bereits gegeben durch Errichtung und Einreichung von Kaufverträgen, die einen — nach Landesrecht zur rechtswirksamen Beurkundung genügenden — privatschriftlichen Umschreibungsantrag im Sinne der Tarifnummer 11 b Abs. 6 und unrichtige Kaufpreisangaben enthalten, und zwar auch dann, wenn diese Angaben berichtigt werden, bevor die beantragte Umschreibung erfolgt. RGStr. 12. Februar 15 E. 49, 184 = AM. 1915, 111 = ZschrfZollw. 1916, 30.

6. Verschulden. Vermutung des Verschuldens, Betrag der vorenthaltenen Abgabe. RGStr. 21. Dezember 15 HoldhM. 25, 70.

7. — Bei bewußt unwahren Preisangaben in der Vertragsurkunde zur Ersparung der Grundwechselabgabe ist die Strafe nach Abs. 4 letzter Halbsatz auch dann verwirkt, wenn durch Ermäßigung des

vertragsmäßig ausbedungenen Kaufpreises vor dem Antrag auf Umschreibung oder Auflassung die Voraussetzung für Anwendung der Befreiungsvorschrift 1 am Schlusse der Tarifnummer 11 des Gesetzes nachträglich gegeben erscheint. RGStr. 29. Juni 15 AM. 1915, 223 = BlBayFW. 24, 108 = ZschrfZollw. 1916, 91.

8. — Wer als Bevollmächtigter bei der Auflassung eines Grundstücks aus einem durch kein Verschulden beeinflußten Irrtum den Grundstückswert unrichtig angibt, macht sich weder der Hinterziehungsstrafe nach § 94 Abs. 4 noch der gegebenenfalls an deren Stelle tretenden Ordnungsstrafe nach § 111 Abs. 2 schuldig. Wohl aber machen sich die Vertragschließenden als mittelbare Täter strafbar, falls sie sich des Auflassungsbevollmächtigten als eines Werkzeugs zur Täuschung der Steuerbehörde bedienen. RGStr. 25. Jan. 15 E. 49, 148 = AM. 1915, 79 = Recht 1919 Nr. 1015 = BlBayFW. 23, 191 = Zschrf.-Zollw. 1916, 26.

9. — Die Hinterziehungsstrafe nach § 94 Abs. 4 ist verwirkt, wenn der Täter bei der Auflassung einen Wert angegeben hat, der bewußtermaßen hinter dem für die Stempelberechnung maßgebenden Betrage der Gegenleistung zurückbleibt (Verschweigung einer Anzahlung); dagegen kommt eine Ordnungsstrafe nach § 111 Abs. 2 in Frage, wenn die Partei nach Lage des Falles wegen des in Betracht kommenden Wertes gutgläubig im Irrtum war. RGStr. 6. März 17 AM. 1917, 88 = LZ. 11, 755 = Recht 1917 Nr. 748.

10. Höhe der Strafe. Im Falle der Bestrafung aus Abs. 4 ist der ganze Auflassungsstempel zugrunde zu legen.

Für dessen Berechnung und für die Bemessung der Hinterziehungsstrafe ist der gemeine Wert des Grundstücks maßgebend. An dessen Stelle tritt der Betrag der tatsächlich vereinbarten Gegenleistung, falls dieser höher ist als der gemeine Wert des Grundstücks. RGStr. 7. November 13 AM. 1914, 30 = Recht 1913 Nr. 3215; RGStr. 11. Juni 14 Recht 1914 Nr. 2592; RGStr. 8. Februar 15 Recht 1915 Nr. 1016 = BlBayFW. 23, 323.

11. — Der Strafbemessung ist der volle Auflassungsstempel zugrunde zu legen; eine Anrechnung des Vertragsstempels auf den Auflassungsstempel findet nicht statt. RGStr. 30. Oktober 13 AM. 1914, 28 = Recht 1914 Nr. 2206 = ZschrfZollw. 1914, 182. Ebenso RG. 2. Jan. 14 = HoldhM. 24, 42.

12. — Sind in einer und derselben Urkunde schuldrechtliches Geschäft und Auflassungserklärung beurkundet, so gilt dasselbe; die Zahlung des Urkundenstempels befreit nicht von der des Auflassungsstempels, wenn in der Beurkundung des schuldrechtlichen Geschäfts dieses falsch, insbesondere die Gegenleistung zu niedrig beurkundet ist. RGStr. 8. Februar 15 Recht 1919 Nr. 1016 = BlBayFW. 23, 323.

13. — Dem Wortlaut, Sinn und gesetzgeberischen Zwecke des Abs. 4 würde es nicht entsprechen, wenn man den Wert des bei der Auflassung nur teilweise bebauten Grundstücks mit dem vereinbarten Preise für das vollständig bebaute Grundstück in Vergleich setzen und nach diesem Preise, als dem höheren Betrage, den Stempel berechnen wollte. Bei der Anwendung dieser Vorschrift ist vielmehr der Preis und der Wert hinsichtlich desselben Gegenstandes, nämlich des Grund-

stücks in dem Zustand, in dem es sich zur Zeit der Auflassung befand, ins Auge zu fassen und zu vergleichen. RG. 12. Juni 14 AM. 1914, 246 = HoldhM. 23, 263 = ZschrfZollw. 1915, 153.

14. Tateinheit. Bei gleichzeitiger Verletzung des § 94 Abs. 4 RStempG. und des § 17 Abs. 3 PrStStG. sind die strafrechtlichen Grundsätze über Idealkonkurrenz (§ 73 RStrGB.) nicht anwendbar. RGStr. 15. Februar 16 E. 49, 401 = AM. 1916, 185 = ZschrfZollw. 1917, 99 = Recht 1916 Nr. 793.

§ 95.

Abs. 1.

1. Als Grundstücke im Sinne des § 95 haben auch Berechtigungen wie Bergwerkseigentum, Kuxe zu gelten, die den Grundstücken nach Reichs- oder Landesrecht gleichstehen. RG. 7. November 16 E. 89, 187 = AM. 1916, 199 = Recht 1917 Nr. 294 = PrZBl. 1917, 33 = JW. 1917, 223.

XI. Versicherungen.

(Tarifnummer 12.)

§ 106.

1. War für einen vor dem 1. Oktober 1913 beurkundeten Versicherungsvertrag die jahrweise Entrichtung einer Landessteuer statt der einmaligen Zahlung des ganzen Steuerbetrages zugelassen, so sind auch nach dem 1. Oktober 1913 die noch nicht gezahlten Landessteuerbeträge zu entrichten. RG. 30. Juni 14 Recht 1914 Nr. 2924 = HoldhM. 24, 43.
2. Die Absicht des § 106 RStempG. geht dahin, ein für eine längere Zeitdauer wirkendes Versicherungverhältnis insoweit von der Steuerpflicht zu treffen, als es zeitlich innerhalb der Grenzen der Gültigkeit des Steuergesetzes liegt. RG. 25. Februar 16 AM. 1916, 99 = Recht 20 Nr. 1400 = ZschrfZollw. 1917, 62 = JW. 1918, 912.
3. Anwendung des § 106 auf die Versteuerung von Leibrentenversicherungen, die in der Zeit vom 1. April 1913 bis zum 1. Oktober 1913 abgeschlossen sind und bei denen das Entgelt in diesem Zeitraum gezahlt ist. RG. 14. November 16 AM. 1917, 15.

XII. Allgemeine Bestimmungen.

§ 110.

1. Für Ansprüche auf Erstattung der Grundwechselabgabe auf Grund der nach § 79 — jetzt 85 — Abs. 2 vom Bundesrat erlassenen Ausführungsbestimmungen ist der Rechtsweg ausgeschlossen. RG. 12. Januar 15 AM. 1915, 77 = ZschrfZollw. 1916, 56 = JW. 1915, 339.
2. Ob eine Partei von dem Nichtigkeitsgrund Kenntnis hatte und deshalb zur Zahlung des der gutgläubigen Partei aus der Staatskasse erstatteten Urkundenstempels verpflichtet ist (§ 198 AusfBest.), gehört zur Entscheidung der Gerichte. RG. 19. Nov. 18 Recht 1919 Nr. 505.

3. Auf Rückzahlung einer zu Unrecht erhobenen Reichsstempelabgabe kann nicht der Reichsfiskus, sondern nur der Fiskus des Bundesstaats verklagt werden, der die Abgabe eingezogen hat. RG. 7. März 11 E. 76, 15. Ebenso RG. 15. Okt. 15 Recht 20 Nr. 134.

4. Prozeßzinsen. Der Steuerfiskus ist zur Verzinsung eines zu Unrecht erhobenen Stempelbetrages regelmäßig erst von der Klagestellung an verpflichtet.

Soll ein früherer Beginn der Zinspflicht aus § 818 BGB. hergeleitet werden, so muß dem Fiskus nachgewiesen werden, daß er aus dem zu Unrecht erhobenen Betrage Zinsen oder sonstige Nutzungen gezogen hat.

Für die Anwendung des § 819 BGB. steht ein Kennenmüssen der Vertreter des Fiskus dem Kennen nicht gleich. Die Kenntnis des Prozeßgerichtes ist nicht als Kenntnis des Steuerfiskus anzusehen. RG. 29. Oktober 09 E. 72, 152 = JW 1910, 17 = MittWüFM. 5, 37 = BlBayFW. 18, 60 = ZschrfZollw. 1910, 85.

5. — Auf Grund Urteils zu erstattende Reichsstempelbeträge werden nicht verzinst. RFH. 26. Febr. 19 S. 1, 4.

6. Der Vorbehalt muß nicht, um wirksam zu sein, ausdrücklich erklärt werden; es genügt, wenn der Schuldner irgendwie zu erkennen gibt, daß er die Zahlungspflicht bestreite. Eine solche Willenserklärung kann unbedenklich auch schon vor der Zahlung abgegeben werden. Auch ist nicht erforderlich, daß sie gerade derjenigen Person gegenüber abgegeben wird, die die Zahlung für den Gläubiger in Empfang nimmt; wesentlich ist vielmehr nur, daß der Gläubiger, dem bei Forderungen des Fiskus der zur Entgegennahme von Widersprüchen berufene Beamte gleichsteht, zur Zeit der Zahlung weiß, daß ein schon vorher erhobener Widerspruch noch aufrecht erhalten wird. RG. 22. März 12 E. 79, 140.

7. Zulässigkeit der Aufrechnung des Fiskus gegen zurückgeforderte Stempelbeträge mit anderen Stempelforderungen. RG. 13. Nov. 14 HoldhM. 24, 43. Ebenso RG. 28. Mai 18 E. 93, 57 = AM. 1918, 85.

§ 111.

Abs. 1.

1. In dieser Gesetzesbestimmung wird kein Dauerdelikt unter Strafe gestellt. Z. B. erfüllt jede Ingebrauchnahme eines Kraftwagens ohne die hierzu gesetzlich erforderliche Erlaubniskarte an sich den Tatbestand, gleichviel ob ihr schon eine andere Ingebrauchnahme voranging oder nachfolgte. RGStr. 10./11. Dez. 09 E. 43, 122.

2. Mehrere Zuwiderhandlungen gegen § 111 können als eine fortgesetzte Uebertretung angesehen werden.

Uebertretungen des § 111 verjähren in fünf Jahren. RGStr. 15. Okt. 97 E. 30, 285.

3. Bestrafung wegen Anstiftung zu einer Zuwiderhandlung gegen die Vorschriften des § 111 in Verbindung mit § 94 ist zulässig, auch wenn die Hinterziehungsabsicht des Täters verneint wird. Wird durch dieselbe Handlung zugleich eine entsprechende Vorschrift eines Landesstempelgesetzes verletzt, so ist bei der Straffestsetzung die An-

wendung des § 73 StrGB. gerechtfertigt. RGStr. 21. Dez. 14 AM. 1915, 150 = Recht 1919 Nr. 1017 = PrZBl. 1915, 149 = BlBayFW. 24, 17 = ZschrfZollw. 1915, 253.

4. Verschulden des Zuwiderhandelnden wird nicht erfordert. RGStr. 24. Mai 10 E. 43, 393.

Abs. 2.

5. Das auf strafrechtlichem Irrtum über die Stempelpflichtigkeit beruhende Fehlen der Hinterziehungsabsicht schließt die Hinterziehungsstrafe aus. RGStr. 22. Jan. 85 E. 11, 426.

6. Die Ordnungsstrafe ist nicht ausgeschlossen, wenn sich eine Ausspielung aus Fahrlässigkeit zu einer öffentlichen gestaltet hat. RGStr. 5. Nov. 91 E. 22, 194.

7. Abs. 2 ist anwendbar bei einem zwar strafrechtlichen, aber die Hinterziehungsabsicht ausschließenden Irrtum. RGStr. 2. April 97 E. 30, 49.

8. Abs. 2 enthält eine gesetzliche Beweisregel, deren Voraussetzung von Amts wegen zu ermitteln ist. Tatsächlicher oder rechtlicher Irrtum des Angeklagten über die Stempelpflichtigkeit schließt die Hinterziehungsstrafe aus. RGStr. 23. März 09 E. 42, 253.

9. Die Ordnungsstrafe tritt an die Stelle der Hinterziehungsstrafe nur dann, wenn aus den Umständen sich das Nichtvorhandensein der Hinterziehungsabsicht ergibt. RGStr. 22. Juni 09 E. 42, 370.

10. Die Bestrafung des Eigenbesitzers eines Kraftfahrzeugs nach Abs. 2 hat bei dem objektiven Vorliegen einer Zuwiderhandlung, falls sie nicht ausschließlich auf einem reinen Zufall beruht, auch dann einzutreten, wenn ein subjektives Verschulden des Eigenbesitzers nicht vorliegt. RGStr. 24. Mai 10 ZschrfZollw. 10, 218.

§ 112.

Abs. 1.

1. Die Vorschrift findet Anwendung auf mehrere Personen, die als Vertreter eines und desselben Eigenbesitzers zur Lösung der Erlaubniskarte für ein Kraftfahrzeug verpflichtet waren, insbesondere auf mehrere Geschäftsführer einer G.m.b.H. RGStr 22. April 09 E 42, 307.

2. Die Vorschrift findet auch auf mehrere Geschäftsführer einer Gesellschaft mit beschränkter Haftung Anwendung. RGStr. 26. Sept. 10 E. 44, 122.

3. Die Festsetzung der Geldstrafe in einmaligem Betrage unter Gesamthaft der Beteiligten wird durch das Vorliegen einer Mittäterschaft nicht ausgeschlossen. RGStr. 1. Okt. 07 E. 40, 293.

4. Als gemeinschaftliche Kontrahenten im Sinne des Abs. 1 haben die Personen zu gelten, die an einem gegenseitigen Geschäfte als Vertragsschließende beteiligt sind. RGStr. 20. April 96 E. 28, 359.

§ 113.

1. Hinsichtlich der Verjährung von Zuwiderhandlungen gegen das RStempG. hat nicht nur Abs. 1, sondern auch Abs. 2 des § 22 WStempG. sinngemäße Anwendung zu finden.

Die Vorschriften über die Verjährung in § 22 WStempG. sind auch für Zuwiderhandlungen gegen das RStempG. maßgebend, die schon vor dem Tage des Inkrafttretens dieses Gesetzes begangen sind. RGStr. 11. Dez. 09 E. 43, 122 = ZschrfZollw. 1910, 117.

2. Seit Inkrafttreten des WStempG. vom 4. März 09 verjährt die Strafverfolgung auch der vom RStempG. mit Ordnungsstrafen bedrohten Zuwiderhandlungen innerhalb eines Jahres nach Schluß des Jahres, in dem die Zuwiderhandlung begangen ist. RGStr. 1. Juli 10 BA 10, 63 = DJZ 1910, 1300.
3. § 200 des sächsischen Gesetzes, das Untersuchungsverfahren gegen Uebertreter der gesetzlichen Vorschriften in Sachen der indirekten Abgaben betreffend, vom 27. Dez. 1833, ist durch § 97 nicht vorbehalten worden. RGStr. 30. Dez. 12 E. 47, 5.

§ 115.

1. Der Umstand, daß die Verwaltung der Reichsstempelsteuer den Bundesstaaten übertragen ist, schließt nicht aus, daß die Reichsverwaltung im einzelnen Falle unmittelbar mit einem Steuerpflichtigen über den zu entrichtenden Stempel ein Abkommen treffen kann. RG. 20. März 17 Recht 1917 Nr. 1164.
2. Wegen Aufrechnung mit Forderungen an den Landesfiskus vgl. zu § 110 unter Nr. 7.

§ 116.

1. Offene Depots von Privatpersonen bei Banken unterliegen nicht der Revision. RGStr. 3. Juli 03 E. 36, 321.

Tarif.

Nr. 1a (in der Fassung vom 15. Juli 1909).

Inländische Aktien, Aktienanteilscheine und Reichsbankanteilscheine sowie Interimsscheine über Einzahlungen auf diese Wertpapiere.

Lit. Lüder, Reichsgericht und Reichsstempelgesetz, Tarifposition 1a und b. BA. 11, 272 (betrifft die Uebernahme der Kosten durch die Erwerber).

1. Gegenstand der Besteuerung. Gegenstand der Besteuerung ist nicht der Gesamtwert der ausgegebenen Aktien, sondern die einzelne Aktienurkunde. RG. 10. Mai 1912 Recht 1912 Nr. 1963. Vgl. auch unter Nr. 42.
2. — Wird das Grundkapital einer Aktiengesellschaft durch Zusammenlegung der Aktien herabgesetzt und gleichzeitig durch Ausgabe neuer Aktien erhöht, und werden hierbei die durch die Zusammenlegung ungültig gewordenen alten Aktienurkunden mit einem Gültigkeitsvermerk versehen als neue Aktien ausgegeben, so ist für sie der Aktienstempel zu entrichten. RG. 29. Januar 09 E. 70, 237 = MittWüFM. 4, 29 = BlBayFW. 17, 210.
3. — Die Erhöhung des Grundkapitals einer Aktiengesellschaft ist nicht deshalb der Besteuerung entzogen, weil mit ihr die Herabsetzung des Grundkapitals verbunden und die Ziffer des ursprünglichen Grund-

kapitals auch infolge der Neuemission nicht wieder erreicht ist. Als Aktien über die Erhöhung können aber nicht die alten, unverändert gebliebenen Aktien angesehen werden, die den Erwerbern der neuen Mitgliedschaftsrechte als neue Aktien ausgehändigt sind. Die Emission ist, wenn auch nicht beurkundet, jedenfalls nach § 6 RStempG. von 1909 zu versteuern. RG. 13. Dezember 1910 E. 75, 36 = JW. 1911, 190 = Recht 1911 Nr. 1060 = BA. 10, 205 = BlBayFW. 20, 50 = PrZBl. 1911, 83.

4. Vorzugsaktien. Eine Aktie unterliegt nicht deshalb, weil sie durch einen Stempeldruck oder einen anderen auf sie gesetzten Vermerk nachträglich als eine mit einem Vorzugsrechte versehene Aktie bezeichnet worden ist, einer Stempelabgabe nach Maßgabe der Nr. 1 Tarifs z. RStempG. vom 27. April 1894. RG. 27. Dezember 99 E. 45, 87. RG. 16. Februar 00 E. 46, 74.

5. — Eine Aktie, die bei äußerlich unverändertem Nennwerte durch einen nachträglichen Vermerk als Vorzugsaktie infolge Zuzahlung bezeichnet ist, unterliegt nicht deshalb einer Stempelabgabe nach Maßgabe der T.-Nr. 1 a, weil die durch die Zuzahlung in Ansehung der Verteilung des Gewinns und des Gesellschaftsvermögens erworbenen Vorzugsrechte einen um die Zuzahlung erhöhten Betrag zugrunde legen. Solchen Bestimmungen ist nicht zu entnehmen, daß der Wille der Gesellschaft auf eine Aenderung des Nennwertes der Aktien und auf eine Erhöhung des Grundkapitals gerichtet gewesen ist. RG. 2. Februar 06 E. 62, 362 = JW. 1906, 181.

6. Gegenleistung im allgemeinen. Maßgebend ist der Gesamtwert der Gegenleistung des ersten Erwerbers. RG. 22. Nov. 14 HoldhM. 23, 258.

7. — Der Stempelberechnung ist die Gegenleistung des ersten Erwerbers zugrunde zu legen, wenn sie den Nennwert übersteigt. Ausgabe ist das schuldrechtliche Verpflichtungsgeschäft. RG. 3. Juli 14 Recht 1915 Nr. 1891 = WarnRspr. 7, 437 = BA. 14, 106 = DJZ. 1915, 106.

8. — Der Aktienausgabestempel ist nach dem Betrage der Gegenleistung zu berechnen, die der erste Erwerber der Aktien an die ausgebende Aktiengesellschaft zu entrichten hat. RG. 16. Oktober 14 Recht 1915 Nr. 956 = HoldhM. 24, 44.

9. Ueberpariemission. RG. 12. April 04 HoldhM. 1904, 265.

10. — In der T.-Nr. 1 a ist unter dem Betrage, zu dem die Aktien höher, als der Nennwert lautet, ausgegeben werden, nicht nur der von der Aktiengesellschaft selbst ziffermäßig festgesetzte Ueberpari-Emissionskurs, sondern auch der höhere, den Nennbetrag übersteigende Wert zu verstehen, zu dem sie von den ersten Erwerbern übernommen werden. RG. 26. Sept. 05 E. 61, 302 = JW. 1905, 703.

11. — Der Stempel für die Ausgabe inländischer Aktien ist nicht lediglich nach dem von der emittierenden Gesellschaft festgesetzten Kurse, sondern nach dem wirklichen Werte der Aktien zu berechnen. Hierbei kann der Emissionskurs gleichzeitig ausgegebener Aktien und ebenso der Kurs der Aktien, die mit den neu emittierten Aktien erworben werden, berücksichtigt werden. Der Bilanzwert der Gegenleistung für die die neuen Aktien bildenden Vermögensgegenstände ist nicht schlechthin maßgebend. RG. 18. Sept. 08 E. 69, 199 = JW. 1908, 661 = Recht 1908 Nr. 3187.

12. — Für die Berechnung des Ausgabestempels nach Tarifnummer 1 ist nicht lediglich der von den Beteiligten zur Verschleierung des wirklichen Sachverhalts oder aus sonstigen privaten Gründen willkürlich gewählte Urkundeninhalt maßgebend. Dies gilt insbesondere dann, wenn die von den Parteien willkürlich gewählte äußere rechtsgeschäftliche Form von der sonst üblichen Form abweicht, deren Beobachtung als die gewöhnliche das Reichsstempelgesetz voraussetzt. RG. 5. Jan. 14 E. 84, 17 = AM. 1914, 142 = ZschrfZollw. 1915, 52 = PrZBl. 1914, 132 = Recht 1914 Nr. 840 = JW. 1914, 478 = HoldhM. 23, 126 = BA. 13, 296. *Dazu Heinitz, DJZ. 1914, 782.*

13. — Berechnung des Aktienstempels, wenn die Gegenleistung nicht in einer bloßen Geldzahlung besteht und eine Schätzung nötig wird. RG. 25. Juni 15 WarnRspr. 8, 379 = HoldhM. 24, 175 = Recht 1915 Nr. 2387.

14. Innerer Wert. Es ist zulässig, daß der für die Berechnung des Aktienstempels maßgebende Wert, für den neue Aktien vom Erwerber übernommen werden, nicht unmittelbar, sondern mittelbar dadurch festgestellt wird, daß der Wert der Gegenleistung, d. h. der Aktien selbst bestimmt wird. RG. 7. Februar 08 E. 68, 105 = JW. 1908, 251 = BlBayFW. 17, 120 = Recht 1908 Nr. 1899.

15. — Für die Frage, ob der für die Besteuerung maßgebende innere Wert der Aktien den Ausgabekurs übersteigt, ist die Lage des Einzelfalles maßgebend. Es kommt darauf an, ob aus dem gesamten Inhalte des Emissionsgeschäftes zu schließen ist, daß für die Bemessung der in der Hingabe der Aktien bestehenden Leistung nicht sowohl der Nennwert oder der sonstige Ausgabepreis, sondern ein mehr oder weniger erheblicher Mehrwert maßgebend gewesen ist. RG. 14. Januar 08 E. 67, 326 = JW. 1908, 215 = Recht 1908 Nr. 1292.

16. — Innerer Wert. RG. 7. Januar 10 BlBayFW. 18, 178 = ZschrfZollw. 1910, 150; RG. 4. Februar 10 JW. 1910, 324 = Recht 1910 Nr. 2116, 2117 = PrZBl. 1910, 183.

17. — Innerer Wert neuer Aktien. Es ist unbedenklich, dabei vom Kurswert der alten Aktien auszugehen. RG. 15. November 10 JW. 1911, 109 = Recht 1911 Nr. 3766.

18. — Innerer Wert neuer Aktien. Sachverständigen-Gutachten darüber. Dessen Würdigung gegenüber dem Kurs der alten Aktien. RG. 20. Dezember 10 JW. 1911, 195 = Recht 1911 Nr. 1063 = BA. 10, 239.

19. — Die Ermittelung des inneren Wertes ist im Wesentlichen Tatfrage. Der Kurs muß nicht maßgebend sein. RG. 15. März 12 BA. 12, 46.

20. — Werden von einer Aktiengesellschaft bei Aufnahme des Unternehmens einer anderen Aktiengesellschaft als Entgelt junge Aktien an die Aktionäre der aufgenommenen Gesellschaft ausgehändigt, so bestimmt sich der der Versteuerung zugrunde zu legende Wert der jungen Aktien nach dem Werte des Vermögens der aufgenommenen Gesellschaft. RG. 28. Juni 12 Recht 1912 Nr. 3270.

21. — Verhältnis des Nennwertes zum inneren Wert. RG. 27. September 12 E. 80, 119 = Recht 1912 Nr. 3272 = BlBayFW. 21, 115.

22. — Für den Emissionsstempel kommt nicht der Kurswert der Aktien schlechthin in Betracht; der Wert kann auch anderweitig mittelbar festgestellt werden. RG. 10. Juli 14 Recht 1918 Nr. 2921 = HoldhM. 23, 258 = BA. 14, 231.

23. — Besteht die Gegenleistung für junge Aktien nicht in Geld, so ist eine mittelbare Schätzung der Gegenleistung nach dem Wert der jungen Aktien selbst zulässig. RG. 29. Sept. 14 Recht 1910 Nr. 248 = HoldhM. 24, 45 = WarnRspr. 8, 137.

24. — Auf den sog. „inneren Wert" der neuen Aktien kommt es für die Stempelberechnung nicht an; maßgebend ist allein der Wert der für die Aktien gewährten Gegenleistung. RG. 4. Mai 15 Recht 1915 Nr. 2384 = HoldhM. 24, 176 = JW. 1915, 794.

25. — Die Bilanz kann in der Regel nicht zur Grundlage der Schätzung der Gegenleistung für ausgegebene Aktien gemacht werden. RG. 10. Dez. 15 HoldhM. 25, 70.

26. Besondere Gegenleistungen. Maßgebend für die Bewertung neuer Aktien ist der Preis, zu dem die Gesellschaft sie dem Erwerber überläßt. Dabei ist die gesamte Gegenleistung des Erwerbers, z. B. sein Verzicht auf das Bezugsrecht künftiger neuer Aktien, zu berücksichtigen. RG. 11. April 11 JW. 1911, 553 = DJZ. 1911, 986 = Recht 1911 Nr. 2401.

27. — Berücksichtigung des Umstandes, daß Aktien gesperrt sind, bei der Stempelberechnung. RG. 26. Sept. 11 WarnRspr. 4, 491.

28. — Verschiedene Bemessung des Ausgabewertes junger Aktien, die teils den Aktionären zur Verfügung gestellt, teils zur freien Zeichnung aufgelegt werden. RG. 12. April 12 BA. 12, 46.

29. — Teilverzicht auf künftige Dividenden und Verlängerung einer Konzession als Teil des Entgelts für neue Aktien. RG. 20. Febr. 14 HoldhM. 23, 228.

30. — Der Ausgabewert inländischer Aktien im Sinne des zweiten Satzes der Spalte 4 der T.-Nr. 1a entspricht der für die Ueberlassung der Aktien an die ersten Erwerber geschuldeten Gegenleistung in ihrer Gesamtheit. Zu dieser Gegenleistung gehören auch solche vom Erwerber übernommene Leistungen, deren Vermögenswert nicht in das Vermögen der Gesellschaft fließt, die vielmehr nach dem Vertragswillen an dritte Personen zu bewirken sind (Genußscheine). RG. 4. Mai 15 AM. 1915, 174 = Recht 1915 Nr. 2383—2385 = JW. 1915, 794 — BA. 14, 386 = ZschrfZollw. 1916, 87.

31. Gründungskosten. Bei der Versteuerung inländischer Aktien nach T.-Nr. 1a gehören zu dem Ausgabebetrage nicht auch der Stempel und die Stückzinsen, die der Zeichner außer dem festgesetzten Kurse zu zahlen hat; denn beides gehört nicht zu dem Aufgelde, dem Agiogewinn der Aktiengesellschaften, den allein die bezeichnete Vorschrift hat treffen wollen. RG. 26. Mai 03 E. 55, 43 = JW. 1903, 273.

32. — Bei Berechnung des Aktienausgabestempels darf, auch wenn die Ausgabe über pari und nicht gegen Bareinzahlung erfolgt, ein Abzug für die Ausgabekosten, insbesondere der Stempelgebühren, von dem der Stempelberechnung zugrunde zu legenden Preise oder Wert der Aktien nicht erfolgen. RG. 5. Okt. 09 Recht 1910 Nr. 239.

33. — Der Versteuerung ist lediglich der Ausgabepreis, falls er den Nennwert übersteigt, zugrunde zu legen. Es ist dabei gleichgültig, aus welchen Gründen der Ausgabepreis gerade so, wie geschehen, festgesetzt worden ist und ob insbesondere — was regelmäßig zutreffen wird — ein Teil des der Aktiengesellschaft durch die Ausgabe der Aktien zugeflossenen Vermögens zur Deckung der aus Anlaß der

Ausgabe erwachsenden Auslagen an Stempelabgaben und sonstigen Unkosten dienen soll, oder ob diese Deckung aus anderen Beständen oder dadurch erfolgen soll, daß die Aktiengesellschaft sich die Ausgabe von den Erwerbern der neuen Aktien besonders ersetzen läßt. RG. 22. März 10 E. 73, 185 = JW. 1910, 590 = MittWüFM. 5, 39 = ZschrfZollw. 1910, 189 = Recht 1910 Nr. 2118 = BlBayFW. 18, 180.

34. — Abweichend: Einrechnung der dem ersten Erwerber zur Last fallenden Emissionskosten auch dann, wenn sie ihm gesondert in Rechnung gestellt sind. RG. 12. April 12 BlBayFW. 20, 320 = PrZBl. 1912, 256.

35. — Bei Berechnung des Ausgabestempels ist dem Ausgabepreise der Betrag hinzuzurechnen, den die Uebernehmer der Aktien zur Bestreitung der Kosten der Errichtung der Aktiengesellschaft zu zahlen sich verpflichtet haben. RG. 24. Sept. 12 E. 80, 115 = Recht 1912 Nr. 3271 = BA. 12, 160. Ebenso RG. 15 Nov. 12 WarnRspr. 6, 145.

36. — Ein etwa für die Gründungskosten, insbes. für die Ausgabe der Aktien in Ansatz gebrachter Teil des Erwerbspreises ist hinzuzurechnen. RG. 15. Nov. 12 Recht 1913 Nr. 273 = BlBayFW. 21, 137 = PrZBl. 1913, 101 = ZschrfZollw. 1913, 152.

37. — Als eine den Ausgabewert im Sinne der Berechnungsvorschrift in Spalte 4 der Nr. 1a erhöhende weitere Gegenleistung für die Ueberlassung der neuen Aktien ist es zu betrachten, wenn das Uebernahmekonsortium die Verpflichtung übernimmt, die neuen sowie alte Aktien der Gesellschaft auf seine Kosten an der Börse einzuführen. RG. 10. Juli 14 AM. 1914, 305 = Recht 1918 Nr. 2920 = HoldhM. 23, 259 = BA. 14, 56 = BlBayFW. 23, 74 = ZschrfZollw. 1915, 62.

38. — Hinzurechnung der von den Gründern übernommenen Gründungskosten zum Ausgabepreis. RG. 24. Sept. 14 HoldhM. 24, 44.

39. — Besondere Zuschläge zum Aktienpreis, die zur Deckung von Stempel- und anderen Unkosten bestimmt sind, werden bei der Wert- und Stempelberechnung mitberücksichtigt, möge sie prozentual oder summenmäßig geartet sein. RG. 29. Sept. 14 Recht 1915 Nr. 247 = HoldhM. 24, 45 = WarnRspr. 8, 137.

40. — Hat eine Bankenvereinigung die von einer Aktiengesellschaft neu ausgegebenen Aktien zu einem bestimmten Preise und gegen die Verpflichtung übernommen, die Stempelabgaben zu tragen, so ist bei Bemessung des Ausgabewertes der neuen Aktien der Wert dieser weiteren Gegenleistungen einzurechnen. RG. 7. Mai 15 Recht 1915 Nr. 2386 = HoldhM. 24, 177 = PrZBl. 1915, 164.

Dazu Seyffert, Wie weit reicht bei Ausgabe neuer Aktien die stempelpflichtige Gegenleistung? BA. 14, 380.

41. — Gegenteilig nunmehr wieder für den Gesellschaftsstempel der RFH.; vgl. zu T.-Nr. 1 A a unter Nr. 7.

42. Unter der Ausgabe von Aktien zu einem höheren als dem Nennwert ist nicht das dingliche Erfüllungsgeschäft, sondern das schuldrechtliche Verpflichtungsgeschäft zu verstehen. RG. 7. Juli 14 AM. 1914, 273 = Recht 19 Nr. 1892 = HoldhM. 23, 259 = ZschrfZollw. 1915, 187; vgl. auch Nr. 1.

43. Erster Erwerber. Als erster Erwerber im Sinne der Spalte 4 der T.-Nr. 1a gilt die hinter den Gründern einer Aktiengesellschaft

stehende Person, wenn nach der Gesamtheit der den Gründungsvorgang betreffenden Abmachungen von vornherein vereinbart war, daß die Aktien der Gesellschaft an diese Person gegen die von ihr einzubringenden Geschäftswerte gelangen sollen. RG. 5. Jan. 14 E. 84, 17 = AM. 1914, 142 = Recht 1914, 816 = JW. 1914, 478 = HoldhM. 23, 126 = BA. 13, 296 = ZschrfZollw. 1915, 52 = PrZBl. 1914, 132.

Dazu Heinitz, DJZ. 1914, 782.

44. — Zeichnet ein Konsortium die Aktien im eigenen Namen, so gilt es als der erste Erwerber, auch wenn es dabei nicht auf dauernden Besitz abgesehen war, und die von diesem Konsortium bei der Zeichnung übernommenen Verpflichtungen sind für die Bemessung des Ausgabewertes maßgebend. RG. 14. Jan. 08 E. 67, 326.

45. — Stellung des die Aktien übernehmenden Konsortiums. RG. 4. Febr. 10 JW. 1910, 342 = Recht 1910 Nr. 2116, 2117 = PrZBl. 1910, 183.

46. Interimsscheine. Die von einem Aktionär zur Sicherung des Restes seiner nur mit ein Viertel des Nominalbetrags bar eingezahlten Einlage vorgenommene Hinterlegung von Wechseln ist nicht als Einzahlung auf die Aktie anzusehen. Die ausgestellten Interimsscheine sind nur in Höhe des bar eingezahlten Betrages stempelpflichtig. RG. 28. Juni 01 E. 49, 22 = JW. 1901, 657.

47. Für die Frage, auf wie hoch für die Berechnung des Aktienstempels der Wert der für die Aktien gewährten Gegenleistung zu bemessen ist, sind lediglich die Anschauungen maßgebend, die zur Zeit der Aktienhingabe in Fachkreisen über den Wert jener Gegenleistung bestanden haben. RG. 2. Febr. 17 Recht 1917 Nr. 496.

Nr. 1 A. Gesellschaftsverträge.

Lit. Eckstein, Die Berechnung des Stempels für die Gründung oder Kapitalserhöhung einer Aktiengesellschaft. DStZ. 7, 77. — Greiff, Ueber die Stempelpflichtigkeit der Genußscheine. ZschrfZollw. 1912, 236. — Konietzko, Die Reichsstempelabgabe bei Ausgabe von Gratisaktien. DStZ. 7, 80. — Konietzko, Die Stempelsteuer bei der Umwandlung von Gesellschaften m. b. H. in offene Handelsgesellschaften oder Kommanditgesellschaften. DStZ. 7, 191 — Manasse, Ein Beitrag zur Berechnung des Gesellschaftsvertragsstempels, BA. 16, 175 (betrifft die Uebernahme der Gründungskosten). — Schultze, Zu T.-Nr. 1 A e RStempG. Zschrf.-Zollw. 1916, 37 (behandelt die Auflösung einer aus zwei Gesellschaften bestehenden offenen HG.). — Mirre, Nochmals zu T.-Nr. 1 A e Zschr.-fZollw. 1916, 132. — Schultze, Zur Aktienbewertung bei Berechnung des Gesellschaftsstempels HoldhM. 25, 234. — Mirre, Zu T.-Nr. 1 A e RStempG. ZschrfZollw. 1915, 129 (Auflösung einer off. HG. mit zwei Gesellschaftern). — Mirre, Unzweckmässige Beurkundung als Ursache schwerer Steuernachteile bei Entrichtung des Reichsgesellschaftsstempels DStZ. 7, 96 (betrifft Umwandlung einer G. m. b. H. in eine Aktiengesellschaft und Kapitalerhöhung bei letzterer). — Mirre, Werttrennung nach dem RStempG. ZschrfZollw. 1917, 165, 205.

Buchstabe a.

1. Die Abgabe nach Tarifnummer 1 A a kann nur von den daselbst erwähnten Verträgen und Beschlüssen in der gesetzlich vorgeschriebenen Form erhoben werden, nicht aber von Beschlüssen über Satzungsänderungen, die wirtschaftlich die gleiche Wirkung haben.

Eine Aktiengesellschaft wird dadurch, daß das Aktienkapital sich in einer Hand vereinigt, nicht in ihrem Bestande berührt. Ebensowenig geschieht dies durch Veränderung der Firma und des Gegenstandes des Unternehmens. Eine nach T.=Nr. 1 A a zu versteuernde neue Gesellschaftsgründung liegt also in diesen Fällen selbst dann nicht vor, wenn neue Aktienurkunden ausgegeben werden. RFH. 16. Juli 19 S. 1, 126 = AM. 1919, 339 = DStZ. 8, 205.

2. G e g e n l e i s t u n g. Bei Berechnung des Errichtungsstempels ist, falls die Gegenleistung für die Ueberlassung junger Aktien nicht lediglich in Barzahlung, sondern auch in E i n r ä u m u n g w e i t e r e r V o r t e i l e z. B. in Ueberlassung von Aktien der erwerbenden Gesellschaft zu einem hinter dem Börsenkurs zurückbleibenden Preise besteht, den Wert dieser Vorteile nicht unberücksichtigt zu lassen.

Der A u s g a b e = A g i o ist in die Besteuerung einzubeziehen, auch wenn die Vereinbarung über dieses Agio nicht beurkundet ist. RG. 30. Juni 16 AM. 1916, 141 = BA. 15, 459 = PrZBl. 1916, 183. *Dazu Wolf, BA. 16, 89.*

3. — Der Reichsstempel für den Kapitalerhöhungsbeschluß ist, wenn die neuen Aktien nicht gegen Barzahlung, sondern gegen eine S a c h e i n l a g e übernommen werden, nach dem Gesamtwerte dieser Sacheinlage zu berechnen und zwar nach Abzug der auf der Sacheinlage lastenden Schulden. Dasselbe gilt vom Einbringungsstempel. RG. 8. März 18 Recht 1918 Nr. 929 = PrZBl. 1918, 190.

4. — Eine nach T.=Nr. 1 A a steuerpflichtige Erhöhung des Grundkapitals einer Aktiengesellschaft liegt auch dann vor, wenn der Ausgabebetrag der neuen Aktien laut Generalversammlungsbeschluß von den Zeichnern der Aktien nicht bar entrichtet, sondern a u s S o n d e r r ü c k l a g e n der Gesellschaft entnommen wird. RFH. 27. Juni 19 AM. 1919, 314.

5. — S t ü c k z i n s e n, die der erste Erwerber junger Aktien an die Gesellschaft für einen vor dem Tage der Ausgabe der Aktien liegenden Zeitraum zu entrichten hat, bilden auch dann einen Teil der Gegenleistung für die Ueberlassung der Aktien, wenn ihnen die Einräumung des Dividendenrechts vom Beginne des Geschäftsjahrs an gegenübersteht, in dem die Aktien ausgegeben werden. Sie sind daher der Stempelabgabe aus T.=Nr. 1 A a in gleicher Weise unterworfen wie die von dem ersten Erwerber übernommenen Stempel= und Gründungskosten. RG. 23. Mai 16 AM. 1917, 162 = Recht 1920 Nr. 1636 = PrZBl. 1916, 149.

6. G r ü n d u n g s k o s t e n. Bei Uebernahme der Stempelkosten durch die Gründer bilden die Stempelkosten einen Teil der Gegenleistung für die Uebernahme der Aktien. RG. 18. September 17 JW. 1918, 177 = WarnRspr. 11, 26 = BA. 17, 176 = PrZBl. 1917, 331.

7. — A b w e i c h e n d nunmehr RFH. 17. Dezember 19 (zum Abdruck in der amtl. Sammlung bestimmt).

8. M i t t e l b a r e B e w e r t u n g. (I n n e r e r W e r t.) Die Abgabe aus T.=Nr. 1 A a bestimmt sich gemäß der Berechnungsvorschrift in Spalte 4,

soweit nicht die Aktien gegen Barzahlung übernommen werden, in erster Linie grundsätzlich nach dem unmittelbar zu ermittelnden Gesamtwert der Gegenleistung (Sacheinlagen) und nur, wenn eine Schätzung der Gesamtleistung nicht möglich oder angängig ist, nach dem Werte der überlassenen Aktien. RG. 30. Juni 16 AM. 1917, 76 = Recht 1920 Nr. 1792, 1793 = WarnRspr. 9, 333 = BA. 15, 443.

Dazu Wolf, BA. 16, 89.

9. — Wie nach früherem Stempelrechte so ist es auch nach T.-Nr. 1 A a RStempG. 1913 zulässig, im Falle von Sacheinlagen in eine Aktiengesellschaft den Gesamtwert der Gegenleistungen von vornherein im Wege der mittelbaren Schätzung zu ermitteln, ohne daß es zuvor der Erschöpfung der für die unmittelbare Schätzung zu Gebote stehenden Erkenntnisquellen bedarf. RG. 16. Februar 17 AM. 1917, 87 = Recht 1917 Nr. 718.

10. — Werden bei Erhöhung des Grundkapitals inländischer Aktiengesellschaften die neuen Aktien nicht gegen Barzahlung, sondern gegen Sacheinlagen übernommen, so ist es nicht zu beanstanden, wenn der Gesamtwert der Gegenleistung nicht durch Schätzung des Wertes der einzelnen Bestandteile der Sacheinlagen, sondern mittelbar durch Schätzung des Wertes der Aktien festgestellt wird.

Das Gleiche gilt hinsichtlich der Abgabe nach T.-Nr. 1 A d. RFH. 7. Mai 19 S. 1, 52 = AM. 1919, 275 = DJZ. 1919, 685 = BA. 19, 11.

11. Stempelberechnung. Der Relikten- und Pensions-Unterstützungsfonds einer Aktiengesellschaft bildet einen Bestandteil ihres Reinvermögens. RG. 8. März 18 AM. 1918, 32 = PrZBl. 1918, 190.

12. — Wenn die bedingt beschlossene Herabsetzung des Aktienkapitals einer Gesellschaft nicht zur Ausführung kommt, kann bei der Besteuerung einer späteren Erhöhung des Grundkapitals nach T.-Nr. 1 A a nur von dem Betrage des ursprünglichen, nicht von dem Betrage des bedingt herabgesetzten Aktienkapitals ausgegangen werden. RG. 14. November 16 AM. 1917, 27.

13. Stempelpflichtigkeit von Genußscheinen nach dem RStempG. vom 3. Juli 1913. OLG. Hamburg 11. April 19 BA. 1919, 33.

Buchstabe b.

1. Erhöhung des Stammkapitals. Bei der Erhöhung des Stammkapitals einer G. m. b. H. ist zu unterscheiden zwischen dem auf Vornahme der Erhöhung gerichteten Beschluß und den zur Ausführung dieses Beschlusses vorzunehmenden Rechtshandlungen. Nur für jenen Beschluß ordnet die T.-Nr. 1 A b eine Reichsabgabe an Der Erhöhungsbeschluß bleibt rechtsgültig und stempelpflichtig, auch wenn eine Uebernahme von Stammeinlagen hinterher nicht erfolgt. RG. 22. Februar 18 Recht 22 Nr. 799.

2. — Weder eine Erhöhung des Stammkapitals noch die Zusage von Nachschüssen ist in einer Vereinbarung zu finden, wonach die Gesellschafter einer G. m. b. H. nach Verhältnis ihrer Beteiligung der Gesellschaft auf deren Dauer ein nur seitens der Gesellschaft kündbares Darlehen gewähren, das verzinst wird und am Gewinn und Verlust der Gesellschaft teilnimmt (RStempG. 1913). RFH. 28. Mai 19 S. 1, 69 = AM. 1919, 279. Anders für RStempG. 1918 vgl. Nr. 6.

3. Nachschüsse. Die Steuerpflicht von Nachschüssen wird dadurch nicht ausgeschlossen, daß die Nachschußeinforderung auf einzelne Gesellschafter oder Gruppen von Gesellschaftern beschränkt wird. OLG. Colmar 21. Januar 18 AM. 1918, 71.
4. — Vgl. oben unter Nr. 2.
5. — Werden bei Erhöhung des Stammkapitals einer G. m. b. H. Vorzugsstammanteile zu einem ihren Nennbetrag übersteigenden Betrag übernommen, so stellt dieser Betrag keinen Nachschuß dar (RStempG. 1913). RFH. 28 Mai 19 S. 1, 71 = AM. 1919, 280.
6. Haben sich bei Gründung einer G. m. b. H. im Gesellschaftsvertrage die Gesellschafter verpflichtet, der Gesellschaft Darlehen zu gewähren mit der Maßgabe, daß die einzelne Darlehensforderung nur gleichzeitig mit dem Gesellschaftsanteil abgetreten werden kann, so sind hierin „von den Gesellschaften außer der Leistung der Stammeinlagen übernommene Leistungen" zu erblicken (RStempG. 1918). RFH. 21. November 19 S. 1, 286.
7. Grundstücksverwertungsgesellschaft. Als Grundstücksverwertung im Sinne der T.=Nr. 1 A b Abs. 2 ist auch eine solche Benutzung des Grundbesitzes anzusehen, die nach der Verkehrsauffassung wirtschaftlich einen unmittelbaren Umsatz des Grundstückswerts in Geld darstellt und daher der Veräußerung wirtschaftlich gleichkommt. SächsOLG. 7. Juni 17 AM. 1917, 165.
8. — Abweichend: Unter Grundstücksverwertungsgesellschaften im Sinne der Vorschrift des Abs. 2 der T.=Nr. 1 A b sind nur solche Gesellschaften zu verstehen, deren Betrieb dahin gerichtet ist, durch handelsmäßige Veräußerung von Grundstücken oder durch ihr wirtschaftlich gleichstehende Geschäfte einen Gewinn zu erzielen. RG. 10. Dezember 18 E. 94, 259 = AM. 1919, 45 = Recht 1919 Nr. 504.

Zusätze zu a, b.

Nr. 2.

1. Die Aussetzung der Besteuerung im Falle, daß das Kapital der Gesellschaft oder der Betrag der Nachschüsse nicht sofort voll eingezahlt wird, hat nur die Bedeutung einer Hinausschiebung des Zeitpunktes der Haftungspflicht, nicht die einer Hinausschiebung der Entstehung des Steueranspruchs. RFH. 21. Mai 19 S. 1, 82 = AM. 1919, 208 = PrZBl. 1919, 218.

Nr. 3.

2. Die Anmerkung unter Ziff. 3 („Anmerkungen zu a, b") RStempG. 1913 — jetzt Zusatz 3 — enthält eine gegenüber den Eingangsworten der T.=Nr. 1 A selbständige Steuervorschrift, die neben der in diesen Eingangsworten als Gegenstand der Abgabe bezeichneten Beurkundung der Errichtung der inländischen Gesellschaft oder der Kapitalerhöhung noch die Errichtung der Zweigniederlassung einer bereits bestehenden ausländischen AG. und die Verlegung ihres Sitzes in das Inland zur Abgabe heranzieht. Den rechtlichen Vorgang, den die angeordnete Steuer treffen soll, bildet derjenige Gesellschaftsvertrag oder =beschluß, der die Errichtung der Zweigniederlassung mit Wirkung nach außen hin anordnet. Die Stempelpflichtigkeit hat aber eine Beurkundung dieser Rechtshandlungen zur Voraussetzung. Eine solche Beurkundung ist auch in der durch die gesetzlichen Vertreter der Gesellschaft der Behörde eingereichten schriftlichen Anmeldung der Niederlassung zur Eintragung in das Handelsregister zu finden.

Für den Fall der Anmerkung 3 fehlt es an einer besonderen Uebergangsvorschrift; § 8 Abs. 1 schlägt nicht ein. RG. 17. Sept. 15 E. 87, 203 = AM. 1916, 33 = HoldhM. 25, 70 = PrZBl. 1915, 242 = ZschrfZollw. 1916, 92.

3. — Bedeutung der Worte „Anlage- und Betriebskapital" der Zweigniederlassung in der Anmerkung 3 zu T.-Nr. 1 A a, b RStempG. v. 3. Juli 1913 (jetzt Zusatz 3 in der Fassung vom 26. Juli 1918) RG. 1. Dezember 14 AM. 1915, 253 = PrZBl. 1915, 77 = ZschrfZollw. 1916, 54.

Nr. 4.

4. Die Vorschrift ist nicht über die in ihr angeführten Einzelfälle hinaus auf alle Leistungen der Gesellschafter an die Gesellschaft auszudehnen. RFH. 28. Mai 19 S. 1, 77.

5. Werden auf eine Aktiengesellschaft eigene Aktien übertragen, so entsteht die Steuerpflicht nach T.-Nr. 1 a, b Zusatz 4 erst mit der Wiederveräußerung durch die Gesellschaft. RFH. 15. Okt. 19 S. 1, 216 = AM. 1919, 375.

Nr. 5.

6. Die Vorschrift erstreckt den Begriff der Nachschüsse nicht über § 26 GmbHG. hinaus auf Leistungen, die wirtschaftlich denselben Zwecken wie Nachschüsse dienen. RFH. 28. Mai 19 S. 1, 77 = AM. 1919, 277.

Buchstabe c.

1. Ein notarieller Vertrag über die Errichtung einer offenen Handelsgesellschaft, in dem gleichzeitig das Einbringen von Grundbesitz als Einlage in das Gesellschaftsvermögen beurkundet ist, unterliegt der Reichsabgabe nach T.-Nr. 1 A c 1; das Einbringen des Grundbesitzes kann aber daneben nicht außerdem der T.-Nr. 11 des Gesetzes unterworfen werden. RG. 28. Juli 18 E. 93, 264 = Recht 1918 Nr. 1431 = PrZBl. 1919, 51.

2. Eine die Stempelpflicht nach Nr. 1 A c 1 begründende Neuerrichtung einer Kommanditgesellschaft liegt nicht vor, wenn nach dem Tode des einzigen persönlich haftenden Gesellschafters einer Kommanditgesellschaft die Fortführung der Gesellschaft unter den Kommanditisten in der Weise vereinbart wird, daß einer der bisherigen Kommanditisten persönlich haftender Gesellschafter wird. RFH. 5. November 19 S. 1, 261.

3. Unter den in der T.-Nr. 1 A c bezeichneten Gesellschaften des bürgerlichen Rechts sind nur die in den §§ 705 ff. BGB. geregelten einer selbständigen Rechtspersönlichkeit entbehrenden Gesellschaften zu verstehen. Juristische Personen fallen nicht unter diese Vorschrift. RG. 9. Juli 18 E. 93, 245 = AM. 1918, 69 = PrZBl. 1918, 480 = Recht 1918 Nr. 1615, 1616.

4. Poolvertrag. In dem Vertrage zweier Aktiengesellschaften, worin diese unter Einräumung gewisser gegenseitiger Kontrollrechte bei ihrer Geschäftsgebarung die Vereinigung ihrer beiderseitigen Gewinne und deren Verteilung auf beide Gesellschaften vereinbaren, ist ein stempelpflichtiger Gesellschaftsvertrag erblickt worden, da durch den Vertrag jede Gesellschaft der anderen gegenüber verpflichtet wird, ihre Geschäfte möglichst gewinnbringend zu betreiben. RFH. 14. Mai 19 S. 1, 50 = AM. 1919, 282 = DJZ. 1919, 685 = BA. 19, 20 = DStZ. 8, 203.

Befreiungsvorschriften zu a, b, c.

Nr. 2.

1. Die Voraussetzungen der Befreiungsvorschrift b zu T.-Nr. 1 RStempG. 1909 — jetzt Nr. 2 — sind nur für Aktiengesellschaften gegeben, bei denen als der eigentliche Zweck ihres Bestandes und geschäftlichen Wirkens die Herstellung solcher inländischen Eisenbahnen erscheint, für die ein besonderes öffentliches Interesse vorliegt, und in der Weise hervortritt, daß Staats- oder Kommunalverbände sich an der Beschaffung der Mittel zur Erreichung des Gesellschaftszwecks in verhältnismäßig erheblichem Maße beteiligen.

   Ein Erwerb von Aktien, der nicht zu dem Zwecke erfolgt, der Aktiengesellschaft Betriebsmittel zuzuführen, gehört nicht zu dem Gebiete von Beteiligungen, auf das sich die Befreiungsvorschrift bezieht. RG. 19. Oktober 1915 AM. 1916, 29 = HoldhM. 25, 71 = PrZBl. 1916, 173 = ZschrfZollw. 1916, 120.

2. Im zweiten Satze der Befreiungsvorschrift Nr. 2 ist, im Gegensatze zum ersten Satze, unter dem Begriffe der „Beteiligung", der hier jedes erhebliche wirtschaftliche Interesse, wenn es durch Rechtsansprüche oder Rechtspflichten gesichert ist, umfaßt, auch die Zinsbürgschaft mitzuverstehen.

   Daß bei den Eisenbahngesellschaften, die auf die Befreiung nach dem zweiten Satze Anspruch machen können, die öffentlichen Interessen gegenüber den geschäftlichen Interessen der Gesellschaft überwiegen, ist nicht Voraussetzung für die Anwendung der Befreiungsvorschrift. RG. 20. März 17 E. 90, 73 = Recht 21 Nr. 1165, 1166. Vgl. auch zu T.-Nr. 3 A unter Nr. 8.

Buchstabe d.

1. Die Aufnahme des Vermögens einer Aktiengesellschaft in eine andere (Fusion) stellt einen freiwilligen, abgeleiteten Erwerb dar und unterliegt der Steuerpflicht nach T.-Nr. 11 b des RStempG. 1909 (jetzt 1 A d) auch dann, wenn sich die Verschmelzung auf Grund des § 306 HGB. im Wege der Gesamtrechtsnachfolge vollzieht. RG. 27. September 12 E. 80, 168 = AM. 1912, 179 = JW. 1913, 56 = PrZBl. 1912, 385 = Recht 1912 Nr. 3274, 3275 = BlBayFW. 21, 52 = ZschrfZollw. 1913, 84.
2. Ob entgeltlicher Veräußerungsvertrag im Sinne der T.-Nr. 11 a oder Einbringungsvertrag im Sinne der T.-Nr. 1 A d vorliegt, hängt von der Gegenleistung ab, die bei letzterem in der Gewährung von Gesellschaftsrechten, bei ersterem in Leistungen anderer Art besteht, z. B. der Uebernahme von Hypotheken auf dem Grundstück. RFH. 13. Juni 19 S. 1, 93 = DJZ. 1919, 761 = AM. 1919, 290.
3. In der Erhebung des Stempels nach T.-Nr. 11 b RStempG. vom 15. Juli 1909 (jetzt 1 A d) neben dem Schlußnotenstempel liegt keine unzulässige Doppelbesteuerung. LG. Mannheim 22. Juni 12 AM. 1913, 109.
4. Ist ein aus Aktiven und Passiven bestehendes Vermögen als Ganzes veräußert worden, so kommt nur dem Gesamtentgelt im Sinne der T. Nr. 1 A d Sp. 4 die Eigenschaft der vereinbarten Gegenleistung zu. RG. 8. März 18 AM. 1918, 32 = Recht 1918 Nr. 933.
5. Die Hingabe von Kuxen gegen Uebernahme neuer eigner Aktien einer Gesellschaft anläßlich einer Kapitalserhöhung stellt ein Einbringungsgeschäft im Sinne der T.-Nr. 1 A d dar, für das der Stempel auch

dann einheitlich nach dem Werte des für die Einbringung gewährten Entgelts zu berechnen ist, wenn neben den Aktien bares Geld als Gegenleistung gewährt wird Eine teilweise Besteuerung als Anschaffungsgeschäft nach T.-Nr. 4 Nr. 2 a. a. O. tritt nicht ein. RG. 30. Juni 16 AM. 1917, 76 = Recht 20 Nr. 1794 = PrZBl. 1916, 290.

6. Das Malzkontingent im Sinne der VO. über die Malzkontingente der Bierbrauereien und den Malzhandel vom 20. Nov. 1917 (RGBl. S. 1061) gehört zu den in T.-Nr. 1 A d aufgeführten „sonstigen beweglichen Vermögensgegenständen". RFH. 14. Nov. 19 S. 1, 280.

7. Zur Anwendung der Befreiungsvorschrift ist nicht erforderlich, daß sich sämtliche Teilnehmer der Erbschaft an der G m. b. H. beteiligen. Es genügt, wenn die sich beteiligenden Gesellschafter bei Errichtung der Gesellschaft untereinander noch in ungeteilter Erbengemeinschaft stehen. RG. 7 Dez. 17 AM. 1918, 5.

8. Ueber Grundstücksbestandteile vgl. zu T.-Nr. 11a Nr. 20 ff.

9. Wegen der mittelbaren Berechnung des Entgelts vgl. zu T.-Nr. 1 A a unter Nr. 3 und 10.

Buchstabe e.

1. Der Stempelabgabe unterliegt auch ein Vertrag, durch den die gesamten Geschäftsanteile einer G. m. b H. und damit deren ganzes Vermögen übernommen wird. RG. 12. Mai 16 AM. 1916, 144 = PrZBl. 1916, 166 = Recht 1916 Nr. 1207.

2. Im Auslande beurkundete Verträge der bei e angegebenen Art unterliegen dem deutschen Stempel jedenfalls dann, wenn es sich dabei um Gesellschaftsvermögen einer inländischen Gesellschaft handelt. RG. 12. Mai 16 E. 88, 227 = AM. 1916, 144 = Recht 1916 Nr. 1208 = PrZBl. 1916, 166.

3. Die T.-Nr. 1 A e Nr 1 trifft nicht nur die durch Reichsrecht, sondern auch die durch preußisches Landesrecht geordneten Gesellschaften.

Wiewohl T.-Nr. Ae Nr. 1 die Stempelpflichtigkeit auf Beurkundungen von Gesellschaftsverträgen abstellt, sind doch Ueberlassungsurkunden aus dieser T.-Nr. schon dann stempelpflichtig, wenn sie nur einseitige rechtsgeschäftliche Erklärungen des Ueberlassers der Rechte am Gesellschaftsvermögen enthalten, nicht auch rechtsgeschäftliche Erklärungen des Erwerbers der Rechte.

Die Vorschrift der T.-Nr. 1 A e Nr 1 trifft unter Umständen auch den Fall, in dem nicht ein Gesellschafter oder dessen Erben, sondern die Gesellschaft selbst eigene Gesellschaftsanteile, die sie vorübergehend erworben hat, an einen anderen überläßt. RG. 9. Juli 18 E. 93, 245 = AM. 1918, 69 = Recht 1918 Nr. 1615, 1615a, 1616 = PrZBl. 1918, 480.

4. Verträge über die Auseinandersetzung der Gesellschafter einer zweigliedrigen offenen Handelsgesellschaft sind steuerrechtlich nach T.-Nr. 1 A e Nr. 2 zu beurteilen.

Die Kopfteilvorschrift der T.-Nr 1 A e Sp. 4 letzter Absatz ist nur unter der Voraussetzung anwendbar, daß in dem Vertrage der volle Erwerbspreis, also der Preis vereinbart ist, an dem der das Gesellschaftsvermögen übernehmende Gesellschafter mitbeteiligt ist. Kommt die vereinbarte Abfindung des ausscheidenden Gesellschafters diesem allein zu, so greift die Vorschrift nicht Platz. RFH. 30. Juli 19 S. 1, 143.

Nr. 1 B. Kuxe.

Abs. 2.

1. Der Abs. 2 der T.=Nr. 1c RStempG. vom 3. Juni 1906 (jetzt 1 B) findet nur auf gewerkschaftlich betriebene Bergwerke Anwendung. Seine Anwendung ist ausgeschlossen, wenn das Bergwerk einer Aktiengesellschaft oder Gesellschaft mit beschränkter Haftung gehört. RG. 8. Dez. 16/9. Jan. 17 E. 89, 311 = AM. 1917, 31 = PrZBl. 1917, 49 = JW. 1917, 294 = Recht 1917 Nr. 495.
2. Ausgeschriebene Einzahlungen. Auch Sacheinlagen können ausgeschriebene Einzahlungen sein. Ausschreiben ist jede Einforderung. RG. 20. Sept. 10 E. 74, 186 = PrZBl. 1910, 545 = JW. 1910, 954 = BA. 10, 78 = ZschrfZollw. 1910, 252 = Recht 1910 Nr. 3857 = BlBayFW. 19, 280.
3. — Die Vorschrift des Abs. 2 greift auch Platz, wenn die Gegenleistung für den Erwerb gewerkschaftlicher Anteile nicht in Geld, sondern in anderen körperlichen oder nicht körperlichen Gegenständen, wie z. B. Kuxen einer anderen Gewerkschaft, besteht. RG. 17. März 14 AM. 1914, 164 = Recht 1914 Nr. 1483—1485 = ZschrfZollw. 1915, 58 = HoldhM. 23, 260 = BA. 14, 296.
4. — Die Abgabepflicht aus T.=Nr. 1 B Abs. 2 hat keineswegs zur Voraussetzung, daß die Gewerkschaft neue Kuxe ausgegeben hat; sie erfordert vielmehr nur, daß zugunsten der Gewerkschaft an diese für Rechnung der Eigentümer von Kuxen, mögen es alte oder neu ausgegebene sein, „Einzahlungen" gemacht, d. h. Geld= oder Sachleistungen auf die Kuxe gewährt werden. Darauf kommt es nicht an, ob hierfür die Inhaber der Kuxe eine Gegenleistung erhalten; entscheidend ist vielmehr nur die Tatsache, daß Kapital in die Gewerkschaft für ihre Zwecke neu eingelegt worden ist. RG. 7. Jan. 16 AM. 1916, 81 = Recht 1916 Nr. 762 = WarnRspr. 9, 89 = PrZBl. 1916, 97 = ZschrfZollw. 1916, 189.
5. — Ausschreibung der Zubußen ist nicht gleichbedeutend mit ihrer Beschließung, sondern bedeutet ihre Einforderung. RG. 12. April 12 E. 79, 219 = JW. 1912, 761 = Recht 1912 Nr. 1716 = BA. 12, 303 = BlBayFW. 21, 29.
6. — Die Uebertragung des Bergwerkseigentums auf eine zu gründende preußische Gewerkschaft kann nicht als steuerpflichtige Einzahlung im Sinne des Abs. 2 der T.=Nr. 1 B angesehen werden, da letztere Vorschrift das Bestehen einer Gewerkschaft voraussetzt. RFH. 21. Mai 19 S. 1, 61 = AM. 1919, 211 = DJZ. 1919, 760 = JW. 1919, 1005.
7. — Entsteht durch Konsolidation mehrerer Bergwerke nach preußischem Recht eine Gewerkschaft, so liegt in dem Uebergang des Bergwerkseigentums auf sie nicht die Bewirkung ausgeschriebener Einzahlungen. RFH. 10. Okt. 19 S. 1, 211 = AM. 1919, 376 = JW. 1919, 1004 = DJZ. 1920, 154 = DStZ. 8, 203.
8. Betriebsverlust. Die Befreiungsvorschrift greift nicht Platz für Einzahlungen, die vor Eröffnung des Betriebs des Bergwerks ausgeschrieben worden sind. RG. 30. Sept. 02 E. 53, 189 = JW. 1902, 548.
9. — Eine Gewerkschaft hatte behufs Betriebserweiterung die Abteufung eines zweiten Schachtes und hierzu die Einforderung einer Zubuße

beschlossen. Vor Ausschreibung der Zubuße ersoff der vorhandene Schacht, so daß der neu anzulegende Schacht nicht mehr zur Betriebserweiterung, sondern nur mehr als Ersatz für den unbrauchbar gewordenen älteren Schacht in Frage kommen konnte. Eine spätere Gewerkenversammlung genehmigte denn auch die Verwendung der ausgeschriebenen Zubuße zur Anlage des Ersatzschachtes. In solchem Falle sind die Zubußen nicht stempelpflichtig. RG. 30. Okt. 08 Recht 1909 Nr. 169.

10. — Unter Betriebsverlusten im Sinne des Abs. 2 der T.-Nr. 1 B RStempG. sind nur Verluste im technischen, nicht auch Verluste im geschäftlichen Betriebe des Bergwerks zu verstehen. Doch liegt eine Verwendung von Einzahlungen zur Deckung von Betriebsverlusten auch dann vor, wenn infolge von Betriebsverlusten die Mittel zur Bezahlung der gewöhnlichen Geschäftsausgaben fehlen und wenn deshalb auf die Einzahlungen zurückgegriffen werden muß. RG. 28. Nov. 16 AM. 1917, 30.

11. — Die infolge des Gebrauchs entstehende Entwertung der Anlagen eines gewerkschaftlich betriebenen Bergwerks stellt sich zwar als ein das Anlagekapital betreffender Betriebsverlust im Sinne des Gesetzes dar. Zur Steuerbefreiung einer zur Deckung dieses Verlustes ausgeschriebenen Einzahlung genügt jedoch nicht, daß die Einzahlung zur Ausscheidung einer Erneuerungsmasse in der Bilanz dienen soll und dient. Das Gesetz macht vielmehr darüber hinaus die Verwendung der Einzahlung zu den steuerbegünstigten Zwecken zur Voraussetzung für die Zubilligung der Steuerbefreiung. RG. 15. Okt. 18 E. 94, 39 = AM. 1919, 139 = Recht 1919 Nr. 164 = BA. 1919, 6.

12. — Die Abgabepflicht aus Abs. 2 der T.-Nr. 1 d vom 15. Juli 1909 — jetzt 1 B — ist auch gegeben, wenn durch ungenügende Beschäftigung eines gewerkschaftlich betriebenen Bergwerks ein Verlust erwächst, sofern dieser nicht das Anlagekapital, sondern das Betriebskapital betrifft. RG. 15. Okt. 18 E. 94, 39 = AM. 1919, 139 = Recht 1919 Nr. 163 = BA. 1919, 6.

13. Erhaltung des Betriebs. Begriff der zur Erhaltung des Betriebs in seinem bisherigen Umfange bestimmten und verwendeten Zubußen. Vermeidbare Zubußen. RG. 1. März 07 JW. 1907, 285.

14. — Da die Stempelpflicht nach Abs. 2 der T.-Nr. 1 B nicht schon mit der Ausschreibung der Einzahlung durch die Gewerkenversammlung, sondern erst mit der Leistung der Einzahlung entsteht, so ist für die Stempelpflicht nur der Zweck maßgebend, der zur Zeit der Einzahlung besteht. Es ist deshalb Steuerfreiheit auch dann begründet, wenn zwar an sich die Ausschreibung einer Zubuße zwecks Erweiterung des Betriebes erfolgt ist, wenn aber später infolge veränderter Umstände die Einzahlung lediglich zur Erhaltung des Betriebes in seinem bisherigen Umfang erforderlich ist und auch dazu verwendet wird. RG. 28. Nov. 16 AM. 1917, 30 = Recht 1917 Nr. 719.

15. Eigenes Bergwerk. Nicht steuerfrei sind Einzahlungen auf Kuxe, wenn sie zur Erhaltung des Betriebs eines Bergwerks dienen, dessen sämtliche Kuxe sich in der Hand der ausschreibenden Gewerkschaft befinden. RG. 19. März 12 E. 79, 108 = PrZBl. 1912, 188 = Recht 1912 Nr. 1713, 1715 = BA. 11, 382.

16. — Die Befreiung der Einzahlungen auf Anteilscheine gewerkschaftlich betriebener Bergwerke (Kuxe, Kuxscheine) von der Stempelsteuer ist nicht davon abhängig, daß die die Einzahlung ausschreibende Gewerkschaft das Bergwerk selbst betreibt. Auch ist es unerheblich, ob die Gewerkschaft einem Dritten (Nießbraucher, Pächter) gegenüber zur Wiederherstellung des Betriebes in seinem bisherigen Umfang vertraglich verpflichtet ist. RG. 9. Jan. 17 E. 89, 311 = AM. 1917, 31 = PrZBl. 1917, 49 = Recht 1917 Nr. 495 = JW. 1917, 294 = BA. 16, 236.

17. — Stempelbefreiung aus T.-Nr. 1 B Abs. 2 tritt nicht ein, wenn eine Gewerkschaft von ihren Mitgliedern Beiträge erhebt, um den Betrieb eines nicht ihr gehörigen, sondern gepachteten Bergwerks gewinnbringend zu gestalten. RG. 18. März 19 E. 95, 170 = AM. 1919, 213 = Recht 1919 Nr. 1000, 1001.

Nr. 1 C. Ausländische Aktien.

Lit. Pauly, *Sind englische Share-Certificates stempelpflichtige Wertpapiere? HoldhM. 25, 209, 229.*

1. Stempelpflichtiger Vorgang. Erwerb ausländischer Aktien. RG. 4. Juli 98 E. 40, 139.
2. — Geschäftemachen mit ausländischen Aktien (Hinterlegung). RG. 16. Dez. 10 E. 75, 64 = PrZBl. 1911, 86 = Recht 1911 Nr. 924.
3. Einzelne Arten. Südafrikanische certificates of shares, je über mehrere shares lautend. RG. 23. Jan. 96 E. 36, 154.
4. — Canadische Aktienzertifikate. RG. 15. Mai 96 E. 37, 114.
5. — Dänische Aktienbriefe ohne Unterscheidungszahlen, die dem Wortlaute nach über mehrere Aktien ausgestellt sind, stellen je eine Aktie dar. RG. 10. Okt. 98 E. 42, 39.
6. — Nordamerikanische certificates of shares als ausländische Aktien i. S. von T.-Nr. 1b RStempG. 1900. Berechnung der Abgaben von certificates, die dem Wortlaute nach je über mehrere shares ausgestellt sind. RG. 30. Dez. 07 E. 68, 83 = Recht 1908 Nr. 1290, 1291 = JW. 1908, 216 = Recht 1908 Nr. 1897, 1898.
7. — Zertifikate der Anglo Foreign Fibre Company limited, die je Verbriefungen einer größeren Anzahl von Anteilsrechten an der Gesellschaft (Shares) in einer Urkunde zusammenfassen und mit fortlaufender Unterscheidungsnummer bezeichnet sind, unterliegen als solche dem Reichsstempel für ausländische Aktien. Jedes Zertifikat ist nach dem Gesamtnennwerte des Papieres, nicht nach dem Nennwerte der einzelnen in ihm verbrieften Shares zu versteuern und die im Tarife vorgesehene Abrundung der Abgabe am Gesamtnennbetrage nur einmal vorzunehmen, nicht aber am Nennbetrage der einzelnen Shares. RG. 4. Jan. 18 AM. 1918, 17 = Recht 1918 Nr. 610, 611 = BA. 17, 167 = PrZBl. 1918, 38.
8. Zwischenschein. Begriff des Interimsscheins nach T.-Nr. I 1 a RStempG. 1885. RG. 3. Dez. 88 E. 22, 116.

Schuld- und Rentenverschreibungen.

Nr. 2.

1. Sind die zu einer Schuldverschreibung ausgestellten Zinsscheine nichtig, so ist auch die Schuldverschreibung nach § 139 BGB. nichtig, wenn nicht anzunehmen ist, daß die Ausstellung der Schuldverschreibung auch ohne die nichtigen Zinsscheine würde vorgenommen worden sein. RG. 28. Mai 18 E. 93, 56 = AM. 1918, 85 = JW. 1918, 614 = BA. 17, 250 = ZschrfZollw. 1919, 90.
2. Genußscheine als Schuldverschreibungen vgl. zu T.-Nr. 3 unter Nr. 2 und 3.
3. Gewinnanteilscheine als verzinsliche Schuldverschreibungen. RG. 17. Febr. 03 E. 54, 24 = JW. 1903, 129.

Nr. 3.

1. Begriff der Genußscheine. RG. 27. Okt. 92 E. 30, 16; RG. 24. Nov. 08 E. 70, 52 = JW. 1909, 27.
2. Genußscheine als Schuldverschreibungen. RG. 24. Nov. 08 JW. 1909, 27 = Recht 1909 Nr. 168.
3. Zur Ablösung einer Schuld ausgegebene Genußscheine, die für den Handelsverkehr bestimmt und im Falle der Liquidation der Gesellschaft aus der Liquidationsmasse zu einem bestimmten Betrage einzulösen sind, unterliegen nicht dem Feststempel für Genußscheine, sondern dem Schuldverschreibungsstempel der T.-Nr. 2. RG. 22. Sept. 16 AM. 1916, 177 = PrZBl. 1916, 259.

Nr. 3 A. Gewinnanteilschein- und Zinsbogen.

1. Wesen der Abgabe. Die Gewinnanteilschein- und Zinsbogensteuer der T.-Nr. 3 A stellt sich als eine Wiederholung des Effektenstempels — bei inländischen Aktien seit dem 1. Oktober 1913 des Gesellschaftsvertragsstempels — in zehnjährigen Zeiträumen dar, die sich nach dem Nennwert berechnet. RG. 10. Dezember 15 E. 87, 427 = AM. 1916, 37 = Recht 1916 Nr. 326 = HoldhM. 25, 72 = JW. 1916, 320 = PrZBl. 1916, 20 = ZschrfZollw. 1916, 219. Ebenso RG. 22. März 18 E. 92, 332 = AM. 1918, 59.
2. — Die Abgabe aus T.-Nr. 3 A a ist für den Regelfall der Ausgabe von Gewinnanteilscheinbogen eine Urkundensteuer. Hieran wird auch durch die Vorschrift des § 17 nichts geändert. RFH. 20. Juni 19 S. 1, 96 = AM. 1919, 318.
3. — Die mit der Neuausgabe von Gewinnanteilscheinbogen einmal eingetretene Steuerpflicht nach T.-Nr. 3 A wird durch ein späteres Erlöschen der Gesellschaft auch dann nicht wieder beseitigt, wenn die Talonsteuer auf Grund des Bundesratsbeschlusses vom 28. Januar 1910 — jetzt § 44 Abs. 1 der Ausführungsbestimmungen — gestundet ist und die Gesellschaft vor Ablauf der Stundungsfrist zu bestehen aufhört. RG. 15. Januar 18 AM. 1918, 23 = BA. 17, 117 = PrZBl. 1918, 152.

4. Berechnung. Bei der Berechnung der Reichsstempelabgabe für Gewinnanteilscheinbogen gilt die Aufrundungsvorschrift in Spalte 4 zu T.-Nr. 3 A a und b RStempG. nur dann, wenn die Einzahlungen auf die Wertpapiere voll geleistet sind. Die Aufrundung hat nicht zu erfolgen, falls die Einzahlungen auf die Wertpapiere nur teilweise geleistet sind und demgemäß die Berechnung der Abgabe nach Abs. 2 der Berechnungsvorschrift in Spalte 4 daselbst zu erfolgen hat. RFH. 30. Juli 19 AM. 1919, 340.
5. — Für steuerpflichtige Jahresbruchteile sind entsprechende Steuerbruchteile zu erheben. RG. 22. März 18 E. 92, 332 = AM. 1918, 59 = Recht 1918 Nr. 934.
6. — Sind im Falle der T.-Nr. 3 A a, b die Einzahlungen auf die Wertpapiere nicht voll geleistet, so ist die Abgabe von jedem einzelnen Wertpapier nach dem Betrage der tatsächlich geleisteten Einzahlung ohne Aufrundung auf volle 100 Mk. zu berechnen. RFH. 30. Juli 19 S. 1, 146.
7. Befreiung 2. Von der Verpflichtung zur Versteuerung ihrer Gewinnanteilscheinbogen sind Aktiengesellschaften, die die Herstellung von inländischen Eisenbahnen bezwecken, nur dann befreit, wenn für die Eisenbahnen ein besonderes öffentliches Interesse vorliegt und Staats- und Kommunalverbände sich in erheblichem Maße an der Beschaffung der Mittel beteiligen. RG. 19. Oktober 15 Recht 1916 Nr. 766.
8. Befreiung 3. Wie ist der zehnjährige Zeitraum, für den bei der erstmaligen Ausgabe von Gewinnanteilscheinen nach Befreiungsvorschrift 3 zu T.-Nr. 3 A ein Anspruch auf Steuerfreiheit besteht, dann zu berechnen, wenn das erste Geschäftsjahr weniger als ein Kalenderjahr beträgt? PrKG. 16. Juni 11 ZschrfZollw. 12, 26.
9. — Die zehnjährige Steuerfreifrist beginnt mit dem Zeitpunkt der erstmaligen Ausgabe der Wertpapiere, nicht mit der letzten Ausgabe der Gewinnanteilscheins- oder Zinsbogen. Etwas anderes ist auch aus dem § 42 — jetzt 44 — der Ausführungsbestimmungen des Bundesrats nicht zu entnehmen. RG. 10. Dezember 15 E. 87, 427 = AM. 1916, 37 = Recht 1916 Nr. 326 = ZschrfZollw. 1916, 219.
10. Die zehnjährige Steuerfreiheit umfaßt zehn volle nach dem Kalender zu berechnende Jahre und läuft von Errichtung der Gesellschaft, bei neuen Aktien von der Eintragung der Kapitalerhöhung in das Handelsregister ab. RG. 22. März 18 E. 62, 332 = AM. 1918, 59 = Recht 1918 Nr. 934.
11. Gewinnanteilscheine als Schuldverschreibungen vgl. zu T.-Nr. 3 unter Nr. 2.

Nr. 4. Kauf- und sonstige Anschaffungsgeschäfte.

Lit. *Eckstein, Konsortialverträge und Anschaffungsstempel. DStZ. 7, 124. — Eckstein, Die Schlussnoten-Stempelermässigung nach dem neuen RStempG. DStZ. 7. 109. — Henschel, Börsensteuer und Erbauseinandersetzungen. DJZ. 1913, 228. — Seyffert, Berücksichtigung der Emissionskosten bei Berechnung des Aktienausgabe- und Schlussnotenstempels. BA. 13, 255.*

Buchstabe a.

1. Anschaffungsgeschäft im allgemeinen. Der Stempel ruht auf dem schuldrechtlichen Grundgeschäft der Veräußerung, nicht auf ihrer dinglichen Erfüllung. RG. 22. September 14 E. 85, 327 = AM. 1915, 21 = Recht 1914 Nr. 2922. Vgl. auch zu § 21 Nr. 1.

2. — Auf die von den Parteien gewählte Bezeichnung eines Geschäfts kommt es für die Steuerpflicht nicht an. Entscheidend ist vielmehr die rechtliche Natur des Geschäfts, und diese wird bestimmt durch die Gesamtheit der durch das Geschäft begründeten Rechte und Verpflichtungen. RG. 22. September 14 E. 85, 327 = AMt. 1915, 21 = Recht 1914 Nr. 2923 = HoldhM. 23, 260 = ZschrfZollw. 1915, 217.

3. — Zwischen einer Stadtgemeinde und ihrer Sparkasse kann kein Anschaffungsgeschäft abgeschlossen werden. RG. 1. Oktober 94 E. 35, 3.

4. Begriff des Anschaffungsgeschäfts: jedes auf den Erwerb von Eigentum an beweglichen Sachen gerichtete entgeltliche Vertragsgeschäft. RG. 21. November 87 E. 20, 10; RG. 19. April 88 E. 21, 32, 36; RG. 13. Dezember 88 E. 22, 128; RG. 14. Oktober 89 E. 24, 109; RG. 30. Mai 90 E. 26, 49; RG. 30. Juni 92 E. 31, 17.

5. Einzelne Anschaffungsgeschäfte. Die Umwandlung von Stammaktien in Stammprioritätsaktien ist ein Anschaffungsgeschäft. RG. 11. April 88 E. 21, 24.

6. — Ausgabe von Pfandbriefen einer Landschaft für ein Darlehn als Anschaffungsgeschäft. RG. 14. Okt. 89 E. 24, 108.

7. — Hingabe an Zahlungsstatt ist ein Anschaffungsgeschäft. Die Hingabe von alternativ als Kaufpreis geschuldeten Steuerscheinen ist aber keine Hingabe an Zahlungsstatt. RGStr. 25. Nov. 89 E. 20, 50.

8. — Konvertierungsgeschäft als Anschaffungsgeschäft. RG. 30. Dez. 90 E. 27, 48.

9. — Ein Anschaffungsgeschäft liegt vor, wenn die Hinterlegung von Wertpapieren mit der Ermächtigung des Empfängers geschieht, statt der erhaltenen Stücke andere Stücke gleicher Art zurückzuliefern. RG. 11. Juli 98 E. 42, 9.

10. — Glatte Prolongation kein Anschaffungsgeschäft trotz Fortbezugs der Stückzinsen. RG. 28. Sept. 00 E. 47, 14.

11. — Einbringen von ausländischen Aktien in eine Aktiengesellschaft ist als Anschaffungsgeschäft stempelpflichtig neben der Ausreichung der Aktien dieser Gesellschaft. RG. 27. Mai 02 E. 51, 351; RG. 1. Febr. 07 Recht 1907 Nr. 3037.

12. — Einbringen von Wertpapieren bei Fusion von Aktiengesellschaften als Anschaffungsgeschäft. RG. 10. Dez. 07 E. 67, 197 = Recht 1908 Nr. 657 = BlBayFW. 16, 153.

13. — Anschaffungsgeschäft zwischen einer Gesellschaft bürgerlichen Rechts und einer ihrer Gesellschafter. Kein Abzug des Kopfteils. RG. 11. Dez. 03 E. 56, 206.

14. — Die Zuteilung einzelner zum Vermögen einer offenen Handelsgesellschaft gehöriger Wertpapiere an die einzelnen Gesellschafter bei der Auseinandersetzung ist ein Anschaffungsgeschäft. RG. 26. Jan. 04 E. 56, 430.

15. — Uneigentliches Leihgeschäft als Anschaffungsgeschäft. . 24. Jan. 05 E. 60, 40 = JW. 1905, 185.

16. — Auch die Zuweisung von Wertpapieren bei der Erbauseinandersetzung ist ein stempelpflichtiges Anschaffungsgeschäft. OLG. München 4. Febr. 10 Recht 1910 Nr. 2934.
17. — Die Ausübung des Bezugsrechts auf junge Aktien stellt ein Kaufgeschäft im Sinne der T.-Nr. 4a dar und kann Gegenstand eines Kommissionsgeschäfts sein. RG. 28. Mai 18 AM. 1918, 74 = JW. 1918, 689 = BA. 17, 201 = PrZBl. 1918, 467.
18. — Der Anschaffungsstempel ist zu erheben, wenn der Zeichner der bei der Kapitalerhöhung einer Aktiengesellschaft auszugebenden jungen Aktien vor Eintragung der Erhöhung in das Handelsregister und vor Auslieferung der Aktien an ihn die Aktiengesellschaft gegen Entgelt ermächtigt, über die Aktien in ihrem eigenen Namen zu verfügen und die Aktiengesellschaft diese Ermächtigung annimmt. RG. 22. Sept. 19 E. 85, 327 = AM. 1915, 20.
19. — Tausch als Anschaffungsgeschäft vgl. zu § 25 unter Nr. 1.
20. Konsortialgeschäfte. Konsortialgeschäfte und Unterkonsortialgeschäfte. RG. 28. April 88 E. 20, 197; RG. 14. Mai 88 E. 21, 66; RG. 30. Mai 90 E. 26, 46.
21. — Erwerb der neuen Aktien durch die alten Aktionäre von dem Bankkonsortium, das die neuen Aktien übernommen hat. RG. 12. April 10 E. 73, 222 = Recht 1910 Nr. 2119 = BlBayFW. 19, 91.
22. — Es liegt ein Anschaffungsgeschäft zwischen Bank und Aktionären im Sinne der Tarifstelle 4a vor, wenn von einem Bankkonsortium die zu Pari, aber mit der Verpflichtung, sie den alten Aktionären zum Kurse von 150% anzubieten, übernommenen Aktien bezogen werden. RG. 20. Juni 11 Recht 1911, 3250 = BA. 1911, 30.
23. — Ueberläßt eine Aktiengesellschaft ihre neuen Aktien einem Bankkonsortium mit der Abrede, daß dieses sie einem Dritten als Gegenleistung für eine von dem Dritten an die Gesellschaft bewirkte Leistung überträgt, so stellt sich das Konsortium nur als Vermittlungsstelle dar, welche die Ausreichung an den Dritten für die Gesellschaft zu besorgen hat. Nur diese Ausreichung an den Dritten ist daher stempelrechtlich als Anschaffungsgeschäft zu behandeln. RG. 25. Februar 13 ZschrfZollw. 14, 22.
24. Stempelberechnung. Maßgebend für die Besteuerung ist nicht der in der Schlußnote beurkundete, sondern der wirklich vereinbarte Geschäftsgegenstand und sein Wert. RG. 1. Dez. 08 JW. 1909, 60 = BlBayFW. 17, 176 = Recht 1909 Nr. 605 = MittWüFM. ~~.~~ 27.
25. — Der Berechnung der Stempelabgabe ist nicht der Nennwert, sondern der denselben übersteigende als Kaufpreis vertragsmäßig vereinbarte Kurswert zugrunde zu legen, wenn jemand von dem gleichen Bankier an demselben Tage gleichzeitig oder sukzessive unter Ausstellung einer einzigen Schlußnote verschiedene dem nämlichen Steuersatze unterliegenden Wertpapiere, deren Nennwert je 5000 Mk. beträgt, zu verschiedenen nach dem Kurswert der einzelnen Effekten bemessenen Kaufpreisen erwirbt. RGStr. 29. Januar 00 E. 33, 102.
26. — Berechnung des Schlußnotenstempels, wenn die Aktien nicht voll eingezahlt sind. RG. 12. April 10 E. 73, 222 = Recht 1910 Nr. 2119 = BlBayFW. 19, 91.
27. — Der Reichsstempel für die Zuteilung von Anteilscheinen einer Kolonialgesellschaft an die Zeichner ist nach dem Werte des Gegen-

standes einschließlich des für den Reichsstempel und die Gründungskosten in Ansatz gebrachten Teiles des Preises zu berechnen. RG. 2. Januar 12 E. 78, 169 = JW. 1912, 311.

28. — Berechnung des Anschaffungsstempels für die Ausreichung junger Aktien an den ersten Erwerber. RG. 21. Juni 12 WarnRspr. 5, 443.

29. — Wenn bei einem nach T.-Nr. 4 stempelpflichtigen Anschaffungsgeschäfte die Gegenleistung in einer immerwährenden Rente besteht, ist als der Wert des Gegenstandes des Geschäfts der fünfundzwanzigfache Betrag der jährlichen Rente anzunehmen. RG. 21. Juni 12 ZschrfZollw. 13, 26.

30. — Während für die Berechnung des Stempels nach T.-Nr. 1a der innere Wert der Aktien maßgebend ist, ist der Stempel der T.-Nr. 4a nach dem Werte des Gegenstandes des Geschäftes zu berechnen, und zwar, wenn es an den im Gesetze hierfür angegebenen Grundlagen fehlt, nach dem aus den Umständen zu ermittelnden Betrage, zu dem die Aktien gehandelt worden wären, wenn am Tage der Ausreichung ein Umsatz stattgefunden hätte. RG. 21. Juni 12 Recht 1912 Nr. 3273.

31. — Berechnung des Wertes der Gegenleistung, wenn zur Zeit des Geschäftsabschlusses kein mittlerer Börsenkurs bestand. RG. 21. Juni 14 HoldhM. 24, 179.

32. — Der Wertberechnung darf eine Durchschnittsberechnung aus den letzten Jahren zugrunde gelegt werden. RG. 9. Februar 15 Recht 19 Nr. 1410.

33. — Uebernehmen bei Umwandlung einer Gewerkschaft in eine Aktiengesellschaft die Gründer die sämtlichen Aktien und bringen sie dafür als Gegenwert die sämtlichen Kuxe der Gewerkschaft ein, so kann der Wert des Gegenstandes des in der Uebernahme der Aktien enthaltenen Anschaffungsgeschäfts nach dem Wert des Gewerkschaftsunternehmens bestimmt werden. RG. 9. Februar 15 Recht 19 Nr. 1409.

34. Kein Kopfteilsabzug bei Auseinandersetzungen. Vgl. Nr. 13 u. 14.

35. Die Abgabe nach T.-Nr. 4a kann neben der Abgabe nach T.-Nr. 1 C, 2, 3 erhoben werden. RGStr. 23. März 09 E. 42, 253 = Recht 1909 Nr. 3714.

36. Kein Schlußnotenstempel neben dem Einbringenstempel. Vgl. zu T.-Nr. 1 A d unter Nr. 5.

Zusatz 3.

37. Ausreichung. Ausreichung an den ersten Erwerber. RG. 25. Juni 97 E. 39, 126.

38. — Anschaffungsstempel bei der Ausreichung von Aktien der aufnehmenden Aktiengesellschaft an die Aktionäre der aufzunehmenden Gesellschaft. RG. 13. Dezember 88 E. 22, 127; RG. 25. April 98 E. 41, 84.

39. — Unter Ausreichen der Aktien ist nicht der physische Vorgang der Aushändigung zu verstehen, sondern das Geschäft, durch das für den ersten Erwerber der Aktien der Anspruch auf Auslieferung der Papiere an ihn begründet wird. RG. 5. Dezember 08 JW. 1909, 60 = Recht 1909 Nr. 605 = BlBayFW. 17, 176 = MittWüFM. 4, 27. Ebenso: RG. 5. Juni 17 E. 90, 297.

40. — Bei Erwerb der Kuxe einer Gewerkschaft durch Hingabe neuer Aktien an die Gewerken unter Vermittelung einer Bank sind die Gewerken die ersten Erwerber. RG. 4. Juli 19 Recht 1919 Nr. 2178.

41. Kuxe. Aushändigung von Kuxen an die Gründer einer Gewerkschaft (RStempG. 1909). RG. 24. März 11 E. 76, 65 = JW. 1911, 494 = Recht 1911 Nr. 2240—2242.
42. — Die Zuweisung bergrechtlicher Gewerkschaftsanteile, für die keine Kuxscheine ausgestellt sind, ist keine Ausreichung von Wertpapieren, also nicht stempelpflichtig (RStempG. 1918). RFH. 21. Mai 19 S. 1, 61 = AM. 1919, 211.

Ermäßigungen.

43. Unter Personen, die gewerbsmäßig Bank= oder Bankiergeschäfte betreiben, sind die natürlichen oder juristischen Personen zu verstehen, in deren geschäftlichen Unternehmungen die gewerbsmäßige Anschaffung und gewerbsmäßige Veräußerung von Wertpapieren der in T.=Nr. 4a bezeichneten Art zu den Hauptaufgaben gehört und nicht nur nebenher betrieben wird. Wer im einzelnen, ob insbesondere Kreditgenossenschaften, Spar= und Darlehenskassen hierher gehören, läßt sich nur von Fall zu Fall unter Berücksichtigung der geschäftlichen Verhältnisse der einzelnen Unternehmungen entscheiden. RFH. 4. Juni 19 S. 1 B, 43 = AM. 1919, 283 = BA. 1919, 20.

Buchstabe b.

44. Zur Anwendbarkeit der T.=Nr. 4b ist es nicht erforderlich, daß das Geschäft unter ausdrücklicher Bezugnahme auf die Usancen einer Terminbörse abgeschlossen wird. Es genügt danach vielmehr, wenn aus dem Inhalt des Vertrags sich ergibt, daß nach dem Willen der Vertragschließenden die Usancen einer solchen Börse für den Vertrag maßgebend sein sollen. OLG. Colmar 14. Mai 12 ZschrfZollw. 13, 54.
45. Begriff der Mengen von Waren. RG. 18. März 89 E. 23, 63; RG. 1. Juni 00 JW. 1900, 568.
46. Mengen von Waren können auch individualisierte Mengen sein. RG. 31. Jan. 96 E. 37, 6; RG. 21. Nov. 87 E. 20, 8.
47. Berechnung der Abgabe, wenn die Ware mit der Umhüllung verkauft ist, ein Börsenpreis aber nur für die Ware allein besteht. RG. 28. Jan. 89 E. 23, 19.
48. Bei Berechnung des Stempels für Spirituskäufe ist als Wert des Kaufgeschäfts allein der für den Spiritus vereinbarte Preis maßgebend, die usancemäßig für die Gebinde zu entrichtende Vergütung muß zu diesem Preise nicht hinzugerechnet werden. RGStr. 17. Sept. 89 E. 19, 374.
49. Begriff der Herstellung. RG. 19. Jan. 91 E. 27, 72.

Nr. 5. Lotterielose.

1. Gegenstand. Die Abgabe ruht auf der Urkunde, nicht auf der Ausspielung. RG. 13. Dez. 01 JW. 1902, 142. Ebenso RG. 25. April 02 JW. 1902, 317.
2. Ausweise. Ausweise über Spieleinlagen werden vom Unternehmer ausgegeben. Sie haben den Zweck, daß sich auf Grund der Vertragsberedungen im Einzelfalle der Spieler über seine Spieleinlage und

sein Anrecht auf Gewinn auszuweisen vermag. Der Ausweis braucht diese Bestimmung nicht zum Ausdruck bringen, auch keine Erklärung des Veranstalters enthalten. RGStr. 17. Febr. 03 E. 36, 104; RGStr. 16. Jan. 06 E. 38, 314.

3. — Nummerlisten, die bei öffentlich veranstalteten Ausspielungen vom Spielunternehmer in Umlauf gesetzt werden, sind auch dann nicht als Spielausweise anzusehen, wenn der Spielvertrag durch Einzeichnung des Namens des Spielers unter Einzahlung des Betrages geschlossen wird. RGStr. 16. Jan. 06 E. 38, 317.

4. — Ein Zeitungsausschnitt, dessen Einsendung als Erklärung der Beteiligung an der Ausspielung angesehen werden soll, kann durch die Ausfüllung und Einsendung nicht zu einem Spielausweise werden. RGStr. 16. Jan. 06 E. 38, 314.

5. — Wenn nach dem Spielplan einer Ausspielung die Einsätze durch den Erwerb und die vorschriftsmäßige Verwendung von Ansichtspostkarten zu leisten sind, stellen diese Ansichtskarten vor ihrer spielplanmäßigen Verwendung keine Spielausweise dar. RGStr. 19. Nov. 07 E. 40, 390.

6. Daß Sachkenner die Gewinnaussichten bei einer Preisveranstaltung mit einiger Sicherheit zu beurteilen verstehen, schließt die Annahme einer Lotterie nicht aus. Recht 1915, 2156.

7. Einzelne Arten. Vertrieb von Waren im sog. Gellaverfahren oder Hydrasystem als öffentlich veranstaltete Ausspielung von Gewinnen. RGStr. 14. Febr. 01 E. 34, 140; RGStr. 15. Okt. 01 E. 34, 390; RG. 18. April 05 E. 60, 379 = JW. 1905, 408; RG. 19. April 07 E. 66, 32.

8. — Rätselaufgaben als Mittel der Ausspielung. RGStr. 14. Juni 07 Recht 1907 Nr. 2231.

9. — Werden den Besuchern einer sportlichen Veranstaltung mit der Eintrittskarte gleichzeitig numerierte Scheine für die Teilnahme an einer Preisveranstaltung ausgehändigt, so steht der Annahme einer Lotterie nicht entgegen, daß für die Scheine kein besonderes Entgelt zu zahlen war. RG. 30. April 15 Recht 1915 Nr. 2155—2156 = HoldhM. 24, 179 = WarnRspr. 8, 330.

10. — Oeffentliche Ausspielung im Anschluß an eine andere Lotterie. RGStr. 24. Jan. 09 BlBayFW. 18, 120 = ZschrfZollw. 1910, 151.

11. Oeffentlichkeit. Eine Ausspielung ist als öffentlich veranstaltet anzusehen, wenn nach Absicht des Veranstalters die Lose nicht bloß einem durch besondere, individuelle Beziehungen zu ihm begrenzten geschlossenen Personenkreise, sondern einer Mehrzahl beliebiger unbestimmter Personen zugänglich gemacht und auf diese die Beteiligung an dem Unternehmen erstreckt werden soll. RGStr. 15. Febr. 87 E. 15, 274.

12. — Neben der Oeffentlichkeit des Pferderennens wird auch die Oeffentlichkeit des Wettunternehmens gefordert. Der Begriff der Oeffentlichkeit ist so aufzufassen, daß damit Wettunternehmen, bei denen die Offerte zur Teilnahme sich auf einen durch Individualbeziehung des Berufes, durch persönliche Bekanntschaft, gemeinsame Interessenverbindung und ähnliche Begrenzungen fest abgeschlossenen Kreis beschränkt, ausgeschieden werden. RGStr. 5. Mai 96 E. 28, 366.

13. — Eine Verlosung, die sich auf einen individuell bestimmten Kundenkreis des Unternehmers beschränkt, ist als eine öffentliche nicht zu erachten. BayObLG. 10. Juni 11 BlBayFW. 1911, 284.
14. — Die Stempelpflicht ergreift auch die Lose einer ohne staatliche Genehmigung veranstalteten öffentlichen Lotterie. RG. 30. April 15 Recht 1915 Nr. 2157.

Nr. 6. Frachturkunden.

Lit. *Klein*, *Der Frachturkundenstempel im privatrechtlichen Verhältnis zwischen Verkäufer und Käufer. JW. 1909, 96.*

1. Frachturkunden. Master's receipts: RG. 26. Febr. 07 JW. 1907, 283 = Recht 1907 Nr. 3370.
2. — Stempelpflichtigkeit von Durchkonnossementen (Export Bills of Lading, Throug Bills of Lading) und Schiffsladungsurkunden (Master's receipts). Entrichtung des Stempels „für jede Sendung nur einmal". RG. 19. März 07 E. 65, 346.
3. — Unter Frachtbriefen sind alle Urkunden zu verstehen, die die Erklärung des Absenders enthalten, daß er die Beförderung einer (ausreichend bestimmten) Fracht dem Frachtführer übertrage. OLG. Colmar 19. Dez. 11 Recht 1912 Nr. 938.
4. — Begriff des Frachtbriefes. RG. 9. Juli 12 E. 80, 58 = Recht 1912 Nr. 2749–2751.
5. — Auslegung des Begriffs Frachtbrief als einseitige schriftliche Erklärung des Absenders des Frachtguts über den Inhalt des Frachtvertrags, die als Beweisurkunde darüber zu dienen geeignet ist. RG. 5. Juli 12 DJZ. 1912, 1243.
6. — Zu den stempelpflichtigen Frachturkunden gehören alle Frachtpapiere, d. h. alle Schriftstücke, die als Beweismittel für den Abschluß eines Frachtvertrags zu dienen bestimmt und geeignet sind. Die Steuerpflicht ist selbst dann gegeben, wenn diese Schriftstücke etwa wegen Fehlens des Frachtbetrags unvollständig sind, sofern sich nur die Fracht aus den zum Zwecke der Stempelberechnung angefertigten Aufstellungen ohne weiteres berechnen läßt. RG. 23. Dez. 13 E. 83, 393 = AM. 1914, 110 = Recht 18 Nr. 545, 546 = PrZBl. 1914, 148 = ZschrfZollw. 1914, 251.
7. Chartepartien unterliegen nicht der Stempelabgabe der T.=Nr. 6. RG. 4. Dez. 14 E. 86, 79 = AM. 1915, 73 = Recht 19 Nr. 695 = JW. 1915, 247 = ZschrfZollw. 1916, 23.
8. Die Tarifnummer findet auch auf Frachtbriefe des Orts= und Kleinbahnverkehrs Anwendung. OLG. Colmar 19. Dez. 11 Recht 1912 Nr. 938.

Nr. 8. Erlaubniskarten für Kraftfahrzeuge.

Buchstabe a.

1. Wesen der Abgabe. Die Abgabe ist kein Urkundenstempel. Gegenstand der Besteuerung ist die Ingebrauchnahme des Fahrzeugs. RG. 4. März 13 WarnRspr. 6, 402 = Recht 1913 Nr. 1392 = ZschrfZollw. 1913, 249.

2. — Die Abgabe ist zwar in der Hauptsache, keineswegs jedoch ausschließlich eine Luxussteuer. Auch die von einem Arzt oder einem Bauhandwerker in Ausübung ihres Berufs zu Erwerbszwecken benutzten Kraftfahrzeuge unterliegen der Reichsstempelabgabe. RG. 21. Jan. 13 Recht 1913 Nr. 1040. Ebenso RG. 15. Okt. 15 Recht 1916 Nr. 131.
3. Unterschied zwischen Kraftrad und Kraftwagen; Kraftrad mit Vorsteckwagen. RG. 7. März 11 E. 76, 15 = JW. 1911, 553 = Recht 1911 Nr. 2773.
4. Ein mit dem Kraftrade verbundener sog. Beiwagen ist nicht selbständiger Gegenstand der Besteuerung. RGStr. 18. Sept. 08 E. 41, 411.
5. Lastkraftwagen. Ein zur Beförderung von Personen dienendes Kraftfahrzeug ist im Gegensatz zum Lastkraftfahrzeug ein Fahrzeug, das schon äußerlich nach seiner Bauart und seinen Einrichtungen als zum Zwecke der Personenbeförderung bestimmt erscheint. Dabei kommt es auf äußere Einrichtung und Zweckbestimmung an. Die gelegentliche Benützung eines Lastkraftfahrzeuges zur Personenbeförderung fällt nicht unter die Vorschrift. RGStr. 28. Sept. 11 E. 45, 161 = ZschrfZollw. 1912, 29.
6. — Die Steuerpflicht nach T.-Nr. 8 tritt auch dann ein, wenn ein Lastkraftfahrzeug gelegentlich zur Personenbeförderung benutzt wird, wenn insbesondere ein Fabrikbesitzer seine Lastautomobile den Arbeitern für Sonntagsausflüge überläßt. RG. 28. November 1911 E. 77, 433 = JW. 1912, 155 = DJZ. 1912, 283 = Recht 1912 Nr. 309.
7. — Ein Lastkraftwagen dient der Personenbeförderung auch dann, wenn die Beförderung der Personen sich nicht als regelmäßige Benutzung des Fahrzeuges darstellt. Es kommt nur auf die tatsächliche und nicht auf die bestimmungsmäßige Benutzung des Kraftwagens an. HessOLG. 19. Dezember 1913 AM. 1914, 166.
8. — Wird ein Lastkraftwagen zur Veranstaltung von Ausflügen anderen Personen zur Verfügung gestellt, so liegt eine steuerpflichtige Ingebrauchnahme zur Personenbeförderung vor, mag die Benutzung des Wagens auch nicht regelmäßig sondern nur im Einzelfall oder in Einzelfällen erfolgen.

Die gelegentliche unentgeltliche Mitnahme von Personen auf einem Lastkraftwagen ist als eine steuerpflichtige Ingebrauchnahme des Wagens zur Personenbeförderung nicht anzusehen, wenn der Beweggrund zur Fahrt und zu ihrer Ausführung ausschließlich in der Fortschaffung von Lasten lag. RG. 18. Juni 1914 AM. 1914, 243 = Recht 1914 Nr. 2591 = HoldhM. 24, 40 = PrZBl. 1914, 269 = ZschrfZollw. 1915, 183.
9. — Die Anwendung der Tarifnummer 8 wird zwar nicht dadurch ausgeschlossen, daß ein Lastkraftwagen nur gelegentlich für die Beförderung von Personen in Gebrauch genommen wird. Die Steuerpflicht wird aber nicht stets durch eine derartige gelegentliche Ingebrauchnahme begründet. Die Entstehung der Stempelpflicht hat vielmehr zur Voraussetzung, daß das Lastfahrzeug von seinem Eigenbesitzer oder einer an dessen Stelle handelnden Person im gegebenen Falle dazu bestimmt worden ist, zu Zwecken der Personenbeförderung zu dienen, und weiterhin, daß diese Zweckbestimmung auch durch eine entsprechende Ingebrauchnahme zum Ausdruck gebracht wird. RG. 1. Juni 15 Recht 19 Nr. 2392 = JW. 1915, 925 = HoldhM. 24, 170.

Befreiung 2.

10. Begriff der gewerbsmäßigen Personenbeförderung. RG.-Str. 8. März 10 ZschrfZollw. 10, 187.

11. — Keine Befreiung, wenn ein Kraftwagenhändler seine Wagen auch gegen Entgelt vermietet. RGStr. 8. März 10 PrZBl. 1910, 198.

12. — Die gewerbsmäßige Personenbeförderung durch Kraftwagen liegt nur dann vor, wenn sie innerhalb eines der Personenbeförderung dienenden Gewerbebetriebs, also des Fuhrhaltereigewerbes, als dessen Betätigung erfolgt. RGStr. 25. Jan. 10 Recht 1910 Nr. 3144.

13. — Die Schlußbestimmung 2 trifft nur auf eine unmittelbar der Verfolgung des Erwerbszweckes der Beförderungsanstalt dienende Benutzung eines Kraftfahrzeuges zu, nicht z. B. bei Fahrten, die bei einem Straßenbahnunternehmen zur Ausbildung der Fahrer dienen. RG. 15. Okt. 15 Recht 1916, 131, 135.

14. — Ein Hotelomnibus dient nicht ausschließlich der gewerbsmäßigen Personenbeförderung. RG. 21. Januar 13, E. 81, 231 = JW. 1913, 503 = Recht 1913 Nr. 1039 = PrZBl. 1913, 152 = ZschrfZollw. 1913, 187.

15. Ausschließlichkeit. Wird ein der gewerbsmäßigen Personenbeförderung dienendes Kraftfahrzeug zu einer Personenbeförderung zu Privatzwecken benutzt, so dient es nicht ausschließlich der gewerbsmäßigen Personenbeförderung und ist deshalb nicht mehr von der Abgabe der T.-Nr. 8 RStempG. befreit. RGStr. 3. März 13 PrZBl. 1913, 151.

16. — Die Befreiungsvorschrift 2 setzt die Ausübung eines Personenfuhrwerksbetriebs voraus und zwar dergestalt, daß die Kraftfahrzeuge ausschließlich der gewerbsmäßigen Personenbeförderung dienen. Ein Kraftwagen ist nicht steuerfrei, wenn er durch den Händler bis zum Verkauf zur Personenbeförderung vermietet wird. RGStr. 8. März 10 E. 43, 289.

Nr. 9. Vergütungen.

Lit. Hochschild, Der RFH. zum Tantiemenstempel. DStZ. 8, 33. — Kloss, Vergütungsstempel (T-Nr. 9 RStempG.). DStZ. 8, 59. — Koch, Zur Tantiemesteuer. HoldhM. 1919, 113 (behandelt das U. d. RFH. v. 26. Febr. 19). — Koppe, 8 Prozent oder 20 Prozent Tantiemesteuer? DStZ. 7, 176. — Fuld, Rückwirkung der Erhöhung der Tantiemesteuer auf das Geschäftsjahr 30. Juni 1917 bis 30. Juni 1918. Recht 1919, 113.

1. Gegenstand der Besteuerung. Daraus, daß die Abgabe auf die gezahlten Tantiemen aus diesen selbst gedeckt werden soll und der nach T.-Nr. 9 zur Anfertigung einer Aufstellung über die gezahlten Vergütungen verpflichtete Vorstand der Gesellschaft nur Mittelsperson mit der Verpflichtung ist, die Abgabe für den Tantiemeberechtigten zu verauslagen, folgt, daß die Steuer auf den Vergütungen selbst ruht, nicht auf den vom Vorstand einzureichenden Aufstellungen. Ob die Tantiemesteuer infolge des Rückgriffsrechts des Vorstandes auf den zum Bezuge der Vergütung Berechtigten

als eine direkte Steuer, insbesondere als eine Einkommensteuer, anzusehen ist, bedurfte nicht der Entscheidung. RG. 19. Nov. 07 E. 67, 109 = JW. 1908, 54 = Recht 1908 Nr. 413.

2. — Eine steuerpflichtige Vergütung an den Aufsichtsrat liegt bereits dann vor, wenn durch Beschluß der Generalversammlung der Gewinnanteil endgültig genehmigt worden ist. Für die Steuerpflicht ist es demnach gleichgültig, ob die Mitglieder des Aufsichtsrats sich die Tantieme voll auszahlen lassen oder darüber, sei es ganz oder teilweise, in anderer Weise Verfügung treffen. OLG. Hamburg 20. Mai 14 AM. 1914, 276 = ZschrfZollw. 1915, 182.

3. — Gegenstand der Besteuerung ist die Zahlung der Vergütung. Der Zeitpunkt der Zahlung ist entscheidend für Anwendung des höheren Steuersatzes des Abänderungsges. vom 26. Juli 1918 oder des früheren Steuersatzes. RFH. U. v. 26. Febr. 19 S. 1, 4 = AM. 1919, 167 = DJZ. 1919, 352 = DStZ. 8, 12 = PrZBl. 1919, 126 = BlBayFW. 27, 105.

4. — Vergütungssteuer kann nicht gefordert werden, wenn Mitglieder des Aufsichtsrats die ihnen satzungsmäßig zustehende Vergütung der Aktiengesellschaft erlassen, bevor sie gezahlt ist. Der Erlaß kann aber unter Umständen die Natur einer Schenkung haben. RG. 24. Okt. 16 E. 89, 174 = AM. 1916, 197 = BA. 16, 411 = PrZBl. 1917, 2 = ZschrfZollw. 1917, 215.

5. Tätigkeit des Aufsichtsratsmitgliedes. Bei der Vergütungssteuer kommt es nicht darauf an, daß die Vergütung den Mitgliedern des Aufsichtsrats gerade für die Ueberwachung der Geschäftsführung gewährt wird; auch die Entlohnung sonstiger Dienste, welche die Mitglieder des Aufsichtsrates als solche leisten, fällt unter die Steuervorschrift. RG. 13. Mai 10 E. 73, 355 = JW. 1910, 660 = Recht 1910 Nr. 2744, 2745 = BlBayFW. 18, 281 = ZschrfZollw. 1910, 217.

6. — Wird ein Aufsichtsratsmitglied nicht in seiner Eigenschaft als Aufsichtsratsmitglied, sondern wegen seiner persönlichen Fähigkeiten und Fachkenntnisse mit einer besonderen, nicht zu den Obliegenheiten des Aufsichtsrates gehörenden Tätigkeit für die Gesellschaft betraut, so unterliegt die ihm hierfür gezahlte Vergütung nicht der Tantiemesteuer. RG. 25. Sept. 14 Recht 1915 Nr. 249 = HoldhM. 23, 261.

7. — Das Entgelt für die Aufgabe des Rechtes auf Sitz im Aufsichtsrat einer Gesellschaft unterliegt nicht der Vergütungssteuer. RG. 28. Juni 18 E. 93, 185 = AM. 1918, 76 = Recht 1918 Nr. 1617, 1618.

8. — Die Vergütungssteuer ist nicht nur von den geldwerten Leistungen zu erheben, die die Aufsichtsratsmitglieder für ihre überwachende Tätigkeit erhalten, sondern auch von sonstigen ihnen für eine Tätigkeit, die sie für die Gesellschaft mit Rücksicht auf ihr Aufsichtsratsverhältnis entfaltet haben, gewährten Bezüge. RFH. 17. Sept. 19 S. 1, 179 = DJZ. 1920, 154 = DStZ. 8, 203.

9. Aufsichtsratsmitglied. Die Vergütung eines vom Aufsichtsrat zur Beratung eingesetzten besonderen Komitees, das nicht aus Mitgliedern des Aufsichtsrates besteht, unterliegt nicht der Abgabe der T.-Nr. 9. OLG. Hamburg 31. März 15 LZ. 9, 1610.

10. — Nur soweit die zur Ueberwachung der Geschäftsführung bestellten Personen Mitglieder des Aufsichtsrates sind, unterliegen die ihnen gezahlten Vergütungen der Stempelpflicht.

Hat der Aufsichtsrat unzulässigerweise einen Teil der ihm obliegenden Pflichten auf Dritte abgewälzt, so sind die an diese Dritten gezahlten Vergütungen nicht stempelpflichtig. RG. 28. Sept. 15 Recht 1915 Nr. 2751, 2752 = HoldhM. 25, 74 = BA. 10, 146.

Nr. 10. Warenumsätze

in der Fassung des Gesetzes über einen Warenumsatzstempel vom 26. Juni 1916.

Lit. Hirschfeld, Uebertragung in Natur. JW. 1916, 1262. Dazu Kloss, JW. 1916, 1404. — Eckstein, Zur Auslegung des WUStempG. unter Berücksichtigung der Grundsätze des Bundesrats. HoldhM. 25, 241; 26, 14. — Elster, Rechtsfragen aus dem WUStempG. LZ. 10, 1416 (Unterschied zwischen Werk- und Werklieferungsvertrag. Lieferung in Natur. Lieferung ins Ausland. Wahl der Besteuerungsart). — Hirschfeld, Die Auslegungsgrundsätze des BR. zum WUStempG. LZ. 11, 38, 110. — Pohle, Zum Gesetz betr. die Abwälzung des Warenumsatzstempels. DJZ. 1917, 678. — Kloss, Das Verbot der Abwälzung des Warenumsatzstempels. DJZ. 1917, 739. — Schlamp, Das Kommissionsgeschäft unter der Herrschaft des WUStempG. HoldhM. 26, 36. — Werthauer, Unterliegen Zeitungskorrespondenzen der Warenumsatzsteuer? DJZ. 1917, 963.

Zusatz 1.

1. Gegenwert. Die von einer Zigarettenfabrik entrichtete und dem Abnehmer gesondert in Rechnung gestellte Zigarettensteuer stellt einen Teil des von dem Abnehmer zu leistenden warenumsatzstempelpflichtigen Entgelts dar. Hanseat. OLG. 27. Febr. 18 AM. 1918, 65 = JW. 1918, 626.

2. — Der Warenumsatzstempel ist auch von dem Betrage zu entnehmen, den der Hersteller von Zigaretten für die Zigarettensteuer gemäß § 3 des ZigarettensteuerG. vom 3. Juni 1906 und 15. Juli 1909 aufgewendet und vom Abnehmer erstattet erhalten hat. Die erstattete Steuer ist als Teil des Warenpreises anzusehen. RG. 28. Mai 18 E. 93, 131 = AM. 1918, 91 = Recht 1918 Nr. 1261 = JW. 1918, 616 = ZschrfZollw. 1919, 89.

Zusatz 2.

3. Lieferung. Im Sinne des Zusatzes 2 der T.-Nr. 10 ist eine Ware geliefert, wenn das Eigentum an einer beweglichen Sache auf Grund eines Kauf- oder sonstigen Anschaffungsgeschäftes einem Anderen übertragen ist. RG. 12. Nov. 18 E. 94, 126 = AM. 1919, 3.

4. — Die Uebertragung des Eigentums beweglicher Sachen an eine Aktiengesellschaft auf Grund eines Einbringungsvertrags gegen Gewährung von Aktien unterliegt dem WUSt. RFH. 7. Mai 1919 S. 1, 52 = AM. 1919, 275 = DJZ. 1919, 684 = BA. 19, 11.

Zusatz 3.

5. Zahnärzte. Die für Lieferungen künstlicher Zahnersatzstücke durch Zahnärzte an Zahnleidende vereinnahmten Entgelte unterliegen als im Betrieb eines Gewerbes erzielte Einnahmen dem Warenumsatzstempel nach T.-Nr. 10 des Gesetzes in Verbindung mit dem Zusatz 3 hierzu. RG. 11. April 19 E. 95, 322 = AM. 1919, 165 = Recht 1919 Nr. 1704.

6. Bauhandwerker. Herstellung einer Zentralheizungsanlage in einem fremden Gebäude ist Werklieferung. OLG. Celle 16. Juli 18 BayStR. 1, 158.

7. — Abweichend: Die Errichtung eines Gebäudes auf fremdem Grund und Boden unterfällt nicht der T.-Nr. 10, wenn der Unternehmer die Baustoffe liefert. RG. 8. November 18 Recht 1919 Nr. 165.

8. — Ebenso: Eine unter T.-Nr. 10 fallende Lieferung aus einem Werkvertrag liegt nicht vor, wenn ein Unternehmer auf Grund eines Vertrags verpflichtet ist, Baustoffe als neue wesentliche Bestandteile (§ 94 BGB.) in unbewegliche Sachen des Bestellers einzufügen, da die noch im Eigentum des Unternehmers befindlichen Baustoffe nicht als solche, sondern mit ihrer allmählichen Umwandlung in Grundstücksteile in das Eigentum des Bestellers übergehen. RG. 12. November 18 E. 94, 126 = AM. 1919, 3 = ZschrfZollw. 1919, 139.

Zusatz 4.

9. Uebertragung in Natur. Unter Uebertragung der Ware in Natur ist die Uebertragung des Eigentums an der Ware selbst, auch die Uebertragung durch Besitzkonstitut (§ 930 BGB.) zu verstehen. Das gilt auch dann, wenn die Uebertragung des Eigentums an der Ware durch den Erzeuger zunächst an eine mit selbständiger Rechtspersönlichkeit bestehende sogenannte Verkaufsstelle und dann erst von dieser an den Einzelabnehmer erfolgt. RG. 26. März 18 E. 92, 347 = AM. 1918, 99 = Recht 1918 Nr. 936 = JW. 1918, 690 = ZschrfZollw. 1919, 44.

10. — Der Warenumsatzstempel nach Tarifnummer 10 ist auch dann zu entrichten, wenn ein Zwischenhändler auf Grund vertraglicher Abmachungen das ihm zustehende Eigentum an einer Ware rechtsgeschäftlich im eigenen Namen und auf eigene Rechnung ohne Gewinnerzielung an einen Dritten überträgt. RG. 17. Dezember 18 AM. 1919, 50 = Recht 1919 Nr. 667.

11. — Die Warenumsatzstempelpflicht ist gegeben, wenn der Lieferer durch einen von ihm beauftragten Spediteur als seinen Stellvertreter den mittelbaren Besitz und das Eigentum an der Ware erworben und an die Kunden übertragen hat. RFH. 13. Juni 19 S. 1, 91 = AM. 1919, 289.

12. Einkaufskommission. Die Lieferung des Kommissionärs an den Kommittenten unterliegt dem Warenumsatzstempel der T.-Nr. 10, sofern die Ware in Natur übertragen wird. RG. 25. Juni 18 AM. 1918, 102 = WarnRspr. 11, 280 = Recht 1918 Nr. 1619.

13. — Die entgeltliche Eigentumsübertragung des im Auftrage und für Rechnung eines Viehhandelsverbandes aufgekauften Viehes durch einen Aufkäufer, der aus der fortgesetzten Betätigung derartiger Umsätze Einnahmen erzielen will, an den den Verband vertretenden Sammelhändler ist warenumsatzstempelpflichtig. RFH. 2. April 19 AM. 1919, 171.

14. Verkaufskommission. Wenn bei dieser der Kommittent dem Kommissionär das Kommissionsgut übergibt, der Kommissionär ohne Selbsteintritt das Kommissionsgut an Dritte absetzt und den erzielten Preis nach Abzug seiner Provision an den Kommittenten zahlt, so unterliegt

dies zwischen dem Kommittenten und dem Verkaufskommissionär abgeschlossene Geschäft nicht dem Warenumsatzstempel; vielmehr stellen erst die vom Kommissionär an die Abnehmer erfolgten Veräußerungen entgeltliche Uebertragungen in Natur im Sinne der T.-Nr. dar, bezüglich derer für die als Entgelt erhaltenen Zahlungen der Stempel zu entrichten ist. RG. 8. November 18 E. 94, 111 = AM. 1919, 10 = Recht 1919 Nr. 348. Abweichend für die Umsatzsteuer RFH. s. zu § 4 UStG. unter Nr. 2.

15. — Die Ablieferung einer Ware, die ein Verkaufskommissionär selbst oder durch einen beauftragten Fuhrmann vom Kommittenten abnimmt, an die endgültigen Abnehmer stellt, sofern die Ablieferung an diese mit Einwilligung des Kommittenten erfolgt, auch dann eine Uebertragung der Ware in Natur seitens des Kommissionärs dar, wenn Eigentum und Eigenbesitz an der Ware zunächst noch dem Kommittenten verblieben sind. RG. 11. März 19 AM. 1919, 85 = Recht 1919 Nr. 1206.

16. — Uebertragungen in Natur durch den Sammelhändler an den Großabnehmer, wenn er diesem mit eigenem Frachtbrief die aufgekauften Waren übersendet. RG. 16. Sept. 19 Recht 1919 Nr. 2179, 2180.

17. — Die Weiterveräußerung von Kohlen, die eine von Werksbesitzern gebildete Gesellschaft m. b. H. (Syndikat) vertraglich von den Werksbesitzern als Selbstkäuferin für eigene Rechnung übernommen hat, und die Versendung ab Werk an die Abnehmer mit Frachtbriefen des Syndikats bedeutet die Uebertragung der Ware in Natur durch die Gesellschaft. RFH. 3. Oktober 19 AM. 1919, 412.

18. Die Bundesratsverordnung vom 14. November 1916 (RGBl. S. 1274) über Befreiung vom Warenumsatzstempel bezieht sich nicht auf solche Fälle, in welchen die Lieferung an die Abnehmer eines Gemeindeverbands usw. unmittelbar durch einen Dritten erfolgt. RG. 25. Juni 18 AM. 1918, 102 = WarnRspr. 11. 280.

Befreiung 2.

19. Die Befreiungsvorschrift 2 der T.-Nr. 10 RStempG. in Verbindung mit § 158 AusfBest. hierzu findet nur auf die ersten Umsätze solcher ausländischer zollfreien Gegenstände Anwendung, die seewärts nach einem Einfuhrseehafenplatz gelangt sind. Als erste Umsätze gelten auch Versteigerungen derartiger Waren — wie Fische — im Einfuhrseehafenplatz, so daß die Weiterlieferungen durch den Ersteher stempelpflichtig sind. RG. 16. Mai 19 E. 96, 26 = AM. 1919, 216 = Recht 1919 Nr. 1705.

Nr. 10. Geldumsätze.

Lit. *Geiler, Reichsstempel auf Kapitalumsatz, Gesellschafts- und Börsenverkehr. JW. 1918, 584, 595. — Koch, Die Betätigung der Sparkassen und die Novelle zum RStempG. vom 26. Juli 1918. BA. 17, 227. — Schultz, Sollen der neuen Geldumsatzsteuer auch langfristige Kapitalanlagen unterliegen? BA. 17, 161.*

Berechnung des Stempels.

Zu Art. 27 des AbändG. vom 26. Juli 1918 (RGBl. S. 99).

1. Von den im Kalenderjahr 1918 berechneten Habenzinsen sind die im ersten Halbjahr berechneten in die unteren Steuerstufen der T.-Nr. 10,

die im zweiten Halbjahr berechneten in die anschließenden höheren Steuerstufen einzureihen; der danach auf die ersteren an sich entfallende Steuerbetrag wird nicht erhoben. RFH. 14. Nov. 19 S. 1, 249.

Befreiungen.

2. Für die Frage, ob eine Kreditgenossenschaft mit ihrem Geschäftsbetrieb über den Kreis ihrer Mitglieder hinausgeht, ist nicht allein das Verhältnis zwischen aufgenommenen Geldern und feststehendem Kreditbedarf ihrer Mitglieder an einem bestimmten Tage, etwa dem Abschlußtage der Jahresbilanz, maßgebend; in Betracht kommen vielmehr die ganze Geschäftsgebarung der Genossenschaft und die Rücksicht auf den normalen Kreditbedarf in der nächsten Zeit und den auf etwaige besondere Umstände zurückzuführenden außergewöhnlichen Kreditbedarf. RFH. 14. Nov. 19 S. 1, 251 = DStZ. 8, 204.

Nr. 11. Grundstücksübertragungen.

Lit. *Ott, Kritische Betrachtungen zu IX 5 und 6 Nr. 2 der Grundsätze des Bundesrats zur Auslegung des RStempG. HoldhM. 26, 105. — Peschke (zu T.-Nr. 11 b Abs. 4 Nr. 2). JW. 1918, 608.*

Buchstabe a.

Abs. 1 und 2.

1. Veräußerungsgeschäft. Die Stempelpflicht nach T.-Nr. 11 a ist gegeben, wenn aus dem wahren Inhalt einer Vereinbarung, unabhängig von dem von den Parteien gebrauchten Wortlaut, der Parteiwille zur Uebertragung beziehungsweise zum Erwerb des Grundeigentums erkenntlich ist (Kauf oder Pacht). RG. 3. Juli 14 AM. 1914, 279 = HoldhM. 23, 262 = BlBayFW. 23, 77 = ZschrfZollw. 1915, 186.
2. — Ein Vertrag hört nicht lediglich deshalb auf, eine entgeltliche Veräußerung im Sinne der T.-Nr. 11 a zu sein und verwandelt sich nicht deshalb in einen Einbringungsvertrag, weil die Gesellschaft ein Grundstück gegen Uebernahme der darauf ruhenden Schulden von den Gesellschaftern, die gleichzeitig Miteigentümer des Grundstücks sind, erwirbt. RFH. 13. Juni 19 AM. 1919, 290. Ueber Einbringen vgl. auch Nr. 48.
3. — Die einseitige Erklärung des Vorkaufsberechtigten über die Ausübung des Vorkaufsrechts unterliegt nicht dem Grundstücksübertragungsstempel. RFH. 5. Nov. 19 S. 1, 242.
4. — Bedingter Kauf des Kaufvermittlers (Grundstücksparzellanten). RG. 22. Jan. 14 HoldhM. 24, 112.
5. — Der Auftrag zur Veräußerung eines Grundstücks enthält einen nach T.-Nr. 11 a stempelpflichtigen Kaufvertrag, wenn sich der Beauftragte für den Fall einer Teilveräußerung verpflichtet hat, für die Durchführung des Auftrags zur Veräußerung des ganzen Grundstücks einzustehen, also das ganze Grundstück bis zu einem bestimmten Zeitpunkt abzunehmen und den Auftraggebern den für sie ausgesetzten vollen Preis zu beschaffen. RG. 29. Jan. 15 AM. 1915, 113 = BlBayFW. 23, 134 = ZschrfZollw. 1916, 57.
6. Verkaufsangebote, die bindende Vereinbarungen über alle wesentlichen Bestandteile eines Grundstücksveräußerungsgeschäfts sowie über

alle hierbei für eine Regelung überhaupt ins Auge gefaßten Nebenpunkte enthalten und die nach der Annahme in gesetzlicher Form (§ 313 BGB.) zweifellos regelrechte Kaufverträge sein würden, sind als Vorverträge zu einem Grundstücksverkaufvertrag bedingten Kaufverträgen gleichzuachten. OLG. Stuttgart 14./25. Mai 18 AM. 1919, 51.

7. Uebertragung der Rechte aus einem bindenden Angebot. Eine Bestimmung, wonach die Annahme eines Vertragsangebots auch durch eine dritte vom Antragsempfänger zu bezeichnende Person erfolgen darf, enthält sachlich nichts anderes als die im voraus erklärte Zustimmung des Offerenten zur Abtretung der dem Antragsempfänger aus dem Antrag erwachsenen Rechte. In der späteren Bezeichnung des Dritten und der daraufhin erfolgenden Annahme ist eine Abtretung des Angebots zu erblicken. RG. 8. Mai 14 AM. 1914, 277 = HoldhM. 23, 262 = BlBayFW. 22, 273 = PrZBl. 1914, 252 = ZschrfZollw. 1915, 152.

8. — Das einseitige Uebertragungsangebot ist stempelpflichtig. RG. 16. Nov. 15 HoldhM. 25, 75.

9. — Beim Vorliegen der sonstigen Voraussetzungen ist die Stempelpflicht nach T.-Nr. 11a Abs. 2 Satz 2 bereits für jede Beurkundung eines einseitigen Angebots der Uebertragung von Rechten aus Veräußerungsanträgen gegeben. Ist die Erklärung der Uebertragung an verschiedene Personen gerichtet, so kommt es nicht darauf an, welche der beurkundeten Erklärungen den Uebertragungserfolg hat und daß die anderen ihn — auch bei Annahme — nicht haben. RG. 4. Mai 15 E. 87, 76 = AM. 1915, 176 = Recht 1915 Nr. 1675 = JW. 1915, 795 = HoldhM. 24, 196 = PrZBl. 1915, 154 = ZschrfZollw. 1916, 89.

10. — Die steuerliche Wirksamkeit von Angeboten der Abtretung von Rechten aus Grundstücksangebotsverträgen nach T.-Nr. 11a Abs. 2 Satz 2 ist nicht an die Formvorschrift des § 313 BGB. gebunden. RG. 11. Febr. 16 AM. 1916, 79 = PrZBl. 1916, 76.

11. Bevollmächtigung. Die Vorschrift in Abs. 2 Satz 1 ist anwendbar auf Abtretungen der Rechte aus dem Meistgebote, so daß Abgabefreiheit einzutreten hat, wenn der Meistbietende das Meistgebot erweislich auf Grund eines Vollmachtsauftrags oder einer Geschäftsführung ohne Auftrag für den neuen Erwerber abgegeben hat. RG. 21. Okt. 13 AM. 1914, 36.

12. — Eine Stellvertretung im Sinne der T.-Nr. 11 a Abs. 2 liegt dann nicht vor, wenn der Mäkler seine Rechte hinsichtlich des für den Dritten erworbenen Grundstücks an diesen für einen höheren Kaufpreis zu anderen Zahlungsbedingungen überträgt. RG. 30. Mai 16 AM. 1916, 135 = BlBayFW. 24, 269 = PrZBl. 1916, 138 = ZschrfZollw. 1917, 179.

13. Umwandlung von Bruchteilseigentum in Gesamthandseigentum. Diese stellt, ebenso wie das umgekehrte Rechtsgeschäft, eine wirkliche, der Auflassung bedürftige, also stempelpflichtige Veräußerung dar. RG. 16. Januar 14 Recht 1914 Nr. 842.

14. — Die Uebertragung eines im Miteigentum aller Gesellschafter stehenden Grundstücks an eine offene Handelsgesellschaft bedeutet eine nach T.-Nr. 11 a stempelpflichtige Veräußerung, wenn die Gegenleistung der Gesellschaft nicht in der Gewährung von Gesellschaftsrechten, sondern in anderen Leistungen, z. B. in der Uebernahme der Hypotheken besteht. RFH. 13. Juni 1919 S. 1, 93 = DJZ. 1919, 761.

15. Wenn nach Aufhebung einer Fahrnisgemeinschaft und Teilung des Gesamtgutes im übrigen die Frau dem Manne ein noch ungeteiltes Grundstück überläßt, so ist Gegenstand der Veräußerung nicht das ganze Grundstück, sondern der der Frau zustehende Anteil daran. RG. 30. Juni 11 Recht 1911 Nr. 3552.

16. Berechtigungen. Nicht nur die Uebertragung eines bereits bestehenden selbständigen grundstücksgleichen Rechtes (Kohlenabbaurechts, Erbbaurechts und dergleichen), sondern auch die entgeltliche Neubegründung eines solchen Rechtes für einen andern durch den Grundstückseigentümer unterliegt der Grundwechselabgabe. RG. 7. Nov. 13 E. 84, 14 = AM. 1914, 78 = Recht 1914 Nr. 104 = ZschrfZollw. 1914, 184.

17. — Bei der Veräußerung einer Bahneinheit im Sinne des § 1 des preußischen Gesetzes vom 8. Juli 1902 hat für die Stempelberechnung das Entgelt für die erfolgreiche Erfüllung der Verpflichtung des Veräußerers, alles zur Uebertragung der Betriebsgenehmigung auf den Erwerber Erforderliche zu tun (Konzessionsverzicht), als ein Teil des Kaufpreises für die Bahneinheit zu gelten. RG. 13. Juli 14 AM. 1914, 280 = ZschrfZollw. 1915, 188.

18. — Als Voraussetzung der Erhebung des Grundstücksstempels gemäß T.-Nr. 11 a ist bei schuldrechtlichen Veräußerungen selbständiger Gerechtigkeiten preußischen Rechts (Apothekengerechtigkeit) das Bestehen eines Grundbuchblatts anzusehen. RG. 22. Juni 15 AM. 1915, 228 = Recht 1915 Nr. 2391 = HoldhM. 24, 196 = WarnRspr. 8, 382 = ZschrfZollw. 1916, 117.

19. — Ein Regalherr besitzt in seinem Bergregal bereits Bergwerkseigentum im Keime, das sich durch Mutung und Verleihung zu wirklichem Bergwerkseigentum entwickelt. Ein Vertrag, durch den ein Regalherr sich verpflichtet, derartiges, unter bestimmten Voraussetzungen erst entstehendes wirkliches Bergwerkseigentum anderen zur Ausnutzung zu überlassen, unterliegt als bedingtes lästiges Veräußerungsgeschäft der Stempelpflicht nach Tarifnummer 11 a. RG. 24. Januar 19 E. 94, 292 = AM. 1919, 87 = ZschrfZollw. 1919, 185 = Recht 1919 Nr. 668, 669.

20. Bestandteile. Bei dem Verkaufe eines Grundstücks mit elektrischer Kraftzentrale ist von dem Preise der zu dieser gehörigen, außerhalb des Grundstücks befindlichen Leitungsanlage (Masten, Isolatoren, Drähten, Transformatoren) eine Grundwechselabgabe nicht geschuldet. OLG. Colmar 22. April 13 Recht 1913 Nr. 1937.

21. — Anlagen, die der Fortleitung und Verteilung der elektrischen Kraft dienen (Leitungsnetze und Transformatoren), gelten im allgemeinen nicht als Bestandteile des Grundstücks, auf dem der Strom erzeugt wird (Ergangen zu T.-Nr. 1 A d Nr. 1). RG. 8. Juli 13 E. 83, 67 = AM. 1915, 122 = JW. 1913, 1046 = ZschrfZollw. 1914, 123 u. 1916, 114.

22. — Das auf andere Grundstücke sich erstreckende Rohrnetz eines Gaswerkgrundstücks bildet dann keinen Bestandteil dieses Grundstücks, und der hierauf entfallende Teil des Kaufpreises hat bei der Berechnung der Grundwechselabgabe nach Tarifnummer 11 außer Betracht zu bleiben, wenn das Rohrnetz ungeachtet seiner Verbindung mit dem Grundstück im Hinblick auf seine Ausdehnung vom Standpunkt der Verkehrsauffassung aus als selbständige bewegliche Sache

angesehen werden muß. RG. 5. März 15 AM. 1915, 125 = HoldhM. 24, 113 = WarnRspr. 8, 421 = BlBayFW. 24, 20 = ZschrfZollw. 1916, 60.

23. — Bei der Veräußerung eines Gaswerkgrundstücks einschließlich des gesamten Gasanstaltsunternehmens, d. i. der mit dem Unternehmen verbundenen Vertragsrechte zur Fortleitung des Gases auf fremde Grundstücke usw., bildet die Uebertragung dieser Rechte keinen Gegenstand der Steuerpflicht nach T.-Nr. 11 a. Der hierfür vereinbarte Teil des Kaufpreises hat daher bei der Berechnung der Grundwechselabgabe außer Betracht zu bleiben. RG. 31. März 16 AM. 1916, 101 = WarnRspr. 9, 201 = ZschrfZollw. 1917, 214.

24. Werterhöhende Eigenschaften. Die Gewährung einer Gegenleistung für die Aufgabe der Aussichten eines Unternehmens neben dem Kaufpreis für das Grundstück bildet eine Erhöhung des Grundstückskaufpreises, wenn die Aussichten des Unternehmens mit dem Grundstück als solchem verknüpft und von ihm nicht zu trennen sind oder auf besonderen Eigenschaften oder Verhältnissen des Grundstücks beruhen, es sich mithin um eine durch die bessere Verwendbarkeit für das Unternehmen begründete Werterhöhung des Grundstücks handelt. RG. 28. Okt. 13 AM. 1914, 76 = ZschrfZollw. 1914, 183.

25. — Bei der Feststellung des Kaufpreises darf zwar das Entgelt für die den Grundstückswert des veräußerten Grundstücks erhöhenden Eigenschaften nicht unberücksichtigt bleiben. Voraussetzung hierfür ist aber, daß das tatsächliche oder rechtliche Verhältnis, das Berücksichtigung finden soll, schon zur Zeit des Verkaufes als ein zuständliches, eine gewisse Dauer erwarten lassendes besteht. Daher gehört hierher nicht ein Versprechen, eine bestimmte Eigenschaft einer Sache erst herzustellen. RFH. 23. Juli 19 S. 1, 134 = AM. 1919, 343.

26. — Der bei der Veräußerung eines Grundstücks mit dem darin betriebenen Apothekengeschäft (Apothekenkonzession) wirklich vereinbarte und beurkundete Veräußerungspreis des Grundstücks ist für die Stempelberechnung nach T.-Nr. 11 a auch dann maßgebend, wenn er äußerlich getrennt in zwei verschiedenen Verträgen beurkundet ist. Der Preis für die Apothekenkonzession unterliegt dem Kaufstempel nach T.-Nr. 11 a insoweit, als er nach dem festzustellenden Vertragswillen der Parteien ein weiteres Entgelt für die Veräußerung des Grundstücks darstellt. RG. 26. Jan. 17 AM. 1917, 42 = Recht 1917 Nr. 498 = PrZBl. 1917, 20.

27. — Wird ein Grundstück, in dem seit langem eine Apotheke betrieben worden ist, verkauft und neben dem Kaufpreis für das Grundstück ein Preis für den Verzicht des bisherigen Eigentümers auf die Apothekenkonzession ausgeworfen, so ist es Sache der Willensauslegung der Parteien, wieviel von diesem letzteren Preise sie in Wirklichkeit für die in dem bisherigen Apothekenbetriebe liegende werterhöhende Eigenschaft des Grundstücks und damit für dieses selbst bezahlt haben. RFH. 22. Oktober 19 S. 1, 220 = DJZ. 1920, 155 = DStZ. 8, 202. Vgl. auch oben Nr. 17.

28. Preis. Verpflichtet sich der Verkäufer eines Lehngutes, die Allodifizierung des Gutes auf Kosten des Käufers zu betreiben, so ist für die Stempelberechnung der Kostenbetrag als Teil des Kaufpreises zu behandeln. RG. 17. Juni 13 Recht 1913 Nr. 2801.

29. — Der zur fortlaufenden Tilgung einer vom Grundstückskäufer in Anrechnung auf den Kaufpreis übernommenen Hypothek angesammelte, dem Verkäufer vertraglich bis zur Auflassung verbleibende Amortisationsfonds stellt eine ausbedungene Leistung im Sinne der Berechnungsvorschrift 1 in Spalte 4 dar, sofern die Ausschließung dieses Fondsanteils (Tilgungsguthabens) von der Mitübertragung auf den Käufer nach Lage der in Betracht kommenden Verhältnisse rechtlich nicht möglich ist. RG. 4. Juni 15 AM. 1915, 226 = Recht 1915 Nr. 2390 = HoldhM. 24, 197 = WarnRspr. 8, 292 = BA. 10, 103 = ZschrfZollw. 1916, 116.

30. — Ist in einem Grundstückskaufvertrag der Kaufpreis einheitlich für das Grundstück, die vorhandenen Vorräte und das mitveräußerte Inventar festgesetzt, so ist die von den Vertragsbeteiligten lediglich zum Zwecke der Steuerberechnung vorgenommene Verteilung des Gesamtkaufpreises auf Grundstück, Vorräte und Inventar für die Berechnung der Stempelabgabe, die von dem auf das Grundstück als solches entfallenden Kaufpreisanteil zu entrichten ist, nur maßgebend, wenn sie dem Verhältnis des Wertes entspricht, in dem der Wert des Ganzen zum Wert des Grundstücks einerseits und dem Wert der Vorräte und des Inventars anderseits steht. RFH. 10. Okt. 19 S. 1, 215 = DStZ. 8, 202.

31. Bei der Veräußerung einer Waldfläche ohne die aufstehenden Bäume stellt das Abholzungsrecht sich als vorbehaltene Nutzung im Sinne der Berechnungsvorschrift 1 zu T.-Nr. 11 a dar, wenn der Besitz an der Grundstücksfläche vor Beendigung der Abholzung auf den Käufer übergeht. RG. 2./23. März 17 AM. 1917, 90 = Recht 1917 Nr. 1102.

Befreiungsvorschrift 1.

32. Befreiungsvorschrift 1 findet auf juristische Personen keine Anwendung. RG. 3. Okt. 11 E. 77, 93 = JW. 1911, 994 = ZschrfZollw. 1912, 146 = Recht 1911 Nr. 3770 = BlBayFW. 20, 123.

33. Die Befreiungsvorschrift ist nicht anzuwenden bei der Veräußerung eines Grundstücks an eine offene Handelsgesellschaft, deren Mitglieder nur aus Teilnehmern an einer Erbschaft bestehen. RG. 9. Nov. 17 AM. 1917, 171 = Recht 1918 Nr. 150 = WarnRspr. 11, 12.

34. Die Befreiungsvorschrift Nr. 1 gilt nicht zugunsten des Pflichtteilsberechtigten. RFH. 24. Sept. 19 AM. 1919, 346.

Befreiungsvorschrift 2.

35. Unter die Stempelbefreiung fallen nicht sämtliche Immobiliarübertragungen zwischen Eltern und Kindern, sondern nur solche land- oder forstwirtschaftlicher Grundstücke, die einen vorweggenommenen Erbgang darstellen. BayObLG. 10. Dez. 09 Recht 1910 Nr. 1026 = DJZ. 1910, 1087.

36. Abweichend: Durch die Befreiungsvorschrift werden nicht nur die sog. Ueberlassungsverträge, sondern alle Verträge betroffen, die die Uebertragung von Eltern an Kinder oder deren Abkömmlinge zum Gegenstande haben. RG. 11. Febr. 13 E. 81, 311 = AM. 1913, 76 = Recht 1913 Nr. 1038 = ZschrfZollw. 1913, 215 = PrZBl. 1913, 141.

37. Die Befreiungsvorschrift 2 greift nicht Platz, wenn ein Grundstück nicht an die Kinder, sondern an eine von ihnen gebildete offene

Handelsgesellschaft übertragen wird. RG. 16. Jan. 14 E. 84, 108 = AM. 1914, 113 = Recht 1914 Nr. 841 = JW. 1914, 482 = HoldhM. 23, 229 = ZschrfZollw. 1914, 189.

38. Die Befreiungsvorschrift 2 erstreckt sich nicht auf die Fälle, in denen Abkömmlinge Grundstücke an ihre Eltern oder Voreltern veräußern. RFH. 24. Sept. 19 AM. 1919, 347.

Befreiungsvorschrift 3.

39. Für die Anwendung der Befreiungsvorschrift 3 wird als selbstverständlich vorausgesetzt, daß der Meistbietende den „anderen“, für den er geboten haben will, im Versteigerungstermine mit Namen bezeichnet, da die Ermäßigung nur für den Fall zugestanden wird, daß von vornherein feststeht, daß das Meistgebot für denjenigen abgegeben ist, an den später der Zuschlag erfolgt. RG. 21. Okt. 13 E. 83, 190 = AM. 1914, 36 = ZschrfZollw. 1914, 246.

40. Zur Erfüllung des gesetzlichen Tatbestandes der Befreiungsvorschrift 3 ist notwendig, aber auch genügend, daß der seine Rechte abtretende Hypothekengläubiger ein nicht überbotenes Gebot abgegeben hat, und daß ein geringer als dieses bemessenes Gebot nicht zureichen würde, seiner Forderung Deckung zu verschaffen. RG. 17. Nov. 16 AM. 1917, 13.

Buchstabe b.

Abs. 1.

41. Auflassung. Bei Umwandlung einer offenen Handelsgesellschaft in eine G. m. b. H. erfordert die Uebertragung des Gesellschaftsvermögens in Ansehung der Grundstücke die Auflassung. RG. 26. April 10 BlBayFW. 18, 253 = ZschrfZollw. 1910, 245.

42. — Die Uebertragung eines im Miteigentum aller Gesellschafter stehenden Grundstücks auf die offene Handelsgesellschaft enthält eine die Auflassung erfordernde Veräußerung. RFH. 13. Juni 19 S. 1, 93 = AM. 1919, 290 = DJZ. 1919, 761.

43. — Ist in einem Falle, wo es zur Eigentumsübertragung der Auflassung nicht bedarf, eine Auflassungserklärung abgegeben, so unterliegt diese nicht dem Auflassungsstempel. RG. 17. Juni 13 Recht 1913 Nr. 2800 = BlBayFW. 22, 80. Vgl. aber Nr. 47.

44. Freiwillige Veräußerung. Auflassung infolge Vermächtnisses ist nicht stempelpflichtig. OLG. Hamburg 28. Febr. 10 Recht 1910 Nr. 3420.

45. — Eine freiwillige Veräußerung im Sinne der T.-Nr. 11 d d. RStempG. v. 15. Juli 1909 (jetzt 11 b) liegt nicht vor, wenn auf Grund eines noch nicht abgewickelten Auftragsverhältnisses nach § 667 BGB. die Uebereignung des Grundstücks erzwungen werden kann. RG. 14. Oktober 13 AM. 1913, 289 = ZschrfZollw. 1914, 91 = Recht 1913 Nr. 3297 = BlBayFW. 22, 140.

Abs. 2.

46. Umschreibungsantrag. Die T.-Nr. 11 d RStempG. 1909 (jetzt 11 b) findet auf den Fall Anwendung, daß eine Aktiengesellschaft als Aktionärin einer anderen deren Vermögen nach §§ 305, 306 HGB. als Ganzes erworben hat und die Umschreibung der dazu gehörenden Grundstücke auf ihren Namen als Eigentümerin beantragt. RG. 8. März 1912 E. 79, 43 = Recht 1912 Nr. 1377 = PrZBl. 1912, 272.

47. — Hat ein Gesellschafter einer aus zwei Personen bestehenden offenen Handelsgesellschaft auf Grund vertraglichen Rechts nach dem Tode

des anderen Gesellschafters das Geschäft mit Aktiven und Passiven übernommen und ist die Berichtigung des Grundbuchs irrtümlich auf Grund einer (nicht erforderlichen) Auflassung erfolgt, so ist ein Stempel nach T.-Nr. 11 b Abs. 2 zu erheben. RG. 11. Mai 15 Recht 1915 Nr. 2599 = HoldhM. 24, 200.

Abs. 3.

48. Einbringen. Weder der Vertrag über Einbringung des Grundstückes in eine offene Handelsgesellschaft, noch die Auflassung ist stempelpflichtig. OLG. Stuttgart 18. Mai 10 Recht 1910 Nr. 3419.

49. Vorlegung der Veräußerungsurkunde. Ist ein dem Landesstempel unterliegendes Veräußerungsgeschäft über ein Grundstück vor dem Tage des Inkrafttretens des Reichsstempelgesetzes rechtsgültig und für den Landesstempel erreichbar abgeschlossen worden, und erfolgt die Auflassung erst nach Inkrafttreten des Reichsgesetzes, so daß eine Stempelpflicht des Veräußerungsgeschäftes nach Reichsrecht nicht gegeben ist, so ist der Auflassungsstempel zu erheben. RG. 24. Juni 1910 E. 74, 42 = Recht 1910 Nr. 2435, 2935 = MittWüFM. 5, 38 = BlBayFW. 18, 250 = ZschrfZollw. 1910, 220.

50. — Die Vorlegung eines vor dem Inkrafttreten des RStempG. 1909 (1. August 1909) abgeschlossenen Vertrags über das Veräußerungsgeschäft (Fusion) ist nicht geeignet, den Auflassungsstempel für den nach dem 1. August 1909 gestellten Umschreibungsantrag auszuschließen. RG. 8. März 12 E. 79, 45 = BlBayFW. 20, 282 = PrZBl. 1912, 272.

51. — Vorlegung des Gründungsvertrags. RG. 22. Mai 14 HoldhM. 23, 264.

52. — Die Vorlegung des Gesellschaftsvertrags über die Errichtung einer offenen Handelsgesellschaft durch Teilhaber einer G. m. b. H. unter Beteiligung anderer Personen und der rechtswirksamen Erklärung über die Auflassung der nach dem Vertrag in die offene Handelsgesellschaft einzubringenden Grundstücke der G. m. b. H. genügt nicht, um von der Erhebung des Auflassungsstempels anläßlich der Umschreibung der Grundstücke von der G. m. b. H. auf die offene Handelsgesellschaft auf Grund der Vorschrift in Abs. 3 abzusehen. RFH. 26. März 19 S. 1, 21 = AM. 1919, 174 = DJZ. 1919, 437 = BlBayFW. 27, 147.

53. — Kettengeschäft: Uebernimmt jemand als Selbstkäufer ein Grundstück, das er parzellenweise weiterverkaufen will, so ist für die demnächst zwischen dem Eigentümer und den Parzellenkäufern vorzunehmenden Auflassungen ein Auflassungsstempel nur dann nicht zu erheben, wenn nicht nur der Vertrag zwischen dem Unternehmer und dem einzelnen Parzellenkäufer, sondern auch der Veräußerungsvertrag zwischen dem Eigentümer und dem Unternehmer in stempelpflichtiger Form vorgelegt wird. RG. 7. Juli 16 Recht 1916 Nr. 1796 = BlBayFW. 25, 224.

54. Eine das Veräußerungsgeschäft enthaltende Urkunde kann nicht vorgelegt werden und die Ausnahmevorschrift ist deshalb nicht anwendbar, wenn der Eigentumsübergang ohne besondere Uebertragungshandlung kraft des Gesetzes, z. B. durch Zuwachsen eines Anteils, erfolgt. RG. 28. März 19 Recht 1919 Nr. 1702.

Abs. 4 Nr. 1.

55. Richtige Wertangabe. Der Tatbestand des Abs. 4 Ziffer 1 liegt nicht schon dann vor, wenn in einem Tauschvertrage der Wert der

ausgetauschten gleichwertigen Grundstücke unrichtig angegeben ist, sondern setzt eine Unrichtigkeit in der Beurkundung der rechtsgeschäftlichen Abrede voraus, die die Stempelberechnung zuungunsten des Fiskus zu beeinflussen geeignet ist. RG. 7. November 13 AM. 1914, 80 = Recht 1914 Nr. 266 = JW. 1914, 154 = ZschrfZollw. 1914, 92.

56. — Es genügt, daß in der statt des tatsächlich vereinbarten Tausches aufgenommenen Kaufurkunde als Kaufpreis der wahre Wert des aufzulassenden Grundstücks angeführt ist, um durch Vorlage der Urkunde von der Entrichtung des Auflassungsstempels befreit zu werden. RGStr. 19. April 19 Recht 1919 Nr. 2201 = HoldhM. 24, 173.

Abs. 4 Nr. 2.

57. Veräußerung auf Rechnung des Bevollmächtigten. Auch andere Umstände als der Inhalt der Urkunde können dafür verwendet werden, daß die Veräußerung auf Rechnung des Bevollmächtigten erfolgt. RG. 5. Dez. 12 WarnRspr. 6, 193 = DJZ. 1913, 353 = ZschrfZollw. 1913, 154. Vgl. auch unter Nr. 62.

58. — Eine Veräußerung für Rechnung des Bevollmächtigten liegt auch dann vor, wenn die Veräußerung bedingt, für den Fall der Erzielung eines Nettoüberschusses, für Rechnung des Bevollmächtigten geht. RG. 17. Dez. 12 AM. 1913, 79 = PrZBl. 1913, 219 = ZschrfZollw. 1913, 153.

59. — Eine Veräußerung für Rechnung des Bevollmächtigten ist anzunehmen, wenn nach Inhalt der Vollmacht dem Vollmachtgeber nur schlechthin der Anspruch auf Zahlung eines bestimmten Preises vorbehalten bleibt, der Bevollmächtigte aber alle Vorteile aus günstigen Verkäufen für sich haben und dagegen die Nachteile aus ungünstigen Verkäufen allein tragen soll. Denn der Bevollmächtigte war durch die Annahme der Vollmacht vorübergehend in dieselbe wirtschaftliche Lage versetzt, wie wenn er das Grundstück des Vollmachtgebers durch Kauf zu einem bestimmten Preise zu Eigentum erworben hätte. RG. 7. Jan. 13 E. 81, 179 = AM. 1913, 81.

60. — Auflassungsstempel bei Veräußerungen für Rechnung eines Bevollmächtigten. RG. 23. März 15 HoldhM. 24, 114.

61. — Die Bestimmungen sind nur dann anwendbar, wenn die Veräußerung für Rechnung derselben Person erfolgt ist, die urkundlich als Bevollmächtigter veräußert hat. RG. 7. Juli 16 BlBayFW. 25, 224 = Recht 1916 Nr. 1795.

62. — Die Veräußerung muß für Rechnung des in der vorgelegten Urkunde genannten Bevollmächtigten erfolgt sein.

Der Beweis für die Veräußerung für Rechnung des Bevollmächtigten kann auch aus außerurkundlichen Umständen entnommen werden. RG. 12. Jan. 17 AM. 1917, 44 = Recht 1917 Nr. 499, 501, 502.

63. — Zur Anwendung der Tarifvorschrift Nr. 11 b Abs. 4 Nr. 2 genügt es, wenn die Veräußerung für gemeinschaftliche Rechnung des Eigentümers und des Bevollmächtigten erfolgt ist. Dabei ist es ohne Bedeutung, ob die Vollmacht widerruflich oder unwiderruflich war. RG. 22. Mai 17 AM. 1917, 131.

Abs. 4 Nr. 4.

64. Ausantwortung von Gesellschaftseigentum. Der Auflassungsstempel bleibt gemäß Abs. 3 und Abs. 4 Nr. 4 daselbst nach vorangegangenem Abschluß mehrerer nach T.-Nr. 11 a oder 1 A e 2 (früher 11 c) steuerpflichtiger Rechtsgeschäfte nur dann unerhoben,

wenn Urkunden über jedes einzelne der vorangegangenen Geschäfte in an sich stempelpflichtiger Form vorgelegt werden. Er ist daher insoweit zu erheben, als für eine vorgelegte Abtretungsurkunde im Sinne von 1 A e 2 nicht der volle Stempel entrichtet ist. SächsOLG. 27. März 14 AM. 1914, 307 = ZschrfZollw. 1915, 93.

65. — Die Erhebung des vollen Auflassungsstempels wird nicht dadurch ausgeschlossen, daß ein mit dem ermäßigten Stempel nach T.-Nr. 11c Satz 4 (jetzt 1 A e 2) versehener Gesellschaftsauflösungsvertrag vorgelegt wird. RG. 22. Sept. 14 Recht 1914 Nr. 3050 = HoldhM. 23, 263.

66. — Im Sinne der T.-Nr. 11 b Abs. 4 Nr. 4 ist der Stempel der T.-Nr. 1 A e 2 nicht in voller Höhe entrichtet, wenn bei der Berechnung des Stempels derjenige Teil der zum Sondereigentum überlassenen Vermögensgegenstände außer Betracht geblieben ist, der auf den erwerbenden Gesellschafter nach der Kopfzahl der Gesellschafter entfällt. RFH. 4. Juni 19 S. 1, 86 = AM. 1919, 292 = DJZ. 1919, 761 = JW. 1919, 1004.

67. — Der Antrag auf Umschreibung von Gesellschaftseigentum auf den Namen eines Gesellschafters unterliegt dem Stempel aus T.-Nr. 11 b vom vollen Werte des Grundstücks ohne Abzug des dem Kopfteil des Erwerbers entsprechenden Anteils am Gesellschaftsvermögen. RFH. 29. Okt. 19 S. 1, 228.

Abs. 6.

68. Auslegung des Abs. 6 der T.-Nr. 11 b des RStempG. 1909 (Sachsen-Weimar). RG. 17. Mai 12 ZschrfZollw. 1913, 55.

Berechnungsvorschriften.

69. Berechnung der Abgabe. Im Hinblick darauf, daß § 88 Abs. 4 unter Strafandrohung verbietet, bei Auflassungserklärungen einen geringeren Wert anzugeben als den Betrag der Gegenleistung, muß der gesetzgeberische Wille darin gefunden werden, daß auch beim Auflassungsstempel der der Berechnung der Stempelabgabe zu unterstellende Wert des veräußerten Gegenstandes nie geringer sein darf als der Kaufpreis oder der Gesamtwert der Gegenleistungen. RGStr. 2. Okt. 11 Recht 1911 Nr. 3792 = ZschrfZollw. 1912, 122 = BlBayFW. 20, 187.

70. — Hat sich ein Grundstückseigentümer in einem mündlichen Vertrage verpflichtet, das Eigentum an dem Grundstück zu übertragen und dieses zu bebauen, und hat die Auflassung vor Fertigstellung des Baues stattgefunden, so ist der Auflassungsstempel nicht nach dem Gesamtpreis, sondern nach dem Wert zu berechnen, den das teilweise bebaute Grundstück bei der Auflassung hatte. RG. 12. Juni 14 Recht 1914 Nr. 2770.

71. — Maßgebend ist auch bei der Auseinandersetzung der Wert zur Zeit der Eintragung der Rechtsänderung, nicht zur Zeit des Auflösungsvertrags. RG. 24. Sept. 14 Recht 1918 Nr. 3050 = HoldhM. 23, 263.

72. — Die Berechnungsvorschrift in Spalte 4 zu T.-Nr. 11 a Anm. a, wonach bei Vereinbarung von Leistung an Erfüllungs Statt für die Berechnung des Stempels vom Veräußerungsgeschäfte der Wert maßgebend ist, zu dem Gegenstände an Erfüllungs Statt angenommen worden sind, gilt in gleicher Weise für die Erhebung des Stempels der T.-Nr. 11 b vom Uebereignungsgeschäft in dem Sinne, daß als Wert des veräußerten Gegenstandes kein geringerer als der dort bezeichnete Wert angenommen werden darf RGStr. 5. März 15 AM. 1915, 115 = Recht 1915 Nr. 1470 = HoldhM. 24, 110 = BlBayFW. 23, 133 = ZschrfZollw. 1916, 58.

73. — Die Berechnungsvorschrift Spalte 4 ist auch dann anzuwenden, wenn die Auflassung sich auf einen Tauschvertrag gründet. In derartigen Fällen ist für die Berechnung des Auflassungsstempels nicht der höhere Wert des von der einen Seite in Tausch gegebenen Grundstücks maßgebend, sondern jeweilig der Wert jedes einzelnen zur Auflassung gelangenden Grundstücks oder der an Stelle des Grundstückswerts tretende höhere Wert der verabredeten Gegenleistung. RGStr. 19. April 15 AM. 1915, 202 = HoldhM. 24, 173 = ZschrfZollw. 1916, 86.

74. — Zusammenrechnung beim Erwerb mehrerer Grundstücke von einem und demselben Veräußerer. RG. 5. Nov. 15 HoldhM. 25, 75.

Befreiungsvorschrift 1 zu a und b.

75. Der Umstand, daß der am Meistgebot Gebliebene auf Antrag von der Abgabe für die Beurkundung der Eigentumsübertragung befreit sein würde, begründet für den Grundstückserwerber keine Befreiung. OLG. Rostock 22. Nov. 10 Recht 1911 Nr. 1062.

76. Ob die Befreiungsvorschrift im Schlußabsatze der T.-Nr. 11 anzuwenden ist, bestimmt sich nach der Person dessen, dem der Zuschlag erteilt ist, und also bei einer Abtretung der Rechte aus dem Meistgebote nicht nach der Person des Meistbietenden, sondern nach der Person des Erstehers. Die Abtretung ist als besonderes Veräußerungsgeschäft zu versteuern, sofern nicht Befreiungsgründe Platz greifen. RG. 13. Juni 11 E. 76, 350 — JW. 1911, 725 = Recht 1911 Nr. 3251.

77. Die Befreiungsvorschrift kommt einer Ehefrau nicht zustatten, deren eigenes Einkommen zwar unter 2000 Mark ist, deren Ehemann aber ein höheres Jahreseinkommen hat. Erlasse des Reichskanzlers oder eines Landesministeriums, die zu einer solchen Handhabung anweisen, sind keine unzulässigen Ergänzungen des Gesetzes, sondern geben nur den Sinn des Gesetzes wieder. OLG. Jena 14. Dez. 10 Recht 1911 Nr. 416.

78. Befinden sich nur auf einer oder einzelnen von mehreren zusammenhängenden, gemeinsam veräußerten Parzellen Baulichkeiten, so ist die Frage der wirtschaftlichen Einheit dieser Parzellen vom Standpunkt des Erwerbers aus zu beurteilen. RG. 9. Jan. 12 E. 78, 291 = PrZBl. 1912, 143 = JW. 1912, 363 = BlBayFW. 20, 221 = Recht 1912 Nr. 690 = ZschrfZollw. 1912, 125.

79. Ein ländliches Anwesen, das sich tatsächlich und rechtlich als eine Mehrheit von einzelnen bebauten und unbebauten Grundstücken darstellt, ist dem bebauten Besitz im Sinne der Befreiungsvorschrift 1 am Schlusse der T.-Nr. 11 des RStempG. zuzuweisen, wenn der Verkaufsgegenstand als eine wirtschaftliche Einheit anzusehen ist, der als Ganzes dem landwirtschaftlichen Betriebe zu dienen hat und dessen wirtschaftlichen Mittelpunkt die Gebäude bilden. RGStr. 30. Okt. 13 E. 47, 351 = AM. 1914, 28 = Recht 1914 Nr. 2200 = ZschrfZollw. 1914, 182.

Befreiungsvorschrift 2 zu a und b.

80. Ein allgemeines Recht auf Enteignung begründet keinen Anspruch auf Stempelbefreiung nach Nr. 2 der Befreiungsvorschrift am Schlusse der T.-Nr. 11. Voraussetzung hierfür ist vielmehr in jedem Einzelfalle der Nachweis, daß nach Lage der landesrechtlichen Bestimmungen für den Verkäufer die Verpflichtung zur Abtretung bestimmter Grundstücke aus Gründen des öffentlichen Wohles und für den Käufer das Recht auf Abtretung bereits bei Abschluß des Kaufvertrags in einer auch für

Dritte erkennbaren Weise feststeht. RG. 26. März 15 AM. 1915, 126 = Recht 1915 Nr. 1676 = HoldhM. 24, 199 = ZschrfZollw. 1916, 84 = WarnRspr. 8, 275 = BlBayFW. 23, 193.

81. Die Befreiungsvorschrift 2 am Schlusse der T.-Nr. 11 ist nur anwendbar, wenn der bisherige Eigentümer, der die Entziehung des Eigentums im öffentlichen Interesse zu dulden gesetzlich verpflichtet ist, freiwillig sein Eigentum an den zur Enteignung Berechtigten überträgt, nicht aber, wenn die Uebertragung im Wege der Zwangsversteigerung erfolgt. RG. 21. Sept. 15 AM. 1915, 260 = HoldhM. 25, 75 = ZschrfZollw. 1916, 184.

Nr. 12. Versicherungen.

1. Allgemeines. Eine gesetzliche Begriffsbestimmung der Versicherung ist durch das RStempG. nicht gegeben. Einen Vertrag setzt die Versicherung nicht notwendig voraus. Für den Begriff des Versicherungsvertrags ist Voraussetzung, daß der eine Teil gegen Entgelt sich für den ungewissen Fall des Eintritts einer für die wirtschaftlichen Verhältnisse eines anderen nachteiligen Tatsache zu einer Vermögensleistung verpflichtet. Doch ist nicht jede derartige Uebernahme fremder Vermögensgefahr Versicherung, insbesondere ist sie es dann nicht, wenn sie nur eine unselbständige Nebenabrede zu einem andersartigen Geschäfte, dem Hauptgeschäfte, bildet. Ein Entgelt oder wenigstens ein Teil eines solchen kann auch in den Amtsleistungen des Versicherten im Dienste des Versicherers gefunden werden. RG. 14. Januar 16 E. 88, 30 = PrZBl. 1916, 177.

Buchstabe A.

2. Zur Bestimmung des Begriffs Feuerversicherung sind die Vorschriften des Versicherungsvertragsgesetzes vom 30. Mai 1908 heranzuziehen. Die T.-Nr. 12 A 1 oder 2 findet je nach der Art der versicherten Gegenstände auch auf denjenigen Teil der Versicherungssumme Anwendung, der bei einem auf die Entschädigung der Aufräumungskosten sich erstreckenden Feuerversicherungsvertrag auf diese Nebenleistung entfällt. RG. 29. Oktober 15 AM. 1916, 40 = Recht 1916 Nr. 763 = WarnRspr. 9, 37 = PrZBl. 1916, 11 = ZschrfZollw. 1916, 217.

3. Unter welchen Umständen ist eine Versicherung gegen Schäden durch Luftfahrzeuge eine Feuerversicherung im Sinne der T.-Nr. 12 A RStempG.? RG. 23. April 18 E. 93, 88 = AM. 1919, 220 = PrZBl. 1918, 240 = BlBayFW. 26, 224.

Buchstabe C.

4. Unter Kaskoversicherung ist Versicherung eines Schiffes im Gegensatz zur Versicherung der Schiffsladung zu verstehen; die Versicherung von Land-Transportmitteln (Möbelwagen) fällt nicht darunter. RG. 11. Februar 16 E. 88, 94 = AM. 1916, 102 = Recht 1916 Nr. 764 = PrZBl. 1916, 64 = ZschrfZollw. 1916, 221.

Buchstabe D.

5. Steuerpflicht von Beiträgen zu Pensionskassen gemäß T.-Nr. 12 D. RG. 14. Januar 16 AM. 1916, 146 = Recht 1916 Nr. 569, 570.

6. Die bei Lebensversicherungen üblichen Beurkundungen über die Zahlung von Vorauszahlungsprämien, d. h. von Vergütungen für etwaige Vorauszahlungen auf die Versicherung, zu deren Rückzahlung der Versicherungsnehmer berechtigt, aber nicht verpflichtet ist, unterliegen regelmäßig als Prämien für die Uebernahme von Versicherungen dem Stempel der T.=Nr. 12 des RStempG. RG. 9. Jan. 17 E. 89, 305 = AM. 1917, 93 = Recht 1917 Nr. 500 = JW. 1917, 662 = PrZBl. 1917, 65.

Befreiung 2.

7. Auf Feuerversicherungen über bewegliche und unbewegliche Gegenstände eines und desselben Versicherungsnehmers bei demselben Versicherer greift die Befr.=Vorschrift 2 Abs. 2 dann nicht Platz, wenn zwar die einzelnen Versicherungssummen unter 3000 Mk. bleiben, die Gesamtversicherungssumme aber den Betrag von 3000 Mk. übersteigt. RG. 12. Dezember 16 E. 89, 244 = PrZBl. 1917, 41 = AM. 1917, 46 = Recht 1917 Nr. 295 = JW. 1917, 223.

8. Die Befr.=Vorschrift Nr. 2 läßt den Ansatz des zehnfachen Betrages der Rente maßgebend sein und macht keinen Unterschied, ob die Entgeltzahlung hoch oder niedrig ist und dem Betrage der zugesicherten Rente entspricht oder nicht entspricht. RG. 14. Jan. 16 E. 88, 30 = PrZBl. 1916, 177.

Befreiung 3.

9. Im Falle des § 390 AngVersG. haben zwar die Arbeitgeber, nicht aber die Angestellten hinsichtlich der von ihnen gezahlten Versicherungsbeiträge Anspruch auf die Stempelbefreiung aus der Befreiungsvorschrift Nr. 3 des RStempG. vom 3. Juli 1913. RG. 17. Okt. 16 E. 89, 164 = AM. 1916, 188 = Recht 1916 Nr. 2148, 2149 = PrZBl. 1916, 271 = ZschrfZollw. 1917, 127.

10. Die Befreiungsvorschrift Nr. 3 findet keine Anwendung auf die bei einer Ersatzkasse genommene Versicherung eines Kassenboten oder eines Angestellten, dessen Jahresarbeitsverdienst 5000 Mk. übersteigt. Dasselbe gilt von der Weiterversicherung eines Angestellten, der mehr als 5000 Mk. Jahresgehalt bezieht, sowie von der Selbstversicherung eines Angestellten nach § 394 AngVersG. Die letztere ist ausschließlich bei der Reichsversicherungsanstalt zulässig, bei der auch der von ihr zu prüfende Antrag auf Gestattung der Selbstversicherung zu stellen ist. Die bei einer privaten Versicherungsunternehmung (Ersatzkasse) genommene Selbstversicherung genießt daher keine Stempelbefreiung. RG. 20. Okt. 16 E. 89, 167 = AM. 1917, 16 = Recht 1916 Nr. 2150, 2151, 2152 = PrZBl. 1916, 279.

Befreiung 7.

11. Die Viehversicherung umfaßt begrifflich jede Versicherung von Vieh ohne Unterschied, ob das Vieh nur gegen die ihm eigentümlichen Gefahren (Seuchen, andere Krankheiten, Verletzungen u. dgl.) versichert wird, oder ob die Versicherung auch andere Gefahren (Feuer, Transport u. dgl.) mitumfaßt oder sich auf sie beschränkt. RG. 8. Februar 16 E. 88, 78 und 82 = AM. 1916, 122 = Recht 1916 Nr. 765 = PrZBl. 1916, 112.

12.

Gesetz gegen die Steuerflucht

vom 26. Juli 1918 (RGBl. S. 951),

ergänzt durch Gesetz vom 24. Juni 1919 (RGBl. S. 583).

(StFlG.)

§ 15.

Lit. *Hallbauer, Der zivilrechtliche Inhalt der neuen Steuergesetze. JW. 1918, 659.*

§ 21.

Abs. 1.

1. Das deutsche Interesse an der Auswanderung muß positiv nachgewiesen sein. Es muß daher die Tätigkeit, die der Auswandernde ausüben will, sich soweit übersehen lassen, daß sich ein Urteil darüber, ob sie den allgemeinen deutschen Interessen förderlich sein wird, gewinnen läßt, und es muß eine Gewähr dafür geboten sein, daß der Auswandernde auch tatsächlich in der Lage sein wird, die beabsichtigte Tätigkeit auszuüben.

Steht es im freien Belieben des Steuerpflichtigen, durch Unterlassen der Auswanderung jede Benachteiligung zu vermeiden gegenüber dem Zustand, der eintreten würde, wenn er hier bliebe, so liegt eine außergewöhnliche Härte nicht vor. RFH. 29. April 19 S. 1, 46 = AM. 1919, 245 = DJZ. 1919, 601 = DStZ. 8, 82 = JW. 1919, 596.

§ 26.

Lit. *Peschke, Wer kann wegen Steuerflucht bestraft werden? NStR. 1, 44.*

13.

Umsatzsteuergesetz

vom 26. Juli 1918 (RGBl. S. 779).

(UStG.)

Lit. *Lindemann, Die Umsatzsteuer. JW. 1918, 580. — Hallbauer, Der zivilrechtliche Inhalt der neuen Steuergesetze. JW. 1918, 590. — Frankenburger, Der zivilrechtliche Inhalt des UStG. HoldhM. 1919, 1.*

§ 1.

Lit. *Kullmann, Unterliegen verbotene und unsittliche Leistungen der Umsatzsteuerpflicht? DStBl. 1, 148. — Mrozek, Der steuerpflichtige Umsatz einer Annoncenexpedition. DStBl. 1, 14. — Popitz, Der umsatzsteuerpflichtige Eigenverbrauch bei juristischen Personen, insbesondere derjenigen des öffentlichen Rechts. DStBl. 1, 345. — Stier-Somlo, „Lieferungen" nach dem UStG. vom 26. Juli 1918. BayStR. 1918, 114.*

I. Allgemeine Steuer auf Lieferungen und sonstige Leistungen.

Abs. 1.

1. Gewerbliche Tätigkeit. Die Verpachtung von zu einem Lichtspieltheater eingerichteten Räumen zum Betrieb eines solchen Theaters und mit dem Zwecke, aus der Verpachtung dauernd Einnahmen zu erzielen, ist als eine selbständige gewerbliche Tätigkeit im Sinne des § 1 anzusehen. RFH. 9. Juli 19 S. 1, 141 = AM. 1919, 325 = DJZ. 1919, 940.
2. — Privatkrankenanstalten, auf die nicht die Befreiungsvorschrift des § 3 Nr. 2 anwendbar ist, unterliegen der Umsatzsteuerpflicht hinsichtlich der innerhalb des Anstaltsbetriebs liegenden entgeltlichen Lieferungen und Leistungen, insbesondere der Gewährung von Unterkunft, Beköstigung, Bedienung und Wartung und der von angestellten Aerzten geleisteten ärztlichen Hilfe, auch dann, wenn die Anstalt von einem Arzte und lediglich als Mittel zur Ausübung der ärztlichen Wissenschaft und Kunst betrieben wird. Im Falle des Betriebes der Anstalt durch einen Arzt sind die Leistungen, die sich als persönliche Ausübung des ärztlichen Berufs durch den die Anstalt betreibenden Arzt darstellen, von der Umsatzsteuer befreit. RFH. G. v. 7. Febr. 19 S. 1 B, 12 = AM. 1919, 99 = DJZ. 1919, 320 = DStBl. 1, 305.
3. — Ein Holzvermessungsamt ist wegen der Gebühren und Reisekosten, die für Leistungen seiner Beamten von denen, die die Leistungen in Anspruch genommen haben, als Entgelt erhoben werden, umsatzsteuerpflichtig, wenn es seine Tätigkeit nicht als öffentliches Organ zur Förderung

von Handel und Gewerbe, sondern als selbständiges privates Unternehmen ausübt. RFH. 5. November 19 AM. 1919, 415.

4. — Unter den von der Umsatzsteuerpflicht ausgenommenen sog. freien Berufen sind vorwiegend nur solche Tätigkeiten zu verstehen, die in ihrer letzten Wurzel auf Geistesdisziplinen zurückgehen, die wie die reinen Wissenschaften, Religion und Kunst, um ihrer selbst willen, ohne Rücksicht auf die wirtschaftliche Auswertung ihrer Ergebnisse, betrieben werden können. Der Beruf des Buchsachverständigen (Bücherrevisors) gehört nicht zu ihnen. RFH. 9. Juli 19 S. 1, 129 = AM. 1919, 323 = DStZ. 8, 179 = DJZ. 1919, 1024.

Abs. 2.

5. Die Umsatzsteuerpflicht des Eigenverbrauchs in landwirtschaftlichen Betrieben und der Entnahme von Erzeugnissen zur Beköstigung des Gesindes. RFH. G. v. 4. April 19 S. 1 B, 20 = AM. 1919, 149 = DStBl. 1, 432.

§ 2.

Lit. *Hallbauer, Die Umsatzsteuer bei Import- und Exportgeschäften. ZschrfZollw. 1919, 97, 113.*

§ 3.

Nr. 2.

1. Entscheidungen der obersten Landesfinanzbehörde, durch die abgelehnt wird, ein Unternehmen nach § 3 Nr. 3 als ausschließlich gemeinnützigen oder wohltätigen Zwecken dienend anzuerkennen, können nicht mit Rechtsbeschwerde an den RFH. angefochten werden. RFH. 21. Mai 19 S. 1, 66 = AM. 1919, 236 = DJZ. 1919, 761 = JW. 1919, 1010.

Nr. 3.

2. Bei Feststellung, wann der Betrag von 3000 Mk. überschritten ist, sind außer den umsatzsteuerpflichtigen Entgelten auch nach § 2 umsatzsteuerfreie Entgelte zu berücksichtigen. RFH. G. 4. April 19 S. 1 B, 34 = AM. 1919, 190 = DJZ. 1919, 477.

§ 4.

Lit. *Becher, Findet § 4 Abs. 1 des UStG. auch auf die Luxussteuer Anwendung? DStBl. 1919, 428. — Fuld, Kartelle und Umsatzsteuer. DStZ. 7, 139. — Isay, Die Umsatzsteuer der Verkaufssyndikate. DStZ. 8, 61. — Kullmann, Zur Auslegung des § 4 des UStG. (Zwischenhandelsprivileg). DStZ. 7, 127. — May, Zweifelsfragen beim Zwischenhandelsprivileg des UStG. DStZ. 8, 16. — Moos, Zweifelsfragen beim Zwischenhandelsprivileg des UStG. DStZ. 7, 183. — Wimpfheimer, Ein Steuerprivileg des Grosshandels. JW. 1918, 607.*

Abs. 1.

1. Eine nur einmalige Uebertragung des unmittelbaren Besitzes liegt nicht vor, wenn der Aufkäufer eines Kommunalverbandes die Waren von den Lieferern am Bahnhof im eigenen Namen übernimmt, in Eisenbahnwagen verladet und die Versendung an die ihm aufgegebenen Stellen bewirkt. RFH. 28. Juli 19 AM. 1919, 325 = DStZ. 8, 179.
2. Bei der Verkaufskommission liegen zwei Umsatzgeschäfte über denselben Gegenstand (Lieferungen) vor. RFH. G. 20. Juni 19 S. 1 B, 40 = AM. 1919, 301 = ZschrfZollw. 1919, 188.

3. Die dem Zwischenhändler zustehende Steuerbefreiung bezieht sich auf das ganze Umsatzgeschäft. Die vermittelnde Tätigkeit, die der Zwischenhändler zwischen seinem Lieferer und seinem Abnehmer ausübt, wird von dem Begriffe der Lieferung mitumfaßt und fällt daher nicht unter die „sonstigen Leistungen" des § 1 Abs. 1. RFH. 22. Okt. 19 S. 1, 230 = AM. 1919, 417.

§ 6.

Abs. 1.

1. Entgelt. Der Besteuerung des Verkaufskommissionärs ist, sofern er nicht nach § 4 Abs. 1 a. a. O. von der Abgabe befreit ist, das gesamte an ihn für den Verkauf vom Käufer entrichtete Entgelt zugrunde zu legen. RFH. G. 20. Juni 19 S. 1 B, 40 = ZschrfZollw. 1919, 188.
2. Einrechnung indirekter Abgaben. Die vom Abgeber von Wein geschuldete Weinsteuer gehört zu dem, was der Abnehmer bei Bezug von Wein aufzuwenden hat, um die bestellte Ware zu erlangen, und bildet daher einen Teil des vom Abgeber für die Lieferung vereinnahmten steuerpflichtigen Entgelts. RFH. 23. Juli 19 S. 1, 137 = AM. 1919, 327 = DStZ. 8, 179 = DJZ. 1919, 1004.
3. — Die an eine Gemeinde abzuführende Eintrittskartensteuer, die der steuerpflichtige Veranstalter von Kinovorstellungen bei der Erhebung des Eintrittsgeldes auf die Besucher abwälzt, bildet einen Teil des steuerpflichtigen Entgelts. RFH. 23. Juli 19 S. 1, 140 = AM. 1919, 326 = DStZ. 8, 179 = DJZ. 1919, 1024.
4. — Das der Berechnung der Umsatzsteuer zugrunde zu legende Entgelt setzt sich aus dem Preise der steuerpflichtigen Leistungen und der Umsatzsteuer zusammen. RFH. 17. September 19 S. 1, 167 = AM. 1919, 360 = DStZ. 8, 179 = DJZ. 1919, 1025.

§ 7.

Lit. *Wolff, Zwischen-Umsatzsteuer für gemischte Betriebe. DStZ. 7, 162.*

II. Erhöhte Steuer auf Luxusgegenstände.

§ 8.

Lit. *Helbing, Kunsthandel und Luxussteuer. DStZ. 7, 189. — Breit, Konfektion und Luxussteuergesetz. HoldhM. 27, 131. — Lurje, Sind Reparaturen an Luxusgegenständen der erhöhten Steuerpflicht nach § 8 des UStG. unterworfen? DStZ. 7, 194.*

Abs. 1 Nr. 1.

1. Als versilbert oder vergoldet hat jeder Gegenstand zu gelten, der unter irgendwelcher Mitverwendung von Silber oder Gold hergestellt ist, ohne daß es auf den Bestimmungszweck des Gegenstandes oder auf den Wert oder die Art der Verwendung des Edelmetalls anzukommen hat.

   Für die Entscheidung der Frage, ob die Versilberung oder Vergoldung nur einen verhältnismäßig geringen Teil der Fläche eines im übrigen aus unedlen Stoffen bestehenden Gegenstandes bedeckt, ist der Gesamteindruck maßgebend, den der verzierte Gegenstand auf den Beschauer macht.

Im Sinne des Satzes 2 der Nr. 1 des § 8 ist ein Gegenstand nur dann zusammengesetzt, wenn seine Bestandteile durch mechanische (nicht chemische) Zerlegung gewonnen und wieder in selbständige Sachen umgewandelt werden können. RFH. 15. Okt. 19 S. 1, 236 = AM. 1919, 419.

Abs. 1 Nr. 4.

2. Antiquitäten haben ebenso wie die daneben in Nr. 4 aufgeführten Gegenstände, wie sie aus Liebhaberei von Sammlern erworben werden, Sammelwert. Ihre Lieferung unterliegt nicht der erhöhten Umsatzsteuer, sofern sie sich als Gegenstände darstellen, die vorwiegend zu wissenschaftlichen Zwecken gesammelt zu werden pflegen. RFH. 9. Juli 19 S. 1, 113.

Abs. 1 Nr. 5.

3. Ob photographische Platten im Ausmaß von höchstens 10/15 cm Zubehörstücke von photographischen Handapparaten sind, hängt von der durch Sachverständige zu treffenden Feststellung ab, ob sie überwiegend von Liebhabern in Handapparaten oder von Berufsphotographen in deren großen Apparaten benutzt werden. RFH. 2. Okt. 19 S. 1, 195 = AM. 1919, 390.

Abs. 1 Nr. 6.

4. Mit Klaviatur versehene Saiteninstrumente, die nicht durch Hämmer, sondern durch Federkiele zum Tönen gebracht werden, sind nicht als Klaviere anzusehen. RFH. 9. Juli 19 S. 1, 113.

§ 12.

Lit. *Becker, Hat ein Händler, der bei der Versteigerung eines Kunstauktionshauses einen luxussteuerpflichtigen Gegenstand erwirbt, einen Anspruch gegen das Haus auf Auszahlung der ersparten Luxussteuer? DStBl. 1, 463. — Popitz, Die Luxussteuer bei Versteigerungen. DStZ. 8, 10.*

Abs. 1.

1. Werden Sachen zum Gebrauch oder Verbrauch im Gewerbe des Erwerbers erworben, so liegt Lieferung im Kleinhandel vor. RFH. 2. Oktober 19 S. 1, 195 = AM. 1919, 390.

III. Steuerberechnung und Verfahren.

§ 15.

Lit. *Becker, Die Buchführungspflicht der Luxuswarengeschäfte. DStBl. 1, 192.*

§ 20.

Abs. 1.

1. Die Befreiung von Lieferungen von Gegenständen zur gewerblichen Weiterveräußerung von der erhöhten Umsatzsteuer ist nur angängig, wenn der im § 20 vorgeschriebene formelle Nachweis erbracht wird. RFH. 23. April 19 S. 1, 31 = AM. 1919, 193 = DStZ. 8, 81 = ZschrfZollw. 1919, 188 = DJZ. 1919, 601.

§ 24.

Lit. *Gröhn, Die Verzinsung der Umsatzsteuerbeträge nach § 24 UStG. DStZ. 8, 88.*

IV. Straf-, Uebergangs- und Schlußbestimmungen.

§ 42.

Lit. Bode, Hindern Höchstpreise die Abwälzung? DJZ. 1918, 633. Fälle der Steuerfreiheit in der Uebergangszeit. DJZ. 1918, 634. — Glaser, Warenumsatzstempel- und umsatzsteuerfreie Umsätze. LZ. 12, 1194.

Abs. 1, 2.

1. Sind Leistungen, die ihrer Art nach unter das UStG. fallen, vor Inkrafttreten des Gesetzes bewirkt worden, so ist die Steuerpflicht nach diesem Gesetze begründet, wenn und insoweit für sie nach seinem Inkrafttreten Entgelte vereinnahmt werden. Für Lieferungen von Luxusgegenständen, die unter die VO. v. 2. Mai 18 fallen und für die das Entgelt in der Zeit vom 5. Mai bis 31. Juli 18 entrichtet worden ist, besteht die Steuerpflicht nur, wenn auch die Lieferung nach dem 4. Mai 18 erfolgt ist. RFH. G. 25. Nov. 18 S. 1 B, 1 = AM. 1918, 147 = DJZ. 1919, 67 = JW. 1919, 56 = ZschrfZollw. 1919, 93. Aufrecht erhalten: RFH. 5. November 19 S. 1, 259.

14.

Gesetz über die Besteuerung des Personen- und Güterverkehrs

vom 8. April 1917 (RGBl. S. 329).

(VerkStG.)

§ 3.

Abs. 3.

Nichtöffentliche Bahnanlagen im Sinne von Abs. 3 Nr. 2 sind nur Bahnanlagen, die sich in derselben Hand befinden wie das Industrieunternehmen, für dessen Güterverkehr die Anlage dient. RFH. 2. Oktober 19 S. 1, 193 = AM. 1919, 383 = DJZ. 1919, 154.

15.

Wechselstempelgesetz

vom 15. Juli 1909 (RGBl. S. 825).

(WStempG.)

Abs. 2 Nr. 1.

§ 1.

1. Im Ausland ausgestellte, im Ausland zahlbare trockene Wechsel sind, wenn sie im Inland in Umlauf gelangen, der inländischen Wechselstempelsteuer unterworfen. RGStr. 30. Sept. 84 E. 11, 109.
2. Für die Befreiung gemäß Abs. 2 Nr. 1 ist nicht der Inhalt, sondern der wirkliche Ausstellungsort entscheidend. Die irrige Annahme, daß ein Transitwechsel vorliege, ist rechtlich bedeutungslos. RGStr. 25. April 99 E. 32, 130.

§ 2.

1. Nur der fertige Wechsel, nicht das bloß teilweise ausgefüllte Formular ist stempelpflichtig. RGStr. 31. Januar 05 E. 37, 375.

§ 6.

1. Wer einen nachher zur Begebung an Dritte gelangten Wechsel zur Zeit, als er ein Blankett bildete, als Aussteller und Indossant unterschrieben hat, kann wegen Nichtentrichtung der Wechselstempelsteuer strafrechtlich haftbar werden. Die Fälschung der Annahmeerklärung des Bezogenen oder eines Giros hat in dieser Hinsicht keinen Einfluß. RGStr. 5. Jan. 84 E. 10, 27.
2. Der Rechtsanwalt, der auf Grund einer einfachen Prozeßvollmacht Auftrag gibt, den Wechsel dem Schuldner zur Zahlung vorzulegen und Protest zu erheben, ist nicht als Teilnehmer am Umlauf des Wechsels oder als Inhaber anzusehen. RGStr. 16. April 85 E. 12, 145.
3. Die Abgabe des Namenszuges auf einem Wechsel verpflichtet nicht zur Entrichtung der Wechselstempelabgabe, wenn durch sie eine wechselmäßige Verbindlichkeit nicht erzeugt wird. Unter der Voraussetzung, daß der Inhaber des Wechsels ermächtigt wurde, den Namenszug als Blankounterschrift einer darüber zu setzenden Bürgschaftserklärung zu benutzen, wird durch Abgabe des Namenszuges auf der Rückseite eines das Verbot der Indossierung enthaltenden eigenen Wechsels eine Wechselbürgschaft erzeugt. RGStr. 13. Okt. 90 E. 21, 97.
4. Bei einer namens einer Genossenschaft abgegebenen Wechselerklärung sind nicht sämtliche Vorstandsmitglieder für die Stempelverwendung verantwortlich, sondern nur die, die sich an der Wechselerklärung beteiligt haben. RGStr. 7. Juli 93 E. 24, 226.
5. Der Prokurist einer Firma, der als solcher ein Wechselakzept ausstellt und unversteuert aushändigt, ist für die Unterlassung der Versteuerung strafrechtlich verantwortlich. RGStr. 22. Nov. 98 E. 31, 336.
6. Zu den für die Entrichtung der Abgabe verhafteten Personen gehören auch juristische Personen. Sämtliche Vorstandsmitglieder einer Aktiengesellschaft sind strafbar, wenn irgendein Vorstandsmitglied oder

eine andere Person den ungestempelten Wechsel weggegeben hat, selbst wenn sie hiervon keine Kenntnis hatten. RGStr. 21. Okt. 04 E. 37, 393.

7. Die Unterzeichnung eines trockenen Wechsels als Bürge verpflichtet nicht zur Entrichtung der Wechselstempelsteuer, solange die Unterschrift des Ausstellers fehlt. RGStr. 11. Dezember 02 E. 36, 33.

8. Die Stempelpflicht ist in der Person des Bevollmächtigten des Akzeptanten auch dann begründet, wenn er ohne gültige Vollmacht die Wechsel als Bevollmächtigter unterzeichnet und weitergibt. RGStr. 31. Jan. 05 E. 37, 374.

§ 7.

Abs. 1.

1. Ein Wechsel ist nicht „aus den Händen gegeben", wenn er einem anderen zur Verwendung der Stempelmarke zeitweilig anvertraut ist. RGStr. 7. Okt. 98 E. 31, 275.

2. Steuerpflichtige Aushändigung eines Wechsels im Sinne des § 7 Abs. 1 liegt auch dann vor, wenn der Inhaber den Wechsel ohne Aufgabe der Verfügungsmacht einem anderen übergibt, um dadurch einen rechtlich bedeutsamen Akt zur Verwirklichung des Wechselanspruchs vorzunehmen. RGStr. 13. Juli 14 AM. 1914, 285 = Recht 1914 Nr. 2600 = BA. 14, 36 = BlBayFW. 23, 81 = ZschrfZollw. 1915, 155.

3. Für eine vom Aussteller noch nicht datierte und unterzeichnete, aber vom Akzeptanten unterschriebene Wechselschrift muß vor der Einreichung beim Konkursgericht der Wechselstempel entrichtet werden. Bay.-ObLG. 11. Mai 15 BlBayFW. 23, 217.

4. Mit den Worten „Aus den Händen geben" hat das Gesetz ein Aushändigen treffen wollen, das dazu dient, den Wechsel in Umlauf zu bringen oder sonst Geschäfte damit zu machen, überhaupt also einen wechselrechtlich oder außerwechselrechtlich bedeutsamen Akt vorzunehmen, der den Zweck hat, die Realisierung des Wechselanspruchs herbeizuführen. Gleichgültig ist es dabei, ob der Akt unter die in § 6 des Wechselstempelsteuergesetzes aufgezählten Handlungen fällt oder nicht. RGStr. 11. Dez. 02 E. 36, 33.

Abs. 2.

5. Dem Inhaber einer als Wechsel bezeichneten Schrift, in der der Name des Ausstellers fehlt und die nach der Vereinbarung als jederzeit ausfüllbarer Depotwechsel zur Sicherheit für eine Forderung dienen soll, liegt zwar gemäß § 7 Abs. 2 Satz 2 die Entrichtung der weiteren Abgabe nach § 3 Abs. 2 ob; er ist aber zur Versteuerung des Wechsels nach § 3 Abs. 1 nicht verpflichtet, solange er keine der in § 12 des Gesetzes bezeichneten Verfügungen trifft. RGStr. 3. Juni 13 E. 47, 191 = PrZBl. 1913, 318 = Zschrf.-Zollw. 1914, 27.

§ 8.

1. Der Aussteller eines inländischen und der erste inländische Inhaber eines ausländischen Wechsels ist berechtigt, den mit einem inländischen Indossamente noch nicht versehenen Wechsel vor Entrichtung einer Stempelabgabe nicht allein zur Annahme, sondern auch für den Fall der Nichtannahme zur Protesterhebung mangels Annahme zu versenden. RGStr. 9. Dez. 86 E. 15, 80.

§ 12.

Abs. 1.

1. Der Prozeßbevollmächtigte, der dem Schuldner einen Wechsel vorlegen und protestieren läßt, ist nicht als „Inhaber" anzusehen. RGStr. 16. April 85 E. 12, 145.

2. In dem Aufdrücken des Firmenstempels auf die Vorderseite eines Solawechsels von seiten des diesen Wechsel innehabenden Wechselgläubigers kann, obwohl diese Handlung mit dem Umlaufe des Wechsels nicht im Zusammenhang steht, eine „Unterzeichnung“ nicht gefunden werden.
Die Zurückgabe eines Solawechsels von seiten des Wechselinhabers an den Aussteller des Wechsels, veranlaßt durch ein Rechtsgeschäft, zufolge dessen der Aussteller gegen Zurückgabe jenes Wechsels' einen neuen Solawechsel auszustellen hat, stellt sich als ein „aus den Händen geben“ im Sinne des § 11 dar. RGStr. 20. Sept. 86 E. 14, 409.
3. Die am Umlauf des Wechsels Beteiligteu haften nicht für die Hinterziehungsstrafe, wenn der Wechsel nach seiner äußeren Erscheinung richtig versteuert ist, aber in Wirklichkeit von einem Vormanne die Vorschriften über die Art der Verwendung der Stempelmarke nicht beobachtet sind. RGStr. 30. März 08 E. 41, 231.
4. Der Wechselgläubiger nimmt damit, daß er den in seinen Händen befindlichen Wechsel in Gegenwart des Schuldners vernichtet, eine rechtlich bedeutsame, zum Wechselverkehre gehörige Handlung vor, durch die ihm nach § 12 die Verpflichtung zur Versteuerung des Wechsels erwächst. RGStr. 12. April 15 E. 49, 22 = AM. 1915, 207 = PrZBl. 1915, 127 = BlBayFW. 23, 164 = ZschrfZollw. 1916, 86.

§ 14.

1. Die Verwendung der Stempelmarke tritt schon ein mit der Aufklebung auf dem Wechselformular und der Niederschrift des Datums der Verwendung ohne Rücksicht darauf, ob der Wechsel in Umlauf gesetzt oder das Formular nicht ausgefüllt wird. RGStr. 28. April 04 E. 37, 152.

§ 18.

1. Der Tatbestand strafbarer Wechselstempelhinterziehung erfordert in subjektiver Beziehung nicht eine auf Steuerhinterziehung gerichtete Absicht oder das Bewußtsein rechtswidrigen Verhaltens oder auch nur schuldhafte Fahrlässigkeit.
Ein Irrtum über Tatsachen ist rechtlich nicht geeignet, die Strafbarkeit der Wechselstempelhinterziehung auszuschließen. RGStr. 20. Nov. 82 E. 7, 240.
2. Der Inhaber einer Firma ist schon als solcher hinsichtlich der von der Firma erworbenen Wechsel für die Erfüllung der Verpflichtung zur Entrichtung der Stempelabgabe strafrechtlich verantwortlich. RGStr. 20. Sept. 86 E. 14, 409.
3. Die Strafbarkeit eines Kaufmanns wird nicht dadurch ausgeschlossen, daß er von dem Erwerb des Wechsels durch seinen Angestellten keine Kenntnis hatte. RGStr. 21. Oktober 04 E. 37, 393.
4. Der Akzeptant, der ein vom Aussteller nicht unterzeichnetes Wechselformular ungestempelt aus den Händen gibt, verwirkt die Stempelstrafe, auch wenn der Aussteller bei der Unterzeichnung den Stempel verwendet. RGStr. 31. Januar 05 E. 37, 374.
5. Die Strafbarkeit wird durch ein Verschulden des Täters bedingt. Die Anwendbarkeit des § 59 StrGB. ist ausgeschlossen. RGStr. 30. März 08 E. 41, 231.

§ 19.

1. Die Vorschrift greift nicht nur dann Platz, wenn die Aushändigung eines unvollständigen Wechsels erfolgt ist, um den Empfänger zur Ergänzung des Fehlenden zu ermächtigen. RGStr. 22. Nov. 98 E. 31, 336.
2. Wer ein noch nicht ausgefülltes Wechselformular mit seinem Akzept versieht und unversteuert aus der Hand gibt, verwirkt die Stempelstrafe auch dann, wenn bei der Aushändigung die Höhe der einzurückenden Wechselsumme noch nicht bestimmt ist und von dem Aussteller bei der nachträglichen Ausfüllung und Vollziehung des Formulars der vorschriftsmäßige Stempel verwendet wird.

   Die Strafbarkeit des Blankoakzeptanten, der das Blankoakzept unversteuert aus der Hand gibt, ist davon abhängig, daß später durch Ausfüllung ein vollständiger Wechsel entsteht. RGStr. 19. März 97 E. 30, 19.
3. Die Vorschrift des § 19 ist auf den Aussteller eines trockenen und Akzeptanten eines gezogenen Wechsels beschränkt. Sie erstreckt sich nicht auf den Wechselbürgen. RGStr. 11. Dezember 02 E. 36, 33.
4. Die Stempelpflichtigkeit des Akzeptanten ist begründet, wenn er ein noch unvollständig ausgefülltes Wechselformular unterzeichnet. RGStr. 31. Januar 05 E. 37, 374.
5. Vgl. zu § 6 unter Nr. 7.

§ 23.

1. Die Verjährung von Stempelhinterziehungen bei unvollständigen Wechseln beginnt erst mit ihrer Vervollständigung. RGStr. 29. März 98 E. 31, 96.

§ 27.

Abs. 3.

1. Schecks sind unter der Voraussetzung, daß sie ohne Akzept bleiben, von der Wechselstempelsteuer befreit. Die Steuerfreiheit wird dadurch nicht aufgehoben, daß sie auf Order gestellt sind und tatsächlich mittels Indossaments örtlich und zeitlich in erheblichem Umfang zirkuliert haben. RGStr. 11. Okt. 88 E. 18, 154.
2. Für die Steuerfreiheit des Schecks ist erforderlich, daß er eine Anweisung des Ausstellers auf dessen Guthaben bei seinem Bankier ist; dieses Erfordernis muß aus dem Scheck hervorgehen. RGStr. 28. Mai 92 E. 23, 216.
3. Die Klägerin, die ihre Hamburger Bank beauftragt hatte, ihr aus ihrem Guthaben eine bestimmte Summe bei einer Berliner Bank anzuweisen, hatte, wenn die Berliner Bank sich der Hamburger Bank gegenüber bereit erklärt hatte, den verlangten Betrag zur Verfügung der Klägerin zu halten und die Klägerin davon durch die Hamburger Bank verständigt war, in Berlin ein Guthaben bei einem ihre Zahlungen besorgenden Bankhaus erlangt. Der Scheck, mit dem sie über dieses Guthaben verfügte, ist daher nach § 24 Abs. 1 WStempG. 1869 nicht stempelsteuerpflichtig. RG. 4. Mai 09 E. 71, 119 = Recht 1909 Nr. 2065—2067.
4. Die sog. Travelers Cheques (Reiseschecks) der American Express Company zu New York unterliegen dem Wechselstempel als Verpflichtungsscheine an Order; sie sind keine wirklichen Schecks, weder nach amerikanischem, noch nach deutschem Rechte. RG. 10. Mai 12 E. 79, 342 = Recht 1912 Nr. 1974. Ebenso RG. 10. Mai 12 WarnRspr. 5, 355 = BlBayFW. 20, 285 = BA. 12, 304 = ZschrfZollw. 1913, 22.

16.

Gesetz über einen einmaligen außerordentlichen Wehrbeitrag

vom 3. Juli 1913 (RGBl. S. 505).

(WBG.)

§ 2.

1. Vermögen. Der Vorvermächtnisnehmer ist als Eigentümer der vermachten Vermögensgegenstände mit dem Werte dieses Vermögens wehrbeitragspflichtig. PrOVG. 7. April 15 AM. 1915, 165. Ebenso BadVGH. 27. April 15 AM. 1915, 166.
2. — Für die Veranlagung eines Wehrbeitragspflichtigen mit einem aus Grundstücken bestehenden Vermögen ist nicht die formalrechtliche, sondern die wirtschaftliche Zugehörigkeit zum Vermögen maßgebend. BraunschwVGH. 21. April 15 AM. 1915, 167 = StA. 1915, 299 = ZschrfZollw. 1916, 157.

§ 4.

1. Begriff des Betriebsvermögens: Aktienbesitz, Geschäftsforderungen, Kapitaleinlagen in eigenem und in fremdem Betriebe. HessVGH. 21. Okt. 16 E. 3, 155.
2. — Das Firmenkonto, das als bilanzfähiges Aktivum den Wert eines gegen Entgelt erworbenen Firmenrechts darstellt, gehört zum beitragspflichtigen Betriebsvermögen. SächsOVG. 25. Nov. 15 AM. 1916, 95.

§ 5.

Nr. 1.

1. Der auf erbrechtlichen Vorschriften beruhende Nießbrauch des überlebenden Ehegatten an dem von dem erstverstorbenen hinterlassenen Vermögen ist ein selbständiges Recht im Sinne des § 5 Nr. 1. PrOVG. 31. Mai 16 AM. 1916, 151 = StA. 1916, 255.

Nr. 3.

2. Aktienbesitz und Kapitaleinlagen. HessVGH. 21. Okt. 16 E. 3, 155.

Nr. 4.

3. Laufende Ausgaben. Die Kürzung eines Bankguthabens um einen Betrag zur Bestreitung der laufenden Ausgaben für drei Monate ist unzulässig, wenn das Guthaben zum Betriebsvermögen gehört. SächsOVG. 4. März 15 AM. 1915, 215.
4. — Die Einschränkung in Nr. 4 („soweit sie . . . . dienen“) bezieht sich lediglich auf die dort aufgeführten Gegenstände des Kapital-

vermögens. Die Möglichkeit eines Abzugs setzt das Vorhandensein dieser Bestände in dem entsprechenden Betrage voraus. Daß die Bestände zur Bestreitung der Ausgaben dienen, ist nur insoweit anzunehmen, als die laufenden Ausgaben nicht aus den laufenden Einnahmen des neuen Vierteljahrs bestritten werden können. PrOVG. 12. Juni 15 AM. 1915, 215 = StA. 1915, 284.

Nr. 5.

5. Leistungen, die auf Grund eines Ausstattungsversprechens zu machen sind, können am wehrbeitragspflichtigen Vermögen nur gekürzt werden, soweit das Ausstattungsversprechen als Schenkung zu gelten hat.

Für die Frage, ob eine als Ausstattung gemachte Zuwendung als eine Schenkung zu betrachten ist, sind nicht nur die Höhe der Zuwendung und ihr Verhältnis zur Vermögenslage des Gebers entscheidend, sondern die gesamten Umstände des Falls. ThürOVG. 18. Sept. 15 Jahrb. 1915, 173.

6. Eine Rente, die für den Verzicht auf eine Zuwendung im Sinne des § 2352 BGB. gewährt wird, fällt nicht unter § 5 Nr. 5. SächsOVG. 29. April 15 AM. 1916, 96.

§ 6.

1. Die Anwendbarkeit der Vorschrift in § 6c entfällt nicht schon dadurch, daß nicht der Bezugsberechtigte, sondern dessen Ehegatte oder Vater im Dienst- oder Arbeitsverhältnis gestanden hat. PrOVG. 9. Juli 15 AM. 1915, 237.

§ 8.

Lit. *Schmoldt, Entnahme des Wehrbeitrags aus der Substanz des Fideikommisses. JW. 1914, 137.*

§ 9.

Abs. 1.

1. Schuldzinsen sind keine abzugsfähigen Schulden im Sinne des § 9. SächsOVG. 21. Jan. 15 AM. 1915, 197.
2. Renten und ähnliche Bezüge, die unter § 6 Buchstabe c fallen, kommen auch für den Abzug vom Vermögen nach § 9 nicht in Betracht. Dies gilt auch für die Person des Erben und das ererbte Vermögen hinsichtlich der vom Erblasser ausgesetzten Renten. PrOVG. 9. Juli 15 AM. 1915, 237 = StA. 1916, 54.
3. Die schuldrechtliche Verpflichtung des im Grundbuch als alleiniger Eigentümer eingetragenen Gesellschafters, das ihm dem vollen Wert nach anzurechnende Grundstück noch immer als gemeinschaftliches Vermögen sämtlicher Gesellschafter zu behandeln, ist mit ihrem Schätzungswerte vom Gesamtvermögen des eingetragenen Gesellschafters abzuziehen. SächsOVG. 14. Okt. 15 Jahrb. 23, 130.
4. Die Abzugsfähigkeit einer Schadensersatzforderung als Schuld bei der Wehrbeitragsveranlagung ist nicht davon abhängig, daß der Nennbetrag der Forderung am Stichtag bereits feststand. BayOVK. 24. Nov. 16 Mitt. 1917, 208.
5. Ausstattungsversprechen. Der Kapitalwert der einem Kinde von den Eltern mit Rücksicht auf seine Verheiratung vertraglich versprochenen Geldrente ist vom beitragspflichtigen Vermögen der Eltern nur abzugsfähig, soweit die Rente rechtlich als Schenkung zu beurteilen ist. SächsOVG. 21. Dez. 14 AM. 1915, 196.

6. — Angemessene Ausstattungsrente ist nicht Schenkung und daher nicht zu kapitalisieren. PrOVG. 8. Nov. 15 StA. 1916, 132.
7. — Abzugsfähige Schuld auf Grund eines Ausstattungsversprechens. PrOVG. 14. April 17 StA. 1917, 256.

Abs. 2.

8. Rückständige Steuerbeträge gehören zu den nicht abzugsfähigen Haushaltungsschulden im Sinne des § 9 Abs. 2 unter a. SächsOVG. 4. März 15 AM. 1915, 199.
9. Die Anwendung des § 9 Abs. 2 Buchstabe b wird nicht dadurch ausgeschlossen, daß der Wert des ausländischen Grund- und Betriebsvermögens den Betrag der für seine Erwerbung und Bewirtschaftung gemachten Aufwendungen nicht erreicht und zur Deckung der für diese Aufwendungen gemachten Schulden nicht ausreicht. BadVG. 25. Sept. 15 AM. 1916, 11.

§ 10.

Abs. 1 Nr. 1.

1. Ausländisches Betriebsvermögen. HessVGH. 21. Okt. 16 E. 3, 155.
2. Ausländisches Grund- und Betriebsvermögen. PrOVG. 5. Dez. 17 JW. 1918, 382 = PrVBl. 39, 354 = StA. 1918, 120.

Abs. 1 Nr. 3.

3. Der Umstand, daß ein Ausländer eine im Verhältnis zum Gesamteinkommen geringfügige Vergütung als Aufsichtsratsmitglied einer inländischen Aktiengesellschaft bezieht, rechtfertigt nicht ohne weiteres die Annahme, daß er sich „des Erwerbes wegen" im Deutschen Reiche aufhalte (§ 10 Nr. I, 3). SächsOVG. 15. April 15 AM. 1915, 216.
4. Beitragspflicht der Ausländer. PrOVG. 6. Okt. 15 StA. 1916, 55.

§ 11.

Lit. Seyffert, Zur Wehrbeitragspflicht ausländischer Aktiengesellschaften. JW. 1915, 1530.

Abs. 1 Nr. 1.

1. Letztes Betriebsjahr. Unter der Bilanz des letzten Betriebsjahrs im Sinne des Abs. 1 Nr. 1 ist die letzte zur Zeit der Vermögenserklärung oder, wenn eine solche nicht abgegeben worden ist, zur Zeit der Veranlagung vorliegende, d. h. von der Generalversammlung der Aktionäre festgestellte, Bilanz zu verstehen. PrOVG. 14. April 15 AM. 1915, 168.
2. — Bei der Veranlagung nach § 11 des WBG. gilt als letztes Betriebsjahr das Jahr, für das bei der Abgabe der Steuererklärung eine fertige Bilanz vorlag. ThürOVG. 30. Okt. 15 Jahrb. 1915, 189.
3. Liquidation. Bei einer in Liquidation befindlichen Aktiengesellschaft ist der ganze in der Bilanz aufgeführte Liquidationsbestand, soweit er nach Rückzahlung des Aktienkapitals sich ergibt und reines, durch Schulden oder sonstige Verpflichtungen nicht vermindertes Vermögen der Gesellschaft darstellt, als ein wirklicher Reservekontenbetrag im Sinne von § 11 Abs. 1 Nr. 1 anzusehen. PrOVG. 9. Juli 15 AM. 1916, 69.

4. — Wehrbeitragspflichtig sind auch solche Aktiengesellschaften, die zur Zeit des Inkrafttretens des Gesetzes sich im Zustande der Liquidation befinden. RG. 4. Juli 16 Recht 1916 Nr. 1641 = WarnRspr. 9, 301 = BA. 10, 442 = JW. 1916, 1343.

5. Wirkliche Reservekontenbeträge. Das in der Bilanz einer Hypothekenbank aufgeführte Pfandbrief-Emissionsagio gehört als wirklicher Reservekontobetrag im Sinne des Abs. 1 Nr. 1 zum beitragspflichtigen Vermögen der Gesellschaft. BayOBR. 23. Okt. 14 Mitt. 1915, 61 = AM. 1915, 97.

6. — Ein Selbstversicherungsfonds gehört als wirkliche Reserve im Sinne des § 11 Abs. 1 Nr. 1 zum beitragspflichtigen Vermögen einer Aktiengesellschaft. BadVGH. 1. Dez. 14 AM. 1915, 13; PrOVG. 13. März 15 AM. 1915, 144; RG. 10. Okt. 16 AM. 1916, 181 = WarnRspr. 9, 473 = Recht 1916 Nr. 2153.

7. — Die Talonsteuerreserve und die Rückstellungen für Reichsstempel anläßlich einer bevorstehenden Ausgabe neuer Aktien gehören nicht zu den beitragspflichtigen wirklichen Reservekontenbeträgen im Sinne des Abs. 1 Nr. 1. PrOVG. 13. März 15 AM. 1915, 141 = ZschrfZollw. 1916, 155.

8. — Zur Begriffsbestimmung der wirklichen Reservekontenbeträge im Sinne des § 11 Abs. 1. PrOVG. 2. Juni 15 StA. 1916, 95.

9. — Die Kriegsversicherungsreserve einer Lebensversicherungsgesellschaft ist kein wirklicher Reservekontenbetrag im Sinne von § 11 Abs. 1 Nr. 1. SächsOVG. 22. Juli 15 Jahrb. 23, 32 = AM. 1916, 97.

10. — Die in der „allgemeinen Reserve“ einer Gesellschaft aus alljährlichen Gewinnrückstellungen „für Bergwerksneuanlagen“ angesammelten Beträge sind, sofern sie über die angemessene Berücksichtigung einer tatsächlich bereits eingetretenen Wertminderung hinausgehen und nur die Möglichkeit der künftigen Einstellung des Betriebs oder künftiger Betriebsstörungen im Auge haben, nicht als Ausgleichsposten für die Wertminderung von Vermögensgegenständen, sondern als Rückstellung für künftig möglicherweise eintretende Verluste und somit als wirklicher Reservekontenbetrag im Sinne des § 11 Abs. 1 Nr. 1 und des § 48 Abs. 1 WBAB. zu erachten, der der Wehrbeitragspflicht unterliegt. BayOBR. 22. Dez. 16 AM. 1917, 63.

11. — Einer durch Generalversammlungsbeschluß zur Ausschüttung an die Aktionäre bestimmten Extradividende kommt die Eigenschaft als wirklicher Reservekontenbetrag bei der Wehrbeitragsveranlagung der Aktiengesellschaft nicht zu. BayOBR. 9. Juni 16 Mitt. 1917, 62 = DStBl. 1, 205.

12. Gewinnvortrag. Zum beitragspflichtigen Gesellschaftsvermögen gehören auch die in der maßgebenden Bilanz vorgesehenen und von der Generalversammlung genehmigten neuen Zuführungen zum Reservefonds, und ebenso ist unter dem Gewinnvortrag im Sinne des Abs. 1 Nr. 1 der in dieser Bilanz enthaltene neue Gewinnvortrag, nicht etwa der Gewinnvortrag aus dem Vorjahr, zu verstehen. BayOBR. 23. Okt. 14 AM. 1915, 97.

Abs. 1 Nr. 2.

13. Das eingezahlte Aktienkapital einer ausländischen Gesellschaft, soweit es dem Unternehmen gewidmet ist, gehört zum Betriebsvermögen. SächsOVG. 1. April 15 AM. 1915, 195.

14. Die Heranziehung einer Aktiengesellschaft, die in der Schweiz ihren Sitz hat, zum Wehrbeitrage gemäß § 11 Abs. 1 Nr. 2 steht nicht im Widerspruche zu Art. 1 des Vertrags zwischen dem Deutschen Reiche und der Schweizerischen Eidgenossenschaft, betreffend Regelung von Rechtsverhältnissen der beiderseitigen Staatsangehörigen im Gebiete des andern vertragschließenden Teiles, vom 31. Okt. 1910 (RGBl. 1911 S. 892). BadVGH. 16. Dez. 14 AM. 1915, 15.

15. Vermögensteile einer ausländischen Aktiengesellschaft, die dem Gesamtunternehmen, also weder dem inländischen, noch dem ausländischen Betrieb allein, gewidmet sind, sind in entsprechender Anwendung des § 3 Abs. 3 des DStG. anteilig zum Wehrbeitrage heranzuziehen. BadVGH. 16. Dez. 14 AM. 1915, 15.

Abs. 2 Nr. 2.

16. Die Befreiungsvorschrift kommt auch den nach Abs. 1 Nr. 2 a. a. O. beitragspflichtigen ausländischen Gesellschaften zugute.

Diese Befreiungsvorschrift findet nur beim Zutreffen der beiden im Gesetze bezeichneten Voraussetzungen Anwendung. PrOVG. 2. Juni 15 AM. 1915, 217.

§ 12.

Abs. 1.

1. Für die Frage der Beitragsfreiheit ist der wirkliche Betrag des Vermögens, nicht der gemäß § 15 Abs. 3 abgerundete Vermögensbetrag entscheidend. PrOVG. 10. April 15 AM. 1915, 168.

Abs. 2.

2. Einkommen. Einkommen ist das auf Grund der Landeseinkommensteuergesetze zuletzt vor oder gleichzeitig mit der Veranlagung des Wehrbeitrags festgestellte steuerpflichtige Einkommen. PrOVG. 5. Mai 15 StA. 1915, 333.

3. — Als Einkommen im Sinne des Abs. 2 hat das gemäß § 31 Abs. 1 festgestellte Einkommen zu gelten. PrOVG. 13. März 15 AM. 1915, 238 = StA. 1916, 54.

4. — Abweichend: Das nach § 31 Abs. 1 festgestellte Einkommen gilt nicht auch als Einkommen im Sinne des § 12 Abs. 2. BraunschwVGH. 21. April 15 AM. 1915, 169.

§ 13.

1. Der Zustand an dem Stichtage für die Beitragspflicht und für die Ermittelung des Vermögenswerts ist auch entscheidend für die Frage, ob Ehegatten dauernd voneinander getrennt leben und demgemäß deren Vermögen getrennt zu veranlagen ist. PrOVG. 12. Mai 15 E. 17, 374.

2. Die Anteile der Kinder an einer fortgesetzten Gütergemeinschaft (nach westfälischem Güterrechte) sind nicht dem beitragspflichtigen Vermögen des überlebenden nutzungsberechtigten Ehegatten zuzurechnen, sondern gehören zum beitragspflichtigen Vermögen der Kinder. BraunschwVGH. 21. April 15 AM. 1915, 145.

§ 14.

1. Die Vorschrift des § 14 betrifft nur das privatrechtliche Rechtsverhältnis zwischen dem Eigentümer und dem Nutznießer. PrOVG. 7. April 15 AM. 1915, 199.

§ 15.

Abs. 2.

1. Wenn für die Bemessung des wehrbeitragspflichtigen gewerblichen Vermögens eines Gesellschafters einer offenen Handelsgesellschaft eine ordnungsgemäß aufgestellte kaufmännische Bilanz maßzugeben hat, so ist der Einwand ausgeschlossen, daß der Verkaufswert des Geschäfts wegen seiner geringen Rentabilität das in der Bilanz ausgewiesene Kapitalkonto tatsächlich nicht erreicht. BayOVK. 31. März 16 Mitt. 1916, 269.

Abs. 3.

2. Auch das beitragsfreie Vermögen, über das ein Feststellungsbescheid erteilt wird, ist auf volle Tausende nach unten abzurunden. PrOVG. 7. April 15 AM. 1915, 167.

§ 16.

1. Der gemeine Wert wird regelmäßig durch die im wirtschaftlichen Tauschverkehre für die zu bewertenden oder für gleiche oder gleichartige Grundstücke tatsächlich erzielten Preise bestimmt. Andere Bewertungsmaßstäbe kommen erst in Betracht, wenn wirklich erzielte Verkaufspreise fehlen oder nicht zu ermitteln sind. Liebhaberwerte sind bei der Veranschlagung des wehrbeitragspflichtigen Vermögens nicht zu berücksichtigen. ThürOVG. 10. Nov. 15 Jahrb. 1915, 194.
2. Geschäftswert einer Apotheke (ohne Realrecht) als Teil des beitragspflichtigen Vermögens. BayOVK. 11. Juni 15 AM. 1915, 213.
3. Bei der Festsetzung des Verkaufswerts eines Miethauses sind Wertsminderungen, die zufolge baupolizeilicher Verfügung bereits sicher vorausgesehen werden können, entsprechend zu berücksichtigen. Bei dieser Festsetzung kann auch der Mietertrag mitberücksichtigt werden. BayOVK. 12. Nov. 15 Mitt. 1916, 134.

§ 17.

Lit. Lion, Wirkung der Grundstücksveranlagung auf den Wehrbeitrag. JW. 1914, 64.

Abs. 1.

1. Für die Ermittelung des Ertragswerts eines Anwesens zur Feststellung des Wehrbeitrags vom Vermögen sind die objektiven Ertragsverhältnisse maßgebend, nicht die durch die persönlichen Verhältnisse des Pflichtigen beeinflußte Höhe der bei der Landes-Einkommensteuerveranlagung ermittelten Einkünfte aus dem Anwesen. BayOVK. 24. Nov. 16 Mitt. 1917, 225.
2. Zugrundelegung des gemeinen Wertes als Ertragswert gemäß § 34 AusfBest. BadVGH. 27. April 15 AM. 1915, 166.

Abs. 2.

3. Der Wert der persönlichen Tätigkeit des Wirtschafters und der Mitarbeit seiner Angehörigen hat bei der Ermittelung des Ertragswerts von verpachteten landwirtschaftlichen Grundstücken außer Betracht zu bleiben. SächsOVG. 21. Jan. 15 AM. 1915, 197.

Abs. 3.

4. Gesichtspunkte für die Frage, ob für ein Hausgrundstück der Ertragswert oder der gemeine Wert maßgebend ist. PrOVG. 27. Sept. 16 StA. 1917, 23.
5. Bebauung. Gesichtspunkte für die Prüfung der ortsüblichen Bebauung und Benützung. PrOVG. 2. Juni 15 StA. 1915, 315.
6. — Die Frage, ob die Bebauung eines Grundstücks der ortsüblichen Bebauung entspricht, ist lediglich nach dem tatsächlichen Zustande und unabhängig davon zu entscheiden, ob das Grundstück etwa durch eine andere Art der Bebauung besser genutzt werden kann. ThürOVG. 10. Nov. 15 Jahrb. 1915, 194.
7. — Bei Prüfung der Ortsüblichkeit der Bebauung und Benutzung (§ 17 Abs. 1) sind als allein maßgebend die wirklich vorhandenen tatsächlichen Verhältnisse des betreffenden Ortsteils oder Ortes zu berücksichtigen. PrOVG. 20. Dez. 15 AM. 1916, 70.
8. Ein bei einem Hausgrundstücke befindliches Gartengrundstück bildet mit diesem keine wirtschaftliche Einheit und es sind beide Grundstücke nicht gemäß § 22 Abs. 3 der WBAB. einheitlich zu bewerten, wenn das Gartengrundstück sich als selbständig verwertbares Bauland darstellt, demnach eine Verschiedenheit in der Art der ferneren wirtschaftlichen Nutzung der beiden Grundstücke besteht. BayOVK. 12. Mai 16 Mitt. 1917, 20 = AM. 1916, 165.

Abs. 4.

9. Feuerversicherungsprämien und die von dem Grundeigentum zu entrichtenden direkten Kommunalsteuern gehören nicht zu den Nebenleistungen und Instandhaltungskosten im Sinne des § 17 Abs. 4. PrOVG. 20. Dez. 15 AM. 1916, 70.

§ 19.

1. Der nach § 19 Satz 2 nach freiem Ermessen zu schätzende Wert der Aktien ohne Börsenkurs usw. ist nicht der Ertragswert, sondern nichts anderes als der gemeine oder Verkaufswert. PrOVG. 3. November 15 AM. 1916, 71.
2. Bei der Feststellung des wehrbeitragspflichtigen Vermögens sind Anteile von Gesellschaften m. b. H. nicht mit dem Nennwerte, sondern grundsätzlich mit dem Verkaufswerte anzusetzen. ThürOVG. 24. Februar 15 Jahrb. 15, 32.

§ 20.

1. Bei der Veranschlagung von Kapitalforderungen ist, wenn die Forderungen unsicher sind, zu prüfen, ob nicht etwa die Unsicherheit eine vom Nennwert abweichende Bewertung bedingt. ThürOVG. 24. Febr. 15 Jahrb. 1915 S. 32.

§ 21.

1. In Fällen, in denen der Tatbestand des § 21 und des § 22 zutrifft, ist in Preußen zu verfahren, wie in § 13 Nr. IV preuß. ErgStG. für die Ergänzungssteuer vorgeschrieben ist. PrOVG. 10. April 15 AM. 1915, 170.

§ 22.

1. Vgl. zu § 21 unter Nr. 1.

§ 28.

1. Hat der Erblasser ein Vermächtnis in der Weise ausgesetzt, daß es erst zu einem in der Zukunft liegenden Zeitpunkt an diesen Zeitpunkt erlebende, nach einer bestimmten Reihenfolge berechtigte Personen auszuzahlen ist, so kann der am 31. Dezember 1913 vorhandene Vermächtnisbetrag vom beitragspflichtigen Vermögen des Erben gemäß §§ 26 bis 30 dann nicht abgezogen werden, wenn möglicherweise der Erbe selbst Empfangsberechtigter ist. BayOVG. 9. Juli 15 Mitt. 1916, 34 = AM. 1915, 218.

§ 30.

1. Die Gleichstellung der befristeten Rechte mit den bedingten gilt nur, wenn der Erwerb des Rechtes, nicht bloß dessen Geltendmachung, von dem befristeten Ereignis abhängt. WüVG. 28. April 15 AM. 1915, 171.

§ 31.

Abs. 1.

1. Für die Veranlagung des Wehrbeitrags vom Einkommen ist das landesrechtlich festgestellte Einkommen für das Steuerjahr 1914 maßgebend. Einwendungen gegen diese Festsetzung können nur im Rechtsmittelverfahren gegen die landesrechtliche Einkommensteuerveranlagung, nicht aber im Rechtsmittelverfahren wegen der Wehrbeitragsveranlagung geltend gemacht werden. BayOVG. 31. März 16 Mitt. 16, 271.
2. Der Wehrbeitrag eines Pflichtigen, der bei der gleichzeitig mit der Wehrbeitragsveranlagung erfolgten, nach § 41 der AB. als maßgebend erklärten Einkommensteuerveranlagung nicht zur Einkommensteuer zu veranlagen ist, weil er den landesrechtlichen, nach dem 31. Dezember 1913 liegenden Stichtag nicht mehr erlebt hat, ist von dem bei der vorangegangenen Veranlagung festgestellten Einkommen zu berechnen. PrOVG. 29. Mai 15 AM. 1915, 241.

Abs. 2.

3. Der Abzug gemäß Abs. 2 ist vom eigenen beitragspflichtigen Vermögen auch dann zu berechnen, wenn die Erträge dieses Vermögens dem Einkommen eines Dritten zufließen. PrOVG. 12. Mai 15 AM. 1915, 221.
4. Abgabepflichtiges Vermögen im Sinne des Abs. 2 ist grundsätzlich nur das eigene Vermögen des Einkommenberechtigten. § 44 Abs. 1 AB. läßt eine analoge Anwendung auf andere Fälle als die der familienrechtlichen Nutznießung nicht zu. PrOVG. 7. April 15 AM. 1915, 144 = ZschrfZollw. 1916, 157.

§ 33.

Abs. 1.

1. Für die Ermäßigung des Wehrbeitrags gemäß §§ 33 Abs. 1 kommen nur Kinder in Betracht, denen der Pflichtige in der Hauptsache den gesamten Lebensunterhalt gewährt. PrOVG. 22. Sept. 15 AM. 1916, 14.

Abs. 2.

2. Auf die Ermäßigung des Wehrbeitrags wegen Ableistung der Militärdienstpflicht von Söhnen hat der Steuerpflichtige schon dann Anspruch, wenn entweder sein Vermögen oder sein Einkommen unter der vorgesehenen Wertgrenze bleibt. ThürOVG. 9. Juni 15 Jahrb. 1915, 126.

§ 35.

Abs. 1.

1. In Preußen haben die Gemeinden für die Mitwirkung bei der Veranlagung und Erhebung des Wehrbeitrags keine besondere Vergütung zu beanspruchen. RG. 11. Oktober 15 AM. 1916, 73 = JW. 1919, 432.

§ 44.

1. § 44 gilt nur für das Veranlagungsverfahren bis zum Beginn des Rechtsmittelverfahrens. BayOVK. 12. Mai 16 DStBl. 1, 291.

§ 47.

Abs. 1.

1. Auch das beitragsfreie Vermögen, über das ein Feststellungsbescheid erteilt wird, ist auf volle Tausende nach unten abzurunden. PrOVG. 7. April 15 AM. 1915, 167.

§ 48.

1. Eine mündliche Anbringung des Rechtsmittels gibt es nicht. Wer die Schriftform nicht wählt, kann nur noch die Erklärung zu Protokoll anwenden. Bei dieser Form ist es Sache des Beitragspflichtigen, Sorge zu tragen, daß ein Protokoll über die Berufungseinlegung auch wirksam aufgenommen wird. PrOVG. 10. April 15 E. 17, 459.

§ 54.

Lit. Daue, Berichtigung des Wehrbeitrags unter dem Einfluss der Besitz- und Kriegssteuer. StA. 1917, 89. — Fiege, JW. 1918, 166.

1. Der Steuerpflichtige hat keinen Anspruch auf Neuveranlagung. BadVGH. 24. September 18 AM. 1918, 113 = JW. 1919, 125; ThürOVG. 15. Januar 19 Jahrb. 1919, 5; RFH. 6. März 19 S. 1, 43 = AM. 1919, 256 = DJZ. 1919, 512 = DStZ. 8, 81 = JW. 1919, 596 = StA. 1919, 146 = AllgStR. 2, 202; RFH. 1. Juli 19 AM. 1919, 256. Früher abweichend: BadVGH. 19. Februar 18 JW. 1918, 463.

2. Liegt ein nach dem Wehrbeitragsgesetze festgestelltes Vermögen im Sinne von § 20 BStG. nicht vor, obgleich es an sich vorliegen sollte, so ist diese Feststellung im Wehrbeitragsverfahren und nach den Bestimmungen des Wehrbeitragsgesetzes nachzuholen. RFH. 28. Okt. 19 S. 1, 270.

§ 68.

Lit. *Heinitz, Ist der Generalpardon nur bei strafbarer Steuerhinterziehung anwendbar? DJZ. 1916, 226. — Conrad, Der Generalpardon vor dem Reichsgericht und dem Kammergericht. DJZ. 1915, 509. — Conrad, Der Generalpardon vor dem Reichsgericht. DJZ. 1916, 322. — Lion, JW. 1914, 62. — Buck, JW. 1914, 67. — Menner, Der Generalpardon des Wehrbeitragsgesetzes. BlBayFW. 22, 57. — Held, Desgleichen. BlBayFW. 22, 201. — Schlosser, Der Generalpardon usw. JW. 42, 1142. — Marcuse, Zum Wehrbeitragsgesetz. JW. 1914, 27.*

1. **Unbekanntes Vermögen oder Einkommen.** § 68 findet keine Anwendung in Fällen, in denen das Vorhandensein früher verheimlichten Vermögens oder Einkommens vor Abgabe der Erklärung nach § 68 der Steuerbehörde bereits bekannt geworden ist.

Der Anspruch auf den sog. Generalpardon hängt nicht davon ab, daß die nunmehrigen Angaben über Vermögen oder Einkommen völlig wahrheitsgemäß sind; die Vergünstigung des § 68 greift vielmehr auch bei einer bloßen Teilangabe von Vermögen oder Einkommen hinsichtlich des angegebenen Teiles Platz. RGStr. 27. Juni 14 AM. 1914, 237 = Recht 1915 Nr. 1268 = StA. 1914, 210 = BlBayFW. 23, 25; RGStr. 30. Juni 14 E. 48, 303 = AM. 1914, 240 = Recht 1915 Nr. 869 = BlBayFW. 23, 29 = ZschrfZollw. 1915, 185. Vgl. Nr. 10.

2. — Die Angabe eines bisher der Besteuerung durch den Bundesstaat oder eine Gemeinde entzogenen Vermögens oder Einkommens befreit nur dann von Strafe und Nachzahlung, wenn zur Zeit der Angabe das in Frage kommende Vermögen oder Einkommen noch nicht bereits der Steuerbehörde aufgedeckt und dadurch der Besteuerung zugänglich gemacht war. SächsOVG. 26. Okt. 14 Jahrb. 22, 61; 4. März 15 Jahrb. 22, 318.

3. — Die Entziehung der Steuer muß der Steuerbehörde erst durch die Angaben des Beitragspflichtigen **bei einer der im § 68 bezeichneten Veranlagungen** bekannt geworden sein, um ihn von der landesgesetzlichen Strafe und der Verpflichtung zur Nachzahlung der Steuer für frühere Jahre zu befreien. PrOVG. 9. Jan. 15 AM. 1915, 101.

4. — „Der Besteuerung entzogen" ist nicht gleichbedeutend mit „nicht besteuert", sondern weist auf eine Tätigkeit des Steuerpflichtigen hin, die auf Herbeiführung der Nichtbesteuerung abzielt. Daher endet die „Entziehung" nicht erst mit der Heranziehung zur Steuer, sondern mit der Entdeckung des Vermögens oder Einkommens, das verborgen und entzogen wurde. RGStr. 8. Febr. 15 Recht 1915 Nr. 1270.

5. — Die Steuerbefreiung tritt nicht ein, wenn schon vor Abgabe der Wehrbeitragserklärung der Steuerbehörde das Vermögen oder Einkommen des Steuerpflichtigen bekannt war. RGStr. 10. Dezember 15 Recht 1916 Nr. 380 = StA. 1916, 95.

6. — Eine Angabe von Vermögen oder Einkommen ist nicht mehr möglich, sobald dieses anderweit amtlich ermittelt und bekannt geworden ist, gleichviel ob mittels Strafverfahrens oder außerhalb eines solchen; eine solche Aufdeckung ist möglich auch schon vor Erlaß eines gerichtlichen Urteils. Andererseits aber schließt die Einleitung eines Strafverfahrens als solche nicht notwendig die Möglichkeit freiwilliger Klarstellung durch die Beitragspflichtigen und deren strafbefreiende Wirkung aus. RGStr. 19. Jan. 17 Recht 1917 Nr. 753.

7. — § 68 kann keine Anwendung finden, wenn das Einkommen oder Vermögen bereits vor der Angabe des Steuerpflichtigen von der Steuerbehörde selbst mittelbar oder unmittelbar als Grundlage für die Besteuerung ermittelt war, so daß das hinterzogene Einkommen oder Vermögen auch ohne die Angabe des Pflichtigen zur Steuer herangezogen werden konnte. BayOVK. 27. April 17 Mitt. 17, 339.

8. — Insbes. Schweben des Strafverfahrens: RG. 25. Jan. 15 StA. 1915, 52.

9. — Die Anwendbarkeit des § 68 wird nicht dadurch beseitigt, daß wegen der Steuerhinterziehung bereits ein landesgesetzliches Strafverfahren eingeleitet worden ist. RGStr. 12. Febr. 15 E. 49, 188 = AM. 1915, 102 = Recht 1915, 1271 = ZschrfZollw. 1916, 27.

10. — Nach Einleitung eines Strafverfahrens wegen Steuerhinterziehung kann eine Angabe im Sinne und mit der Wirkung des § 68 nicht mehr gemacht werden.

§ 68 ist auch bei teilweiser Angabe bisher der Besteuerung entzogenen Vermögens oder Einkommens anwendbar. RGStr. 27. Juni 14 E. 48, 372.

11. — Die Einleitung eines Strafverfahrens wegen Einkommensteuerhinterziehung steht an sich dem nicht entgegen, daß der Pflichtige sich Freiheit von der Steuerstrafe durch wahrheitsgemäße Angabe des der Besteuerung entzogenen Vermögens oder Einkommens sichert. Ausgeschlossen ist die Vergünstigung nur dann, wenn durch die Untersuchung das der Besteuerung entzogene Vermögen oder Einkommen bereits aufgedeckt oder durch Erklärungen des Pflichtigen oder sonstwie zur Kenntnis der Behörde gelangt ist. Ein begründeter starker Verdacht genügt nicht, um die Rechtswohltat auszuschließen. Auch solchen Erklärungen, die erst im Laufe des Veranlagungsverfahrens zur Ergänzung von unvollständigen Erklärungen abgegeben werden, kommt die befreiende Wirkung zu. RGStr. 22. Mai 17 Recht 1917 Nr. 1541; 12. Juni 17 LZ. 11, 1089. Vgl. auch Nr. 24.

12. — Eingeleitetes Nachzahlungsverfahren: § 15 Abs. 2 Ausf.-Best. enthält keine Aenderung oder Ergänzung des § 68 WBG.; er gibt nur eine zutreffende Erläuterung seines wahren Inhalts wieder. Er ist nicht so zu verstehen, als ob schon jede Handlung der Steuerbehörde, die auf Grund einer noch unbestimmten Vermutung vorgenommen wird, um zu ermitteln, ob der Pflichtige nicht steuerpflichtiges Vermögen oder Einkommen verschwiegen hat, die Anwendung des § 68 WBG. ausschließen würde. Die Wohltat des Gesetzes soll sich vielmehr nur auf solche Beträge nicht erstrecken, die der Steuerbehörde bereits mit Zuverlässigkeit derart bekannt geworden sind, daß sie ohne ein Geständnis des Pflichtigen zur Besteuerung herangezogen werden können. Ohne Belang ist es, ob der Pflichtige von dem gegen ihn eingeleiteten Verfahren Kenntnis erhalten hat oder nicht.

Wenn sich die Strafbemessung nach der Höhe der hinterzogenen Steuer zu richten hat, so können nur die Beträge des Vermögens oder Einkommens, die der Steuerbehörde bereits bekannt waren, berücksichtigt werden. BayObLG. 4. Juli 14 AM. 1914, 268.

13. — Abweichend: Begriff der Einleitung des Nachzahlungsverfahrens. Ungültigkeit von § 15 Abs. 2 AB. SächsOVG. 4. Februar 15 JW. 1915, 367.

14. Veranlagung. Begriff: RG. 22. Februar 16 JW. 1916, 749.
15. — Die Angabe von Vermögen und Einkommen lediglich in einem die Berichtigung des Steuersolls der Vergangenheit bezweckenden Nachzahlungsverfahren ist nicht geeignet, die Rechtswohltat des § 68 zu begründen. RGStr. 12. Februar 15 E. 49, 181 = AM. 1915, 65 = Recht 1915 Nr. 1021 = ZschrfZollw. 1916, 28.
16. — Unter Veranlagung ist das Verfahren der Steuerbehörde zu verstehen, das sich mit Ermittelung von Vermögen oder Einkommen zum Zweck der Festsetzung eines künftighin zu entrichtenden Steuerbetrages befaßt und mit der Festsetzung des Steuersatzes und dessen Bekanntgabe an den Pflichtigen endet. Daher ist das Verfahren zur Ermittelung einer Pflicht zur Nachsteuerentrichtung keine Veranlagung. RGStr. 15. Februar 16 Recht 1916 Nr. 802.
17. — Abweichend: Als Veranlagung im Sinne von § 68 gilt auch die im Nachzahlungsverfahren erfolgende Feststellung des nachzuentrichtenden Steuerbetrages. SächsOVG. 22. Juli 15 Jahrb. 23, 32.
18. Die Befreiung von Strafe und Nachzahlung tritt nicht ein, wenn ein Beitragspflichtiger bisher der Besteuerung entzogenes Vermögen oder Einkommen noch vor dem Inkrafttreten des Wehrbeitragsgesetzes, wenn auch unter Bezugnahme auf das letztere, angegeben hat. RGStr. 1. Juli 14 Recht 1914 Nr. 2364; SächsOVG. 26. Okt. 14 Jahrb. 22, 64.
19. Der Generalpardon ist auch noch in der Revisionsinstanz zu berücksichtigen und seine Voraussetzungen sind dort selbständig festzustellen. RGStr. 1. Juli 14 Recht 1914 Nr. 2364.
20. Umfang und Wirkung der Erklärung. Die Erklärung des Steuerpflichtigen, daß er sein steuerbares Einkommen nunmehr so angebe, wie es gegenüber seiner seitherigen Bestreitung ein Sachverständiger im Verwaltungsstrafverfahren geschätzt und berechnet habe, vermag die Strafbefreiung aus § 68 nicht zu begründen. RGStr. 23. Dezember 14 E. 49, 59 = Recht 1915 Nr. 416 = StA. 1915, 9. Vgl. auch zu Nr. 24.
21. — Anwendung des § 68 bei erschöpfendem Einbekenntnis der festen und Verschweigung schwankender Berufseinkünfte. BayOVK. 12. Nov. 15 Mitt. 16, 142.
22. — Die wahre Angabe des Vermögens bei der Veranlagung zum Wehrbeitrage zieht die Wirkung des § 68 auch hinsichtlich der Einkommensteuer nach sich, soweit das bisher der Besteuerung entzogene Einkommen aus dem angegebenen Vermögen herrührt. SächsOVG. 9. Dezember 15 Jahrb. 23, 132. Vgl. auch zu Nr. 1.
23. — Die richtige Vermögensangabe bei der Wehrbeitragsveranlagung genügt im allgemeinen, um den Beitragspflichtigen auch vor der Steuernachholung und Strafe wegen früherer Verschweigung der Einkünfte aus dem angegebenen Vermögen zu schützen. BayOVK. 13. April 17 Mitt. 17, 319.
24. Daß der Steuerpflichtige sein Einkommen aus Vermögen in einem andern als dem berechtigten Bundesstaat ordnungsmäßig versteuert hat, schließt die Anwendung des § 68 nicht aus.

Einkommen und Vermögen ist als im Sinne des § 68 „der Besteuerung entzogen“ anzusehen, wenn die Besteuerung infolge der Unterlassung einer unter Strafandrohung vorgeschriebenen Anmeldung unterblieben war, auch sofern die Unterlassung nicht absichtlich geschah und solche Unterlassungen in den Landessteuergesetzen nicht als „Hinterziehungen" bezeichnet werden.

Die an Sicherheit grenzende Wahrscheinlichkeit, daß die Einkommens- und Vermögenssteuerpflicht anläßlich der Heranziehung zum Wehrbeitrag entdeckt wird, genügt nicht, um die Anwendbarkeit des § 68 auszuschließen. ThürOVG. 10. November 15 Jahrb. 1915, 198.

25. § 68 findet nur auf Personen Anwendung, die nach der Höhe ihres Vermögens oder Einkommens einen Wehrbeitrag zu zahlen haben. RGStr. 12. Januar 15 E. 49, 357 = AM. 1915, 45 = Recht 1915 Nr. 1269.

26. Die Frage, ob und in welcher Weise ein unter Verletzung des § 68 eingezogener Wehrbeitrag zurückgefordert werden kann, richtet sich nach Landesrecht. KG. 4. Januar 16 JW. 1916, 675 = Recht 1916 Nr. 857.

17.

Zuwachssteuergesetz

vom 14. Februar 1911 (RGBl. S. 33).

Abgeändert durch Gesetz über Aenderungen im Finanzwesen vom 3. Juli 1913 § 1 (RGBl. S. 521).

(ZStG.)

I. Zum Abänderungsgesetz.

Lit. Schultzenstein, Rechtsgültigkeit des Zuwachssteuergesetzes. DJZ. 1915, 191.

§ 1.

1. Gültigkeit des Zuwachssteuergesetzes. Der durch § 1 Abs. 2 bis 5 des Gesetzes über Aenderungen im Finanzwesen vom 3. Juli 1913 erfolgten reichsgesetzlichen Regelung der Zuwachssteuer unter Aufrechterhaltung des Zuwachssteuergesetzes vom 14. Februar 1911 stehen die Vorschriften der Reichsverfassung nicht entgegen. SächsOVG. 1. Juli 14 AM. 1914, 288 = DJZ. 1914, 1215; PrOVG. 6. November 14 E. 68, 45 = AM. 1915, 1.
2. — Die Behauptung einer Verfassungswidrigkeit des Zuwachssteuergesetzes vom 14. Februar 1911 oder seiner Abänderung durch das Gesetz vom 3. Juli 1913 über Aenderungen im Finanzwesen ist im Prozesse nicht beachtlich. RG. 11. Januar 16 AM. 1916, 43 = WarnRspr. 9, 141.
3. Gültigkeit früherer Gemeindesatzungen. Für die Weitererhebung des Reichsanteils an der Zuwachssteuer zugunsten der Gemeinden (Gemeindeverbände) gemäß § 1 Abs. 4 Nr. 1 des Gesetzes über Aenderungen im Finanzwesen vom 3. Juli 13 (RGBl. S. 521) ist der Einwand der Ungültigkeit der früheren Gemeindeordnung unbeachtlich. PrOVG. 6. Juli 15 AM. 1915, 233 = DJZ. 1917, 905.
4. — Zuwachssteuerveranlagungen auf Grund einer nach § 1 Abs. 4 Nr. 2 des Gesetzes über Aenderungen im Finanzwesen vom 3. Juli 1913 (AM. S. 161) in Geltung belassenen Gemeindesteuerordnung sind rechtlich zulässig. PrOVG. 18. Januar 16 AM. 1916, 105.
5. Die Weitererhebung des Reichsanteils an der Zuwachssteuer nach § 1 Abs. 4 Nr. 1; die nach dem 1. April 1909 Eingemeindungen vorgenommen haben, ist nur in dem Umfang zulässig, als sie nach § 60 Abs. 1 ZStG. entschädigungsberechtigt waren. Sie scheidet demnach für eingemeindete, nicht entschädigungsberechtigte Ortsteile aus. PrOVG. 3. Dezember 15 AM. 1916, 59.

II. Zuwachssteuergesetz.

§ 1.

Lit. Boethke, Zum Begriff des Eigentumsübergangs im Sinne des ZStG. DJZ. 1912, 92.

Abs. 1.

1. Allgemeines. Als „ohne Zutun des Eigentümers entstandener Wertzuwachs" im Sinne des § 1 Abs. I hat nur der zu gelten, der sich bei Anwendung der einzelnen Vorschriften des Gesetzes als steuerpflichtig erweist. BadVGH. 8. Juli 12 AM. 1912, 94; PrOVG. 18. April 12 AM. 1912, 133; 19. Sept. 12 AM. 1912, 200; BayVGH. 18. Okt. 15 E. 36, 215.

2. — Ein Zuwachs liegt auch vor, wenn der Veräußerer den Gewinn Dritten herausgeben muß. SächsOVG. 19. Februar 16 Jahrb. 23, 259.

3. — Die Steuerpflicht ist gemäß den Einzelvorschriften des Gesetzes auch dann begründet, wenn der bisherige Eigentümer durch die Veräußerung keinen wirtschaftlichen Vorteil erlangt hat. ThürOVG. 1. März 16 Jahrb. 1916, 37.

4. — Der Unterschied zwischen Erwerbspreis und Veräußerungspreis gilt als steuerpflichtiger Zuwachs im Sinne des § 8 Abs. 1 ohne Rücksicht darauf, ob der Zuwachs auf erlaubter oder verbotener Verwendung des Grundstücks beruht. SächsOVG. 3. März 13 Jahrb. 20, 231.

5. — Die Vorschriften des Gesetzes finden auch Anwendung, wenn Erwerb und Veräußerung des Grundstücks am gleichen Tage stattgefunden haben. BayVGH. 25. Juni 17 E. 38, 189

6. Uebergang des Eigentums. Die Steuerpflicht entsteht nach § 1 lediglich durch den Uebergang des Eigentums an Grundstücken; daß auch der frühere Erwerb der Grundstücke als abgeleiteter Eigentumserwerb oder wenigstens auf Grund eines privatrechtlichen Titels sich vollzogen haben müsse und daß der Steuergläubiger dies nachzuweisen habe, bestimmt das Gesetz nicht. PrOVG. 1. Mai 14 E. 67, 46.

7. — Die Erhebung von Zuwachssteuer ist zulässig bei einer Auseinandersetzung zwischen zwei Gesellschaftern, die die Teilung des vertragsmäßig gemeinsamen, jedoch nur auf den Namen des einen Gesellschafters im Grundbuche eingetragenen Grundbesitzes bezweckt und in der Weise durchgeführt wird, daß der andere Gesellschafter einen Teil des Grundbesitzes zum alleinigen Eigentum überlassen erhält. SächsOVG. 26. September 14 Jahrb. 22, 160.

8. — Steuerberechnung bei Umwandlung des Gesamthandseigentums von Eheleuten in Sondereigentum eines Ehegatten. PrOVG. 6. November 14 E. 68, 45.

9. — Die Umwandlung einer offenen Handelsgesellschaft in eine dieselben Personen umfassende Gesellschaft des BGB. schafft keine neue Rechtspersönlichkeit. Die mit der Umwandlung verknüpfte Grundstücksübertragung ist kein steuerpflichtiger Eigentumsübergang. PrOVG. 28. Juni 18 E. 74, 6.

10. — Ein steuerpflichtiger Rechtsvorgang im Sinne der §§ 1, 4 liegt auch dann vor, wenn ein in fremdem Auftrag auf eigenen Namen erworbenes Grundstück vom Erwerber, nachdem er bürgerlich-rechtlicher Eigentümer geworden ist, zur Erfüllung der aus dem Auftragsverhältnisse sich ergebenden Verpflichtungen seinem Auftraggeber übertragen wird. SächsOVG. 20. Okt. 13 AM. 1913, 304.

11. — Die Veräußerung eines Erbanteils an einer Nachlaßmasse, zu der Grundbesitz gehört, stellt keinen steuerpflichtigen Rechtsvorgang im Sinne des ZStG. dar. PrOVG. 5. Jan. 15 AM. 1915, 57.

12. — Die Abtretung von Grundbesitz zu Straßenbauzwecken ist entgeltlich und der Zuwachssteuer unterworfen auch dann, wenn die Pflicht der Gemeinde zur Zahlung der festgesetzten Entschädigung durch Befreiung des Veräußerers von Straßenkostenbeiträgen erfüllt wird. BadVGH. 27. Dez. 12 AM. 1913, 44.

Abs. 2.

13. Teilveräußerung. Eine Teilveräußerung im Sinne des § 1 Abs. 2 liegt nicht vor, wenn von mehreren Miteigentümern nach Bruchteilen sämtliche je ihren ganzen Anteil veräußern. PrOVG. 1. Juli 12 E. 62, 32 = AM. 1912, 118; 26. September 12 E. 62, 34 = AM. 1912, 120.

14. — Veräußerung eines Anteils beim Bruchteilseigentum gilt nicht als Teilveräußerung. BadVGH. 16. April 13 AM. 1913, 179.

15. — Die gleichzeitige Veräußerung mehrerer Grundstücke durch einen Kaufvertrag ist auch dann als ein einheitlicher Rechtsvorgang im Sinne des § 1 zur Zuwachssteuer zu veranlagen, wenn die Grundstücke getrennt erworben worden sind, sofern nur zwischen den einzelnen veräußerten Grundstücken hinsichtlich der Preisbildung, der Gewinn- und Verlustrechnung ein sachlicher Zusammenhang besteht. BadVGH. 8. Okt. 13 AM. 1913, 280.

16. — Bei gleichzeitiger Veräußerung einzelner Parzellen eines einheitlich erworbenen Grundstücks an verschiedene Erwerber stellt jeder einzelne Erwerbsfall einen selbständigen Steuerfall dar. PrOVG. 31. Okt. 13 AM. 1914, 86.

17. — Die Uebertragung von Teilen eines Gesamtgrundbesitzes in einer Versteigerung an einen und denselben Erwerber durch verschiedene Zuschläge bedeutet einen einheitlichen Rechtsvorgang im Sinne der §§ 1, 4. Kais. Rat in Els.-Lothr. 9. Mai 14 AM. 1915, 29.

18. Eigentumseinheit. Die Entstehung eines Gesamtgrundstücks im Sinne des § 1 Abs. 2 setzt nicht nur wirtschaftliche, sondern auch Eigentumseinheit voraus, ist also unmöglich, wenn die Grundfläche verschiedenen Personen gehört. PrOVG. 29. April 13 E. 64, 82 = AM. 1913, 198.

19. — Für den Begriff des Gesamtgrundstücks als des zu einer wirtschaftlichen Einheit zusammengefaßten Grundbesitzes ist nicht erforderlich, daß seine sämtlichen Bestandteile gleichzeitig und zusammen erworben wurden, wohl aber, daß das Gesamtgrundstück im Zeitpunkte des Eintritts des Steuerfalls im Eigentum eines Rechtssubjekts steht. BayVGH. 18. Okt. 15 E. 36, 215.

20. — Zum Begriffe des Gesamtgrundstücks gehört nicht nur ein rein wirtschaftlicher Zusammenhang der einzelnen Grundflächen, sondern auch Eigentumseinheit. Jedoch ist nicht ausschließliches Eigentum des Veräußerers an dem ganzen Grundbesitz erforderlich, vielmehr umfaßt das Gesamtgrundstück neben dem dem Berechtigten allein gehörigen Grundbesitz auch den ihm allein gehörigen ideellen Bruchteil an gemeinschaftlichem Grundbesitze, sowie den Grundbesitz oder Grundbesitzbruchteil, an dem zwischen ihm und anderen Personen eine Eigentumsgemeinschaft zur gesamten Hand besteht. Dagegen haben solche Grundstücke oder ideelle Bruchteile, die ausschließlich anderen Personen gehören, bei der Bestimmung des Gesamtgrundstücks auszuscheiden. PrOVG. 19. März 18 E. 74, 1.

21. Wirtschaftliche Einheit. Für die Entscheidung der Frage, ob mehrere Parzellen zu einer wirtschaftlichen Einheit gehören, ist das Merkmal der einheitlichen Bewirtschaftung maßgebend. Als einheitliche Bewirtschaftung ist nicht schon eine gleichartige Nutzung anzusehen. Vielmehr ist erforderlich, daß die Gesamtheit der Parzellen zu einem einheitlichen Wirtschaftsbetriebe derart vereinigt ist, daß die mehreren Parzellen wirtschaftlich aufeinander angewiesen sind. BadVGH. 25. Sept. 12 AM. 1912, 155.

22. — Bei der Beurteilung, ob mehrere Grundstücke als eine wirtschaftliche Einheit zu gelten haben, ist auf die Verkehrsanschauung, örtliche Gewohnheit, historische Zusammengehörigkeit und darauf Rücksicht zu nehmen, ob die Grundstücke wirtschaftlich aufeinander angewiesen sind.

Die Tatsache allein, daß in einer Hand vereinigte landwirtschaftliche Grundstücke durch Verpachtung gleichartig verwertet werden, genügt für die Annahme einer wirtschaftlichen Einheit nicht, wenn in der Bewirtschaftung räumlich und sachlich jeder Zusammenhang fehlt. BadVGH. 25. September 12 AM. 1912, 152.

23. — Für den Begriff des Gesamtgrundstücks ist die wirtschaftliche Einheit entsprechend der Verkehrsauffassung maßgebend. PrOVG. 2. Dez. 12 DJZ. 1913, 870.

24. — Für den Begriff Grundstück beziehungsweise Gesamtgrundstück im Sinne des § 1 Abs. 2 ist ausschließlich die wirtschaftliche Einheit des Besitzes, nicht aber der örtliche Zusammenhang erforderlich, der nur für die Anwendung des § 20 Abs. 3 verlangt wird. HessVGH. 21. Dezember 12 AM. 1913 S. 90.

25. — Mehrere Hausgrundstücke eines Eigentümers bilden eine wirtschaftliche Einheit, wenn sie nach Lage der Verhältnisse vor der die Steuerpflicht begründenden Veräußerung einem einheitlichen wirtschaftlichen Zwecke, z. B. der Ausübung eines Gewerbebetriebs, zu dienen bestimmt waren. PrOVG. 11. Juli 12 E. 62, 43 = AM. 1912, 149 = DJZ. 1913, 470; 16. Januar 13 AM. 1913, 67.

26. — Für die Zusammenfassung mehrerer Grundstücksteile zu einer wirtschaftlichen Einheit im Sinne des ZStG. ist nicht erforderlich, daß die Grundstücksteile räumlich zusammenhängen oder auch nur in derselben Gemeinde liegen. Sie brauchen auch weder gleichzeitig erworben zu sein, noch von dem Eigentümer selbst bewirtschaftet zu werden. WüVGH. 1. Oktober 13 AM. 1913, 277.

27. — Der Begriff Grundstück (Gesamtgrundstück) im § 1 ist kein rechtlicher, sondern ein wirtschaftlicher.

Der Begriff der „wirtschaftlichen Einheit" erfordert keine rechtliche Einheit des zu einem wirtschaftlichen Zwecke verbundenen Grundbesitzes, wohl aber der Begriff des Gesamtgrundstücks im Sinne des § 1 Abs. 2. ThürOVG. 14. Jan. 14 Jahrb. 1914, 8.

28. — Eine wirtschaftliche Einheit eines Grundstückes liegt nur vor, wenn die Bewirtschaftung der einzelnen Grundstücksteile nach einem einheitlichen Gesichtspunkt zur Erreichung eines einheitlichen wirtschaftlichen Zieles geleitet wird.

Die tatsächliche Verwendung der Wirtschaftsergebnisse — der Einnahmen — zu gleichem Zweck ist nicht entscheidend. PrOVG. 6. Febr. 14 AM. 1914, 153.

29. — Die wirtschaftliche Einheit eines Grundbesitzes des Veräußerers wird durch die dem Eigentumswechsel vorausgehende Uebergabe und Nutzungsüberlassung an den späteren Erwerber auch dann nicht aufgehoben, wenn die Uebergabe und Nutzungsüberlassung auf Grund der Bestimmungen über die Enteignung des Grundeigentums stattfinden. PrOVG. 7. Nov. 16 E. 72, 1.

30. Befreiungsgrenze. Die Frage, ob das veräußerte Teilgrundstück sich innerhalb der Preisgrenze des § 1 Abs. 2 hält, ist danach zu beantworten, ob es bebaut oder unbebaut ist, während bei der Prüfung, ob das Gesamtgrundstück die vorhergesehene Wertgrenze innehält, die Beschaffenheit des Gesamtgrundstücks maßgebend ist. PrOVG. 9. Jan. 13 E. 64, 17 = AM. 1913, 65.

31. Bei der Anwendung des § 1 Abs. 2 auf Teilveräußerungen ist die Frage, ob das veräußerte Teilgrundstück sich innerhalb der daselbst festgesetzten Preisgrenze hält, nach dessen Zugehörigkeit zum bebauten oder unbebauten Besitze zu beantworten. Dagegen ist bei der etwaigen weiteren Prüfung, ob das Gesamtgrundstück die vorgesehene Wertgrenze innehält, für die Zuweisung zum bebauten oder unbebauten Besitze die Beschaffenheit des Grundstücks maßgebend. HessVGH. 22. Juni 12 AM. 1912, 88.

32. — Bei Teilveräußerungen tritt Steuerfreiheit gemäß § 1 Abs. 2 nicht ein, wenn ein unbebauter Teil für mehr als 5000 Mk. veräußert wird oder wenn der Preis zwar weniger beträgt, aber das Gesamtgrundstück bebaut ist und einen Wert von mehr als 20 000 Mk. hat. PrOVG. 18. März 13 E. 64, 48 = AM. 1913, 171 = DJZ. 1913, 1271.

33. — Die Befreiung gemäß § 1 Abs. 2 tritt bei Teilveräußerungen nur ein, wenn weder der Veräußerungspreis des Teilgrundstücks noch der Wert des Gesamtgrundstücks, einschließlich des Wertes des veräußerten Teils, zur Zeit der Veräußerung die Befreiungsgrenze übersteigt. WüVGH. 24. Sept. 13 AM. 1913, 275.

34. — In den Fällen, in denen von einem als bebaut anzusehenden Gesamtgrundstück im Werte von nicht mehr als 20 000 Mk. ein unbebautes Teilstück zu einem 5000 Mk. nicht übersteigenden Preise abveräußert wird, findet die Befreiungsvorschrift des § 1 Abs. 2 — das Vorhandensein der sonstigen Vorbedingungen vorausgesetzt — auch dann Anwendung, wenn der unbebaute Grundbesitz für sich allein mehr als 5000 Mk. wert ist. PrOVG. 8. Jan. 15 AM. 1915, 91.

35. — Bei Eintritt der Steuerpflicht für eine abveräußerte Parzelle gelten als Gesamtgrundstück für die Festsetzung der Wertgrenzen des § 1 Abs. 2 diese Parzelle und der noch im Eigentume des Veräußerers verbliebene Teil des Grundbesitzes und zwar ohne Rücksicht darauf, daß anderweite Teilstücke möglicherweise bereits zum Gegenstande von Veräußerungsverträgen gemacht und gegebenenfalls den späteren Erwerbern zwecks Erfüllung dieser Verträge zur Benutzung überlassen worden sind. PrOVG. 4. April 16 AM. 1916, 125.

36. Bei Feststellung des Veräußerungspreises ist die nach § 24 von dem Erwerber übernommene Zuwachssteuer dem vereinbarten Preise nicht hinzuzurechnen. PrOVG. 17. Juni 12 E. 62, 25 = AM. 1912, 85.

37. Ob ein Grundstück, auf dem mit einem Bau begonnen ist, im Sinne des § 1 Abs. 2 als bebaut anzusehen ist, bestimmt sich nach den

besonderen Umständen des einzelnen Falls und der Verkehrsauffassung. ThürOVG. 1. April 16 Jahrb. 1916, 44.

38. Persönliche Voraussetzungen. Die Befreiungsvorschrift des § 1 Abs. 2 findet nur Anwendung, wenn der Veräußerer eine physische Person ist. PrOVG. 21. Okt. 12 E. 62, 53 = DJZ. 1913, 591 = AM. 1912, 207.

39. — Die Wohltat der Befreiungsvorschrift des § 1 Abs. 2 ist einem Veräußerer, der in die Haushaltung seines Schwiegersohns aufgenommen ist, nicht deshalb zu versagen, weil dieser Schwiegersohn mehr als 2000 Mk. Einkommen hat. Kais. Rat in Els.-Lothr. 1. März 13 AM. 1913, 149.

40. — Die Steuerfreiheit nach § 1 Abs. 2 kann nur zugestanden werden, wenn die persönlichen Voraussetzungen für die Befreiung bei sämtlichen veräußernden Miterben vorliegen. BadVGH. 8. Jan. 13 AM. 1913, 63.

41. — Die Befreiung nach § 1 Abs. 2 ist zu versagen, wenn beim Vorhandensein eines Gesamthandsverhältnisses auch nur für einen der Gesamthänder die persönlichen Voraussetzungen nicht gegeben sind. BadVGH. 16. April 13 AM. 1913, 179.

42. Grundstückshandel. Die Eigenschaft als gewerbsmäßiger Güterhändler im Sinne des § 1 Abs. 2 ist vorhanden, wenn der Veräußerer während eines längeren Zeitraums berufsmäßig den An- und Verkauf von Grundstücken betreibt, so daß die Absicht der Gewinnerzielung vorausgesetzt werden darf. BadVGH. 7. Mai 13 AM. 1913, 241.

43. — Ob Gewerbsmäßigkeit des Grundstückshandels im Sinne des § 1 Abs. 2 Satz 3 vorliegt, ist ohne Rücksicht auf besondere Beweggründe im Einzelfalle nach den Gesamtverhältnissen des Grundstücksveräußerers zur Zeit des steuerpflichtigen Rechtsvorganges unter Beachtung auch der Verkehrsauffassung zu beurteilen. PrOVG. 15. Juni 15 AM. 1915, 210.

44. Einkommen. Unter Einkommen im Sinne des § 1 Abs. 2 ist das zu verstehen, was sich dem wirtschaftlichen Begriff nach als Einkommen darstellt, keineswegs immer das steuerpflichtige Einkommen.

Die Veranlagungen zur Einkommensteuer werden einen tatsächlichen Anhalt bieten können; es kann aber auch den Beteiligten nicht verwehrt bleiben, darzulegen, daß und um wieviel ihr Einkommen in dem maßgebenden Zeitraum von dem der Veranlagung zur Einkommensteuer zugrunde liegenden Betrag abweicht. PrOVG. 16. Jan. 13 E. 62, 82 = AM. 1913, 67. Ebenso SächsOVG. 26. Sept. 12 Jahrb. 19, 239. Auch PrOVG. 3. April 14 AM. 1914, 206.

[45. Als letztes Jahr im Sinne des § 1 Abs. 2 ist das durch Berechnung von Datum zu Datum zu bestimmende Zeitjahr anzusehen, das dem Eintritt der Steuerpflicht vorangegangen ist. SächsOVG. 26. Sept. 12 AM. 1912, 143; PrOVG. 16. Jan. 13 E. 62, 82 = AM. 1913, 67.

[46. Wegen der Anwendung des Abs. 2 auf Berechtigungen vgl. zu § 2 Nr. 9—11.]

§ 2.

1. Die Zuwachssteuer ist für ein Grundstück und für eine mit ihm wirtschaftlich verbundene Berechtigung im Sinne des § 2 getrennt zu berechnen. SächsOVG. 17. Okt. 12 AM. 1912, 191. Ebenso PrOVG. 26. Sept. 16 AM. 1916, 191.

2. Nach § 2 kann nur der Uebergang von Berechtigungen, für die die sich auf Grundstücke beziehenden Vorschriften des bürgerlichen Rechtes gelten, nicht aber deren Neubegründung einer Zuwachssteuer unterworfen werden. PrOVG. 4. Juni 13 AM. 1913, 259; ebenso PrOVG. 4. Juli 13 E. 64, 136.
3. Einzelne Berechtigungen. Kohlenabbaurechte im Geltungsgebiete des preuß. Ges. vom 22. Febr. 1869 unterliegen der Steuerpflicht nach § 2 nur, wenn die Voraussetzungen der §§ 2, 3 Art. 38 AGBGB. erfüllt sind. PrOVG. 4. Juni 13 AM. 1913, 259.
4. — Eine im Grundbuch als subjektiv persönliches Recht eingetragene selbständige Apothekengerechtigkeit ist nach dem in Preußen geltenden Rechte eine Berechtigung im Sinne des § 2. PrOVG. 26. Sept. 16 AM. 1916, 191.
5. — Nach dem für Preußen geltenden Rechte ist eine selbständige, im Grundbuch aber nicht eingetragene Apothekengerechtigkeit den Grundstücken des bürgerlichen Rechtes nicht gleichgestellt und daher als Berechtigung im Sinne des § 2 nicht anzusehen. Eine solche Gerechtigkeit unterliegt der Steuerpflicht nur bei Veräußerung des Grundstückes, wenn sie als subjektiv-dingliches Recht verliehen worden ist und daher als Bestandteil des Grundstücks gilt. PrOVG. 19. Sept. 13 AM. 1913, 293.
6. — Fischereirechte, die dem Eigentümer des Gewässers zustehen, gelten in Bayern als Berechtigung im Sinne des § 2. BayVGH. 2. Juni 13 AM. 1913, 242.
7. — § 2 bezieht sich nicht nur auf Berechtigungen nach Reichsrecht, sondern auch auf solche nach Landesrecht, wie die sächsischen Kohlenabbaurechte. SächsOVG. 16. April 14 Jahrb. 21, 320 = AM. 1914, 223.
8. — Sächsische Fleischbankgerechtigkeiten als Rechte im Sinne des § 2. SächsOVG. 7. Mai 14 Jahrb. 22, 133.
9. Entsprechende Anwendung. § 1 Abs. 2 kann auf Gerechtigkeiten nicht angewendet werden. PrOVG. 2. Januar 13 E. 64, 3 = DJZ. 1913, 983; BayVGH. 2. Juni 13 AM. 1913, 242.
10. — Ebenso für selbständige Fischereirechte. BayVGH. 9. Juni 13 BlBayFW. 21, 253.
11. — Abweichend: Bei der Veräußerung eines Erbbaurechts ist die Befreiungsvorschrift des § 1 Abs. 2 anwendbar. PrOVG. 10. Nov. 14 E. 69, 1 = AM. 1915, 30.
12. — § 16 gilt nicht für Berechtigungen im Sinne von § 2. BayVGH. 2. Juni 13 AM. 1913, 242; SächsOVG. 17. Oktober 12 AM. 1912, 191; vom 12. Juli 15 Jahrb. 23, 63. Ebenso für Apothekenberechtigungen. PrOVG. 20. November 14 AM. 1915, 58.
13. — Abweichend: Bei der Veranlagung der Uebertragung von Bergwerkseigentum ist die Anwendung von § 16 nach der Eigenart und dem Gesamtcharakter der Berechtigung nicht ausgeschlossen. PrOVG. 1. Mai 17 E. 73, 6 = AM. 1917, 119.
14. — § 20 (Ausgleich von Gewinn und Verlust) findet auf Berechtigungen keine Anwendung. SächsOVG. 17. Oktober 12 AM. 1912, 191.

§ 3.

1. Bei der Besteuerung des Wertzuwachses anläßlich der nach § 3 steuerpflichtigen Uebertragung von Gesellschaftsanteilen ist nach den allgemeinen Vorschriften der §§ 8ff. von dem Erwerbspreis oder zu-

treffendenfalls (§ 11) Erwerbswert und dem Veräußerungspreis auszugehen, der für den Gesellschaftsanteil selbst in Betracht kommt. Für Hinzurechnungen oder Abzüge ist nur insoweit Raum, als die gesetzlichen Voraussetzungen dazu in bezug auf den Geschäftsanteil als solchen gegeben sind.

Der hiernach sich ergebende Wertzuwachs des Geschäftsanteils ist in voller Höhe steuerpflichtig, sofern das ganze Vermögen der Gesellschaft stets aus einem Grundstück bestanden hat und besteht. PrOVG. 23. September 13 AM. 1913, 295.

2. Die Uebertragung von Geschäftsanteilen einer Grundstücksgesellschaft m. b. H., die an den Eigentumsverhältnissen eines Grundstücks selbst dann nichts ändert, wenn sämtliche Anteile gleichzeitig übertragen werden, bildet für sich einen steuerpflichtigen Rechtsvorgang im Sinne des § 3. Von einer solchen Uebertragung von Geschäftsanteilen ganz unberührt bleibt die Zuwachssteuerpflicht eines Rechtsvorganges, der das Grundstück selbst betrifft, also die Veräußerung eines Geschäftsgrundstücks durch die Gesellschaft. In letzterem Falle ist daher nicht auf den Erwerbspreis der Geschäftsanteile, sondern auf den Preis zurückzugehen, den die Gesellschaft beim Erwerbe des Grundstücks vereinbart hatte. PrOVG. 5. Mai 14 E. 68, 1 AM. 1914, 206.

3. Bei der Uebertragung eines Geschäftsanteils einer Gesellschaft m. b. H., deren Vermögen zu der Zeit, als der Steuerpflichtige den Geschäftsanteil erwarb, Grundstücke noch nicht umfaßte, ist für die Berechnung des Erwerbspreises dieses Geschäftsanteils der Zeitpunkt des ersten Grundstückserwerbes der Gesellschaft maßgebend. Als Wert des Gesellschaftsvermögens zur Zeit der Anteilsübertragung ist der Aktivbestand ohne Abzug der Passiva einzustellen. PrOVG. 5. Mai 14 E. 68, 3.

4. Anwendbarkeit der Einzelvorschriften des Gesetzes, insbesondere Ermittelung des Erwerbs- und des Veräußerungspreises, bei der Veranlagung der Uebertragung von Geschäftsanteilen der im § 3 genannten Gesellschaften usw. PrOVG. 10. Juli 14 AM. 1914, 309.

5. Die Umwandlung einer offenen Handelsgesellschaft in eine Kommanditgesellschaft und umgekehrt bildet keinen steuerpflichtigen Rechtsvorgang i. S. des ZStG. SächsOVG. 22. August 14 Jahrb. 22, 164.

6. Die Bestimmung in § 3 rechtfertigt nicht eine Besteuerung bei Veräußerung von Anteilen einer Vereinigung, in deren Vermögen sich zur Zeit jener Veräußerung keine Grundstücke, sondern nur Anteile anderer, Grundstücke besitzender Vereinigungen befanden. Sächs.-OVG. 15. April 15 Jahrb. 22, 225.

7. Uebertragung von Geschäftsanteilen einer G. m. b. H. Verdeckung eines steuerpflichtigen Rechtsgeschäfts durch ein anderes — § 6 — im Falle des § 3. PrOVG. 1. Oktober 15 E. 70, 1.

8. Wenn zu dem Vermögen einer Gesellschaft m. b. H. zur Zeit ihrer Errichtung und zur Zeit des Erwerbes eines Geschäftsanteils Grundstücke noch nicht gehörten, so tritt an die Stelle eines Erwerbspreises der gemeine Wert, den der betreffende Geschäftsanteil unmittelbar nach dem ersten Grundstückserwerbe durch die Gesellschaft hatte, und zwar insoweit, als dieser Wert nach dem Verhältnisse des damaligen Grundstücksvermögens zu dem damaligen sonstigen Gesellschaftsvermögen auf ersteres entfällt. PrOVG. 14. Jan. 16 E. 71, 1.

9. Die Uebertragung einzelner Kuxe einer Gewerkschaft fällt bereits dann unter § 3, wenn eine Gewerkschaft sich mit der Verwertung von Bergwerksgerechtigkeiten nur als Nebenzweck befaßt. Kais. Rat in Elſ.-Lothr. 4. Nov. 16 AM. 1917, 145.
10. Bei einer G. m. b. H., die sich nicht bereits satzungsmäßig mit der Verwertung von Grundstücken befaßt, bilden etwa vorkommende Grundstücksveräußerungen nur dann den Gegenstand des Unternehmens im Sinne des § 3, wenn die Gesellschaft nachweislich die Absicht gehabt hat, die Verwertung von Grundstücken dauernd oder zeitweilig zu betreiben. PrOVG. 16. Januar 17 E. 72, 24 = AM. 1917, 55.

§ 4.

1. Das Einbringen von Grundstücken in eine G. m. b. H. ist ein steuerpflichtiger Vorgang im Sinne des § 4. SächsOVG. 10. Febr. 13 AM. 1913, 143.
2. Beim Einbringen eines Grundstückes in eine Gesellschaft mit beschränkter Haftung wird die Steuerpflicht nach § 4 nicht schon mit Abschluß des Gesellschaftsvertrages oder mit Eintragung der Gesellschaft im Handelsregister begründet, sondern mit der Auflassung des Grundstücks an die Gesellschaft und der Eintragung der Rechtsänderung im Grundbuch. SächsOVG. 4. Aug. 13 AM. 1913, 263.
3. Nichtigkeit des Veräußerungsgeschäfts (Bordellkauf) ist auf die Steuerpflicht ohne Einfluß. SächsOVG. 3. März 13 Jahrb. 20, 231 = AM. 1913, 150.
4. Die Steuerpflicht auf Grund des § 4 tritt mit dem Eigentumsübergang ein und nicht etwa bedingt oder betagt mit Abschluß des Veräußerungsgeschäfts. Daher ist, soweit die Eintragung der Eigentumsänderung im Grundbuch nach der Konkurseröffnung erfolgt, der Steueranspruch nicht als Konkursforderung geltend zu machen. SächsOVG. 15. Mai 13 Jahrb. 20, 318 = AM. 1913, 222.
5. Die Zuwachssteuerpflicht wird durch ein bei dem Erwerb und der Veräußerung eines Grundstücks bestehendes Treuhandverhältnis zwischen dem Erwerber (oder Veräußerer) und einem Dritten nicht ausgeschlossen. BayVGH. 11. Mai 14 E. 35, 105.
6. Die einheitliche steuerliche Zusammenfassung einer Mehrheit von Veräußerungsfällen ist unzulässig und muß dazu führen, daß der Steuerbescheid außer Kraft gesetzt wird. PrOVG. 15. Mai 14 E. 68, 12.

§ 5.

Abs. 1.

1. Unterschied zwischen einem Steuerfalle nach § 5 und nach § 6. PrOVG. 3. Nov. 16 E. 72, 9.
2. Für einen Steuerfall nach § 5 kommen nur rechtswirksam abgeschlossene Veräußerungsgeschäfte in Betracht. PrOVG. 3. Jan. 19 E. 74, 34.
3. Ein aufschiebend bedingtes Rechtsgeschäft gilt erst mit Eintritt der Bedingung, nicht schon mit der Vornahme (Beurkundung) des Geschäfts als abgeschlossen im Sinne des § 5 Abs. 1 und 2. PrOVG. 26. Mai 14 E. 69, 7 = AM. 1914, 257.
4. Steuerliche Behandlung eines Eigentumsüberganges auf Grund mehrerer schuldrechtlicher Geschäfte, von denen einzelne mehr als ein Jahr vor dem Eigentumsübergange liegen. PrOVG. 28. Nov. 16 E. 72, 65.

Abs. 2.

5. Eine Zuwachssteuerveranlagung ist nicht veranlaßt, wenn die Verpflichtung des Eigentümers zur Uebertragung des Eigentums auf Grund eines obligatorischen Rechtsgeschäfts der in § 5 bezeichneten Art durch Abschluß eines Rückkaufsvertrags vor Ablauf des Jahres ihre materielle Bedeutung verloren hat. PrOVG. 5. Dez. 16 E. 72, 33 = AM. 1917, 35.

Abs. 3 Nr. 2.

6. Eine bloße Verkaufsofferte, die nicht übertragbar ist, fällt nicht unter § 5 Abs. 3 Nr. 2. PrOVG. 11. Juli 12 E. 62, 37; RG. 3. Juli 14 AM. 1914, 259.

Abs. 3 Nr. 4.

7. Abgabe des Meistgebotes und Abtretung der Rechte aus dem Meistgebot. BayVGH. 19. Nov. 17 E. 39, 31 = BlBayFW. 26, 157.

Abs. 3 Nr. 5.

8. Wenn der Grundstückseigentümer einen Dritten ermächtigt, das Grundstück auf eigene Rechnung zu veräußern, so stellt die schließliche Uebereignung von seiten des Grundstückseigentümers an den Erwerber, mit dem der Dritte rechtlich selbständig verhandelt hatte, eine Veräußerung für Rechnung des Dritten dar. In solchen Fällen tritt die Steuerbefreiung des Eigentümers nach § 1 Abs. 2 und damit der Ausschluß der Haftung des Dritten nach § 32 Abs. 1 nur dann ein, wenn die Voraussetzungen der Steuerfreiheit auch in der Person des Dritten gegeben sind. PrOVG. 23. März 15 E. 69, 4.

§ 6.

1. § 6 ist nur anwendbar, wenn ein steuerfreies Geschäft vorgeschützt wird, um ein steuerpflichtiges zu verdecken. ThürOVG. 9. April 13 Jahrb. 1913, 85.
2. Ein Kommissionsvertrag, durch den die Vermittler (Güterhändler) gegen Gewährung einer die Entlohnung für einfache Vermittlungstätigkeit weit übersteigenden Vergütung bevollmächtigt werden, ein Grundstück zu von ihnen selbständig festzusetzenden Preisen und sonstigen Bedingungen zu veräußern, stellt ein verdeckendes Rechtsgeschäft im Sinne des § 6 dar und rechtfertigt die Anwendung dieses Paragraphen selbst dann, wenn die Parteien nachweisen, daß sie die gewählte Form des Rechtsgeschäfts ernstlich gewollt und nicht beabsichtigt haben, durch das verdeckende Rechtsgeschäft die Steuer zu umgehen oder zu ersparen. BayVGH. 16. Febr. 14 AM. 1914, 181.
3. Voraussetzung der Anwendung des § 6 ist nicht, daß die Parteien die Absicht hatten, die Steuer zu umgehen oder zu ersparen. BayVGH. 23. Febr. 14 DJZ. 1915, 1140.
4. Der Tatbestand eines verdeckenden Rechtsgeschäftes im Sinne des § 6 ist beim bloßen Erwerb einer eine dingliche Belastung darstellenden selbständigen Kohlenabbauberechtigung nur dann gegeben, wenn besondere Umstände nachgewiesen werden, aus denen hervorgeht, daß dem Erwerber Befugnisse eingeräumt werden sollten, die einer Uebertragung des Grundeigentums gleichzuachten sind. PrOVG. 25. Sept. 14 AM. 1915, 3.

5. Der Tatbestand des § 6 wird durch eine mündliche Abrede, durch die der Grundstückseigentümer einen anderen ermächtigt, über das Grundstück wie ein Eigentümer zu verfügen, selbst bei tatsächlicher Besitzübertragung nicht erfüllt. PrOVG. 26. Nov. 15 AM. 1916, 45.
6. Die einjährige Frist des § 5 kommt bei der Steuerpflicht des § 6 nicht in Betracht. PrOVG. 6. Juni 16 AM. 1916, 137.
7. Für die Anwendung des § 6 ist die wirtschaftliche Stellung entscheidend, die ein Zwischenhändler durch die Gesamtheit der mit dem Verkäufer vereinbarten Vertragsbestimmungen erlangt hat. PrOVG. 3. Nov. 16 E. 72, 9 u. 11 = AM. 1917, 1.
8. Die einheitliche Uebertragung der Kuxenmehrheit einer Gewerkschaft stellt einen der Zuwachssteuerveranlagung unterliegenden Rechtsvorgang im Sinne des § 6 dar. Kais. Rat in Elſ.-Lothr. 4. Nov. 16 AM. 1917, 145.
9. Zur Frage der Verdeckung eines steuerpflichtigen Rechtsvorgangs bei Uebertragung von Geschäftsanteilen einer Gesellschaft m. b. H. PrOVG. 2. Jan. 17 E. 72, 17.
10. Verdeckung von Zwischengeschäften (§ 27 Abs. 1 Satz 1) fällt nicht unter § 6. PrOVG. 3. Jan. 19 E. 74, 34. Vgl. zu § 27 unter Nr. 8.
11. Vorgänge der im § 6 bezeichneten Art, die vor dem Inkrafttreten des Gesetzes liegen, sind nicht geeignet, als Erwerbsvorgänge der Veranlagung zugrunde gelegt zu werden. SächsOVG. 26. Febr. 12 AM. 1912, 10.

§ 7.

Abs. 1 Nr. 1.

1. Eine Bereicherung (im Sinne der Schenkung) findet durch eine nur fiduziarische Vermögensvermehrung nicht statt. PrOVG. 16. Jan. 14 E. 66, 22.
2. Bei der Ueberweisung eines zu einer Nachlaßmasse gehörigen Grundstücks seitens des Erben an einen Pflichtteilsberechtigten zur vollständigen oder teilweisen Erfüllung seines Pflichtteilsanspruches ist die Steuerfreilassung nach § 7 Abs. 1 Nr. 1 begründet. PrOVG. 10. Dez. 15 E. 71, 10 = AM. 1916, 47.
3. Die unentgeltliche Ueberweisung von Land und Gebäuden für Kirchen- oder Schulzwecke auf Grund des § 17 des Ansiedlungsgesetzes vom 10. August 1904 ist keine Schenkung im Sinne des § 7 Nr. 1. PrOVG. 3. März 16 E. 72, 21.

Abs. 1 Nr. 3.

4. Die Vorschrift des § 7 Abs. 1 Nr. 3 findet auch Anwendung auf einen Vertrag, der zum Zwecke der Teilung eines Nachlaßgrundstücks zwischen einem Miterben und den Erben des verstorbenen anderen Miterben abgeschlossen wird. PrOVG. 10. Juli 14 AM. 1914, 316.
5. Die im Zusammenhange mit einer erbrechtlichen Regelung erfolgte Ueberlassung von nicht zum gemeinsamen Nachlaß gehörigem Grundbesitz eines Miterben an einen anderen Erben ist kein steuerfreier Rechtsvorgang im Sinne des § 7 Abs. 1 Nr. 3. PrOVG. 16. Okt. 14 AM. 1915, 5.
6. Erbschaftskauf- und Uebertragungsverträge zwischen Miterben usw. gehören nicht zu den Verträgen, die nach § 7 Abs. 1 Nr. 3 die Erhebung der Zuwachssteuer ausschließen. PrOVG. 14. Nov. 16 E. 72, 28 = AM. 1917, 21.
7. § 7 Abs. 1 Nr. 3 findet keine Anwendung auf Verträge zwischen Mitvermächtnisnehmern zwecks Teilung eines als Vorausvermächtnis

angefallenen Grundstücks, mögen die Mitvermächtnisnehmer auch zugleich Miterben sein. PrOVG. 1. Februar 16 AM. 1916, 89.

Abs. 1 Nr. 4.

8. Die Vorschrift trifft auch den Fall, daß Ehegatten von Abkömmlingen, die in Gütergemeinschaft leben, erwerben. PrOVG. 25. Nov. 13 DJZ. 1914, 759.
9. An Kindes Statt angenommene Personen gelten nicht als Abkömmlinge im Sinne des § 7 Nr. 4. PrOVG. 20. März 14 E. 67, 24 = AM. 1914, 184 = DJZ. 1915, 528.
10. Beim Vorliegen von Eigentum zur gesamten Hand ist ein Erwerb im Sinne des § 7 Abs. 1 Nr. 4 nur möglich, wenn alle an der Veräußerung Beteiligten Vorfahren des Erwerbers sind. PrOVG. 15. Dez. 14 AM. 1915, 59.
11. Der Uebergang des Eigentums an einem Grundstück von Eltern usw. an Abkömmlinge im Wege der Zwangsversteigerung ist kein steuerfreier Rechtsvorgang im Sinne des § 7 Abs. 1 Nr. 4. BayVGH. 27. Sept. 15 AM. 1915, 249. Ebenso BayVGH. 4. Okt. 15 E. 36, 155.
12. § 7 Nr. 4 setzt voraus, daß der Eigentumsübergang vom Vorfahr auf den Abkömmling sich auf Grund eines unmittelbar zwischen ihnen abgeschlossenen schuldrechtlichen Veräußerungsgeschäfts vollzieht. PrOVG. 5. Dez. 16 E. 72, 33.
13. Beim Uebergang eines gütergemeinschaftlichen Grundstücks zweier Ehegatten auf das leibliche Kind eines der Ehegatten gilt § 7 Abs. 1 Nr. 4 hinsichtlich des ideellen Hälfteanteils dieses Elternteils. BayVGH. 6./13. Dez. 15 AM. 1916, 49.
14. Die Vorschrift des § 7 Abs. 1 Nr. 4 findet keine Anwendung, wenn der Eigentumsübertragung vom Eigentümer auf seinen Abkömmling schuldrechtliche Verträge zwischen dem Eigentümer und einem Dritten, sowie zwischen dem Dritten und dem Abkömmling des Eigentümers vorausgegangen sind. PrOVG. 5. Dez. 16 E. 72, 33 = AM. 1917, 35.

Abs. 1 Nr. 5.

15. Die Vorschrift des § 7 Abs. 1 Nr. 5 findet weder auf Aktiengesellschaften noch auf Gesellschaften Anwendung, denen außer dem Veräußerer und dessen Abkömmlingen Schwiegerkinder oder Fremde angehören. SächsOVG. 17. Okt. 12 Jahrb. 19, 299 = AM. 1912, 194.

Abs. 1 Nr. 7.

16. Die Anwendung des § 7 Abs. 1 Nr. 7 erfordert, daß der Austausch von Grundstücken zur besseren Gestaltung von Bauflächen von einer solchen Behörde angeordnet oder als zweckdienlich anerkannt worden ist, die diesen Umtausch kraft der ihr durch Gesetz verliehenen Befugnis auch gegen den Willen des anderen Teiles durchzuführen befugt ist. PrOVG. 9. Mai 13 E. 64, 90 = AM. 1913, 181.
17. Die Befreiungsvorschrift findet bei der Umlegung von Bauflächen oder Bauplätzen nur insoweit Anwendung, als diese Maßnahmen einer besonderen landesrechtlichen Regelung unterworfen sind. Keinesfalls kann die Anerkennung der Zweckdienlichkeit von der Gemeindebehörde ausgehen, die an der Umlegung beteiligt ist. WüVGH. 24. Sept. 13 AM. 1913, 276.
18. Wenn in einem Umlegungsverfahren mehrere Grundstücke hingegeben und mehrere empfangen worden sind, von letzteren jedoch später eins veräußert wird, so ist der Erwerbspreis dieses veräußerten Grund-

stücks in der Regel folgendermaßen zu berechnen: Alle hingegebenen Grundstücke sind als eine Einheit zu behandeln, also ihre Erwerbspreise zusammenzurechnen; der auf das veräußerte Grundstück entfallende Teil der Erwerbspreissumme bestimmt sich dann nach der Verhältnisberechnung des § 19 Abs. 2, d. h. ebenso, wie wenn ein Grundstück gegen Empfang mehrerer Grundstücke hingegeben wäre. PrOVG. 9. Jan. 14 E. 66, 17.

§ 8.

Lit. Werneburg, Die Bestimmung des Preises im Zuwachssteuergesetz. DStZ. 8, 181.

Abs. 1.

1. Preis nicht Wert. Für die Bemessung der Zuwachssteuer ist von dem vereinbarten Preise auszugehen, auch wenn der wahre Wert des Grundstücks ein höherer war. OldenbOVG. 24. Oktober 12 AM. 1912, 209.
2. — Wird im Wege des Vergleichs über einen Schadensersatzanspruch ein Grundstück dem Beschädigten zu einem hinter dem Werte zurückbleibenden Preise überlassen, so ist bei der Weiterveräußerung des Grundstücks dieser Preis ohne Hinzurechnung des Unterschieds zwischen ihm und dem Werte des Grundstücks als Erwerbspreis zugrunde zu legen. PrOVG. 30. Januar 13 AM. 1913, 139.
3. — Tauschpreis vgl. zu § 26 unter Nr. 2 ff.
4. Einbringen. Die buchmäßige Belastung der einzelnen Gesellschafter bei der Uebertragung von Gesellschaftsgrundbesitz auf sie mit dem bei der Gesellschaft zu Buche stehenden Erwerbspreis einschließlich des erlittenen Verlustes stellt keine Preisvereinbarung dar, der Veranlagung ist daher gemäß § 11 der Wert des Grundstücks zugrunde zu legen. OldenbOVG. 5. Febr. 14 AM. 1914, 123.
5. — Eine Preisvereinbarung im Sinne des § 8 liegt auch dann vor, wenn ein Grundstück in eine Gesellschaft eingebracht und der Betrag der hierfür zu gewährenden Aktien oder die sonst als Gegenleistung zu gewährende Vergütung im Gesellschaftsvertrag festgesetzt worden ist. PrOVG. 9. Mai 13 E. 64, 94 = AM. 1913, 219.
6. — Eine Preisvereinbarung im Sinne des § 8 liegt auch dann vor, wenn ein Grundstück mit einem bestimmten Wertsanschlag in eine Gesellschaft eingebracht wird und der neu eintretende Gesellschafter als Entgelt für seine Einlage den entsprechenden Anteil am Stammkapital der Gesellschaft erhält. BayVGH. 1. Febr. 15 E. 36, 53.
7. — Berechnung des Zuwachses nach § 8, wenn Grundstücke in eine neu gegründete Gesellschaft eingebracht werden. SächsOVG. 16. Januar 15 Jahrb. 22, 258.
8. — Auch wenn der veräußerte Geschäftsanteil einer Gesellschaft m. b. H. aus Anlaß der Gründung der Gesellschaft erworben worden war, ist mit einem Erwerbspreise nach § 8 zu rechnen. Dieser Preis deckt sich mit dem Betrage der von dem Gesellschafter übernommenen Stammeinlage. PrOVG. 1. Okt. 18 E. 74, 11.
9. Wirklicher Preis. Die Behauptung des Veräußerers, daß ein geringerer Veräußerungspreis verabredet sei, als in der Vertrags-

urkunde angegeben ist, ist nur zu beachten, wenn sie durch starke, völlig einwandfreie Beweise erhärtet wird. BadVGH. 17. Dez. 12 AM. 1913 S. 39.

10. — Als Preisvereinbarung gilt in den Fällen der Uebereignung durch Auflassung und Grundbucheintragung auch eine zwar nichtige, aber ernstliche Abmachung über die Gegenleistung. SächsOVG. 3. März 13 Jahrb. 20, 231 = AM. 1913, 150.

11. — Als Preisvereinbarung im Sinne von § 8 Abs. 1 sind auch nichtige, wenn nur ernstliche Vereinbarungen über die Gegenleistung für die Grundstücksübereignung anzusehen. SächsOVG. 13. März 13 = AM. 1913, 167.

12. — Eine mündliche Nebenabrede zu einem schriftlichen Kaufvertrage kann für die Preisbemessung eine Bedeutung erlangen, wenn ihr Bestehen nachgewiesen ist. WüVGH. 26. November 13 AM. 1914, 6.

13. — Bei der Feststellung des Preises kommt es auf den vereinbarten wirklichen Preis und nicht auf den etwa aus besonderen Gründen daneben, sei es auch in einer Vertragsurkunde, vereinbarten Scheinpreis an. PrOVG. 23. Januar 14 AM. 1914, 120.

14. — Wenn nach dem Willen der Parteien ein unbebautes Grundstück auf den Erwerber nach vorheriger Bebauung durch den Veräußerer übergehen soll, so sind bei der Feststellung des tatsächlich vereinbarten Grundstückpreises außer dem Kaufvertrag über das unbebaute Grundstück auch die privaten Vereinbarungen über den Preis des bebauten Grundstücks zu berücksichtigen. BayVGH. 31. Mai 15 AM. 1915, 181.

15. — Ein im Kaufvertrag angegebener Preis ist als Preis im Sinne des § 8 nur dann anzusehen, wenn er als das von den Parteien gewollte und tatsächlich vereinbarte wirkliche Entgelt für die Eigentumsübertragung angesehen werden kann. BayVGH. 8. Mai 16 AM. 1916, 127.

16. — Abweichend: Der für die Veranlagung maßgebende Preis ist der in der Veräußerungsurkunde enthaltenen Vereinbarung zu entnehmen. Etwaige für die Bemessung des Preises außerhalb des Vertrags maßgebend gewesene Gründe bleiben außer Betracht. Bay.-VGH. 11. Mai 14 AM. 1914, 225.

17. — Für die Feststellung des Preises im Sinne des § 8 sind neben einer formgültigen Preisvereinbarung getroffene, formlose Abreden über den Preis nur beachtlich, wenn bei Eintritt der Steuerpflicht der Formmangel geheilt ist. BraunschwVGH. 19. Nov. 12 AM. 1912, 220.

18. Zahlung des Preises gleichgültig. Soll bei Veräußerung eines Grundstücks für 20 000 Mk. der Preis durch Abtretung einer Hypothek von 20 000 Mk. berichtigt werden, so ist dieser Betrag als Veräußerungspreis auch dann zugrunde zu legen, wenn die Hypothek einen geringeren Wert hat. SächsOVG 26. Sept. 12 AM. 1912, 145.

19. — Für die Preisfeststellung gemäß §§ 8 ff. ist die Parteiabrede auch dann maßgebend, wenn der Veräußerer infolge der Art der Begleichung einen Ausfall erleidet. SächsOVG. 13. Juni 12 Jahrb. 19, 249 = AM. 1912, 70; 7. Okt. 12 AM. 1912, 174.

20. — Für die Höhe des Preises ist die hierüber ziffermäßig getroffene Vereinbarung der Vertragschließenden maßgebend ohne Rücksicht darauf, wie und wann der Preis zu entrichten ist. PrOVG. 31. Okt. 12 E. 62, 70 = AM. 1913, 11.

21. — Die Feststellung des Preises im Sinne des § 8 wird nicht dadurch berührt, daß die in Anrechnung auf den Kaufpreis übernommenen Forderungen unsicher sind oder daß der Verkäufer Ausfälle erleidet. BadVGH. 18. Dez. 12 AM. 1913, 41.
22. — In Fällen, in denen der Kaufpreis durch Abtretung einer Hypothek mit der Maßgabe entrichtet werden soll, daß die Hypothek in einem hinter dem Nominalwert zurückbleibenden Betrag auf den Kaufpreis verrechnet wird, ist dieser letztere Betrag für die Preisermittelung gemäß § 8 Abs. 2 maßgebend. BayVGH. 26. Mai 13 AM. 1913, 229.
23. — Als Preis im Sinne des § 8 ist nicht der Betrag anzusehen, der in die Hände des Veräußerers gelangt oder in ihnen verblieben ist, sondern diejenige Summe, die rechtsgültig vereinbart worden ist. PrOVG. 27. Mai 13 E. 65, 1 = AM. 1913, 231.
24. — Bei der Ermittelung des Preises im Sinne des § 8 bleiben die Zahlungsbedingungen — insbesondere Abreden über die Stundung des Preises — außer Betracht. BayVGH. 3. Febr. 13 AM. 1913, 125.
25. — Für die Ermittelung des Preises im Sinne des § 8 Abs. 2 ist die vereinbarte zinslose Stundung ohne Einfluß. BayVGH. 6. Juli 14 AM. 1914, 260.
26. Abfindung für Geschäftsaufgabe. Wird ein Grundstück mit der Maßgabe veräußert, daß die auf dem Grundstück von einem Dritten betriebene Schankwirtschaft auf den Käufer übergehen soll, so hat das für die Ueberlassung der Wirtschaft vereinbarte Entgelt als ein Teil des Preises im Sinne von §§ 8 ff. zu gelten, ohne daß der Betrag abzuziehen ist, der als Abfindung für vorzeitige Aufhebung des Mietvertrags von dem Veräußerer an den Dritten gezahlt ist. SächsOVG. 17. Okt. 12 Jahrb. 19, 251 = AM. 1912, 188.
27. — Bei Uebertragung eines Grundstücks, auf dem Veräußerer ein Geschäft betrieben hat, gilt als ein Teil des Preises im Sinne des § 8 auch der Betrag, der nach der Vertragsabrede als Entgelt für die Aufgabe der Geschäftsräume an den Veräußerer zu entrichten ist. SächsOVG. 19. Dez. 12 Jahrb. 20, 50 = AM. 1913, 42.
28. — Die bloße Aufgabe der Müllerei durch den Verkäufer eines Mühlengrundstücks hat nicht die Bedeutung eines Verzichts auf ein selbständiges Rechtsgut, der einer besonderen Bewertung zugänglich wäre; sie ist vielmehr nur die natürliche und notwendige Folge der Grundstücksveräußerung. PrOVG. 18. März 13 E. 64, 55.
29. — Die bei der Veräußerung eines Grundstücks vereinbarte Entschädigung für die Aufgabe eines auf ihm ausgeübten Betriebs bildet einen Teil des Veräußerungspreises für das Grundstück, wenn der Käufer die Fortführung des Betriebs nicht beabsichtigt hat und die Hingabe des Grundstücks demnach die einzige Leistung des Veräußerers ist. PrOVG. 4. Nov. 13 AM. 1914, 43. Ebenso BraunschwVGH. 1. Juli 14 AM. 1914, 226.
30. — Eine für den Grundstücksveräußerer vorgesehene Entschädigung für die — ihm unmittelbar aus der Veräußerung des Grundstücks erwachsenden — Nachteile der Räumung des Grundstücks oder der Einstellung oder Verlegung eines bisher dort von ihm betriebenen gewerblichen Unternehmens ist rechtlich regelmäßig ein Teil des Grundstückspreises, und zwar sowohl bei vertraglicher Veräußerung

wie auch im Falle der Enteignung. Einer Ausscheidung aus dem Preise unterliegt höchstens die Vergütung für einzelne besondere, dem Veräußerer Kosten verursachende Maßnahmen. PrOVG. 14. Juni 18 E. 74, 16.

31. — Abweichend: Das vereinbarte Entgelt für den Verzicht des Verkäufers auf eine auf dem Grundstück ruhende Wirtschaftskonzession kann dem Grundstückspreis nicht zugerechnet werden. PrOVG. 17. Febr. 14 AM. 1914, 125.

32. — — Im Falle der besonderen Ausbedingung eines Entgelts für den Verzicht auf eine Wirtschaftserlaubnis, d. i. auf ein Recht, das für den Veräußerer Geldeswert hat und neben dem Grundstück einen selbständigen Wert haben kann, ist zu prüfen, ob die angegebenen Einzelpreise der Veranlagung ohne weiteres zugrunde zu legen sind oder ob der Tatbestand des § 13 Abs. 1 Satz 2 vorliegt. PrOVG. 6. März 14 AM. 1914, 189.

33. — Besondere Vergütung für Ueberlassung des Geschäfts. Im Falle des Verkaufs eines Grundstücks mit einem darauf betriebenen Geschäft ist zur Berechnung der Zuwachssteuer — sofern es sich nicht um eine Realgerechtigkeit handelt — der auf das Geschäft treffende Teil des Kaufpreises aus dem Gesamtpreis auszuscheiden.

Durch eine Verbindlichkeit des Erwerbers, die lediglich eine Gegenleistung für die Uebertragung eines steuerfreien Geschäfts bildet — z. B. Pflicht zum Bezuge des Bieres aus der Brauerei des Veräußerers für das auf dem Grundstücke betriebene Wirtschaftsgewerbe —, wird der Preis für das Grundstück zuwachssteuerrechtlich nicht beeinflußt. BayVGH. 15. Nov. 15 E. 36, 258.

34. — — Bei der Veräußerung eines Grundstückes, auf dem für einen Dritten eine Wirtschaftserlaubnis ruht, bildet das besonders vereinbarte Entgelt für die Herbeiführung des Verzichts der dritten Person auf die Wirtschaftserlaubnis zugunsten des Grundstückskäufers keinen Teil des Preises im Sinne des § 8. PrOVG. 12. Febr. 18 AM. 1918, 39.

35. Nebenentschädigungen. Der Betrag, der von dem Käufer dafür zu entrichten ist, daß dieser den von ihm innegehaltenen Raum des veräußerten Gebäudegrundstücks räumt, ist als ein Teil des Veräußerungspreises anzusehen. BadVGH. 1. April 13 AM. 1913, 212.

36. — Eine vertraglich neben dem Kaufpreis vereinbarte „Nebenentschädigung" ist als Teil des Kaufpreises nach § 8 nicht anzusehen, wenn sie lediglich als Ersatz für die mit der Veräußerung mittelbar im Zusammenhange stehenden Nachteile des Verkäufers gewährt wird. Kais. Rat in Elf.-Lothr. 31. Mai 13 AM. 1914, 42.

37. — Ein Betrag, der als Entschädigung für die Kosten der Verpflanzung des nicht mitveräußerten Aufwuchses von dem veräußerten auf ein anderes Grundstück des Veräußerers vereinbart ist, bildet als Ersatzleistung für die auf steuerfreie Gegenstände (§ 13) aufzuwendenden Kosten keinen Teil des Veräußerungspreises. PrOVG. 4. Dez. 14 AM. 1915, 60.

38. — Die Kosten der Verlegung der Anlage können zu einer Kürzung des Veräußerungspreises nur Anlaß geben, wenn sich der Grundstückserwerber zu ihrem Ersatze besonders verpflichtet hat, nicht dagegen, wenn sie nur einen Beweggrund für die Grundstückspreisbemessung gebildet haben. PrOVG. 14. Dez. 17 E. 73, 22.

39. Leistungen an Dritte. Leistungen, die von dem Käufer einer dritten, an der Veräußerung nicht beteiligten Person zu zahlen sind, sind im allgemeinen als Teil des Kaufpreises nur anzusehen, wenn damit eine dem Verkäufer obliegende Leistung abgegolten werden soll. BadVGH. 1. April 13 AM. 1913, 212.

40. — Zum Erwerbspreis im Sinne des § 8 Abs. 2 gehört auch die vom Erwerber an einen anderen als den Grundstücksveräußerer gemachte Leistung insoweit, als sie im Einverständnisse mit dem Veräußerer bewirkt wird und eine Gegenleistung dafür bildet, daß der Erwerber Eigentümer des Grundstücks geworden ist. PrOVG. 7. Okt. 13 E. 65, 4 = AM. 1913, 279.

41. — Zum Erwerbspreise gehören auch die Leistungen des Erwerbers an einen andern als den Veräußerer, wenn sie nach dem Willen der Beteiligten eine Gegenleistung des Erwerbers dafür bilden, daß er das Eigentum an der Kaufsache erlangt. ThürOVG. 30. Sept. 14 Jahrb. 1914, 138.

42. — Die vertragsmäßig vom Veräußerer oder vom Erwerber an den bisherigen Mieter oder Pächter des veräußerten Grundstücks gewährte Abfindung hat mit dem Preise für die Grundstücksübereignung nichts zu tun. Ihre Uebernahme durch den Veräußerer kann daher nicht zu einem Abzuge vom Preise nach § 10 und ihre Uebernahme durch den Erwerber nicht zu ihrer Einbeziehung in den Preis nach § 8 Abs. 2 führen. PrOVG. 26. Jan. 15 E. 69, 16.

43. — Eine neben dem Kaufpreis für ein Grundstück vertraglich vereinbarte Entschädigung des Verkäufers für die von ihm zu bewirkende Ablösung von Mietverträgen bildet nur insoweit einen Teil des Veräußerungspreises im Sinne des § 8 Abs. 2 als sie nach dem wahren Willen der Beteiligten nachweislich einen Teil der Gegenleistung für das Grundstück selbst darstellt. PrOVG. 25. Februar 16 AM. 1916, 110.

44. — Nur der Preis kommt in Betracht, der zwischen den an dem dinglichen Veräußerungsgeschäfte Beteiligten vereinbart worden ist. PrOVG. 29. März 16 E. 70, 12.

45. Enteignung. Als vereinbarter Preis hat auch die durch Feststellungsbeschluß für ein Grundstück bestimmte einheitliche Enteignungsentschädigung zu gelten. Die etwa bei deren Festsetzung als werterhöhender Umstand berücksichtigte Eignung des Grundstücks zum Betrieb einer Gastwirtschaft vermag eine Kürzung des für die Steuerberechnung maßgebenden Preises nicht zu rechtfertigen. PrOVG. 22. Sept. 14 AM. 1915, 6.

46. — Die einheitlich festgesetzte Enteignungsentschädigung stellt den Preis im Sinne des § 8 dar, es sei denn, daß die Entschädigungssumme zugleich den Betrag des Schadens umfaßt, den Nebenberechtigte, z. B. Pächter, erleiden. PrOVG. 9. Januar 17 AM. 1917, 57.

47. Preisverteilung. Als Preis ist der Teil der verabredeten Gegenleistung anzusehen, der sich auf das Grundstück ohne die nach §§ 10, 13 auszuscheidenden Gegenstände bezieht. PrOVG. 6. Febr. 13 E. 64, 32 = AM. 1913, 105.

48. — Der für ein Teilgrundstück vereinbarte, dem wahren Willen der Parteien entsprechende Kaufspreis bildet auch dann die Grundlage für die Ermittelung des Wertzuwachses im Sinne des § 8 Abs. 1, wenn der Verkäufer durch die Preisfestsetzung sich zugleich eine Entschädigung für die unvermeidbare Wertminderung seines Restgrundstücks verschaffen wollte. BayVGH. 14. Dez. 14 AM. 1915, 31.

Abs. 2.

49. Uebernommene Leistungen. Solche umfassen Verbindlichkeiten, die dem Käufer eines Grundstücks nicht schon kraft Gesetzes obliegen. SächsOVG. 30. Okt. 13 Jahrb. 21, 139 = AM. 1914, 5.

50. — Unter den vom Erwerber übernommenen Leistungen sind nur solche zu verstehen, die dem Veräußerer zur Last fallen würden, wenn sie nicht vom Erwerber zufolge bestimmter Abreden übernommen werden. Hierzu gehören nicht die das Grundstück selbst erfassenden Lasten, die der Erwerber kennt. PrOVG. 1. Dez. 14 E. 69, 10.

51. — Einzelne Leistungen. Die Uebernahme der Haftung seitens des Käufers dafür, daß für die zur Belegung des Kaufpreises abgetretenen Hypotheken keine Rückstände an Zinsen usw. bestehen, ist nicht als eine übernommene Leistung im Sinne des § 8 Abs. 2 anzusehen. BayVGH. 26. Mai 13 AM. 1913, 229.

52. — Die vom Erwerber vertraglich übernommene Zuwachssteuer ist bei einer späteren Weiterveräußerung des Grundstücks als eine vom Erwerber übernommene Leistung im Sinne des § 8 Abs. 2 dem Erwerbspreis hinzuzurechnen. OldenbOVG. 29. Nov. 13 AM. 1914, 87.

53. — Ein auf einem Grundstück als dingliche Last ruhender Erbpachtskanon, der auf den Erwerber des Grundstücks auch ohne besondere Vereinbarung übergeht, stellt eine dem Erwerber infolge der Veräußerung obliegende Leistung im Sinne des § 8 Abs. 2 dar. PrOVG. 23. Dez. 13 AM. 1914, 89.

54. — Wenn einem Steuerpflichtigen, der das Grundstück auf Grund letztwilliger Verfügung zu einem bestimmten Preise unter Anrechnung auf seinen Erbteil erworben hat, letztwillig die Verpflichtung zur Herauszahlung eines künftigen Gewinns an die übrigen Erben auferlegt ist, so bildet diese den Erbteil belastende Auflage im Falle der Weiterveräußerung keinen Teil der Gegenleistung im Sinne des § 8 Abs. 2 ZStG. SächsOVG. 22. Jan. 14 Jahrb. 21, 239 = AM. 1914, 118.

55. — Der Nießbrauch, den der Veräußerer einem Dritten an dem Grundstück eingeräumt hat, gehört weder zu den vom Erwerber übernommenen oder ihm sonst infolge der Veräußerung obliegenden Leistungen, noch zu den vorbehaltenen oder auf dem Grundstücke lastenden Nutzungen. PrOVG. 1. Dez. 14 E. 69, 10.

56. — Eine Vertragsstrafe, die beim Erwerb eines Grundstücks für den Fall der Nichterfüllung einer mit dem Erwerbe nicht in unmittelbarer Verbindung stehenden Verpflichtung ausbedungen und demnächst fällig geworden ist, kann nicht bei der Feststellung des Preises berücksichtigt werden. PrOVG. 8. Okt. 15 AM. 1916, 1.

57. — Dem Grundstückseigentümer zur Last fallende Kursverluste bei der Begebung von Pfandbriefen sind dem Erwerbspreise des mit der Pfandbriefschuld belasteten Grundstücks nicht hinzuzurechnen. PrOVG. 30. Nov. 15 E. 71, 16.

58. — Eine Grundschuld, die der Verkäufer zufolge besonderer Vertragsbestimmungen nicht löschen zu lassen braucht, stellt eine dem Erwerber obliegende Leistung im Sinne des § 8 Abs. 2 dar. PrOVG. 1. März 16 AM. 1916, 90.

59. — Wenn der Käufer eines Grundstücks sich vertragsmäßig verpflichtet, dem Verkäufer auf Verlangen das gekaufte Grundstück wieder zu

verkaufen (§ 497 BGB.), so ist dies eine von ihm übernommene Leistung im Sinne des § 8 Abs. 2, und ihr Wert ist deshalb dem Erwerbspreise hinzuzurechnen. Dieser Wert ist im Wege der Schätzung zu ermitteln. PrOVG. 14. April 16 E. 71, 19.

60. — Wird der Erwerber durch den Abkauf eines Grundstücks einer übernommenen Reugeldverpflichtung ledig, so bildet diese Verpflichtung keine Gegenleistung im Sinne des § 8 Abs. 2, auch wenn der Erwerbspreis mit Rücksicht auf die Reugeldverpflichtung niedriger bemessen worden ist, als es sonst geschehen wäre. PrOVG. 16. Jan. 13 E. 64, 21 = AM. 1913, 98.

61. — Eine von dem Erwerber an den Veräußerer neben dem sonst vereinbarten Entgelte zu zahlende Vertragsstrafe oder Schadensersatzsumme ist kein Teil des Preises. PrOVG. 1. Dez. 16 E. 72, 80.

62. — Eine vom Grundstückserwerber neben dem vereinbarten Kaufpreis vertragsmäßig zu tragende Vermittelungsgebühr bildet keine von ihm übernommene Last im Sinne des § 8 Abs. 2. PrOVG. 21. Sept. 15 E. 70, 10 = AM 1916, 2.

63. — Zur Bestimmung des Preises bei Ausbedingung von Leistungen an den Grundstücksveräußerer auf Grund eines von ihm mit dem Erwerber abgeschlossenen Unterhaltsgewährungsvertrags oder eines, rechtlich von letzterem zu unterscheidenden, Leibrentenvertrags. PrOVG. 14. Mai 18 E. 74, 14.

64. — Behandlung von Mietzinszahlungen des Grundstückserwerbers. PrOVG. 1. Nov. 18 E. 74, 21.

65. — Bei Uebernahme einer Sicherungshypothek wegen Straßenbaukosten, bevor die Pflicht zu deren Zahlung entstanden ist, handelt es sich im Verhältnis des Veräußerers zu dem Erwerber nicht um den Uebergang einer Hypothekenschuld, sondern um die Aufrechterhaltung der hypothekarischen Sicherung des künftigen Gläubigers. Selbst soweit nach den besonderen Umständen des Einzelfalls in dem Eingehen des Erwerbers auf die Beibehaltung des Rechtszustandes eine Art Gegenleistung an den Veräußerer erblickt werden könnte, ist darin eine übernommene Leistung im Sinne des § 8 Abs. 2 nur zu erblicken, wenn die Forderung, an die die Sicherungshypothek geknüpft ist, voraussichtlich entstehen wird, da ganz unbestimmte, nur möglicherweise einmal entstehende und wegen dieser Ungewißheit ihrem Werte nach nicht schätzbare Leistungen bei der Preisbemessung auszuscheiden haben. PrOVG. 11. Juli 12 E. 62, 39 = AM. 1912, 108.

66. Unbestimmte Nebenleistungen. Neben einer Preiszahlung vereinbarte Leistungen ganz unbestimmter Art, wie die Verpflichtung des Erwerbers, den Veräußerer bei einem etwaigen späteren Verkauf an einem etwaigen Verdienste teilnehmen zu lassen, gelten nicht als Teil des Preises. PrOVG. 31. Okt. 12 E. 62, 72 = AM. 1913, 29.

67. — Die Verpflichtung des Erwerbers, einen Teil des künftigen Gewinns an den Veräußerer abzuführen, stellt sich als Teil der Gegenleistung im Sinne des § 8 Abs. 2 dar und ist gemäß § 12 mit ihrem Werte zu veranschlagen. SächsOVG. 18. April 12 Jahrb. 19, 1 = AM. 1912, 43.

68. — Neben dem Kaufpreis vereinbarte, dem Umfang und der Entstehung nach unbestimmte Gegenleistungen des Erwerbers sind mit ihrem Werte zur Zeit der Veräußerung in Ansatz zu bringen und haben daher unberücksichtigt zu bleiben, falls ihr Wert für diesen Zeitpunkt nicht bestimmbar ist. OldenbOVG. 14. Febr. 14 AM. 1914, 122.

§ 9.

1. Der § 9 gilt nicht nur für die Bestimmung des früheren Erwerbspreises, sondern regelt auch die Festsetzung des Veräußerungspreises. PrOVG. 27. Febr. 13 E. 64, 38.
2. Nach § 9 ist für das Gebiet des ZStG. auch bei dem Erwerb in der Zwangsversteigerung stets mit einem Preise zu rechnen, dem die nach § 14 Nr. 1 vorgesehenen Beträge hinzuzurechnen sind. PrOVG. 4. Nov. 13 E. 65, 8 = DJZ. 1914, 702.
3. Uebernommene Leistungen: Dazu gehören nicht solche, die auf außerhalb des Zwangsversteigerungsverfahrens getroffenen Abmachungen beruhen. BadVGH. 6. Nov. 12 AM. 1912, 213.
4. — Ebenso PrOVG. 22. April 12 AM. 1912, 45; SächsOVG. 20. Mai 12 Jahrb. 19, 6 = AM. 1912, 56; BadVGH. 18. Juni 12 AM. 1912, 72; BayVGH. 22. Februar 15 E. 36, 73.
5. — Als übernommene Leistungen im Sinne des § 9 gelten nicht Verpflichtungen, die außerhalb des Versteigerungsverfahrens auf Grund privater Abmachung übernommen werden. Eine Hinzurechnung findet insbesondere in der Regel nicht statt, wenn der Ersteher vor der Versteigerungsverhandlung mit einem Hypothekengläubiger vereinbart hat, daß die Hypothek des Gläubigers nicht mit ausgeboten werden und daher der Ersteher das Grundstück zu einem entsprechend geringeren Meistangebot erhalten, dann aber nach dem Zuschlag die Hypothek des Gläubigers wieder eintragen lassen oder ihm sonst eine Entschädigung gewähren soll. Dagegen muß das gemäß § 91 Abs. 2 ZwVG. vereinbarte Bestehenbleiben einer auf dem Grundstück lastenden Hypothek in gleicher Weise als eine übernommene Leistung im Sinne des § 9 angesehen werden, wie wenn die Hypothek nach den Versteigerungsbedingungen zu übernehmen gewesen wäre. Dabei ist, falls die Vereinbarung sich auf das Bestehenbleiben einer auf mehreren von der Zwangsversteigerung betroffenen Grundstücken lastenden Gesamthypothek bezieht, deren voller Betrag für sämtliche Grundstücke zusammen unter entsprechender Verteilung auf sie in Anrechnung zu bringen und nicht bei jedem einzelnen Grundstück in vollem Umfange. BadVGH. 8. Mai 12 AM. 1912, 50.
6. — Als eine vom Ersteher eines Grundstücks übernommene besondere Leistung kann die Verzinsung des Bargebotes bis zum Verteilungstermine nicht angesehen werden. SächsOVG. 12. Febr. 14 Jahrb. 21, 236.
7. Abtretung. Die Vorschrift des § 9 Satz 2 findet nicht Anwendung, wenn das Meistgebot von vornherein auf Grund einer Vollmacht für einen anderen abgegeben und der Vollmachtgeber selbst als Meistbietender im Versteigerungstermin anzusehen ist. SächsOVG. 24. April 13 AM. 1913, 215.
8. — Unter dem nach § 9 Satz 2 im Falle der Abtretung an die Stelle des Meistgebots tretenden Werte der Gegenleistung ist auch das außerhalb des Zwangsversteigerungsverfahrens vereinbarte Abtretungsentgelt zu verstehen. PrOVG. 19. Sept. 13 E. 65, 6 = AM. 1913, 271.
9. — Die Vorschrift des § 9 Satz 2 schlägt nur ein, wenn die Abtretung der Rechte aus dem Meistgebot von einer Gegenleistung abhängig gemacht worden ist, die höher ist als das Meistgebot. SächsOVG. 9. Okt. 13 Jahrb. 21, 60 = AM. 1913, 281.

§ 10.

1. Uebernommene Lasten im allgemeinen: Als solche im Sinne des § 10 sind nur Verpflichtungen anzusehen, die sich unmittelbar auf das Grundstück und seine Bestandteile beziehen und diesem und seiner Benutzung zugute kommen sollen. Dazu gehören nicht im Vertrag übernommene Verpflichtungen, welche, mögen sie auch inhaltlich für den Veräußerer unvorteilhaft sein, nur eine nähere Regelung der Erfüllungsbedingungen des Veräußerungsgeschäfts enthalten, insbesondere also die Stundung des Kaufpreises, Sicherstellung der Kaufpreisforderung, die nähere Beschaffenheit dieser Sicherstellung usw. betreffen. PrOVG. 27. Mai 13 E. 64, 106 = AM. 1913, 232.

2. — Lasten im Sinne des § 10 müssen, um abzugsfähig zu sein, das veräußerte Grundstück betreffen; andernfalls handelt es sich um zwei Geschäfte. Ein in einer Gesamtsumme vereinbartes Entgelt muß auf die beiden Geschäfte gemäß § 13 verteilt werden. SächsOVG. 30. Okt. 13 Jahrb. 21, 139 = AM. 1914, 5.

3. — Der Abzug einer vom Veräußerer übernommenen Last auf Grund des § 10 ist nur zulässig, wenn die Uebernahme der Last in dem vom Erwerber zu zahlenden Preise mitvergütet ist. WüVGH. 12. Nov. 13 AM. 1913, 307 = DJZ. 1914, 445.

4. — Zu den vom Veräußerer übernommenen Lasten gehören nur solche Lasten, die der Veräußerer in seiner Eigenschaft als bisheriger, das Eigentum nunmehr zugunsten eines andern aufgebender Grundstückseigentümer übernommen hat. PrOVG. 26. Nov. 15 E. 71, 24 = DJZ. 1918, 194.

5. Einzelne Lasten. Bei dem Verkauf eines Grundstücks unter der Verpflichtung des Verkäufers, auf eigene Kosten die künstlichen Fundamentierungsarbeiten herstellen zu lassen, handelt es sich um die entgeltliche Lieferung eines Grundstücks von bestimmter Eigenschaft, nicht aber um die Uebernahme einer über den Rahmen der gesetzlichen Hauptverpflichtung des Verkäufers hinausgehenden Verpflichtung im Sinne des § 10 ZStG. PrOVG. 16. Januar 13 E. 64, 25 = AM. 1913, 95.

6. — Eine Abrede, wonach ein Ausgedinge vom Grundstückserwerber nicht übernommen, sondern im Grundbuch gelöscht werden soll, ist nicht als vom Veräußerer übernommene Last im Sinne des § 10 anzusehen. PrOVG. 27. Mai 13 E. 64, 116 = AM. 1913, 237.

7. — Eine vom Erwerber nicht übernommene Hypothek, zu deren Beseitigung der Veräußerer verpflichtet ist, ist keine übernommene Last im Sinne des § 10. SächsOVG. 10. Okt. 13 Jahrb. 21, 54 = AM. 1913, 282.

8. — Die vertragliche Verpflichtung des Veräußerers, dem Erwerber gegenüber für die demnächstigen Beiträge zu den Straßenherstellungskosten aufzukommen, ist eine Last im Sinne des § 10. Maßgebend ist nicht der von den Vertragschließenden vereinbarte, sondern der objektive Wert, den die Last zur Zeit des Veräußerungsvertrags hatte. PrOVG. 8. Mai 14 E. 68, 8.

9. — Uebernahme von Straßenanliegerbeiträgen. PrOVG. 24. März 16 AM. 1916, 130.

10. — Der Grundsatz, daß eine vom bisherigen Eigentümer übernommene Abfindung des bisherigen Pächters in der Regel keine mit ihrem Werte abzugsfähige Last im Sinne des § 10 bildet, gilt auch im Falle der Enteignung. PrOVG. 9. Jan. 17 AM. 1917, 57. Vgl. auch zu § 8 unter Nr. 42.

11. — Kosten, die dem Veräußerer durch die Erfüllung der vertraglich übernommenen Verpflichtung erwachsen, dem Erwerber ein Grundstück frei von den nicht mitverkauften Gebäuden und sonstigen Gegenständen zu übereignen, sind auch insoweit keine abzugsfähige Last im Sinne des § 10, als sie objektiv den Wert der entfernten Sachen überschreiten. PrOVG. 14. Jan. 19 AM. 1919, 113.

12. Abzug des Wertes. Erzeugnisse sind mit ihrem vollen Werte vom Preise selbst dann in Abzug zu bringen, wenn hierdurch der für den Grund und Boden verbleibende Preisrest auf Null herabgedrückt wird. SächsOVG. 25. Sept. 13 Jahrb. 21, 55 = AM. 1913, 297; BayVGH. 14. Okt. 18 E. 40, 17.

13. — Als abzugsfähig nach § 10 gilt der objektive Wert, den die Erzeugnisse am Tage des Abschlusses des schuldrechtlichen Vertrags gehabt haben, außer in den Fällen, in denen die Parteien bei der Preisvereinbarung nachweislich den Wert zu einem späteren Zeitpunkt zugrunde gelegt haben. PrOVG. 17. März 14 AM. 1914, 187.

14. — Feststellung des gemäß § 10 vom Preise abzuziehenden Wertes der Erzeugnisse des Grundstücks. PrOVG. 19. Mai 14 E. 68, 15 = AM. 1914, 227.

15. — Für die Ermittelung des Wertes der Bodenerzeugnisse ist der Wert zur Zeit eines im Kaufvertrage festgesetzten, dem Abschluß des Kaufvertrags folgenden Grundstücksübergabetags maßgebend, wenn die Beteiligten bei der Vereinbarung des eigentlichen Kaufpreises den Zustand des Grundstückes zur Zeit der Grundstücksübergabe in Betracht gezogen haben. RG. 22. Febr. 16 AM. 1916, 65.

16. — Eine anstehende Ernte hat nach § 10 mit ihrem Schätzungswert auch dann von dem Preise in Abzug zu kommen, wenn die Ernte selbst noch nicht Gegenstand des Verkehrs sein kann. PrOVG. 5. Dez. 16 AM. 1917, 22.

17. — Bestimmung des vom Preise abzuziehenden Wertes einer aufstehenden Ernte (Aussaat).

Der Wertabzug ist nicht davon abhängig, daß die Ernte bereits ein selbständiger Gegenstand des Verkehrs sein kann. PrOVG. 19. Jan. 17 E. 72, 38.

18. Maschinen. Für die Umgrenzung des Begriffs „Maschinen" ist die Verkehrsauffassung maßgebend. SächsOVG. 30. Oktober 13 AM. 1914, 7.

19. — Eine Brunnenanlage fällt nicht unter § 10. PrOVG. 6. Jan. 14 AM. 1914, 93.

20. Erzeugnisse. Die Kosten für die Ansaat dürfen vom Veräußerungspreise nicht abgezogen werden, da Erzeugnisse im Sinne des § 10 auf Grundstücken nur insoweit vorhanden sind als sie bereits angeblümt sind. BadVGH. 19. März 13 AM. 1913, 155, 205.

21. — Die Ausscheidung anstehenden Holzes bei der Veranlagung zur Zuwachssteuer hat nach § 10 und nicht nach § 13 zu erfolgen, so daß von dem Preise der Wert des stehenden Holzes abzusetzen ist, ohne

Rücksicht darauf, ob er dem Betrage gleichkommt, den die Parteien als Preis für das anstehende Holz ausgeworfen haben. PrOVG. 15. April 13 E. 64, 80 = AM. 1913, 175.

22. — Auch Obstbäume sind Erzeugnisse. WüVGH. 11. Juni 13 AM. 1913, 203.

23. — Bei der Veräußerung eines Gärtnereigrundstücks sind gemäß § 10 die auf ihm zur Zeit des Eigentumsüberganges noch vorhandenen, mit dem Boden zusammenhängenden Pflanzen vom Verkaufspreis abzurechnen und zwar zu dem Werte, den sie zur Zeit des schuldrechtlichen Veräußerungsgeschäfts hatten. PrOVG. 17. Februar 14 E. 67, 18.

24. Bodenbestandteile. Als Erzeugnisse im Sinne des § 10 gelten nur die natürlichen Früchte und nicht auch die Ausbeute des Grundstücks, wie z. B. der aus ihm gewonnene Ton. BayVGH. 16. Juni 13 AM. 1913, 256. Ebenso PrOVG. 23. Dez. 13 AM. 1914, 123.

25. — Unter einem Grundstück anstehende unverritzte Braunkohlen, deren Vorhandensein durch Bohrungen festgestellt worden ist, sind kein Erzeugnis im Sinne des § 10. Ihr Wert ist daher bei der ersten Veräußerung des Grundstücks durch den Finder nicht abzugsfähig. PrOVG. 6. Jan. 14 E. 66, 5 = AM. 1914, 92.

26. — Eine Quelle ist Bestandteil, nicht Erzeugnis des Grundstücks. BayOVG. 23. März 14 E. 35, 92 = AM. 1914, 226.

§ 11.

Abs. 1.

1. Wenn der die Preisabrede enthaltende Vertrag wegen Geschäftsunfähigkeit einer Vertragspartei nichtig ist, so ist nicht mit einem Preise nach § 8 zu rechnen, vielmehr ist nach § 11 Abs. 1 statt eines Preises der Grundstückswert maßgebend. PrOVG. 6. Juli 17 E. 73, 1.

Abs. 2.

2. Die Vorschrift des § 11 Abs. 2 ist nicht anwendbar, wenn beim Erwerb im Wege der Zwangsversteigerung der Meistbietende einem nachstehenden Hypothekengläubiger zugesichert hat, den Betrag einer ausfallenden Hypothekenforderung zu ersetzen. PrOVG. 9. Mai 13 E. 64, 92 = AM. 1913, 221.

3. Im Sinne des § 11 Abs. 2 ist die Bestellung eines vom Grundstückseigentum abgetrennten Kohlenabbaurechts nicht als Uebertragung des Eigentums an einem realen Grundstücksteile, sondern als die Begründung einer auf dem Grundstück lastenden Berechtigung anzusehen. SächsOVG. 16. April 14 Jahrb. 21, 320 = AM. 1914, 223.

§ 12.

Abs. 1.

1. Als gemeiner Wert im Sinne des § 12 ist nicht ohne weiteres unterschiedslos der handelsrechtliche Buchwert zugrunde zu legen. WüVGH. 13. November 12 AM. 1912, 216.

2. Die Vorschrift des § 12 greift auch Platz in Fällen, in denen die Ermittelung des Wertes der Aufwendungen (§ 14) notwendig wird. OldenbOVG. 7. Dezember 12 AM. 1913, 16.

3. Grundstückswert. Bei der Ermittelung des gemeinen Wertes eines Grundstücks gemäß § 12 ist außer Betracht zu lassen, daß das Grundstück mit Renten behaftet ist, die Erwerber zu übernehmen hat. PrOVG. 13. September 12 AM. 1912, 136.
4. — Bei der Bewertung eines Grundstückes ist es nicht angängig, die Möglichkeit zur zukünftigen gewinnreichen Ausbeutung von Mineralien als Grundlage für die höhere Bewertung zu nehmen, wenn das Grundstück zu dem für die Bewertung maßgebenden Zeitpunkt lediglich landwirtschaftlich zu nutzen war. BayVGH. 16. Juni 13 AM. 1913, 256.
5. — Bei der Feststellung des gemeinen Wertes eines Grundstücks sind nur Verhältnisse zu berücksichtigen, die zu dem in Frage kommenden Zeitpunkt bekannt und geeignet waren, die Preisbildung zu beeinflussen. PrOVG. 3. April 14 AM. 1914, 188. Ebenso BayVGH. 10. Juli 15 AM. 1915, 212.
6. — Bei der Festsetzung des gemeinen Wertes eines Grundstückes ist außer der Nutzungsart auch die nach den örtlichen und zeitlichen Verhältnissen zu beurteilende Nutzungsfähigkeit — als Bauland — in Betracht zu ziehen. BayVGH. 3. Mai 15 AM. 1915, 135.
7. — Bei der Bewertung von Grundstücken ist als Baugelände nur solches Gelände anzusehen, das nach der Entwicklung der örtlichen Verhältnisse in absehbarer Zeit für die Bebauung in Betracht kommen kann und im Grundstücksverkehr als solches gilt. BadVGH. 20. Mai 13 AM. 1913, 242. Ebenso BraunschwVGH. 2. März 14 AM. 1914, 124; BayVGH. 10. Juli 15 AM. 1915, 212.
8. — Bei bebauten Grundstücken ist eine Trennung des Grund- und Gebäudewerts nicht statthaft. PrOVG. 17. April 14 AM. 1914, 208.
9. — Bei der Ermittelung des gemeinen Wertes kommt es auf individuelle Umstände wie darauf nicht an, daß der Erwerber das Grundstück zur Abrundung einer Baustelle gebraucht hat. SächsOVG. 1. Juli 12 AM. 1912, 79.
10. Bei der Festsetzung des Preises ist, sofern andere Gegenstände als Geld geschuldet werden, für die Umrechnung in Geld der zwischen den Parteien vereinbarte Geldwert maßgebend, andernfalls ist der Geldwert durch Schätzung zu ermitteln. BadVGH. 8. Mai 12 AM. 1912, 50.

Abs. 2.

11. Ist als ein Teil des Preises eine wiederkehrende Leistung auf die Lebenszeit des Veräußerers ausbedungen worden und erlischt diese Verpflichtung bereits nach einmaliger Leistung durch den Tod des Berechtigten, so wird nach § 18 Abs. 2 EStG. vom 3. Juni 1906 nur die einmalige Leistung als Preisteil angerechnet. PrOVG. 8. Mai 14 E. 68, 8.

§ 13.

Abs. 1.

1. Keine Gesamtsumme liegt vor, wenn der Kaufpreis durch Vervielfältigung eines Einheitspreises gefunden ist. SächsOVG. 13. März 13 Jahrb. 20, 258.
2. Der Preis steuerfreier Gegenstände (§ 13), die zu einem eine wirtschaftliche Einheit darstellenden Grundbesitze gehören, ist im Falle der Abveräußerung von Teilstücken bei der Ermittelung des Erwerbs-

preises aller Teilstücke anteilig zu berücksichtigen, auch wenn sich diese Gegenstände räumlich nur auf einem Teilstück befinden sollten. PrOVG. 21. November 13 E. 65, 22 = AM. 1914, 43.

3. Bei Verteilung eines Gesamtpreises gemäß § 13 Abs. 1 ist für die Festsetzung der Einzelwerte nicht die Zeit des steuerpflichtigen Rechtsvorganges, sondern die Zeit des Vertragsabschlusses maßgebend. SächsOVG. 1. Dezember 13 Jahrb. 21, 237.

4. Einzelfälle. Vertragsrechte, die den Wert eines auf einem Grundstück betriebenen Unternehmens erhöhen, sind nicht werterhöhende Eigenschaften des Grundstücks. Das mit einem Grundstück, auf dem eine Gasanstalt betrieben wird, zusammenhängende Rohrleitungsnetz und die daran angeschlossenen Gaslaternen sind nicht Bestandteile des Grundstücks, sondern bewegliche Sachen. SächsOVG. 27. Juni 14 AM. 1914, 261.

5. — Das Entgelt für ein auf dem veräußerten Grundstück betriebenes Geschäft, das mit dem Grundstück nur in einem losen Zusammenhange steht und jederzeit leicht von jenem entfernt werden kann, ist gemäß § 13 aus dem Gesamtveräußerungspreis in voller Höhe auszuscheiden. BayVGH. 3. Mai 15 AM. 1915, 159.

6. — Besondere Vereinbarung des Entgelts für den Verzicht auf Konzession oder für die Aufgabe des Geschäfts vgl. zu § 8 unter Nr. 26 ff.

7. — Die Vorschrift des § 13 ist nicht anwendbar auf Nebenabreden über die Gestaltung der Hypothekenverhältnisse des veräußerten Grundstücks, die dem Verkäufer nur als Beweggrund für Höherbemessung des Grundstückspreises erscheinen. PrOVG. 27. Mai 13 AM. 1913, 232.

8. Angabe der Beteiligten. Die Abrede der Vertragsparteien über Verteilung eines Gesamtpreises für mehrere steuerpflichtige Gegenstände kann als Grundlage für die Feststellung der sich ergebenden Einzelpreise auch dann dienen, wenn die Abrede der Parteien willkürlich, also ohne Beachtung der Wertverhältnisse zum Zwecke der Berechnung der Gerichtskosten u. dgl. getroffen worden ist. SächsOVG. 26. September 12 Jahrb. 19, 255 = AM. 1912, 172.

9. — Abweichend: Die Vorschrift des § 13 bezieht sich nur auf Angaben von rechtsgeschäftlicher Bedeutung, die eine Vereinbarung der Beteiligten zum Ausdruck bringen, bindet die Steuerbehörde jedoch nicht an Angaben tatsächlicher Natur, wie sie ohne verpflichtende Kraft für die Vertragsparteien, z. B. im Stempelinteresse, üblich sind. PrOVG. 23. Januar 14 E. 67, 4 = AM. 1914, 124.

Abs. 1 Satz 2.

10. Steuerersparung. Eine von dem wirklichen Werte der mit übertragenen steuerfreien Gegenstände erheblich abweichende vertragliche Wertangabe, die als Angabe tatsächlicher Art für die Steuerbehörde in der Regel an sich unverbindlich ist, läßt im allgemeinen die Annahme einer beabsichtigten Steuerersparung gerechtfertigt erscheinen. PrOVG. 16. April 15 AM. 1915, 158.

Abs. 2.

11. Der im § 20 Abs. 1 ausgesprochene Grundsatz, daß bei der Veräußerung eines Teiles eines als wirtschaftliche Einheit erworbenen Grundstücks

der Erwerbspreis des Teiles nach dem Verhältnis seines Wertes zum Werte des Gesamtgrundstücks zu berechnen ist, findet auch Anwendung, wenn gemäß § 13 Abs. 2 aus dem Gesamtpreis für eine Mehrzahl von Grundstücken der Erwerbspreis eines einzelnen auszuscheiden ist. Sächs. OVG. 9. Okt. 13 Jahrb. 21, 60 = AM. 1913, 281.

§ 14.

Nr. 1.

1. Erwerbspreis. Unter Erwerbspreis im Sinne von § 14 Nr. 1 ist der Betrag zu verstehen, der unter Berücksichtigung der §§ 10, 13 ermittelt worden ist. PrOVG. 2. Januar 13 E. 64, 1 = AM. 1913, 92.
2. — Die Erwerbskosten, die dem Veräußerer durch einen Erwerb auf Grund eines nach § 7 steuerfreien Vorgangs erwachsen sind — insbesondere die Erbschaftsabgabe —, gehören nicht zu den Kosten des Erwerbs, die dem Erwerbspreise hinzuzurechnen sind. ThürOVG. 30. September 14 Jahrb. 1914, 144.
3. Voraussetzung der Hinzurechnung. Die Hinzurechnung der Erwerbskosten im Pauschalbetrage von 4 v. H. des Erwerbspreises ist nur zulässig, wenn dem Veräußerer beim Erwerbe des Grundstücks Kosten entstanden sind, und nicht auch dann, wenn sämtliche Kosten des Erwerbsvorganges von dem früheren Veräußerer übernommen und beglichen sind. WüVGH. 28. Januar 14 AM. 1914, 128.
4. — Abweichend: Die Anrechnung des Pauschbetrages von 4 v. H. gemäß § 14 Nr. 1 hat auch dann zu erfolgen, wenn dem Steuerpflichtigen als Erwerber überhaupt keine Kosten entstanden sind. PrOVG. 12. Februar 15 E. 69, 18 = AM. 1915, 118.
5. Einzelne Erwerbskosten: Als Kosten des Erwerbes im Sinne des § 14 Nr. 1 dürfen nur solche Kosten dem Erwerbspreis hinzugerechnet werden, die in unmittelbarem Zusammenhange mit der Veräußerung und Uebertragung des Grundstücks notwendig geworden sind, nicht dagegen Aufwendungen, die nur mittelbar dem Erwerbe gedient haben, insofern sie die Erstehung des Grundstücks in der Zwangsversteigerung um ein niedrigeres Gebot ermöglicht haben. SächsOVG. 11. Dezember 11 AM. 1912, 7.
6. — Als Erwerbskosten sind solche Beträge nicht anzusehen, die für die Vermittelung der Hypothekenabtretung entrichtet worden sind. BayVGH. 26. Mai 13 AM. 1913, 229.
7. — Aufwendungen für Schürfungsarbeiten, die dem Erwerb eines Grundstücks für bergbauliche Ausbeutung gewohnheitsmäßig vorausgehen und nach kaufmännischen Grundsätzen den Buchwert des erworbenen Grundstücks erhöhen, gelten nicht als Erwerbskosten im Sinne des § 14 Nr. 1. PrOVG. 23. Dezember 13 AM. 1914, 126.
8. — Hypothekenzinsen, Gemeindeabgaben und Zinsenausfälle, die während der Besitzzeit eines Grundstücks zu zahlen sind oder eintreten, gehören weder zu den anrechnungsfähigen Erwerbskosten im Sinne des § 14 Nr. 1, noch stellen sie Aufwendungen im Sinne des § 14 Nr. 3 dar. SächsOVG. 22. Januar 14 AM. 1914, 127.
9. — Zinsen für Stundung des Kaufpreises oder für Hypotheken, die auf dem Grundstücke lasten, dann Provisionen für die Aufnahme von Hypothekkapitalien oder dafür, daß die Aufkündigung der Hypothekkapitalien durch den Gläubiger unterbleibt, ferner landesgesetzliche, auf

das Grundvermögen gelegte Steuern, z. B. das Gebührenäquivalent, die der Verkäufer während der Besitzzeit aufgewendet hat, gehören weder zu den anrechnungsfähigen Erwerbs- oder Veräußerungskosten im Sinne der §§ 14 Nr. 1 und 22 Nr. 1, noch stellen sie Aufwendungen im Sinne des § 14 Nr. 3 dar. BayVGH. 18. Oktober 15 E. 36, 215.

10. — Allgemeine Handlungsunkosten — Verwaltungskosten — einer veräußernden Gesellschaft gehören auch nicht teilweise zu den anrechnungsfähigen Kosten im Sinne des § 14 Nr. 1. PrOVG. 12. November 15 AM. 1916, 51.

11. — Umsatzsteuern, die ein Steuerpflichtiger beim früheren Erwerbe des veräußerten Grundstücks im Wege des Tausches für das von ihm hingegebene Grundstück aufgewendet hat, gehören zu den anrechnungsfähigen Erwerbskosten im Sinne von § 14 Nr. 1. PrOVG. 7. März 16 AM. 1916, 90.

12. Vermittelung. Als Vermittelung gilt nur der erfolgreiche Nachweis einer Vertragsgelegenheit zwischen anderen Personen. Schließt der mit der Vermittelung beauftragte Makler — im eigenen Namen oder als gesetzlicher Vertreter eines Dritten — mit seinem Auftraggeber den Vertrag ab, so ist die dem Makler gewährte Gebühr keine Vermittelungsgebühr im Sinne von § 14 Nr. 1 und § 22 Nr. 1. SächsOVG. 7. Oktober 12 AM. 1912, 174.

13. — Eine Vermittelung liegt nur da vor, wo ein Dritter tätig ist, um zwischen zwei Parteien den Abschluß eines Rechtsgeschäfts zustande zu bringen. Das ist nicht der Fall, wenn Vorstandsmitglieder einer Aktiengesellschaft als deren Vertreter zwischen ihr und dem Grundstückserwerber den Abschluß des Veräußerungsvertrags herbeigeführt haben; die hierfür erhaltene Gebühr ist keine Vermittelungsgebühr und kann auch zu den sonstigen Kosten des Erwerbs oder der Veräußerung nicht gerechnet werden. PrOVG. 17. März 14 E. 67, 22.

Nr. 2.

14. Allgemeine Voraussetzungen. Die Anrechnung einer beim Erwerb im Wege der Zwangsvollstreckung ausgefallenen Hypothek oder Grundschuld ist nur beim Vorhandensein der im § 14 Nr. 2 aufgestellten Voraussetzungen zulässig. Von diesen kann auch dann nicht abgesehen werden, wenn das Vorliegen einer Umgehungsabsicht ausgeschlossen ist. SächsOVG. 11. September 13 AM. 1913, 271.

15. — Der § 14 Nr. 2 findet nur beim Erwerb im Wege der Zwangsversteigerung Anwendung und nicht auch dann, wenn die Zwangsversteigerung lediglich durch Befriedigung eines Hypothekengläubigers vermieden worden ist. BayVGH. 3. Februar 13 AM. 1913, 125.

16. — Die Anrechnung einer beim Erwerb eines Grundstücks anläßlich einer freihändigen Versteigerung ausgefallenen Hypothek des Erwerbers auf den Erwerbspreis in sinngemäßer Anwendung des § 14 Nr. 2 ist ausgeschlossen; dagegen ist eine solche Hypothek bei der Preisfestsetzung unter Umständen gemäß § 8 zu berücksichtigen. OldenbOVG. 6. Februar 13 AM. 1913, 107.

17. — Der selbstschuldnerische Bürge einer Hypothekenforderung kann die Anrechnung von § 14 Nr. 2 nur in Anspruch nehmen, wenn er vor Einleitung der Zwangsversteigerung den Gläubiger befriedigt hat. SächsOVG. 6. September 12 Jahrb. 19, 145 = AM. 1912, 165.

18. — Die Vergünstigung des § 14 Nr. 2 kann von dem f i d u z i a r i s c h e n Eigentümer nicht in Anspruch genommen werden, wenn die Voraussetzungen der Vorschrift nur für die Person seines Hintermanns gegeben sind. PrOVG. 19. September 12 AM. 1912, 167.

19. — Ein f i d u z i a r i s c h e r Erwerb wirkt nur im inneren Verhältnis der Beteiligten, nicht aber nach außen hin. PrOVG. 2. Jan. 13 E. 64, 6.

20. — Ist von zwei Erwerbern eines zwangsweise versteigerten Grundstücks nur der eine Erwerber H y p o t h e k e n g l ä u b i g e r gewesen, so kann auch nur ihm bei Weiterveräußerung des Grundstücks die in § 14 Nr. 2 geordnete Vergünstigung zugute kommen. SächsOVG. 14. Oktober 12 Jahrb. 19, 257 = AM. 1912, 187.

21. — Im Sinne des § 14 Nr. 2 ist Veräußerer ausschließlich der, dem zufolge des Erwerbes in der Zwangsversteigerung das Eigentum an dem Grundstücke bisher zustand, und H y p o t h e k e n g l ä u b i g e r nur, wer die Hypothekenforderung nach den Bestimmungen des BGB. erworben hat, gleichviel, ob der Gegenwert der Hypothek, die Darlehnssumme, seinem eigenen oder einem fremden Vermögen entstammt. PrOVG. 2. Januar 13 E. 64, 6.

22. — Für die Anrechnung gemäß § 14 Nr. 2 ist belanglos, daß die Forderungen selbst zur Zeit der Einleitung der Zwangsversteigerung im Hypothekenbuch eingetragen waren und der Eintrag früher einmal auf den Namen des Meistbietenden gelautet hat. Vielmehr ist erforderlich, daß der Meistbietende zur Zeit der E i n l e i t u n g der Zwangsvollstreckung Gläubiger der Forderung war und dies bis zur Zeit des Zuschlags geblieben ist. BayVGH. 7. April 13 AM. 1913, 158.

23. E r s t e h e r a l s G l ä u b i g e r. § 14 Nr. 2 verlangt eine Einheit der Hypothekenforderung in bezug auf die Forderung selbst und auf den Gläubiger zur Zeit der E i n l e i t u n g der Zwangsvollstreckung und zur Zeit des Z u s c h l a g s. BayVGH. 14. April 13 BlBayFW. 21, 196. Ebenso PrOVG. 9. Mai 13 E. 64, 92 = AM. 1913, 221.

24. — Eine Anrechnung nach § 14 Nr. 2 muß versagt werden, wenn der Ersteher zwar im Auftrag und für Rechnung des Hypothekengläubigers sowie zur Rettung der Hypothek handelt, aber im eigenen Namen auftritt. SächsOVG. 13. Juni 12 Jahrb. 19, 144 = AM. 1912, 70.

25. — Vom Steuerpflichtigen zum Inkasso abgetretene und auf den Z e s s i o n a r umgeschriebene Hypotheken sind nicht anrechnungsfähig im Sinne des § 14 Nr. 2, da nach außen Gläubiger der Hypothekenforderung nicht der Zedent, sondern der Zessionar ist. SächsOVG. 5. März 14 AM. 1914, 154.

26. — Die Hinzurechnung einer Hypothek, die beim Erwerb eines Grundstücks durch eine o f f e n e H a n d e l s g e s e l l s c h a f t im Wege der Zwangsversteigerung ausgefallen ist, zum Erwerbspreise gemäß § 14 Nr. 2 kommt nicht in Frage, wenn die Hypothek rechtlich nicht der offenen Handelsgesellschaft, sondern einem ihrer G e s e l l s c h a f t e r zustand. PrOVG. 20. März 17 AM. 1917, 101.

27. Unter E i n l e i t u n g d e r Z w a n g s v e r s t e i g e r u n g im Sinne von § 14 Nr. 2 ist der die Zwangsversteigerung anordnende Beschluß des Vollstreckungsgerichtes zu verstehen. SächsOVG. 22. Januar 14 Jahrb. 21, 238.

28. Als Zeitpunkt der E i n t r a g u n g von nach § 14 Nr. 2 anrechnungsfähigen Hypotheken- und Grundschuldforderungen hat der Tag der

erstmaligen Eintragung in das Grundbuch ohne Rücksicht darauf zu gelten, ob der Gläubiger die Forderung erst später im Wege der Abtretung erworben hat. PrOVG. 1. Dez. 16 E. 72, 41 = AM. 1917, 58.

29. Umfang der Hinzurechnung. In den nach § 14 Nr. 2 dem Erwerbspreis hinzuzurechnenden Beträgen sind — im Rahmen des § 10 — auch die ausgefallenen Kosten und Zinsen mit inbegriffen. SächsOVG. 6. September 12 Jahrb. 19, 145 = AM. 1912, 165. PrOVG. 6. Februar 13 E. 64, 35 = AM. 1913, 129.

30. — Der § 14 Nr. 2 Satz 1 hat die Bedeutung, daß die ausgefallenen Hypotheken- oder Grundschuldforderungen des Erstehers nur insoweit den Erwerbspreisen zuzurechnen sind, als sie sich unter Berücksichtigung der vorhergehenden Forderungen innerhalb des Wertes des Grundstücks halten. Kommen als zurechnungsfähig nach § 14 Nr. 2 zwei Hypotheken gleichen Ranges in Betracht, ohne daß beide im vollen Betrag angerechnet werden können, so ist der gesamte zurechnungsfähige Betrag nach dem Verhältnis der beiden Hypothekenbeträge zueinander auf diese zu verteilen. PrOVG. 29. April 13 E. 64, 85 = AM. 1913, 216.

31. — Die beim Erwerb im Wege der Zwangsversteigerung ausgefallenen Hypotheken sind bis zum Werte des Grundstücks — gegebenenfalls zur Zeit der Beleihung — als Zurechnungsposten uneingeschränkt anrechnungsfähig (§ 14 Nr. 2). Kürzung des anrechnungsfähigen Betrags um den Teil, der in sinngemäßer Anwendung des § 13 auf steuerfreie Gegenstände entfällt, findet nicht statt. SächsOVG. 30. Oktober 13 AM. 1914, 7.

32. — Die Hinzurechnung aus dem Hypothekenausfall kann den Wert des Grundstücks nicht übersteigen. PrOVG. 5. Mai 14 DJZ. 1915, 722.

33. — Der nach § 14 Nr. 2 dem Entstehungspreise zuzurechnende Ausfall einer Hypothek ist nicht auf den ungedeckten Ausfall einer Hypothek zu beschränken. SächsOVG. 22. August 14 Jahrb. 22, 164.

Nr. 3.

34. Allgemeines. Eine Aufwendung im Sinne des § 14 Nr. 3 gilt als gemacht mit der Fertigstellung der Verbesserung und nicht erst, nachdem für sie Zahlung geleistet ist. PrOVG. 16. Jan. 13 E. 64, 25 = AM. 1913, 95.

35. — Eine dem Verkäufer gestundete Schuld für eine Aufwendung im Sinne des § 14 Nr. 3, 4 ist — bei Unverzinslichkeit unter Abzug von Zwischenzinsen — dem Erwerbspreis hinzuzurechnen. Ebenso ist eine nur bedingt entstandene Zahlungsverpflichtung des Verkäufers — gegebenenfalls nur mit ihrem Schätzungswert — anzurechnen. SächsOVG. 1. Dez. 13 Jahrb. 21, 142 = AM. 1914, 95.

36. — Die eigene Arbeit des Steuerpflichtigen und seiner Familienangehörigen ist, soweit letztere nicht im Lohnverhältnisse zu ersterem stehen, nicht besonders anzurechnen. PrOVG. 17. Febr. 14 E. 67, 18.

37. — Für Aufwendungen, die der Steuerpflichtige vor dem Beginne des für die Steuerberechnung maßgebenden Zeitraums und vor dem Abschlusse des Erwerbsgeschäfts auf die Kaufsache gemacht hat, kann zwar nicht die Hinzurechnung zum Erwerbspreise nach § 14 Nr. 3 gefordert werden, sie bilden aber unter Umständen einen Teil des Erwerbspreises selbst. ThürOVG. 30. Sept. 14 Jahrb. 1914, 138.

[38. Person des Aufwendenden. Die Anrechnung nach § 14 Nr. 3 setzt nicht voraus, daß die Aufwendungen vom Grundstückseigentümer gemacht sind. Der Veräußerer eines Grundstücks ist hierdurch in Fällen, in denen der Erwerber des Grundstücks vor Erlangung des Eigentums durch Auflassung und Eintragung einen Bau aufführt, berechtigt, die von dem Erwerber gemachten Aufwendungen für sich anzurechnen. PrOVG. 6. Febr. 13 E. 64, 30 = AM. 1913, 141.

39. — Die Anwendung des § 14 Nr. 3 setzt nicht voraus, daß die Aufwendungen vom Eigentümer des Grundstücks gemacht worden sind. SächsOVG. 7. August 13 Jahrb. 21, 57 = AM. 1913, 237.

40. — Für die Erschließung eines Steinbruches und die Anlegung eines Abfuhrweges aufgewendete Kosten sind auf Grund des § 14 Nr. 3 auch dann anrechnungsfähig, wenn sie während der Besitzzeit des Steuerpflichtigen vom Pächter des Grundstückes bestritten worden sind, der um deswillen einen besonders niedrigen Pachtzins zu zahlen hatte. SächsOVG. 25. Nov. 14 Jahrb. 22, 168 = AM. 1915, 33.

41. Verbesserung, nicht Unterhaltung. Wiederherstellung des früheren Zustands durch Beseitigung von Beschädigungen ist keine dauernde Verbesserung im Sinne des § 14 Nr. 3.

Aufwendungen, die nicht für Verbesserungen gemacht sind, sind auch dann keine nach § 14 Nr. 3 ZStG. anrechnungsfähigen Aufwendungen, wenn es sich dabei um außergewöhnliche Ausgaben und nicht um laufende Unterhaltungskosten handelt. ThürOVG. 30. April 13 Jahrb. 1913, 97.

42. — Kosten, die nachweislich für die Instandsetzung eines vernachlässigten Anwesens aufgewendet worden sind, sind nach § 14 Nr. 3 in voller Höhe anrechnungsfähig, auch wenn die Aufwendungen zum Teil der dauernden Unterhaltung gedient haben. PrOVG. 28. April 16 AM. 1916, 128.

43. — Aufwendungen zur Instandsetzung einer Anlage, die schon zur Zeit des Erwerbes des Grundstücks durch den Steuerpflichtigen vorhanden und erst in der Folgezeit mangelhaft geworden war, sind nicht nach § 14 Nr. 3 anrechnungsfähig. Diese Vorschrift setzt vielmehr eine Verbesserung im Vergleiche zu dem Zustande beim Erwerbe voraus. PrOVG. 2. Okt. 17 E. 73, 24.

44. — Privatstraßen vgl. unter Nr. 97.

45. Grundstücksverbesserungen. Aufwendungen für Rosenkulturen auf einem gärtnerisch genutzten Grundstück betreffen lediglich Bodenerzeugnisse im Sinne des § 10 und sind daher nicht nach § 14 Nr. 3 anrechnungsfähig. SächsOVG. 28. Okt. 12 AM. 1912, 211.

46. — Ebenso für das Anpflanzen von Obstbäumen und Sträuchern. WüVGH. 11. Juni 13 AM. 1913, 203.

47. — Die Kosten für das Nachpflanzen von Wald sind als Aufwendungen auf abzugsfähige Gegenstände dem Erwerbspreis nicht hinzuzurechnen. SächsOVG. 25. Sept. 13 Jahrb. 21, 55 = AM. 1913, 297.

48. — Kosten für Einrichtungen, die einem gewerblichen Unternehmen zugute kommen und zugleich dazu dienen, die Ertragsfähigkeit eines Grundstückes dauernd zu erhöhen, sind anrechnungsfähige Aufwendungen im Sinne des § 14 Nr. 3. PrOVG. 2. Okt. 14 E. 69, 24 = AM. 1915, 7.

49. — § 14 Nr. 3 ist unanwendbar, wenn die als Verbesserung anzusehende Anlage von dem neuen Erwerber des Grundstücks nicht mitübernommen wird, sondern dem Veräußerer verbleibt. PrOVG. 14. Dez. 17 E. 73, 22.

50. Noch vorhandene Verbesserung. Die Vorschrift des § 14 Nr. 3, wonach die Aufwendungen anzurechnen sind, soweit die Bauten und Verbesserungen noch vorhanden sind, ist dahin zu verstehen, daß die Aufwendungen, wenn bis zur Veräußerung eine Wertminderung eingetreten ist, nicht im ursprünglichen Betrage, sondern in dem zur Zeit des Eintritts der Steuerpflicht noch vorhandenen Werte anzurechnen sind. WüVGH. 11. Juni 13 AM. 1913, 203.

51. — Als vorhanden im Sinne des § 14 Nr. 3 sind solche Anlagen nicht anzusehen, die nicht mehr benutzt werden und dem Verfalle preisgegeben sind.

Aufwendungen der im § 14 Nr. 3 bezeichneten Art sind nicht im ursprünglichen Betrage, sondern nur in den zur Zeit des Eintritts der Steuerpflicht noch vorhandenen Werten der Bauten und Verbesserungen anzurechnen. SächsOVG. 7. August 13 Jahrb. 21, 57 = AM. 1913, 237. Ebenso BayVGH. 25. Okt. 15 AM. 1916, 5.

52. — Nach § 14 Nr. 3 sind solche Bauten anrechnungsfähig, die bei der Errichtung des der Eigentumsübertragung zugrunde liegenden Veräußerungsvertrages noch vorhanden und deshalb auf die Bemessung des Veräußerungspreises von Einfluß gewesen sind. Kais. Rat in Elſ.-Lothr. 27. Sept. 13 AM. 1914, 44.

53. — § 14 Nr. 3 ist dahin zu verstehen, daß alle tatsächlich gemachten Aufwendungen ohne Rücksicht auf etwaige Beschaffenheits- oder Wertsminderungen der Bauten und Verbesserungen in voller Höhe angerechnet werden sollen, wenn und soweit die Bauten usw. zur Zeit der Veräußerung noch vorhanden, d. h. nicht bereits wieder entfernt sind und noch benutzt werden. PrOVG. 7. Okt. 13 E. 65, 14 = AM. 1914, 8.

54. — Kosten für Bauten, die vor der Veräußerung beseitigt worden sind, sind von der Anrechnung auf Grund des § 14 Nr. 3 ausgeschlossen. SächsOVG. 26. März 14 AM 1914, 190.

55. — Anrechnungsfähig sind Zuwendungen für Bauten nur, soweit die Bauten noch in benutzbarem Zustande vorhanden sind. PrOVG. 18. Sept. 14 DJZ. 1916, 541.

56. — Kosten für die Instandsetzung ganzer Teile eines Gebäudes, wie für die vollständige Neueindeckung des Daches sind als Aufwendungen im Sinne des § 14 Nr. 3 in Höhe des zur Zeit des Eintritts der Steuerpflicht bestehenden Wertes der noch vorhandenen Verbesserungen anrechnungsfähig. BayVGH. 7. Dez. 14 AM. 1915, 35.

57. — Aufwendungen der im § 14 Nr. 3, 4 genannten Art, die auf ein anderes als das veräußerte Grundstück gemacht worden sind, sind nicht anrechnungsfähig. SächsOVG. 28. Nov. 12 AM. 1913, 37.

58. Mittelbarer Aufwand. Die Kosten der Vermessung und Parzellierung können als Aufwendungen für eine Verbesserung im Sinne des § 14 Nr. 3 nicht angesehen werden. PrOVG. 4. April 13 E. 64, 67 = AM. 1913, 174.

59. — Kosten der Vorbereitung und Durchführung der Zergliederung. SächsOVG. 3. März 13 Jahrb. 20, 254.

60. — Die den Grundstückseigentümern für Geldbeschaffung erwachsenden Bankierspesen, die Hypothekeneintragungskosten, Baugeldzinsen usw. sind als mittelbarer Aufwand den Aufwendungen im Sinne von § 14 Nr. 3 und 4 gleichzuachten. Als anrechenbare Aufwendung im Sinne des § 14 Nr. 3 und 4 hat der Wert der Rentenschuld zu gelten, sofern ein Dritter die Zahlung sog. Anliegerbeiträge usw. gegen Zusage einer Rente übernommen hat. SächsOVG. 7. Okt. 12 AM. 1913, 162.

61. — Die bei der Hypothekenregulierung aufgewendete Provision gehört nicht zu den Aufwendungen im Sinne von § 14 Nr. 3. SächsOVG. 15. Mai 13 AM. 1913, 203.

62. — Kosten für die Beschaffung des zum Bau verwendeten Geldes gehören nicht zu den Ausgaben, die unmittelbar für die Ausführung des Baues erforderlich werden, und stellen daher keine anrechnungsfähige Aufwendung im Sinne des § 14 Nr. 3 dar. Sie sind weder eine Leistung, die dem Bau und dem Grundstück als solchen zugute kommt, noch eine innerliche Folge der Verwendung des Baugeldes und mindern nur den subjektiven Gewinn des Eigentümers, ohne den Grundstückswert zu beeinflussen. PrOVG. 6. Januar 14 E. 67, 1 = AM. 1914, 130.

63. — Abweichend: Unter Aufwendungen für Bauten und sonstige werterhöhende Verbesserungen sind alle Vermögensaufwendungen zu verstehen, die durch die Bauten usw. mittelbar oder unmittelbar veranlaßt werden, so daß auch die anläßlich der Ausführung von Bauten für Geldbeschaffung entstehenden Kosten als anrechnungsfähig im Sinne des § 14 Nr. 3 zu gelten haben. SächsOVG. 5. März 14 Jahrb. 21, 324 = AM. 1914, 131.

64. — Nicht anrechnungsfähig nach § 14 Nr. 3 sind die dem Grundstückseigentümer während der Bauzeit entgehenden Zinsen der eigenen zur Grundstücksbebauung verwendeten Gelder, die ihm in dieser Zeit entgehenden Nutzungen des Grundstücks und die von ihm entrichteten Hypothekenzinsen. PrOVG. 1. Nov. 18 E. 74, 21.

65. — Die Zinseinbuße am eigenen, zur Errichtung eines Baues verwendeten Kapital und der Kursverlust an Wertpapieren, deren Erlös zur Bestreitung der Baukosten bestimmt ist, sind keine abzugsfähigen Aufwendungen im Sinne des § 14 Nr. 3. SächsOVG. 18. Mai 14 AM. 1914, 262.

66. Laufende Aufwendungen. Zinsen, Grundsteuern, Brandkassenbeiträge, Vertretungsgebühren und Straßenreinigungskosten, die der Verkäufer während der Besitzzeit aufgewendet hat, sind keine anrechnungsfähigen Aufwendungen im Sinne des § 14 Nr. 3. SächsOVG. 3. April 13 Jahrb. 20, 326 = AM. 1913, 157. Ebenso BayVGH. 10. April 16 AM. 1916, 91.

67. — Die in den persönlichen Verhältnissen des Steuerpflichtigen begründeten Aufwendungen für Provisionen, Wechselstempel und Zinsen während der Besitzzeit sind keine anrechnungsfähigen Aufwendungen im Sinne des § 14 Nr. 3. PrOVG. 21. April 14 AM. 1914, 228.

68. Einzelfälle. Als Verbesserungen eines Grundstücks, deren Kosten nach § 14 Nr. 3 anrechnungsfähig sind, kommen neben tatsächlichen

auch rechtliche in Betracht, wie z. B. die Belastung eines Nachbargrundstücks mit einer sog. Hofgemeinschaft zugunsten des veräußerten Grundstücks. SächsOVG. 30. Jan. 13 Jahrb. 20, 133 = AM. 1913, 100.

69. — Der vom Veräußerer eines Grundstücks freiwillig geleistete Beitrag zur Erbauung einer Kirche ist dem Erwerbspreise hinzuzurechnen, falls ein Zusammenhang zwischen der Schenkung und dem veräußerten Grundstück angenommen werden kann. SächsOVG. 15. Mai 13 Jahrb. 20, 320.

70. — Aufwendungen für die Instandsetzung eines nahezu unbewohnbaren Hauses sind als Kosten für dauernde besondere Verbesserungen im Sinne des § 14 Nr. 3 in voller Höhe anrechnungsfähig; eine Trennung und Zerlegung in anrechnungsfähige Instandsetzungskosten und nicht anrechnungsfähige Kosten der laufenden Unterhaltung ist nicht angängig, wenn es sich um Maßnahmen handelt, die dem einheitlichen Zwecke dienen, die bestimmungsgemäße Wiederbenutzung des Grundstücks zu ermöglichen. PrOVG. 7. Juli 14 AM. 1914, 295.

71. — Die Kosten eines Ueberbaues im Sinne des § 912 BGB. oder anteilige Kosten des ganzen Baues auf dem Nachbargrundstücke stellen bei der Veräußerung des überbauten Grundstücks keine nach § 14 Nr. 3 anrechnungsfähige Aufwendungen dar. PrOVG. 12. Januar 15 AM. 1915, 91.

72. — Kosten für den Abbruch eines in noch gutem Zustande befindlichen Gebäudes stellen anrechnungsfähige Aufwendungen im Sinne des § 14 Nr. 3 dar, wenn durch den Abbruch eine dauernde besondere Verbesserung des Grundstücks eintritt. PrOVG. 19. Okt. 15 E. 70, 15 = AM. 1916, 4.

73. — Eine bauliche Anlage wird nicht dadurch zu einer dauernden Verbesserung im Sinne des § 14 Nr. 3, daß ihre Ausführung behördlich angeordnet ist. PrOVG. 23. Juni 14 E. 69, 22 = AM. 1914, 322.

74. Die Aufwendungen nach § 14 Nr. 3 und 4, § 21 sind ausschließlich, aber auch vollständig auf das Gesamtgrundstück zugunsten von dessen Eigentümer umzulegen, ohne daß es rechtlich von Belang ist, ob die durch die Aufwendungen geschaffenen Anlagen auch noch auf den Grundbesitz anderer Personen werterhöhend einwirken. PrOVG. 11. Juni 18 E. 74, 26.

75. Zinszuschlag. Die im § 14 Nr. 3 Satz 2 vorgesehene Erhöhung des Zinszuschlags bezieht sich auf den anrechnungsfähigen Wert sämtlicher Bauaufwendungen und ist nicht beschränkt auf den Wert der Bauaufwendungen, die der Veräußerer im Betriebe seines Gewerbes gemacht hat. PrOVG. 14. Okt. 13 E. 65, 20.

76. Baugewerbe. Baugewerbetreibender im Sinne des § 14 Nr. 3 ist, wer berufsmäßig — sei es für fremde, sei es für eigene Rechnung — in Gewinnabsicht Bauten ausführt.

Die Eigenschaft als Baugewerbetreibender muß zur Zeit der Errichtung des Baues — nicht auch bei der Veräußerung — vorhanden sein.

Die Zurechnung des erhöhten Zuschlags von 15 v. H. gemäß § 14 Nr. 3 setzt voraus, daß ein Baugewerbetreibender diese Eigenschaft an dem veräußerten Grundstück durch eigene Arbeitsleistung betätigt hat. PrOVG. 21. Okt. 12 E. 62, 55 = AM. 1913, 2.

77. — Zu dem Begriffe des Baugewerbes im Sinne des § 14 Nr. 3 gehört, daß die Tätigkeit auf eine gewisse Dauer der Wiederholung berechnet ist. Eine besondere berufliche Ausbildung in Gestalt der Erlernung des Baufachs ist nicht erforderlich.

Die Eigenschaft eines Bauhandwerkers kommt jedem Inhaber oder Mitinhaber eines Bauhandwerksbetriebs zu, wozu auch das Gewerbe der Bauzimmerei zu rechnen ist.

Der Veräußerer ist nicht Bauunternehmer, wenn er die Herstellung des gesamten Baues an einen anderen vergeben hat und infolgedessen für ihn eine eigene Tätigkeit bei der Herstellung des Baues wegfällt.

Die Tätigkeit, die ein Gewerbetreibender durch Angestellte seines Gewerbebetriebs entwickeln läßt, ist rechtlich als eigene Tätigkeit des Inhabers des Gewerbebetriebs zu bewerten. PrOVG. 18. März 13 E. 64, 61 = AM. 1913, 208.

78. — Als eine sachverständige tätige Hilfe, die die Anrechnung eines Zuschlages von 15 v. H. gemäß § 14 Nr. 3 rechtfertigen kann, ist auch die Ueberwachung der Ausführung eines Baues durch einen Baugewerbetreibenden anzusehen. SächsOVG. 5. Juni 13 Jahrb. 20, 369 = AM. 1913, 251.

79. — Zu den Baugewerbetreibenden im Sinne des § 14 Nr. 3 sind auch Architekten zu rechnen, so daß alle Aufwendungen, die ihnen als Bauunternehmern erwachsen und die sich als Geschäftsspesen darstellen, ebenso wie ihre eigene Tätigkeit als Baugewerbetreibende durch den 15 %igen Zuschlag abgegolten werden. BayVGH. 10. Nov. 13 AM. 1914, 90.

80. — Ein Bauhandwerker oder Baugewerbetreibender hat als Grundstückseigentümer nur dann Anspruch auf die von seiner gleichzeitigen Eigenschaft als Bauunternehmer abhängige erhöhte Zinszurechnung von 15 v. H. nach § 14 Nr. 3 Satz 2, wenn er an der Schaffung der baulichen Anlagen des veräußerten Grundstücks selbst durch unmittelbare Tätigkeit auf einem für den Gesamtbau wesentlichen Arbeitsgebiet in nennenswerter Weise beteiligt gewesen ist. PrOVG. 12. Dez. 16 E. 72, 44 = AM. 1917, 38.

81. Veräußerung von Gesellschaftsanteilen. Bei Veranlagung des Geschäftsanteils einer Gesellschaft mit beschränkter Haftung gemäß § 3 sind freiwillig in allseitigem Einverständnisse der Gesellschafter geleistete Zuzahlungen, die weder eine Erhöhung des Stammkapitals herbeiführen, noch als sog. Nachschüsse anzusehen sind, wie dauernde Verbesserungen im Sinne des § 14 Nr. 3 anrechnungsfähig. PrOVG. 18. März 13 E. 64, 57 = AM. 1913, 210.

82. — Ein Zwischengewinn, der einer lediglich vom Veräußerer des Grundstücks gebildeten Baugesellschaft dadurch zufließt, daß die Gesellschaft im Auftrag des Veräußerers auf dem unbebauten Grundstück vor der Veräußerung von einem Dritten ein Gebäude zu einem niedrigeren als dem mit dem Auftraggeber vereinbarten Preise errichten läßt, bildet keinen Bestandteil der nach § 14 Nr. 3 und 4 anrechnungsfähigen Bauaufwendungen. PrOVG. 8. Juni 17 E. 73, 16 = AM. 1917, 133.

83. — Einzahlungen auf Stammeinlagen einer G. m. b. H. (§ 3) sind keine Verbesserungen nach § 14 Nr. 3. PrOVG. 1. Okt. 18 E. 74, 11.

84. Teilveräußerung. Bei Teilveräußerungen sind Aufwendungen (§ 14 Nr. 3, 4), die auf das ganze Grundstück gemacht worden sind, nur insoweit anzurechnen, als sie auf das veräußerte Teilgrundstück zur Zeit der Veräußerung noch eine werterhöhende Wirkung ausüben. PrOVG. 21. Okt. 12 E. 62, 63.

85. — Bei Teilveräußerungen eines Grundstücks können von den im § 14 Nr. 3 und 4 bezeichneten Aufwendungen für das Gesamtgrundstück nur solche im Sinne des § 21 entsprechend angerechnet werden, die für die Preisbildung des Teilstücks maßgebend und außerdem geeignet sind, das Teilstück dauernd zu verbessern. PrOVG. 20. März 17 AM. 1917, 105.

Nr. 4.

86. Verhältnis des § 20 Abs. 2 zu § 14 Nr. 4.

Beide Bestimmungen haben nur Leistungen für öffentliche Zwecke im Auge. PrOVG. 15. Okt. 15 E. 70, 27.

87. Endgültig gemachte Aufwendungen im Sinne des § 14 Nr. 4 sind anrechnungsfähig; es kommt nicht darauf an, daß die Aufwendung auch in der Person des leistenden Eigentümers eine dauernde ist. PrOVG. 2. Okt. 14 AM. 1915, 8.

88. Straßenunterhaltung. Kosten für die Straßenreinigung, die von einer Gemeinde gegen ein bestimmtes, von den Grundstückseigentümern zu zahlendes Entgelt besorgt wird, sind als Beitrag für eine öffentliche Einrichtung nach § 14 Nr. 4 anrechnungsfähig. SächsOVG. 7. Okt. 12 AM. 1913, 162.

89. — Kosten für die Straßenunterhaltung, für Straßenbeleuchtung und -reinigung, sowie für Verzinsung von Wasserleitungsverlegungskosten der Gemeinde fallen in Höhe der während der Besitzzeit erwachsenen Beträge dann unter § 14 Nr. 4, wenn die Uebernahme der Verpflichtung deshalb geschieht, um die Anlegung der Straße und die bauliche Ausnutzung des Grundstücks herbeizuführen. PrOVG. 26. Juni 14 E. 68, 28 = AM. 1914, 317.

90. — Bei Entstehung der Steuerpflicht noch nicht bar bezahlte Straßenanliegerbeiträge sind nach § 14 Nr. 4 anrechnungsfähig, wenn die Verpflichtung zur Zahlung der Beiträge zu jener Zeit bereits begründet war. Andernfalls sind sie nach § 10 zu berücksichtigen, sofern der Veräußerer die Verpflichtung zur Zahlung dem Erwerber gegenüber vertraglich übernommen hat. PrOVG. 24. März 16 AM. 1916, 130. (Anliegerrente als mittelbarer Aufwand s. zu Nr. 3 unter Nr. 60.)

91. Landabtretung. Der Wert des vom Steuerpflichtigen zu der veräußerten Baustelle unentgeltlich beschafften Straßenlandes ist anrechnungsfähig auf Grund des § 14 Nr. 4, wenn das Straßenland zu einem anderen als dem veräußerten Grundstück gehört hat. SächsOVG. 1. Juli 14 AM. 1914, 262.

92. — Im Falle von Abtretung von Straßenland an eine Gemeinde gegen deren Verzichtleistung auf das nach der demnächstigen Herstellung der Straße entstehende Forderungsrecht auf Anliegerbeiträge ist der Wert des Straßenlandes zur Zeit der Abtretung, nicht aber der Betrag der abgelösten Anliegerbeiträge nach § 14 Nr. 4 anrechnungsfähig. PrOVG. 11. Mai 15 E. 70, 16 = AM. 1915, 183.

93. — Eine auf ihre Anrechnungsfähigkeit nach § 14 Nr. 4 zu prüfende Aufwendung kann auch durch Abtretung von Gelände zu Straßenland zu einem Preise gemacht werden, welcher offensichtlich niedriger ist als der gemeine Wert. PrOVG. 23. Mai 16 E. 71, 26.

94. — Die Entschädigung, die eine Gemeinde für eine zu Straßenbauzwecken zunächst unentgeltlich abgetretene und bei der Ermittelung des Erwerbspreises nach Maßgabe des § 20 Abs. 2 berücksichtigte Grundstücksfläche nachträglich zahlt, stellt sich als Erlaß eines Teiles der nach § 14 Nr. 4 dem Erwerbspreis hinzuzurechnenden Anliegerbeiträge dar, die somit um den Betrag der Entschädigung zu kürzen sind. PrOVG. 19. März 18 E. 74, 31 = AM. 1918, 47.

95. — Die als Gegenleistung für die vorzeitige Einlegung der Gas- und Wasserleitung in eine Straße übernommene Verzinsung der der Gemeinde erwachsenen Herstellungskosten ist keine anrechnungsfähige Aufwendung im Sinne des § 14 Nr. 4 und stellt bei der Veräußerung des Grundstücks auch keine dauernde Verbesserung im Sinne des § 14 Nr. 3 vor, wenn die Herstellung bis zu diesem Zeitpunkt ohne diese Zinszahlung vorgenommen worden wäre. SächsOVG. 29. August 14 AM. 1914, 320.

96. — Wasserleitungen, die von einem Werk für eigene Rechnung in eine fremde Straße gelegt werden, gehören nicht zu den Straßenbauten oder zu anderen Verkehrsanlagen im Sinne des § 14 Nr. 4.

Auch ist weder nach dieser Vorschrift, noch nach § 14 Nr. 3 der Betrag anrechnungsfähig, der dafür gezahlt worden ist, daß die städtische Wasserleitung bereits vor dem Zeitpunkt gelegt worden ist, zu dem nach den allgemeinen Vorschriften die Zuleitung seitens der Stadt zu erfolgen hatte. SächsOVG. 17. Okt. 12 Jahrb. 19, 242 = AM. 1912, 194.

97. — Kosten für Straßenanlagen, die privaten Verkehrszwecken dienen, sind als Aufwendungen nach § 14 Nr. 3 anrechnungsfähig, wenn das Grundstück durch die Straßen eine dauernde besondere Verbesserung erfahren hat. Kais. Rat in Els.-Lothr. 11. Oktober 13 AM. 1914, 46.

§ 15.

1. § 15 ist nur dann anwendbar, wo auch die Voraussetzungen des § 14 Nr. 3 vorliegen. Eine Erhöhung des Ertragswertes liegt schon dann vor, wenn feststeht, daß ein höherer Ertrag künftig erzielt werden kann. PrOVG. 25. Sept. 14 E. 69, 27 = AM. 1915, 14.
2. Eine nach § 15 anrechnungsfähige Erhöhung des Ertragswertes durch Aufwendungen der im Sinne des § 14 Nr. 1 genannten Art kommt nur bei Grundstücken, die der Gewinnung natürlicher Früchte dienen, nicht aber bei Bauland in Betracht. PrOVG. 5. Oktober 15 E. 70, 19 = AM. 1916, 5.

§ 16.

Abs. 1.

1. Für die Hinzurechnungen zum Erwerbspreis gemäß § 16 sind die daselbst bestimmte Dauer der Verzinsung und der Zeitpunkt des Beginns schlechthin maßgebend ohne Rücksicht darauf, ob Teile des Erwerbspreises erst später fällig geworden oder gezahlt worden sind. PrOVG. 1. Juli 13 AM. 1914, 12.

2. Der für die Steuerberechnung maßgebende Zeitraum beginnt für die Zeit vor Inkrafttreten des Gesetzes mit der Eintragung der Rechtsänderung gemäß § 4 auch dann, wenn der Abschluß des Veräußerungsgeschäfts mehr als ein Jahr vor der Eintragung liegt und diese ohne Verschulden der Beteiligten verzögert worden ist. Sächs.-OVG. 17. Oktober 12 AM. 1912, 205.
3. Keine Anwendung des § 16 auf Berechtigungen; vgl. zu § 2 unter Nr. 12. Anwendung im Falle des § 20 Abs. 3 vgl. das unter Nr. 30.
4. Im Sinne des § 16 Abs. 1 Nr. 2 gilt ein Grundstück seiner objektiven Beschaffenheit entsprechend als bebaut auch dann, wenn
   a) zur Zeit des Abschlusses des obligatorischen Vertrags die vorhandenen Gebäude sich in verwahrlostem Zustande befinden oder nach Abschluß des Vertrags zur Errichtung eines Neubaus abgerissen werden sollen;
   b) die Gebäude nur einen kleinen Teil des gesamten Grundstückes einnehmen. PrOVG. 30. April 15 E. 70, 22 = AM. 1915, 185.
5. Für die Bemessung der Hinzurechnung nach § 16 Abs. 1 Nr. 2 ist bei der Veräußerung eines Grundstücks, das mit anderen eine wirtschaftliche Einheit gebildet hat, maßgebend, ob das veräußerte Teilgrundstück sich als bebaut oder unbebaut darstellt. PrOVG. 25. Februar 16 E. 71, 28 = AM. 1916, 110.

Abs. 2.

6. Für die Berechnung des im § 16 Abs. 2 vorgesehenen Zeitraums von fünf Jahren ist lediglich die Dauer des Eigentumsbesitzes, nicht die Zahl der Kalenderjahre entscheidend. PrOVG. 4. November 13 E. 65, 8 = DJZ. 1914, 702.
7. Die Ermäßigung der Zurechnungen nach § 16 Abs. 2 tritt ein, wenn die tatsächliche Besitzzeit nicht mehr als 5 Jahre betragen hat. PrOVG. 3. Juli 14 AM. 1915, 62.

Abs. 3.

8. Der im § 16 Abs. 3 enthaltene Berechnungsgrundsatz ist gleichmäßig auf die Vorschriften der Abs. 1 und 2 anzuwenden. Die Ermäßigung der Hinzurechnungen auf die Hälfte bei unbebauten Grundstücken hat daher einzutreten, wenn nicht mehr als fünf volle Kalenderjahre nach Ablauf des Kalenderjahrs vergangen sind, in dem ein derartiges Grundstück erworben wurde. BadVGH. 29. Oktober 13 AM. 1913, 305.
9. Als volle Kalenderjahre im Sinne des § 16 Abs. 3 haben nur abgelaufene Kalenderjahre zu gelten. PrOVG. 25. November 13 E. 65, 29 = AM. 1914, 46.

§ 17.

Abs. 1.

1. Erhält nach der Parteiabsicht der eine Vertragsteil durch Ueberlassung des Kaufgegenstandes für einen hinter dessen Werte zurückbleibenden Preis eine ihn bereichernde Zuwendung aus dem Vermögen des andern Teiles, so liegt ein entgeltlicher Erwerb nur insoweit vor, als der Wert der Leistung und der Wert der Gegenleistung sich decken. Für die Steuerberechnung ist zwischen dem entgeltlich erworbenen

und dem anderen Grundstücksteile zu unterscheiden, indem als Erwerbspreis für den ersteren der vereinbarte Preis, für den letzteren dagegen gemäß § 17 der Preis zur Zeit des letzten vorhergegangenen steuerpflichtigen Rechtsvorganges zu gelten hat. SächsOVG. 23. Sept. 12 Jahrb. 19, 259 = AM. 1912, 170.

2. Beim Vorliegen einer mit einem Kaufvertrag verbundenen — sogenannten gemischten — Schenkung hat eine Zerlegung in das entgeltliche Geschäft und in die Schenkung einzutreten, und die Erwerbspreise für die gegen Entgelt übertragenen und für die geschenkten Grundstücksteile sind unter Beachtung von § 20 Abs. 1, § 17 Abs. 1 gesondert festzustellen. PrOVG. 15. Mai 14 AM. 1914, 260.

3. Für die Anwendung der Einzelvorschriften über die Ermittelung des Wertzuwachses sind bei der Veräußerung eines Grundstücks, an dem der Veräußerer die Rechte des Eigentümers durch einen steuerfreien Rechtsvorgang (§ 7 Nr. 1) erlangt hat, die tatsächlichen Verhältnisse während des ganzen für die Steuerberechnung in Betracht kommenden Zeitraums (§ 17 Abs. 1) maßgebend. PrOVG. 3. März 16 AM. 1916, 109.

Abs. 2 Satz 2.

4. Bedeutung der Vorschrift. PrOVG. 19. Nov. 16 AM. 1916, 139.

5. Die Vorschrift des § 17 Abs. 2 Satz 2 schließt für die vor dem 1. Januar 1911 liegenden Erwerbsfälle die Ausnahmevorschrift des § 5 des Gesetzes aus, so daß für die Steuerberechnung lediglich von dem eigentlichen Erwerbsvorgang, dem dinglichen Rechtsakt, auszugehen ist. Wenn auch infolge der Vorschrift der § 17 Abs. 2 Satz 2 bei vor dem 1. Januar 1911 liegenden Erwerbsfällen für die Steuerberechnung lediglich von dem eigentlichen Erwerbsvorgang auszugehen ist, so ist doch für die Feststellung des Erwerbspreises gemäß § 8 auf den für den dinglichen Rechtsvorgang maßgebenden Erwerbspreis, also regelmäßig auf den ihn festlegenden, zu dem Eigentumsübergange führenden schuldrechtlichen Veräußerungsvertrag zurückzugehen. PrOVG. 20. Mai 13 E. 64, 99 = AM. 1913, 224.

6. Bei der Bemessung des für die Steuerberechnung maßgebenden Zeitraums kommen auch für die Zeit vor dem Inkrafttreten des Zuwachssteuergesetzes nur die Eigentumsübertragungen in Betracht, ohne Rücksicht darauf, wann der tatsächliche Besitz eingeräumt worden ist. SächsOVG. 20. Oktober 13 AM. 1914, 15.

7. Der für die Steuerberechnung maßgebende Zeitraum reicht bei Grundstücksübertragungen von der grundbuchlichen Eintragung des Eigentumserwerbes bis zur grundbuchlichen Eintragung der Eigentumsveräußerung, ohne daß es auf den Tag der Auflassung oder der Erlangung der tatsächlichen Verfügungsmacht ankommt. Dies gilt auch für die im § 5 erwähnten Rechtsgeschäfte, sofern sie vor dem Inkrafttreten des Zuwachssteuergesetzes liegen, so daß für sie die obligatorischen Veräußerungsgeschäfte gemäß § 17 Abs. 2 als Erwerbsfälle ausscheiden. Für späterhin geschlossene Rechtsgeschäfte tritt an Stelle der Eintragung im Falle der Steuerpflicht nach § 5 der Abschluß des Rechtsgeschäfts, aus dessen Anlaß die Steuer zu erheben ist. PrOVG. 18. April 12 E. 62, 8 = AM. 1912, 133.

Abs. 4.

8. Ein Sachverständigengutachten über die Bewertung eines Grundstücks im Falle des § 17 Abs. 4 bildet nur dann eine geeignete Grundlage für die richterliche Entscheidung, wenn es die Unterlagen erkennen läßt, auf denen es beruht. PrOVG. 30. Jan. 13 AM. 1914, 15.

9. Der Umstand, daß am 1. Januar 1885 eine Veräußerung des Grundstücks nicht möglich gewesen ist, weil das Grundstück als Friedhof benutzt wurde, hindert nicht, den Wert zu diesem Zeitpunkt gemäß § 17 Abs. 4 als Erwerbspreis zugrunde zu legen. Als gemeiner Wert hat in Fällen der vorbezeichneten Art der Kaufpreis zu gelten, der im Geschäftsverkehr zu erzielen sein würde, wenn die Benutzung des Grundstücks als Friedhof weggefallen wäre. Dabei ist als wertmindernd zu berücksichtigen, daß das Grundstück erst nach Ablauf bestimmter Fristen (z. B. der Säkularisationsfrist) für andere Zwecke verwendbar wird und daher bis dahin einem Erwerber keinen Nutzen abwerfen kann. SächsOVG. 14. April 13 Jahrb. 20, 321 = AM. 1913, 213.

10. Unter dem Rechtsvorgänger im Sinne des § 17 Abs. 4 ist der frühere Grundstückseigentümer zu verstehen, von dem der Steuerpflichtige das Grundstück durch einen steuerfreien Rechtsvorgang erworben hat. PrOVG. 6. Januar 14 E. 66, 11 = AM. 1914, 96.

11. Durch § 17 Abs. 4 ist der Steuergläubiger aller Erwerbsermittelungen für die Zeit vor dem 1. Januar 85 überhoben.

Der nach § 17 Abs. 4 maßgebende Rechtsvorgang ist allerdings der letzte steuerpflichtige Rechtsvorgang, aber nicht im Sinne des Eigentumsübergangs nach §§ 1 und 4, sondern nur im Gegensatz zu den steuerfreien Rechtsvorgängen des § 7. PrOVG. 1. Mai 14 E. 67, 46.

12. Tritt gemäß § 17 Abs. 4 an die Stelle des Preises der Wert, den das Grundstück am 1. Januar 1885 gehabt hat, so ist bei Teilveräußerungen der Wert, den das veräußerte Teilgrundstück allein — als selbständiges Grundstück betrachtet — am 1. Januar 1885 gehabt hat, festzustellen; die Verhältnisrechnung des § 20 Abs. 1 findet nicht statt. PrOVG. 20. Oktober 14 E. 68, 42.

§ 18.

1. § 18 gilt nur für den Fall, daß ein Grundstück seit dem letzten steuerpflichtigen Erwerb durch Einführung einer Rayonbeschränkung eine Wertminderung gegenüber dem von der Rayonbeschränkung nicht beeinflußten Erwerb erlitten hat. PrOVG. 3. November 14 E. 69, 30 = AM. 1915, 36 = DJZ. 1916, 1086.

§ 20.

Lit. Berolzheimer, Vertragsabschluss und Grundbucheintragung im Zuwachssteuergesetz. HoldhM. 26, 125.

Abs. 1.

1. Voraussetzungen. Die Anwendung des Abs. 1 setzt voraus, daß das Gesamtgrundstück zu einem einheitlichen Preise erworben worden ist. PrOVG. 23. Mai 12 AM. 1912, 75 = DJZ. 1913, 238.

2. — Die Anwendung des Abs. 1 setzt voraus, daß das Gesamtgrundstück zu einem einheitlichen Preise erworben worden ist.

Ist für mehrere Grundstücke die Summe als Preis festgesetzt, die sich nach der Gesamtfläche der Grundstücke aus einem für die Flächeneinheit vereinbarten Durchschnittspreise berechnet, so enthält die Festsetzung dieses Durchschnittspreises keine Vereinbarung von Einzelpreisen für die Grundstücksteile. ThürOVG. 11. Jan. 13 Jahrb. 1913, 32.

3. — Abweichend: Die Vorschrift gilt auch, wenn der Veräußerer die mehreren Grundstücke einzeln erworben hatte. SachsMeinOVG. 29. Oktober 13 DJZ. 1917, 252.

4. — Die Wegveräußerung eines einzelnen selbständigen Grundstücks aus einer Mehrzahl von Grundstücken, die zu einer wirtschaftlichen Einheit vereinigt sind, ist eine Teilveräußerung im Sinne des § 20 Abs. 1. BayVGH. 14. September 14 AM. 1914, 322.

5. — Die Anwendbarkeit des § 20 Abs. 1 entfällt, wenn nach den sonstigen Vorschriften des Gesetzes an Stelle des Erwerbspreises lediglich der Grundstückswert maßgebend ist. PrOVG. 20. Okt. 14 AM. 1915, 11.

6. — § 20 Abs. 1 ist auch auf den Erwerb durch Tausch anzuwenden. PrOVG. 3. Nov. 14 E. 69, 36 = AM. 1915, 39.

7. — Keine Anwendung auf Berechtigungen. Vgl. zu § 2 Nr. 14.

8. Bewertung. Bei Ermittelung des Erwerbspreises von Teilstücken gemäß Abs. 1 ist als Erwerbspreis der Wert des Teilstücks nur einzustellen, wenn der Erwerbspreis für das ganze Grundstück der Summe der Werte der Teilstücke zur Zeit des Erwerbes gleichkommt. WüVGH. 13. November 12 AM. 1912, 216.

9. — Die Ermittelung des Teilerwerbspreises hat lediglich auf die im Zeitpunkt des Erwerbes vorliegenden Verhältnisse zu sehen, während später eintretende Umstände unbeachtet sind. SächsOVG. 30. Januar 13 Jahrb. 20, 133 = AM. 1913, 100.

10. — Für die Anwendung des Abs. 1 sind im allgemeinen die Vereinbarungen maßgebend, die bei Abschluß des schuldrechtlichen Veräußerungsgeschäfts getroffen sind. PrOVG. 13 Juni 13 E. 64, 118 = AM. 1913, 254.

11. — Bei der Veräußerung eines Teilgrundstücks mit einer auf diesem Teil entspringenden Quelle hat die Preisbemessung gemäß Abs. 1 unter Zugrundelegung des Wertes des Teilgrundstücks einschließlich der Nutzungsfähigkeit der Quelle zu erfolgen. BayVGH. 16. März 14 AM. 1914, 226.

12. — Die Bewertung einer Teilfläche im Falle des Abs. 1 als künftiges Bauland ist gerechtfertigt, wenn zur Zeit des Erwerbes die Bebauung nach den Anschauungen des Grundstücksverkehrs in absehbarer Zeit zu erwarten war. RG. 12. März 15 AM. 1915, 119.

Abs. 2.

13. Die Anwendung der Vorschrift setzt voraus, daß die unentgeltliche Abtretung bei Eintritt der Steuerpflicht bereits erfolgt ist. SächsOVG. 28. Nov. 12 AM. 1913, 37.

14. Unentgeltlich im Sinne von Abs. 2 ist eine Straßenlandabtretung nicht, wenn der Abtretende einen baurechtlichen Erstattungsanspruch erlangt. SächsOVG. 13. März 13 Jahrb. 20, 258.

15. Die Vorschrift in Abs. 2 enthält eine Ausnahmebestimmung, die dann keine Anwendung leidet, wenn nicht der Erwerbspreis des veräußerten Teilstücks, sondern dessen Wert der Steuerberechnung zugrunde zu legen ist. SächsOVG. 5. Mai 13 Jahrb. 20, 325.

16. In Fällen, in denen an die Stelle des Preises der Wert vom 1. Jan. 1885 tritt und nach diesem Zeitpunkt Teile des Grundstücks zu öffentlichen Zwecken abgetreten worden sind, hat als Gesamtwert der nach der Abtretung zu öffentlichen Zwecken verbliebenen Fläche gemäß Abs. 2 der Gesamtwert der vor der Abtretung vorhandenen größeren Fläche zu gelten. PrOVG. 6. Jan. 14 E. 66, 14 = AM. 1914, 97.

17. Die nicht als Schenkung aufzufassende Uebereignung von Straßenland zum Zwecke der vorzeitigen Erbringung von Anliegerbeiträgen gilt auch dann nicht als unentgeltliche Abtretung im Sinne des Abs. 2, sondern begründet die Steuerpflicht, wenn ein Preis nicht vereinbart sein sollte; an Stelle des fehlenden Preises tritt der Wert des Grundstücks. SächsOVG. 23. Febr. 14 AM. 1914, 190.

18. Die Folge der unentgeltlichen Ueberlassung von Grundstücksteilen für Verkehrs- oder sonstige öffentliche Zwecke ist im Abs. 2 erschöpfend geregelt; § 14 Nr. 4 greift daneben nicht Platz.

Für Abs. 2 ist Voraussetzung, daß die abgetretene Fläche einen Teil des ganz oder teilweise zur Veräußerung kommenden Grundbesitzes gebildet hat und die Hingabe nach dem letzten steuerpflichtigen Rechtsvorgang erfolgt ist. PrOVG. 6. März 14 E. 67, 20 = AM. 1914, 155.

19. Die Voraussetzung des § 20 Abs. 2 ist bei der Verwendung einer Grundstücksfläche zu Verkehrszwecken im eigenen Betriebe nicht gegeben. PrOVG. 21. Sept. 15 E. 70, 28 = AM. 1916, 8.

20. Verhältnis zu § 14 Nr. 4. PrOVG. 15. Okt. 15 E. 70, 27.

Abs. 3.

21. Voraussetzung. Die Vorschrift des Abs. 3 findet auch Anwendung, wenn eines der Veräußerungsgeschäfte vor der Einführung des Gesetzes getätigt worden ist. WüVGH. 27. Nov. 12 AM. 1913, 56.

22. – Für einen Ausgleich von Wertzuwachs gegen Verlust im Sinne des § 20 Abs. 3 kommen, wenn die sonstigen Voraussetzungen erfüllt sind, auch Grundstücksübertragungen in Betracht, auf die § 63 Anwendung zu finden hat. BayVGH. 30. Okt. 16 E. 38, 57 = AM. 1916, 192.

23. — Abweichend: Für eine Verlustausgleichung nach Maßgabe des Abs. 3 kommen nur Eigentumsübertragungen in Betracht, die durch verschiedene, nach dem 1. Jan. 1911 vorgenommene Rechtsgeschäfte veranlaßt sind. BayVGH. 10. Nov. 13 AM. 1914, 90.

24. — Ebenso: Die Vorschrift des Abs. 3 findet auf Veräußerungsgeschäfte, die vor dem Inkrafttreten des Zuwachssteuergesetzes vorgenommen worden sind, keine Anwendung. BayVGH. 8. Okt. 15 E. 36, 215.

25. Wirtschaftlicher Zusammenhang. Ein Verlustausgleich im Sinne des Abs. 3 ist nur möglich, wenn an den veräußerten Teilen des Gesamtgrundbesitzes die gleichen Eigentumsverhältnisse bestehen. SächsOVG. 1. Dez. 13 Jahrb. 21, 142 = AM. 1914, 47.

26. — Die Annahme eines wirtschaftlichen Zusammenhanges im Sinne des Abs. 3 wird durch die bloße Möglichkeit einer selbständigen Benutzung der einzelnen Teile des Grundbesitzes nicht ausgeschlossen. PrOVG. 20. April 15 AM. 1915, 160.

27. — Der Begriff „örtlicher und wirtschaftlicher Zusammenhang" in Abs. 3 ist enger als der Begriff „wirtschaftliche Einheit". Er fordert aber nicht notwendig, daß die Grundstücke unmittelbar aneinandergrenzen. ThürOVG. 25. Sept. 15 Jahrb. 1915, 181.

28. — Die wirtschaftliche Einheit des Gesamtgrundstücks im Sinne des Abs. 3 wird durch eine vorübergehende, wirtschaftlich gebotene Zwischennutzung einzelner Teilstücke nicht aufgehoben. PrOVG. 4. Juli 16 E. 71, 31 = AM. 1916, 138.

29. Abzugsfähiger Verlust im Sinne des Abs. 3 ist nur der Betrag, um den bei einer nach §§ 8 ff. durchgeführten Berechnung der Veräußerungspreis hinter dem Erwerbspreise zurückbleibt. Ein Schaden, den der Veräußerer durch Zahlungsunfähigkeit des Erwerbers erleidet, ist daher kein Verlust in dem angegebenen Sinne. BayVGH. 18. Oktober 15 E. 36, 215.

30. Der Begriff Wertzuwachs im Abs. 3 deckt sich mit dem allgemeinen Wertzuwachs- — § 8 Abs. 1 — und Wertsteigerungs- — § 28 Abs. 1 — Begriff des Gesetzes. Bei der Feststellung dieses Wertzuwachses hat daher neben den sonstigen gesetzlichen Vorschriften auch § 16 Anwendung zu finden. PrOVG. 19. September 16 E. 72, 52 = AM. 1916, 179.

31. Zeit des Ausgleichs. Die Ausgleichung von Gewinn und Verlust gemäß Abs. 3 ist vor Ablauf der dreijährigen Frist zulässig, wenn der Verlust dem Gewinne vorhergegangen ist oder wenn das Verlustgeschäft dem Gewinngeschäfte zwar zeitlich nachfolgt, aber die Veranlagung des letzteren zur Zeit der Stellung des Anrechnungsantrags noch nicht abgeschlossen ist. SächsOVG. 30. Januar 13 Jahrb. 20, 133 = AM. 1913, 100.

32. — Dem Anspruch auf Verlustausgleich nach Abs. 3 ist im Verwaltungsstreitverfahren wegen eines gewinnbringenden Veräußerungsgeschäftes auch dann Rechnung zu tragen, wenn der Verlustfall noch nicht Gegenstand der Steuerveranlagung gewesen ist. PrOVG. 16. Mai 16 AM. 1916, 131.

33. — Der Steuerpflichtige ist berechigt, den Anspruch auf Verlustausgleich gemäß § 20 Abs. 3 innerhalb der gesetzlichen Frist nicht nur nach jeder einzelnen gewinnbringenden Teilveräußerung, sondern auch einheitlich nach dem Vorliegen des Schlußergebnisses aller bis zum Ablauf der Frist getätigten Einzelveräußerungen geltend zu machen. PrOVG. 20. März 17 E. 73, 30 = AM. 1917, 103.

34. — Der Ausgleich nach Abs. 3 kann auch im Verwaltungsstreitverfahren anläßlich der gleichzeitigen Veranlagung mehrerer Teilveräußerungen vom Verwaltungsrichter in der Weise bewirkt werden, daß der eingetretene Verlust auf die Wertsteigerungen der sämtlichen gewinnbringenden Veräußerungen verhältnismäßig verteilt wird, die zu einer Steuererhebung geführt haben. PrOVG. 2. März 15 AM. 1915, 136.

35. Der § 20 Abs. 2 findet nur auf unentgeltliche, nicht aber auch auf ohne entsprechendes Entgelt erfolgte Abtretungen zu öffentlichen und gemeinnützigen Zwecken Anwendung. Der dadurch erlittene Verlust kann auch nicht als Aufwendung im Sinne des § 14 Nr. 4, sondern lediglich beim Vorliegen der Voraussetzungen des § 20 Abs. 3 durch Ausgleichung mit einem etwaigen Gewinne berücksichtigt werden. BadVGH. 16. März 12 AM. 1912, 31.

§ 21.

1. Die Vorschrift des § 21 setzt voraus, daß das veräußerte Grundstück mit den dem Veräußerer verbliebenen Teilen ein einziges Grundstück, d. h. eine wirtschaftliche Einheit, gebildet hat und daß eine Aufwendung der im § 14 Nr. 3, 4 bezeichneten Art auf das veräußerte Grundstück allein oder zugleich mit dem Restgrundstücke zur Zeit der Veräußerung eine weitergehende Wirkung ausgeübt hat. PrOVG. 21. Oktober 12 E. 62, 59 = AM. 1913, 4.

2. Bei der Bemessung des Wertes von Teilgrundstücken, der nach § 21 Satz 2 der verhältnismäßigen Anrechnung von gemeinschaftlichen Aufwendungen zugrunde zu legen ist, sind Sonderaufwendungen für den veräußerten Teil, ebenso wie solche für die verbleibenden Reststücke nicht in Ansatz zu bringen. OldenbOVG. 15. Nov. 13 AM. 1914, 98.

3. Die Anlegung einer Straße kann unter Umständen auch für das nicht unmittelbar an ihr gelegene Hinterland von werterhöhender Bedeutung sein. Die Tatsache, daß es sich um Hinterland handelt, schließt grundsätzlich die Anwendung des § 21 noch nicht aus.

   Bei Berechnung des Wertverhältnisses der Grundstücksteile (Satz 2) müssen alle diejenigen Sonderaufwendungen ausscheiden, die seit dem Erwerbe des Gesamtgrundstücks auf das Vorder- oder Hinterland gemacht sind, namentlich die auf dem ersteren errichteten Bauten. PrOVG. 21. März 16 E. 72, 55.

4. Für die verhältnismäßige Verteilung von Aufwendungen im Sinne des § 21 Satz 2, die nach der Abveräußerung von Teilflächen eines Gesamtgrundstücks gemacht worden sind, kommt bei der Veräußerung von weiteren Teilflächen als Gesamtgrundstück nur der Grundbesitz in Frage, der dem Steuerpflichtigen zur Zeit der jeweiligen Veräußerungen noch gehört. PrOVG. 3. Mai 18 E. 74, 28 = AM. 1918, 67.

§ 22.

Nr. 1.

1. § 22 Nr. 1 gilt auch beim Tausch. PrOVG. 18. März 13 E. 64, 52 = AM. 1913, 169.

2. Unter Kosten der Veräußerung und Uebertragung i. S. des § 22 Nr. 1 sind die durch die Veräußerungs- und Uebertragungshandlungen selbst erwachsenden Kosten zu verstehen, also nicht die Kosten der Vorbereitung des Verkaufs, noch solche Kosten, die ihren Grund in der Veräußerung nachfolgenden Vorgängen haben. PrOVG. 21. Oktober 12 AM. 1913, 8. Auch nicht Kosten, die nicht dem Veräußerer, sondern einem Dritten erwachsen sind. SächsOVG. 13. Juni 12 AM. 1912, 70.

3. Mittelbare Kosten. Der Gewinnanteil, den der Veräußerer einem Dritten versprochen hat, um sich eine günstige Verkaufsgelegenheit zu schaffen, ist als ein Teil der Veräußerungskosten im Sinne des § 22 Nr. 1 nicht anzusehen. SächsOVG. 7. Oktober 12 Jahrb. 19, 249 = AM. 1912, 174. Ebenso PrOVG. 17. März 14 AM. 1914, 192.

4. — Die Vergütung für die bei der Verwaltung und Aufteilung des veräußerten Grundstücks bewiesene Umsicht gehört zu den Kosten der Vorbereitung des Verkaufs und fällt daher nicht unter die Kosten der Veräußerung und Uebertragung im Sinne des § 22 Nr. 1. PrOVG. 6. Februar 13 E. 64, 32 = AM. 1913, 105.

5. — Die Provision für die Beschaffung eines zur Ermöglichung des Tauschgeschäfts aufgenommenen Darlehns hängt nur mittelbar mit der Grundstücksveräußerung zusammen und gilt daher nicht als ein Teil der Veräußerungskosten. PrOVG. 18. März 13 E. 64, 52 = AM. 1913, 169.

6. — Mehraufwendungen aus Werkverträgen, die sich als eine mittelbare wirtschaftliche Maßnahme zur Veräußerung eines Grundstücks darstellen, sind keine nach § 22 Nr. 1 abzugsfähigen Veräußerungskosten. BadVGH. 11. Febr. 14 AM. 1914, 156.

7. — Ein vom Verkäufer in Erfüllung vertraglicher Verpflichtungen aufzuwendender Betrag zur Herbeiführung der vertraglichen Eigentumsübertragung gehört nicht zu den nach § 22 Nr. 1 anrechnungsfähigen unmittelbaren Kosten der Veräußerung. PrOVG. 10. Nov. 14 AM. 1915, 40.

8. — § 22 Nr. 1 umfaßt nicht die einem Vorstandsmitglied einer veräußernden Gesellschaft anläßlich der Einzelverkäufe gezahlte Vergütung. PrOVG. 12. Nov. 15 AM. 1916, 51.

9. — Die Kosten eines Enteignungsentschädigungs-Rechtsstreits gehören, insoweit sie dem Steuerpflichtigen durch Abweisung eines Verlangens auf Erhöhung der Entschädigung über den ihm gerichtlich zugebilligten Betrag hinaus erwachsen sind, nicht zu den anrechnungsfähigen Kosten im Sinne von § 22 Nr. 1. PrOVG. 4. Febr. 16 E. 71, 33 = AM. 1916, 92.

10. Einzelne Fälle. Der Aufwand für die Löschung einer vom Erwerber nicht übernommenen Hypothek gehört zu den Kosten der Uebertragung des Grundstücks (§ 22 Nr. 1). SächsOVG. 10. Okt. 13 Jahrb. 21, 54 = AM. 1913, 282.

11. — Als Veräußerungskosten im Sinne des § 22 Nr. 1 gelten die Kosten, die infolge der Einleitung und Durchführung des gerichtlichen Zwangsversteigerungsverfahrens zur Aufhebung der Gemeinschaft an einem Grundstück entstehen, ebenso wie die Kosten, die dem Veräußerer aus diesem Anlaß durch die Zuziehung von Anwälten erwachsen sind. SächsOVG. 30. Okt. 13 Jahrb. 21, 143 = AM. 1914, 15.

12. — Die vom bisherigen Eigentümer eines Grundstücks entrichtete Umsatzsteuer gehört in vollem Betrage zu den nach § 22 Nr. 1 abzugsfähigen Kosten der Veräußerung und Uebertragung auch dann, wenn als Veräußerungspreis im übrigen ein auf Grund des § 10 des Gesetzes geminderter Preis zu gelten hat. PrOVG. 29. Sept. 16 AM. 1917, 4.

13. — Kosten der Vermessung und Parzellierung sind als Veräußerungskosten im Sinne des § 22 Nr. 1 nur insoweit anrechnungsfähig, als sie für katasteramtliche Leistungen entrichtet sind, die zur demnächstigen Vornahme der Auflassung und Grundbuchumschreibung einer bisher kataster- und grundbuchmäßig unselbständigen Grundfläche (eines bloßen Teiles eines Grundstücks) notwendig waren. PrOVG. 4. April 13 E. 64, 67 = AM. 1913, 174.

14. — Vermittelungskosten und andere Kosten vgl. zu § 14 unter Nr. 12 ff.

Nr. 2.

15. Allgemeines. Für den von dem Veräußerer nach Abs. 2 zu stellenden Antrag ist eine zeitliche Schranke, innerhalb deren er gestellt werden muß, nicht gesetzt worden. PrOVG. 21. Okt. 12 E. 62, 59 = AM. 1913, 4; PrOVG. 21. Okt. 12 E. 62, 63.

16. — Ein Jahresertrag im Sinne des § 22 Nr. 2 liegt nicht vor, wenn der Ertrag von einem anderen erzielt worden ist, dem der Veräußerer das Grundstück unentgeltlich zur eigenen Nutzung überlassen hatte. PrOVG. 11. Mai 15 AM. 1915, 191.

17. — Ein Abzug vom Veräußerungspreise gemäß § 22 Nr. 2 ist nicht nur in den Fällen des § 17 Abs. 3 und 4, sondern auch in den Fällen des § 11 unzulässig, sofern nicht der Nachweis eines früher gezahlten bestimmten Erwerbspreises geführt wird. PrOVG. 10. Oktober 16 E. 72, 59 = AM. 1916, 193.

18. — § 22 Nr. 2 findet auf die steuerpflichtige Veräußerung eines Geschäftsanteils der im § 3 genannten Art sinngemäß Anwendung. PrOVG. 10. Nov. 14 AM. 1915, 41.

19. Volle Jahre. Bei Berechnung des Minderertrags sind nur volle Jahre einzusetzen. PrOVG. 21. Okt. 12 AM. 1913, 8. Ebenso BayVGH. 3. Febr. 13 AM. 1913, 103; SächsOVG. 3. April 13 Jahrb. 20, 326 = AM. 1913, 157. Vgl. auch unter Nr. 29.

20. — Für die Berechnung des nach § 22 Nr. 2 abzugsfähigen Betrags kommen nur volle Jahre in Betracht mit der Maßgabe, daß der einzelne Jahreszeitraum mit dem Kalenderjahre sich nicht zu decken braucht. Die Anwendung des § 22 Nr. 2 ist zu versagen, wenn der für die Steuerberechnung maßgebende Zeitraum weniger als ein Jahr beträgt, und im übrigen nur zuzulassen, soweit in diesem Zeitraum volle Jahre enthalten sind. Dabei ist die Berechnung des Minderertrags nicht nach dem Zeitraum im Zusammenhange, sondern für jedes Jahr gesondert vorzunehmen und als Ertrag das wirkliche, nicht das geschätzte Ergebnis des einzelnen Jahres einzustellen. PrOVG. 1. April 12 E. 62, 1 = AM. 1912, 32.

21. — Als Jahresertrag im Sinne des § 22 Nr. 2 hat das Ergebnis voller Zeitjahre vom Tage des Eigentumserwerbes ab gerechnet zu gelten unter Berücksichtigung der bei der Nutzung des Grundstücks als solchen in Betracht kommenden objektiven, von willkürlichen Aenderungen des Eigentümers unabhängigen Wirtschaftsperioden. PrOVG. 2. Nov. 15 E. 71, 37 = AM. 1916, 21.

22. Nachweis. Der Abzug des Minderertrags vom Veräußerungspreise nach § 22 Nr. 2 ist nur zulässig, wenn für jedes einzelne der in Betracht kommenden Jahre der tatsächlich erzielte Ertrag (der Rohertrag abzüglich der Werbungskosten) gesondert angegeben und nachgewiesen wird. SachsMeinOVG. 7. Nov. 12 AM. 1912, 197.

23. — Der Nachweis des Jahresertrags kann auch durch das Gutachten eines Sachverständigen geführt werden. PrOVG. 16. Juni 14 AM. 1914, 297.

24. — Auf Grund des § 22 Nr. 2 sollen nur Hundertteile eines nachgewiesenermaßen für den Erwerb des Grundstücks aufgewendeten Betrags angerechnet werden. An dessen Stelle kann weder der Wert vom 1. Januar 1885, noch auch nur der Wert zur Zeit eines vor diesem

Tage gelegenes Erwerbes in Betracht kommen. In den Fällen des § 17 Abs. 4 ist daher die Anrechnung nach § 22 Nr. 2 unstatthaft, wenn der Nachweis eines bestimmten früher gezahlten Erwerbspreises nicht geführt wird. PrOVG. 17. Juni 12 E. 62, 28 = AM. 1912, 86.

25. Teilveräußerung. Bei der Berechnung des Ertrags ist der Ertrag für das ganze Grundstück, die wirtschaftliche Einheit, einheitlich festzustellen, so daß, wenn das Grundstück einen Ertrag von 3 v. H. oder mehr gehabt hat, dieser auch als der Ertrag jedes einzelnen Teiles anzusehen ist. PrOVG. 21. Okt. 12 E. 62, 59 = AM. 1913, 4; 6. Okt. 14 DJZ. 1916, 639.

26. — Bei der Veräußerung eines zu einer wirtschaftlichen Einheit gehörigen Teilgrundstücks ist für die Gewährung eines Abzugs im Sinne des § 22 Nr. 2 der Ertrag des ganzen Grundstücks maßgebend. PrOVG. 16. Juni 14 AM. 1914, 297.

27. — Der Jahresertrag eines eine wirtschaftliche Einheit bildenden Gesamtgrundstücks gilt auch für ein abgetrenntes Teilstück als Jahresertrag im Sinne des § 22 Nr. 2, und zwar selbst dann, wenn Aufwendungen der im § 14 Nr. 3 und 4 bezeichneten Art gemacht worden sind, die die Preisbildung des Teilgrundstücks nicht mit beeinflussen. PrOVG. 20. März 17 E. 73, 26 = AM. 1917, 105.

28. Reinertrag. Unter Jahresbetrag im Sinne des § 22 Nr. 2 Satz 1 ist der Rohertrag, abzüglich der Werbungskosten, also der Gesamtwert aller aus dem Grundstücke gezogenen Früchte und Nutzungen, abzüglich der Aufwendungen zum Erwerbe des Ertrags, zu verstehen. Die auf dem Grundstücke lastenden Hypothekenzinsen bleiben bei der Berechnung des Ertrags außer Betracht. PrOVG. 7. Okt. 13 E. 65, 25.

29. — Unter dem Ertrage eines Grundstücks ist der Reinertrag zu verstehen. Bei seiner Feststellung bleiben die Hypothekenzinsen außer Betracht, sonstige wiederkehrende Lasten jedenfalls insoweit, als ihr Kapitalwert beim Erwerbspreise berücksichtigt wird. Dagegen ist eine angemessene Abnutzungsquote in Ansatz zu bringen. Anrechenbar ist der Minderertrag nur für volle Jahre. Diese brauchen aber nicht Kalenderjahre zu sein; der Steuerpflichtige kann den Tag wählen, von dem an der maßgebende Zeitraum zu rechnen ist. SächsOVG. 10. Oktober 13 Jahrb. 21, 61 = AM. 1913, 282.

30. — Bei Ermittelung der Jahreserträge im Sinne des § 22 Nr. 2 haben als Werbungskosten, die vom Rohertrage abzuziehen sind, nur solche Ausgaben zu gelten, die zur Erwerbung, Sicherung und Erhaltung der in den einzelnen Jahren erzielten Einnahmen aus dem Grundstück aufgewendet worden sind, nicht dagegen Aufwendungen, die den Verkauf der Grundstücke vorbereiten oder herbeiführen. PrOVG. 23. Juni 14 E. 69, 22 = AM. 1914, 322.

31. — Bei Berechnung des Jahresertrags gemäß § 22 Nr. 2 sind die tatsächlich gezahlten Grundsteuern in vollem Umfang als Werbungskosten von dem Rohertrag abzuziehen. PrOVG. 27. Nov. 14 E. 69, 40.

32. — Der nach § 22 Nr. 2 erforderliche Nachweis der Jahreserträgnisse unterliegt der freien Beweiswürdigung, so daß gegebenenfalls die Anerkennung der vom Veräußerer gemachten Einzelangaben genügt. PrOVG. 6. Jan. 14 AM. 1914, 93.

33. — Als Ertrag eines Waldgrundstücks ist nicht der Mehrwert des Holzbestandes schlechthin, d. i. der Unterschied zwischen dem Werte zur Zeit des Erwerbes (der Aufforstungskosten) und dem Werte zur Zeit der Veräußerung, sondern das Nutzungsergebnis anzusehen. BayVGH. 3. Februar 13 AM. 1913, 103.

34. — Als Jahresertrag eines durch den Eigentümer im eigenen Gewerbebetriebe genutzten Grundstücks gilt derjenige Betrag, den der Eigentümer durch Vermietung des Grundstücks hätte erzielen können, bzw. derjenige, den er hätte aufwenden müssen, um das Grundstück zu mieten, wenn es nicht sein Eigentum gewesen wäre. PrOVG. 11. Ma. 15 E. 70, 31 = AM. 1915, 188.

35. 3 %. Der nach § 22 Nr. 2 zulässige Abzug vom Veräußerungspreis umfaßt nur den Betrag, um den der tatsächliche Reinertrag hinter dem Betrage von 3 v. H. des Erwerbspreises zurückgeblieben ist, nicht aber einen etwaigen Fehlbetrag oder Minusertrag, mit dem der Grundstückseigentümer gewirtschaftet hat. BadVGH. 29. Oktober 13 AM. 1913, 305.

36. — Die im § 22 Nr. 2 zugelassene Abrechnung vom Veräußerungspreise darf über 3 v. H. des Erwerbspreises, zuzüglich der nach § 14 Nr. 1 bis 3 zulässigen Anrechnungen, nicht hinausgehen. PrOVG. 27. Nov. 14 E. 69, 38.

37. — Die dem erzielten Jahresertrage zur Ermittelung des nach § 22 Nr. 2 abzugsfähigen Minderertrags gegenüberzustellende 3 %ige Verzinsung ist nach dem Erwerbspreise, zuzüglich der nach § 14 Nr. 1 bis 3 anrechnungsfähigen Aufwendungen, zu bemessen, die am Anfang des einzelnen Jahres bereits gemacht waren. PrOVG. 2. Nov. 15 E. 71, 37 = AM. 1916, 21.

38. — Auf den nach § 22 Nr. 2 vom Veräußerungspreise zu kürzenden Minderertrag im Höchstbetrage von 3 v. H. des Erwerbspreises ist der tatsächlich erzielte Jahresertrag anzurechnen. PrOVG. 7. März 16 AM. 1916, 90.

39. Der während eines Baues entstehende Nutzungsausfall ist nach § 22 Nr. 2 zu berücksichtigen. PrOVG. 1. November 18 E. 74, 21.

§ 23.

1. Der Anspruch auf Entschädigung gemäß § 148 des Allg. Berggeset. vom 24. Juni 1865 gilt im Sinne des § 23 ZStG. als entstanden, sobald die zum Schadenersatze verpflichtende Wertminderung des Grundstücks eingetreten ist, und nicht erst dann, wenn die Entschädigung durch Urteil oder Vertrag auf einen bestimmten Betrag festgestellt ist. PrOVG. 13. Juni 13 E. 64, 128 = AM. 1913, 252.

2. Die Brandentschädigungssumme für ein auf einer veräußerten Teilparzelle vorhanden gewesenes Gebäude ist dem Veräußerungspreise dieses Teilstückes auch dann hinzuzurechnen, wenn sie zur Neuerrichtung eines Gebäudes auf einem anderen, nicht mitveräußerten Teile des Gesamtgrundstücks verwendet worden ist, da eine Beseitigung des die veräußerte Parzelle betreffenden Schadens im Sinne des § 23 hierin nicht zu erblicken ist. PrOVG. 20. April 15 E. 69, 41 = AM. 1915, 161.

§ 24.

1. Die Anwendung des § 24 wird nicht dadurch ausgeschlossen, daß über die Tragung der Zuwachssteuer ein von den sonstigen Vereinbarungen getrenntes Abkommen getroffen ist. PrOVG. 20. Mai 13 E. 64, 102 = AM. 1913, 200.
2. Die Vorschrift des § 24 ist nicht anwendbar, wenn die Steuer vom Erwerber außerhalb der Gesamtheit der aus Anlaß der Veräußerung geschlossenen vertraglichen Vereinbarungen gezahlt wird und kein vertragliches Entgelt für die Grundstücksüberlassung bildet. PrOVG. 20. Mai 13 AM. 1913, 226.
3. Der Betrag der vom Erwerber nach § 24 übernommenen Steuer gilt im allgemeinen nicht als ein Teil des Veräußerungspreises im Sinne des Gesetzes. PrOVG. 17. Juni 12 E. 62, 25 = AM. 1912, 85.
4. Die Bedeutung der Uebernahme der Zuwachssteuer durch den Erwerber eines Grundstücks ist für die steuerliche Veranlagung im Sinne des § 24 erschöpfend geregelt; bei einer Weiterveräußerung des Grundstücks kann die Zuwachssteuer weder als Teil des Erwerbspreises (§ 8 Abs. 2), noch als Teil der anrechnungsfähigen Erwerbskosten (§ 14 Nr. 1) Berücksichtigung finden. PrOVG. 6. Februar 14 E. 67, 8 = AM. 1914, 120.
5. In den nach dem 30. Juni 1913 eintretenden Steuerfällen der unter § 24 fallenden Art ist dem Veräußerungspreise der Steuerbetrag hinzuzuzählen, der nach den sonstigen Vorschriften des Gesetzes in Verbindung mit dem Gesetz über Aenderungen im Finanzwesen vom 3. Juli 1913 zu zahlen ist. PrOVG. 9. Januar 17 E. 72, 62 = AM. 1917, 59.

§ 25.

1. Die Vorschrift des § 25 umfaßt auch die Fälle, in denen das Gesamthandseigentum infolge Beerbung der übrigen Gesamthänder in Sondereigentum umgewandelt wird. SächsOVG. 5. Juni 13 Jahrb. 21, 68 = AM. 1913, 245.
2. Die an sich steuerpflichtige Uebertragung eines im Gesamthandseigentum einer offenen Handelsgesellschaft befindlichen Grundstücks an sämtliche Teilhaber der Gesellschaft in Miteigentum gibt gemäß § 25 Satz 1 zur Steuererhebung keinen Anlaß; eine Veranlagung zur Zuwachssteuer im Sinne des 2. Satzes kann erst beim Eintritte des nächsten Steuerfalls vorgenommen werden. BayVGH. 1. Dez. 13 AM. 1914, 101.
3. Die Sonderbestimmung des § 25 gilt nur für die steuerpflichtige Ueberlassung von Grundstücken aus Gesellschaftseigentum (Gesamthandseigentum) in das Eigentum eines Gesellschaftsteilhabers (Mitberechtigten). BayVGH. 24. Januar 16 E. 37, 129 = AM. 1916, 51.

§ 26.

1. Begriff des Tausches. Soweit die Gegenleistung für die Veräußerung eines Grundstücks in Leistungen anderer Art als Geld, z. B. in Uebertragung von Grundstücken und in Abtretung von Hypotheken, besteht, ist ohne Rücksicht auf deren Wert der von den Parteien verabredete Preis bei der Veranlagung zugrunde zu legen, wenn es

sich um einen Kaufvertrag handelt. Beim Vorliegen eines Tauschvertrags hingegen ist umgekehrt der Wert der als Gegenleistung geschuldeten Gegenstände maßgebend, auch wenn er von dem Betrag abweicht, der von den Parteien als Tauschpreis verabredet ist. Ein Tauschvertrag über zwei Grundstücke liegt — unabhängig von der gewählten Bezeichnung — nur dann vor, wenn nach Abzug der übernommenen Hypotheken und Abfindungen bezüglich jedes Grundstücks mindestens noch ein Wertrest verbleibt, der durch die gegenseitige Ueberlassung der Grundstücke ausgeglichen werden soll. Sächs.-OVG. 18. November 12 Jahrb. 19, 301 = AM. 1913, 31; 16. März 14 AM. 1914, 187.

2. Tauschpreis: BayVGH. 16. Juni 13 BlBayFW. 21, 308.
3. — Bei Bestimmung der Gegenleistungen im Falle des Tausches kommt in Betracht, ob und welche Hypothekenschulden jeder Vertragsteil als Allein- und Selbstschuldner übernommen hat. Diese Abwälzung der Hypothekenschulden auf den Erwerber bildet einen Teil der Gegenleistung für das Grundstück. PrOVG. 16. Januar 14 E. 66, 25.
4. — Beim Tausch besteht die Gegenleistung eines jeden Teiles in dem gemeinen Werte des von ihm hingegebenen steuerpflichtigen Gegenstands. ThürOVG. 30. November 18 Jahrb. 1918, 120.
5. — Bei Veräußerungen im Wege des Tausches ist nicht der sogenannte Tauschpreis maßgebend, sondern der — nach den Regeln über die Ermittelung des gemeinen Wertes festzustellende — Wert der in Tausch genommenen, nicht in Geld bestehenden Gegenleistungen. SächsOVG. 10. Febr. 13 AM. 1913, 143. Ebenso PrOVG. 16. Jan. 14 AM. 1914, 89.
6. — Bei Veräußerungen im Wege des Tausches bilden die für die Berechnung des Wertzuwachses maßgebenden Preise nicht die etwa vereinbarten Uebernahmepreise (Tauschpreise, Anschläge), sondern der gemeine Wert der in Tausch gegebenen bzw. genommenen Grundstücke. ThürOVG. 1. März 16 Jahrb. 1916, 37.
7. — Abweichend: Wenn sich bei Tauschverträgen aus dem Vertrag ergibt, daß der in Geld ausgedrückte Tauschpreis (Tauschwert) nicht lediglich zur Gebührensparung behufs Berechnung des zu zahlenden Aufgeldes vereinbart wurde, so ist der Tauschpreis, zuzüglich oder abzüglich etwaiger Ausgleichzahlungen, als eigentlicher Veräußerungspreis zu betrachten. BayVGH. 2. Juni 13 AM. 1913, 243.
8. Die Aufteilung gemeinschaftlichen Grundbesitzes unter bisherige Miteigentümer bildet einen steuerpflichtigen Rechtsvorgang, der nach den Bestimmungen über Tauschgeschäfte zu versteuern ist. ThürOVG. 30. November 18 Jahrb. 1918, 120.

§ 27.

Abs. 1.

1. Als Rechtsgeschäft im Sinne des § 27 gilt auch die Abtretung der Rechte aus dem Meistgebote, so daß in Fällen, in denen der Erwerb auf einer solchen Abtretung beruht, mehrere aufeinander folgende Rechtsgeschäfte, nämlich einmal die Abgabe des Meistgebots und sodann die Abtretung der Rechte aus dem Meistgebote, vorliegen. PrOVG. 27. Februar 13 E. 64, 45 = AM. 1913, 131. Auch PrOVG. 16. April 15 BA. 15, 60.

2. Bei der Berechnung der Steuer nach § 27 sind nach § 7 steuerfreie Vorgänge auszuschalten, Rechtsgeschäfte dagegen, bei denen eine Befreiung von der Steuer nach § 1 Abs. 2 oder nach § 30 eintritt, zu berücksichtigen. ThürOVG. 9. April 13 Jahrb. 1913, 85.

3. Bei der Veranlagung von Kettengeschäften gemäß § 27 sind die Gegenleistungen des letzten Erwerbers an die Zwischenveräußerer dem Veräußerungspreis hinzuzurechnen. PrOVG. 7. Oktober 13 AM. 1914, 48.

4. Berechnung des Wertzuwachses, wenn der Erwerb auf Grund mehrerer aufeinander folgender Rechtsgeschäfte von dem bisherigen Berechtigten an den letzten Erwerber erfolgt und die Zuwachssteuer in einem Zwischengeschäfte von dem Erwerber übernommen wird. PrOVG. 2. Dez. 13 E. 65, 30.

5. Die Vorschrift des § 27 hat nicht die Bedeutung, daß die einzelnen Zwischengeschäfte wie selbständige Rechtsvorgänge behandelt werden könnten. Auch die einem Verlustgeschäfte vorangegangenen Aufwendungen im Sinne des § 14 Nr. 3 und 4 sind bei der Veranlagung nach § 27, die im übrigen eine einheitliche bleibt, zu berücksichtigen. OldenbOVG. 14. März 14 AM. 1914, 192.

6. Die Art der Zwischengeschäfte nach § 27 als Gewinn- oder Verlustgeschäfte ist lediglich durch Vergleich der Preise selbst ohne Rücksicht auf Hinzurechnungen und Abrechnungen (§§ 14 ff., 22 ff.) festzustellen. Verlustgeschäfte scheiden für die Steuerberechnung aus. PrOVG. 17. April 14 E. 67, 31 = AM. 1914, 208.

7. Zahlungen, die im Falle des § 27 der Erwerber an einen anderen als den Grundstückseigentümer zu leisten hat, können begrifflich nur dann als Preisteil angesehen werden, wenn sie sich als eine mit dem Zwischenhändler vereinbarte Gegenleistung für die Betätigung des Zwischengeschäfts darstellen. PrOVG. 24. April 14 E. 67, 37 = AM. 1914, 264.

8. Die Zuwachssteuerveranlagung von Kettengeschäften hat in der Regel auch dann nach §§ 27, 32 Abs. 1 zu erfolgen, wenn der Eigentumsübertragung neben einem formgültigen Kaufvertrag ein verdecktes schuldrechtliches Zwischengeschäft vorangegangen ist. Die getrennte Veranlagung nach § 6 greift nur Platz, wenn sich nach Lage des Falles aus besonderen Umständen nachweislich ergibt, daß dem schuldrechtlich beteiligten Zwischenveräußerer nach dem wirklichen Willen der Parteien eigentumsähnliche Befugnisse übertragen und diese von jenem weiter übertragen worden sind. PrOVG. 18. Febr. 16 E. 71, 3 = AM. 1916, 106.

9. Die Geltendmachung und die Wiederaufgabe des Rückkaufsrechts seitens eines vermeintlich Rückkaufsberechtigten gegenüber dem bisherigen Grundstückseigentümer vor dem Kaufabschlusse zwischen diesem und dem schließlichen Erwerber eines Grundstücks sind keine Rechtsgeschäfte im Sinne des § 27. PrOVG. 20. April 17 E. 73, 35 = AM. 1917, 107.

Abs. 2.

10. Beim Erwerb auf Grund mehrerer aufeinander folgender Rechtsgeschäfte im Sinne des § 5 stellt sich die Uebertragung des Eigentums an den letzten Erwerber als eine Veräußerung für Rechnung eines Dritten — des Zwischenhändlers — dar. Bei der nach § 27 vorzunehmenden

Veranlagung kann daher die Steuerbefreiung nach § 1 Abs. 2 nur Platz greifen, wenn die Voraussetzungen hierfür auch in der Person des Zwischenhändlers gegeben sind. PrOVG. 24. April 14 E. 67, 43 = AM. 1914, 221.

11. Bei dem einem Steuerfalle nach § 5 nachfolgenden Steuerfall ist der in jenem Steuerfalle schuldrechtlich beteiligte letzte Zwischenerwerber in jeder Hinsicht so zu behandeln, als wäre er der bisherige Eigentümer. PrOVG. 16. April 15 E. 70, 6 = AM. 1915, 156.

§ 28.

Abs. 2.

1. Die Steuerermäßigung nach § 28 Abs. 2 in Fällen, in denen die Teilstücke eines im ganzen veräußerten Grundstücks zu verschiedenen Zeiten erworben sind, wird berechnet, indem der Wertzuwachs und der Steuerrohbetrag zunächst einheitlich ermittelt und alsdann der Steuerrohbetrag zum Zwecke der Vornahme der Ermäßigung nach § 28 Abs. 2 auf die einzelnen Teilstücke verteilt wird. Der Verteilungsmaßstab entspricht dem Verhältnis der Beträge, die sich für die einzelnen Teilstücke als Steuerrohbeträge ergeben würden, falls sie getrennt veräußert worden wären. SächsOVG. 26. Sept. 12 Jahrb. 19, 262 = AM. 1912, 139.

2. Die in vorstehender Entscheidung näher erläuterte Berechnungsweise der Steuerermäßigung nach § 28 Abs. 2 ist auch im Falle der einheitlichen Veräußerung eines solchen Grundbesitzes anzuwenden, der nach besonderen Vorschriften des Gesetzes, wie z. B. nach § 65, nur als in getrennten Teilen erworben zu gelten hat. PrOVG. 17. Febr. 14 E. 67, 11 = AM. 1914, 156.

3. Berechnung der Zuwachssteuer, wenn die einzelnen Teile eines im ganzen veräußerten Grundstücks zu verschiedenen Zeiten erworben worden sind.

   Ist ein Grundstück im Wege der Erbauseinandersetzung erworben worden, so ist bei der Ermittelung des Wertzuwachses der Ueberlassungspreis und nicht der Wert des Grundstücks in Ansatz zu bringen. PrOVG. 13. Juni 13 E. 64, 122.

4. Berechnung der Steuer nach § 28 Abs. 2 im Falle der Veräußerung eines zu verschiedenen Zeiten in Teilen erworbenen Grundstücks. PrOVG. 7. Nov. 16 E. 72, 1.

5. Die Steuerermäßigung nach § 28 Abs. 2 ist einheitlich ohne Rücksicht darauf zu berechnen, wann die den Steuerrohbetrag beeinflussenden Aufwendungen gemacht worden sind. PrOVG. 19. Nov. 15 E. 71, 50 = AM. 1916, 53.

Abs. 3.

6. Teilveräußerung. Bei Veräußerung mehrerer Teilstücke durch denselben Eigentümer an verschiedene Erwerber sind für die Anwendung des § 28 Abs. 3 die aus den einzelnen Steuerfällen sich ergebenden Steuerbeträge — und nicht deren Gesamtheit — maßgebend. PrOVG. 31. Okt. 12 E. 62, 68 = AM. 1913, 12.

7. — Für die Anwendung des § 28 Abs. 3 ist ausschließlich der für den einzelnen Rechtsvorgang zu entrichtende Steuerbetrag maßgebend.

Dabei sind als Begriffsmerkmale für den einzelnen Rechtsvorgang in erster Linie wirtschaftliche Gesichtspunkte in Betracht zu ziehen. WüVGH. 27. Nov. 12 AM. 1913, 13.

8. — Für die Anwendung des § 28 Abs. 3 ist ausschließlich der für den einzelnen Rechtsvorgang zu entrichtende Steuerbetrag maßgebend. Kais. Rat in Els.-Lothr. 15. Febr. 13 AM. 1913, 145. Ebenso PrOVG. 9. Jan. 13 E. 64, 17 = AM. 1913, 65.

9. — Für die Anwendbarkeit des § 28 Abs. 3 ist nicht die Gesamtheit der Steuerbeträge maßgebend, die ein Steuerpflichtiger aus verschiedenen wirtschaftlich selbständigen Vorgängen schuldet, sondern der Steuerbetrag, der sich aus jedem Einzelfall ergibt. BayOVG. 12. Juli 13 E. 34, 197.

10. Teilerwerb. Bei einheitlicher Veräußerung eines von den einzelnen Miteigentümern durch verschiedene Rechtsvorgänge in Teilen erworbenen Grundstücks ist die Steuerberechnung (§ 28) einheitlich vorzunehmen. PrOVG. 23. Jan. 14 AM. 1914, 134.

11. Uebergangszeit. Eine Freiveranlagung gemäß § 28 Abs. 3 ist auch nach Wegfall der Erhebung des Reichsanteils (§ 1 Abs. 3 des Gesetzes über Aenderungen im Finanzwesen vom 3. Juli 1913) nur dann gerechtfertigt, wenn die nach den Vorschriften des Zuwachssteuergesetzes berechnete Gesamtsteuer unter 20 Mk. bleibt. PrOVG. 17. Dez. 15 E. 71, 52 = AM. 1916, 54.

§ 29.

Abs. 1.

1. Bisheriger Eigentümer. Ergibt sich bei Anwendung der Einzelvorschriften des Zuwachssteuergesetzes ein steuerpflichtiger Wertzuwachs, so hat der vom Gesetze für steuerpflichtig Erklärte, in erster Linie also der bisherige Eigentümer (§ 29), für die Steuer selbst dann einzustehen, wenn der Wertzuwachs ihm selbst nicht zum Vorteil gereicht. PrOVG. 27. Febr. 13 E. 64, 45 = AM. 1913, 131.

2. — Der Meistbietende, der sich den Zuschlag hat erteilen lassen, ist Eigentümer geworden und kommt als solcher für die Veranlagung (§§ 4 ff. ZStG.) auch dann in Betracht, wenn er als Treuhänder eines Dritten gehandelt hat. PrOVG. 6. Jan. 14 AM. 1914, 87.

3. — Der Veräußerer bleibt auch dann der öffentlich-rechtliche Träger der Steuerpflicht gemäß § 29 Abs. 1, wenn die Zahlung der Steuer durch Vertrag vom Erwerber übernommen worden ist. Die Wirkung eines solchen Privatabkommens bleibt hiernach, von der im § 24 bezeichneten Folge abgesehen, auf das Innenverhältnis der Vertragschließenden beschränkt. PrOVG. 27. März 14 AM. 1914, 192.

4. — Der Eigentümer ist auch bei Kettengeschäften verpflichtet, die volle Steuer zu entrichten, ohne Rücksicht darauf, ob ihm im Innenverhältnis ein Rückgriffsrecht (§ 32 Abs. 1 Satz 2) zusteht oder nicht. PrOVG. 24. April 14 E. 67, 37 = AM. 1914, 264.

5. — Wird zugunsten eines gutgläubigen Dritten rechtswirksam über das Eigentum an einem Grundstücke von dem verfügt, der als Eigentümer im Grundbuch eingetragen war, das Eigentum aber — z. B. wegen

Nichtigkeit der früheren Auflassung — nicht erworben hatte, so ist der Eingetragene als der steuerpflichtige Veräußerer im Sinne des § 29 zu behandeln. PrOVG. 6. Juli 17 E. 73, 1.

6. Die Zuwachssteuer, die anläßlich der Eigentumsübertragung eines zu einer Nachlaßmasse gehörigen Grundstücks fällig wird, bildet gemäß § 29 Abs. 1 eine persönliche, nicht auf den Nachlaß beschränkte Schuld der Erben. PrOVG. 21. Dez. 15 AM. 1916, 55.

7. Bei Veräußerung mehrerer Anteile durch ein gemeinsames Veräußerungsgeschäft gelten beim Bruchteilseigentum die mehreren Mitberechtigten nicht als Gesamtschuldner im Sinne des § 29 Abs. 1 Satz 2. PrOVG. 24. April 14 AM. 1914, 229.

8. **Konkurs.** Falls die zwangsweise Versteigerung des Grundstücks eines in Konkurs geratenen Besitzers auf Antrag eines Hypothekengläubigers erfolgt, gehört die Zuwachssteuer nicht zu den Massekosten. SächsOVG. 13. Nov. 13 AM. 1914, 102.

9. — Die Zuwachssteuer, die nach Eröffnung des Konkurses über das Vermögen des Grundstückseigentümers infolge der Zuschlagserteilung in einem Zwangsversteigerungsverfahren fällig wird (§ 4), dem der Konkursverwalter beigetreten ist, bildet einen Aufwand für die Verwertung der Masse im Sinne der §§ 57, 58 Nr. 2 KO. und gehört zu den Massekosten. SächsOVG. 12. Jan. 14 AM. 1914, 117.

10. — Der in Konkurs geratene Eigentümer eines während des Verfahrens veräußerten Grundstücks ist auch dann zur Entrichtung der Zuwachssteuer nach § 29 verpflichtet, wenn die Auflassung an den neuen Erwerber nicht von ihm, sondern vom Konkursverwalter bewirkt worden ist. PrOVG. 27. März 14 E. 67, 29 = AM. 1914, 194 = DJZ. 1915, 526.

11. — Die Konkursmasse ist für die Zuwachssteuer, die bei einer auf Betreiben eines Hypothekengläubigers erfolgten Zwangsversteigerung eines zur Masse gehörigen Grundstücks fällig geworden ist, auch dann nicht in Anspruch zu nehmen, wenn ein Uebererlös aus der Versteigerung zur Konkursmasse fließt. PrOVG. 4. Febr. 16 E. 71, 54 = AM. 1916, 93. Vgl. auch zu § 4 unter Nr. 4.

Abs. 2.

12. **Voraussetzung der Haftung.** Die Voraussetzungen für die Haftung des Erwerbers nach § 29 Abs. 2 sind gegeben, wenn dem Zuwachssteueramte nicht bekannt ist, daß der Zwangsvollstreckung unterworfene Vermögensgegenstände des Veräußerers sich im Inland befinden. SächsOVG. 14. April 13 Jahrb. 20, 326 = AM. 1913, 159.

13. — Der nach § 29 Abs. 2 haftbar gemachte Erwerber ist bei vergeblich gewesenen Zwangsmaßregeln des Zuwachssteueramts gegenüber dem Steuerpflichtigen berechtigt, seinerseits dessen Zahlungsfähigkeit zum Beweise der Unzulässigkeit seiner Inanspruchnahme darzutun. PrOVG. 22. Jan. 15 AM. 1915, 92.

14. — Die Inanspruchnahme des Erwerbers für die Zuwachssteuer vor der Zustellung des Steuerbescheids an den Veräußerer ist unzulässig und unwirksam. Sie wird jedoch wirksam, sobald die Zustellung an den Veräußerer nachgeholt und die Beitreibung der Steuer von ihm versucht worden ist.

Durch schuldhafte Verzögerung des Verfahrens gegen den Veräußerer wird der Erwerber nicht von der Haftung befreit.

Die Haftung des Erwerbers ist nicht davon abhängig, daß die Zwangsvollstreckung gegen den Veräußerer versucht worden ist; es genügt der Nachweis, daß die Beitreibung aussichtslos ist. ThürOVG. 14. April 15 Jahrb. 1915, 68.

15. — Die Haftbarmachung des Erwerbers nach § 29 Abs. 2 ist auch ohne Erschöpfung aller Maßnahmen zur Beitreibung der Steuer von dem Veräußerer gerechtfertigt, sobald die Unbeitreibbarkeit nach dem pflichtmäßigen Ermessen des Zuwachssteueramts als erwiesen zu gelten hat.

Der Einwand des Erwerbers, der Steuergläubiger habe die rechtzeitige Einziehung der Steuer von dem Veräußerer schuldhaft verzögert, ist unbeachtlich. PrOVG. 5. Nov. 15 AM. 1916, 27.

16. — Voraussetzung des § 29 ist lediglich Nichtbeitreibbarkeit der Steuer gegenüber dem Veräußerer. SächsOVG. 19. Febr. 16 Jahrb. 23, 259.

17. — Das Vorhandensein ungewisser und zweifelhafter Forderungen des Veräußerers steht der Haftbarmachung des Erwerbers gemäß § 29 Abs. 2 beim Vorliegen der sonstigen Voraussetzungen nicht entgegen. PrOVG. 19. April 18 E. 74, 36 = AM. 1918, 55.

18. Form der Heranziehung. Die Heranziehung des Erwerbers zur Steuer gemäß Abs. 2 hat sich nach der im § 43 allgemein für die Heranziehung der Steuerpflichtigen enthaltenen Anordnung zu vollziehen. PrOVG. 16. Jan. 14 E. 66, 20 = AM. 1914, 135. Ebenso ThürOVG. 14. April 15 Jahrb. 1915, 68.

19. Rechtsmittel. Dem gemäß § 29 Abs. 2 ZStG. in Anspruch genommenen Erwerber stehen die gleichen Rechtsmittel zu wie dem Veräußerer. Bay.-VGH. 11. Januar 15 E. 36, 37. Ebenso ThürOVG. 14. April 15 Jahrb. 1915, 68; PrOVG. 27. Mai 13 E. 64, 110 = AM. 1913, 234.

20. Die Befreiungsvorschrift in Satz 2 kommt nicht bloß dem Meistbietenden, sondern auch dem zugute, dem die Rechte aus dem Meistgebote abgetreten worden sind und der den Zuschlag erhalten hat. SächsOVG. 2. März 18 Jahrb. 24, 302.

21. Uebergangszeit. Der Erwerber haftet bis zur Höhe von 2 v. H. des Veräußerungspreises für eine Zuwachssteuerschuld gemäß § 29 Abs. 2 auch nach Wegfall der Erhebung des Reichsanteils (§ 1 Abs. 3 des Gesetzes über Aenderungen im Finanzwesen vom 3. Juli 1913). PrOVG. 16. Februar 17 AM. 1917, 79.

Abs. 3.

22. Was auf Grund eines rechtsunwirksamen und daher später außer Kraft gesetzten Zuwachssteuerbescheids entrichtet worden war, ist grundsätzlich zurückzugewähren, und jene frühere Entrichtung stellt alsdann keine die Haftung des Erwerbers nach § 29 Abs. 3 beseitigende Zahlung der Steuer dar.

Eine die Haftung beseitigende Sicherstellung nach § 29 Abs. 3 muß als solche der Steuerbehörde gegenüber deutlich gekennzeichnet werden. Sie ist daher nicht zu finden in der bloßen Bestimmung des Veräußerungsvertrags über eine Hinterlegungspflicht des Veräußerers dem Erwerber gegenüber. PrOVG. 25. September 17 E 73, 38.

§ 30.

Nr. 3.

1. Befreiung kann der braunschweigische Kloster- und Studienfonds beanspruchen. BraunschwVGH. 23. Oktober 12 DJZ. 1914, 446.
2. Als Gemeindeverband im Sinne des § 30 Nr. 3 ist auch ein aus mehreren Gemeinden bestehender, auf dem preußischen Schulunterhaltungsgesetze vom 28. Juli 1906 beruhender Gesamtschulverband zu verstehen. PrOVG. 13. Juni 13 E. 64, 120 = AM. 1913, 251.
3. Wenn Veräußerer eines Grundstücks eine steuerpflichtige Genossenschaft mit eigener Rechtspersönlichkeit ist, der ein Staat oder eine Gemeinde als Mitglied angehört, so tritt eine dem Mitgliedsverhältnis entsprechende Steuerbefreiung nach § 30 Nr. 3 nicht ein. BraunschwVGH. 23. September 14 AM. 1914, 341.
4. § 30 Nr. 3 kommt einem preußischen Gesamtschulverband in seiner Eigenschaft als Gemeindeverband auch dann zugute, wenn ihm ein Gutsbezirk angehört, der allein auf die Vergünstigung keinen Anspruch hat. PrOVG. 9. Oktober 14 E. 68, 34 = AM. 1914, 343.
5. Ist an mehreren nach § 27 zu veranlagenden Rechtsgeschäften eine Gemeinde beteiligt, so ist der Steuerfreiheit der Gemeinde gemäß § 30 Nr. 3 dadurch Rechnung zu tragen, daß von dem nach § 27 berechneten Gesamtsteuerbetrage die Summe abgezogen wird, für die die Gemeinde nach § 32 Abs. 1 Satz 2 im Innenverhältnis haften würde. PrOVG. 19. Mai 16 AM. 1916, 139.
6. Die Befreiung von der Steuerpflicht nach § 30 Nr. 3 hat nicht einzutreten, wenn es sich um die Inanspruchnahme der Gemeinde usw. für eine Zuwachssteuerschuld gemäß § 29 Abs. 2 handelt. PrOVG. 16. Februar 17 E. 72, 66 = AM. 1917, 79.

§ 32.

Abs. 1.

1. Berechnung und Erhebung der Zuwachssteuer bei sogenannten Kettengeschäften. Zu den gemäß § 32 Abs. 1 Satz 1 Haftenden gehören solche Personen nicht, die ohne Preiserhöhung veräußert haben. SächsOVG. 28. Oktober 12 Jahrb. 19, 268.
2. Die Haftung aus § 32 ist unabhängig von der Verpflichtung des bisherigen Berechtigten (§ 29 Abs. 1) zur Zahlung der Steuer. ThürOVG. 9. April 13 Jahrb. 1913, 85.
3. Voraussetzungen für die Heranziehung zur Zuwachssteuer auf Grund des § 32. PrOVG. 27. Mai 13 E. 64, 113.
4. Unter den als Veräußerer Beteiligten nach § 32 Abs. 1 Satz 1 sind die rein schuldrechtlich beteiligten sogenannten Zwischenveräußerer — u. a. auch die, die die Rechte aus dem Meistgebot abgetreten haben — zu verstehen. PrOVG. 26. März 15 AM. 1915, 137.
5. Haftung für die Steuer bei mehrfachem Uebergang eines Grundstücks. RG. 27. November 17 WarnRspr. 11, 57.

Abs. 2.

6. Die Haftung eines Bevollmächtigten usw. nach § 32 Abs. 2 tritt nicht schon ein, wenn der Bevollmächtigte den Veräußerungserlös ganz oder teilweise empfangen hat, sie setzt vielmehr eine Vereinbarung über die Preisteilung in der Weise voraus, daß ein bestimmter Preis für die

Veräußerung eines Grundstücks dem Veräußerer und der über diesen Betrag hinausgehende Teil des tatsächlich erlangten Veräußerungspreises dem Bevollmächtigten zufallen soll. PrOVG. 10. November 14 AM. 1915, 64.

Abs. 3.

7. Die Vorschrift des § 32 Abs. 3 schließt die rückwirkende Kraft der Haftungsbestimmungen des § 32 ungeachtet der Fassung des § 62 Abs. 1 Satz 1 aus, so daß der an einem vor dem 1. April 1911 abgeschlossenen Zwischengeschäft als Veräußerer Beteiligte für die Steuer nicht in Anspruch genommen werden kann. PrOVG. 17. Oktober 13 AM. 1914, 103.

§ 34.

Abs. 1.

1. Die Mußvorschrift des § 34 Abs. 1 Satz 3 gilt auch im Falle der Steuerpflicht nach §§ 1, 4 des Gesetzes. PrOVG. 3. März 16 E. 72, 48 = AM. 1916, 113.
2. Voraussetzungen der Anwendbarkeit des § 34 Abs. 1 Satz 3. PrOVG 3. März 16 E. 72, 70.

Abs. 2.

3. Die Voraussetzung für die Anwendung des § 34 Abs. 2 Satz 2 ist auch gegeben, wenn ein unbebaut veräußertes Grundstück vor der fristgemäß vollzogenen Rückübertragung des Eigentums ganz oder teilweise bebaut worden ist. PrOVG. 8. Januar 15 AM. 1915, 93.
4. § 34 Abs. 2 findet nicht nur auf die rechtsgeschäftliche Rückübertragung des Eigentums an einem Grundstück, sondern auch auf den Rückerwerb eines Grundstücks im Zwangsversteigerungsverfahren Anwendung und gestattet Teilerstattung für den Fall des Rückerwerbs nur eines Teils des veräußerten Grundbesitzes. PrOVG. 8. Januar 15 E. 69, 46 = AM. 1915, 94 = DJZ. 1917, 141. Ferner PrOVG. 1. Februar 16 AM. 1916, 66.
5. Abweichend: SächsOVG. 17. April 15 Jahrb. 22, 359.
6. § 34 Abs. 2 begründet ungeachtet des Vorliegens der sonstigen Voraussetzungen nicht den Erlaß von Gemeindezuwachssteuer, die für einen vor dem 1. Januar 1911 liegenden steuerpflichtigen Rechtsvorgang erhoben worden ist. PrOVG. 30. November 15 AM. 1916, 56.
7. Die Fristbestimmung des § 31 AB. gilt nicht für Erstattungsfälle anläßlich der Rückübertragung des Eigentums nach Maßgabe des § 34 Abs. 2 Satz 2 des Gesetzes. PrOVG. 26. September 16 E. 72, 75 = AM. 1916, 194.
8. Kein Rechtsweg. Ein Erstattungsanspruch aus § 34 Abs. 2 Satz 2 ist in Preußen im Verwaltungsstreitverfahren und nicht im ordentlichen Rechtsweg zu verfolgen. PrOVG. 19. Mai 14 E. 68, 17 = AM. 1914, 231.
9. — Die Beschreitung des Rechtswegs ist in Preußen auch hinsichtlich des Anspruchs auf Erlaß oder Erstattung von Zuwachssteuer auf Grund des § 34 nicht zulässig. PrKompGH. 13. Juni 14 AM. 1914, 233.
10. — In Bayern ist unter Ausschluß auch des Verwaltungsstreitverfahrens ein Erstattungsanspruch aus § 34 Abs. 2 Satz 2 bei der Zuwachssteuerbehörde geltend zu machen. BayVGH. 17. Januar 16 AM. 1916, 57.

§ 39.

Abs. 1.

1. Die Vorschrift des § 39 Abs. 1 legt dem Zuwachssteueramte nicht die Pflicht auf, in allen Fällen eine Steuererklärung zu fordern. Sie begründet vielmehr nur für den Veräußerer die Verpflichtung, eine Steuererklärung abzugeben, wenn dies vom Zuwachssteueramte verlangt wird. Es liegt demnach kein wesentlicher Mangel des Veranlagungsverfahrens vor, wenn das Zuwachssteueramt den Steuerbescheid ohne Einforderung einer Steuererklärung erläßt. PrOVG. 23. September 13 E. 65, 33 = AM. 1913, 273.

2. Die Pflicht zur Einreichung einer Steuererklärung auf Verlangen der Steuerbehörde gemäß § 39 besteht für die in den §§ 1 ff. bezeichneten Rechtsvorgänge auch dann, wenn objektiv die Steuerpflicht noch nicht feststeht. OLG. Celle 15. März 12 AM. 1912, 58.

§ 40.

Abs. 1.

1. Beanstandung. Sinn und Zweck des § 40 Abs. 1 ist nicht der, einen Zeitpunkt festzulegen, mit dem das Ermittelungsverfahren frühestens beginnen darf; seine Bedeutung beruht vielmehr darin, daß die Steuerbehörde, falls sie von den Angaben in der Steuererklärung abweichen will, dem Steuerpflichtigen vor Aufstellung der Steuerberechnung Gelegenheit zur Aeußerung über die von ihr beanstandeten Punkte geben soll. SächsOVG. 20. Januar 13 Jahrb. 20, 53 = AM. 1913, 69.

2. — Die Vorschrift des § 40 ist zwingender Natur. Die Steuerbehörde ist erst dann befugt, die erforderlichen Ermittelungen selbständig vorzunehmen und danach die Steuer zu erheben, wenn die Beanstandung der Angaben in der Steuererklärung ergebnislos gewesen ist.

   Ist gleichwohl ohne Durchführung der Beanstandung die Steuer festgesetzt worden, so folgt daraus, daß die von dem Steuerpflichtigen angegriffene Veranlagung außer Kraft gesetzt werden muß, dagegen nicht, daß die Steuer nach den Angaben des Steuerpflichtigen festgesetzt werden muß. PrOVG. 15. April 13 E. 64, 72 = AM. 1913, 177.

3. — Unter den im § 40 Abs. 1 Satz 2 vorgeschriebenen „Verhandlungen" sind nur die Beanstandung der Steuererklärung und die etwa eingegangene Gegenerklärung zu verstehen. Ob und inwieweit die Veranlagungsbehörde den Austausch von Erklärungen fortsetzen will, ist ihrem pflichtmäßigen Ermessen überlassen. PrOVG. 7. Januar 16 E. 71, 59.

4. Vergleich. Die Formvorschriften des § 23 Abs. 1 AB. über den Abschluß eines Vergleichs sind zwingender Natur und gelten auch für den Tatbestand des 2. Absatzes daselbst. Die Bindung an die Abmachungen tritt nur ein in Fällen, wo diese Vorschriften erfüllt sind. PrOVG. 6. Jan. 14 AM. 1914, 105.

5. — Ein Vergleich im Sinne des § 23 AB. ist unter den Voraussetzungen der §§ 119, 121 und 143 BGB. anfechtbar. Die Anfechtung muß jedoch gemäß § 121 a. a. O. ohne schuldhaftes Verzögern (unverzüglich) erfolgen. PrOVG. 3. Juli 14 AM. 1914, 327.

§ 43.

1. Soweit die Veranlagung der Zuwachssteuer in Preußen den Kreisausschüssen obliegt, ist der Vorsitzende des Kreisausschusses, Verfügungen namens des Kreisausschusses zu erlassen, nur hinsichtlich der laufenden Geschäfte befugt, insbesondere hinsichtlich der Vorbereitung und der Ausführung der Kreisausschußbeschlüsse. Die Entscheidung über Einsprüche gegen die Veranlagung zur Zuwachssteuer gehört dahin nicht. PrOVG. 15. April 13 E. 64, 69 = AM. 1913, 178.
2. Die von einem für die Veranlagung nicht zuständigen Zuwachssteueramt erlassenen Bescheide sind auch dann hinfällig, wenn das Amt im Laufe eines Verwaltungsstreitverfahrens auf Grund des § 2 Satz 3 AB. nachträglich für zuständig erklärt wird. PrOVG. 6. März 17 E. 73, 49 = AM. 1917, 82.
3. Inhalt des Bescheids. Im § 43 wird keine Begründung der Abweichungen des Steuerbescheids von der Steuererklärung des Steuerpflichtigen vorgeschrieben. Insbesondere bedarf es im Steuerbescheide nicht einer Angabe über die für die Berechnung des Teilerwerbspreises in Betracht kommenden Faktoren, wenn das Zuwachssteueramt mitteilt, daß es sich die von dem Steuerpflichtigen in einer früheren kommunalen Wertzuwachssteuersache über das in § 20 Abs. 1 bezeichnete Wertverhältnis und den Teilerwerbspreis abgegebenen Erklärungen zu eigen gemacht habe. SächsOVG. 20. Jan. 13 AM. 1913, 69.
4. — Die im § 43 Satz 1 vorgeschriebene Angabe der „von der Steuererklärung abweichenden Punkte" erfordert eine besondere Hervorhebung dieser Punkte; sie bezieht sich sowohl auf tatsächliche Angaben wie auf Ergebnisse abweichender Rechtsauffassung. Diese Vorschrift ist zwingender Natur; ihre Nichtbeachtung macht den Steuerbescheid unwirksam. PrOVG. 1. Dez. 14 E. 69, 51.
5. — Die Rechtsbehelfsbelehrung braucht sich nur auf das zunächst zustehende Rechtsmittel zu beziehen. PrOVG. 9. Mai 13 DJZ. 1913, 1502.
6. Steuerpflichtige. Unter „Person des Steuerpflichtigen" im Sinne des § 43 ist auch der Steuerbürge (Erwerber) zu verstehen. BraunschwVGH. 9. Okt. 13 AM. 1913, 301.
7. — Die Erteilung eines Zuwachssteuerbescheids an den Konkursverwalter bildet die Voraussetzung für die Inanspruchnahme einer Konkursmasse zur Deckung einer Zuwachssteuerschuld des Gemeinschuldners. PrOVG. 27. Okt. 14 AM. 1915, 42.
8. Das Zuwachssteueramt ist berechtigt, die Veranlagung zur Zuwachssteuer zurückzunehmen, auch wenn bereits ein Einspruchsbescheid ergangen ist. PrOVG. 2. Jan. 13 E. 62, 81 = AM. 1913, 62.
9. Nachveranlagung s. zu § 57 unter Nr. 1 ff.

§ 44.

Abs. 1.

1. In Preußen ist für die Rechtsmittel in Zuwachssteuerangelegenheiten nicht der Preußische Staat, sondern der Gemeindevorstand oder Kreisausschuß passivlegitimiert, dem die Veranlagung der Zuwachssteuer obliegt. PrOVG. 22. Febr. 13 AM. 1913, 147.

2. Der Einspruch gegen einen Zuwachssteuerbescheid, der sich nicht gegen die Veranlagung im ganzen richtet, muß, um rechtswirksam zu sein, erkennen lassen, zu welchem Betrage die Herabsetzung der Abgabe begehrt wird. Ein Einspruch, der inhaltlich nicht auf das Verlangen einer bloßen Herabsetzung der Abgabe beschränkt ist, ist als gegen die ganze Veranlagung gerichtet anzusehen. PrOVG. 4. April 13 E. 64, 65 = AM. 1913, 172.
3. Die im § 44 gegebenen Rechtsmittel — und soweit hiernach im einzelstaatlichen Verwaltungsbereiche der ordentliche Rechtsweg zulässig ist, dieser — stehen nur gegen den Steuerbescheid und nicht gegen sonstige Entscheidungen des Zuwachssteueramts innerhalb des Veranlagungsverfahrens zu. RG. 23. Mai 13 AM. 1913, 227 = Recht 1913 Nr. 2499.
4. Der Erlaß eines Zuwachssteuerbescheids ist die alleinige, aber notwendige Voraussetzung für die Erhebung von Rechtsmitteln im Sinne des § 44. BayVGH. 10. Nov. 13 AM. 1914, 90.
5. Durch einen Nachtragssteuerbescheid, der nach Eintritt der Rechtskraft eines Zuwachssteuerbescheids für den Steuerpflichtigen zur Berichtigung der Steuerberechnung in einzelnen Punkten ohne Aenderung der Besteuerungsgrundlagen erlassen worden ist, wird die Rechtskraft des ersten Bescheids nicht aufgehoben, und der neue Steuerbescheid ist nur anfechtbar (§ 44), soweit durch ihn Aenderungen in der Steuerberechnung eingetreten sind. BayVGH. 12. Oktober 14 AM. 1914, 344.
6. Die Verzinsung der nach Abschluß eines Rechtsmittelverfahrens, als zu Unrecht erhoben, zurückzuzahlenden Zuwachssteuerbeträge kann nicht verlangt werden. PrOVG. 15. Juni 15 AM. 1915, 212.
7. Dem Erwerber, der die Zuwachssteuer vertraglich übernommen und für den nach § 29 Abs. 1 allein steuerpflichtigen Veräußerer entrichtet hat, bevor seine Haftbarkeit nach § 29 Abs. 2 durch Beitreibungsversuche gegen den Veräußerer festgestellt ist, stehen Rechtsmittel nach § 44 nicht zur Seite. PrOVG. 23. Mai 12 E. 62, 18 = AM. 1912, 75.

§ 47.

Abs. 1.

1. Ein Feststellungsbescheid, in dem über den Rahmen des § 47 hinaus der derzeitige gemeine Wert eines Grundstückes als mutmaßlicher Veräußerungspreis sowie die hiernach sich berechnende Zuwachssteuer angegeben sind, ist ungültig. PrOVG. 16. März 15 E. 69, 54 = AM. 1915, 139.
2. Die Steuerbehörde ist gemäß § 47 Abs. 1 Satz 3 an die Feststellung von Berechnungsunterlagen, die in einem auf Grund des § 47 erteilten Bescheide getroffen worden sind, auch dann gebunden, wenn sich im Veranlagungsverfahren nachträglich herausstellt, daß bei Erteilung des Feststellungsbescheids erhebliche Tatsachen nicht berücksichtigt worden sind, die zur Zeit des Feststellungsverfahrens bereits vorlagen und somit zu ermitteln waren.

   Eine Ausnahme erscheint nur dann zulässig, wenn im Feststellungsverfahren der Antragsteller ihm bekannte Tatsachen verschwiegen hat, um bewußtermaßen die Festsetzung der Verrechnungsgrundlagen zu seinen Gunsten zu beeinflussen und eine Verkürzung der Steuer herbeizuführen. RG. 20. Juni 16 LZ. 10, 1248 = AM. 1916, 161.

§ 49.

1. Die Vorschrift des § 49 schließt nur die Zwangsversteigerung als solche aus. Die Eintragung einer Sicherheitshypothek ist zulässig. BayObLG. 10. Mai 12 AM. 1912, 82.

§ 50.

Abs. 2.

1. Abs. 2 findet beim Vorliegen der sonstigen Voraussetzungen auch Anwendung, wenn wissentlich unrichtige Angaben in einer Beschwerde gegen eine vorschriftsmäßig erfolgte Zuwachssteuerveranlagung gemacht werden. RGStr. 18. Febr. 16 AM. 1916, 67.

§ 51.

Abs. 1.

1. Der Tatbestand des § 51 Abs. 1 in seiner zweiten Form erfordert, daß wissentlich unrichtige Angaben gemacht worden sind.

   Zur Verjährung der Ordnungswidrigkeiten des § 51. RGStr. 22. Dezember 14 E. 49, 78 = AM. 1915, 42.

2. Die Ordnungsstrafen des § 51 sind kriminelle Strafen. OLG. Celle 15. März 12 AM. 1912, 58.

§ 57.

1. Nachveranlagung. Kommt die Steuerbehörde zu dem Ergebnis, daß die erste Heranziehung des Steuerpflichtigen das steuerpflichtige Ereignis mit der richtigen Steuer nicht ergriffen habe, so ist sie innerhalb der Verjährungsfrist berechtigt, eine erneute Prüfung und Nacherhebung des Fehlbetrags vorzunehmen. PrOVG. 13. Juni 13 AM. 1913, 201.
2. — Die Steuerbehörde ist befugt, innerhalb der Verjährungsfrist eine Nachprüfung der Veranlagungen vorzunehmen und bei irrtümlicher Anwendung der gesetzlichen Vorschriften einen Steuerbescheid auch dann abzuändern, wenn dieser rechtskräftig geworden ist. PrOVG. 2. Jan. 14 E. 66, 1 = AM. 1914, 50 = DJZ. 1914, 887. Ebenso BayVGH. 10. Nov. 13 AM. 1914, 90.
3. — Eine Nachveranlagung ist auch zu einer nach vorhergegangenem Verwaltungsstreitverfahren rechtskräftig gewordenen Zuwachssteuerveranlagung zulässig, wenn die Rechtsgründe, aus denen von dieser Veranlagung abgewichen werden soll, in dem Verwaltungsstreitverfahren nicht Gegenstand der Erörterung und Entscheidung gewesen sind. PrOVG. 1. Dez. 16 AM. 1917, 23.
4. — Eine nach vorhergegangenem Verwaltungsstreitverfahren rechtskräftig gewordene Zuwachssteuerveranlagung (§§ 43, 44) kann auch innerhalb der Verjährungsfrist des § 57 des Gesetzes im Wege der Nachveranlagung nicht aus dem Grunde geändert werden, weil, wie nachträglich festgestellt ist, die Berechnungsgrundlagen auf Grund der tatsächlichen Verhältnisse zunächst unrichtig ermittelt waren. PrOVG. 22. Mai 17 AM. 1917, 136.
5. — Eine Nachveranlagung zur Zuwachssteuer nach rechtskräftiger Veranlagung oder Freistellung des Steuerpflichtigen lediglich infolge veränderter Rechtsauffassung hinsichtlich einer bestimmten Rechtsfrage unter Beibehaltung aller sonstigen bisherigen Verrechnungsgrundlagen ist unzulässig. PrOVG. 30. April 15 AM. 1915, 192.

§ 59.

1. Die Zuschläge im Sinne des § 59 sind mit den für Gemeindeabgaben geltenden Rechtsmitteln anfechtbar. BayVGH. 29. Dez. 13 AM. 1914, 104.

§ 60.

Abs. 1.

1. Eine entschädigungsberechtigte Gemeinde der in § 60 Abs. 1 bezeichneten Art verliert diese Eigenschaft nicht dadurch, daß ihre vor dem 1. April 1909 beschlossene und vor dem 1. Januar 1911 in Kraft getretene Wertzuwachssteuerordnung mit einer zeitlichen Beschränkung belastet ist, wenn diese nicht schlechthin den Wegfall, sondern nur die Nachprüfung und eventuelle Aenderung der Steuerordnung bezweckt.
   Nach § 1 Abs. 4 Nr. 1 des Reichsgesetzes über Aenderungen im Finanzwesen vom 3. Juli 1913 sind für die Zeit bis zum 1. April 1915 die entschädigungsberechtigten Gemeinden befugt, den vollen Reichsanteil der Zuwachssteuer zu erheben. PrOVG. 3. Dez. 15 E. 71, 61.
2. Die Weitererhebung des Reichsanteils zugunsten entschädigungsberechtigter Gemeinden der im § 60 Abs. 1 genannten Art nach § 1 Abs. 4 Nr. 1 des Gesetzes über Aenderungen im Finanzwesen vom 3. Juli 1913 ist für jede vor dem 1. April 1915 vorgekommene steuerpflichtige Veräußerung zulässig, und zwar auch dann, wenn die Geltendmachung des Steueranspruchs innerhalb der Verjährungsfrist des § 57 ZStG. erst nach diesem Zeitpunkt erfolgt. PrOVG. 8. Dez. 16 AM. 1917, 24.
3. § 60 setzt, auch nach seiner Abänderung durch § 1 Abs. 4 des Reichsgesetzes über Aenderungen im Finanzwesen vom 3. Juli 1913, eine vor dem 1. Januar 1911 in Wirksamkeit getretene örtliche Wertzuwachssteuerordnung voraus. Fehlt in einer Gemeinde, der ihre Wertzuwachssteuerordnung belassen worden ist, dieses Erfordernis in bezug auf einen eingemeindeten Bezirk, so gilt in diesem Bezirke nicht die Steuerordnung, sondern das Zuwachssteuergesetz. PrOVG. 15. Mai 17 E. 73, 42.

Abs. 2.

4. Die einer Gemeinde nach § 60 Abs. 2 belassene bisherige Satzung hat keine Geltung im Bezirk einer andern Gemeinde, die der ersteren Gemeinde mit Wirkung vom 1. April 1911 ab einverleibt worden ist. PrOVG. 27. Februar 13 E. 64, 43.
5. Eine Bestimmung des Reichskanzlers, wonach gemäß § 60 einer Gemeinde die bisherige Satzung belassen wird, muß von Reichs wegen veröffentlicht werden. PrOVG. 20. Juni 13 E. 64, 131.

§ 62.

Abs. 1.

1. Die Steuerpflicht nach § 5, § 62 Abs. 1 ist beim Vorliegen der sonstigen Voraussetzungen gegeben, wenn die Annahme eines vor dem 1. Januar 1911 rechtswirksam beurkundeten Kaufangebots in der Zeit vom 1. Januar bis zum 31. März 1911 erklärt worden ist. PrOVG. 16. November 15 AM. 1916, 19.

Abs. 2.

2. § 62 Abs. 1 Satz 1 und Abs. 2 stehen nicht in Widerspruch miteinander. Letzterer stellt lediglich klar, daß die im Abs. 1 vorgesehene abstrakte Steuerpflicht erst mit dem 1. April 1911 wirksam wird, während Abs. 1 Satz 1 für die nach dem 31. Dezember 1910 mit 31. März 1911 stattgefundenen Rechtsvorgänge die abstrakte Steuerpflicht in derselben Weise begründet, wie wenn das Zuwachssteuergesetz schon zur Zeit des Rechtsvorganges in Wirksamkeit gewesen wäre. PrOVG. 16. Jan. 13 E. 64, 25 = AM. 1913, 95.

Abs. 3.

3. Eine Erstattung oder Anrechnung kommunaler Zuwachssteuer im Sinne des § 62 Abs. 3 kommt nur hinsichtlich solcher nach früheren Gemeindesatzungen steuerpflichtigen Rechtsvorgänge in Frage, für die, abgesehen von der im § 72 Abs. 2 erwähnten Ausnahme des § 63, Gemeindezuwachssteuer nicht mehr erhoben werden darf, demnach für Vorgänge, die in die Zeit der materiellen Rückwirkung des Reichsgesetzes — 1. Januar 1911 bis 31. März 1911 — fallen, ohne Rücksicht darauf, ob sie sich mit den reichssteuerpflichtigen Vorgängen decken oder nicht. Sächs.OVG. 5. März 14 AM. 1914, 194.

§ 63.

1. Die Anwendung des § 63 wird nicht dadurch ausgeschlossen, daß die Urkunde bei einer am Vertragsschluß beteiligten Behörde eingereicht worden ist. PrOVG. 19. September 12 E. 62, 46 = AM. 1912, 200.
2. Vertragsurkunde. Nach § 63 genügt es, wenn ein einfacher schriftlicher Vertrag bei einer Behörde eingereicht worden ist. PrOVG. 9. Januar 13 E. 64, 10.
3. — Die Steuerfreiheit gemäß § 63 tritt auch dann ein, wenn ein einfacher privatschriftlicher Vertrag, der an sich nicht rechtsverbindlich zur Uebertragung des Eigentums verpflichtet, tatsächlich aber dazu geführt hat, vor dem Jahre 1911 bei einer Behörde eingereicht worden war. SächsOVG. 18. Mai 14 Jahrb. 22, 228 = AM. 1914, 265.
4. — Unter Vorbehalt der Genehmigung eines Dritten abgeschlossene Verträge rechtfertigen die Anwendung des § 63 selbst dann, wenn erst durch die Genehmigung die Bindung der Partei eintritt, vorausgesetzt nur, daß die vorbehaltene Genehmigung erteilt wird. Die nach § 184 BGB. eintretende Rückwirkung der nachträglichen Genehmigung auf den Zeitpunkt des Geschäftsabschlusses ist auch steuerrechtlich maßgebend. SächsOVG. 9. Oktober 13 Jahrb. 21, 73 = AM. 1913, 298. Ebenso PrOVG. 27. März 14 AM. 1914, 198.
5. — § 63 gilt für alle Rechtsgeschäfte, die nachgewiesenermaßen zum Eigentumsübergang geführt haben und vor dem 1. Januar 1911 zur Kenntnis einer Behörde gelangt sind, ohne Rücksicht darauf, ob bei ihnen die zu ihrer Rechtswirksamkeit erforderliche Form gewahrt worden ist. BayVGH. 21. Sept. 14 AM. 1914, 324.
6. Zur Anwendung des § 63. PrOVG. 8. Mai 17 AM. 1917, 121.

7. Zur Ausschließung der Besteuerung nach § 63 genügt die vor dem 1. Januar 1911 erfolgte rechtswirksame Erklärung eines bloßen Veräußerungsangebots nicht. Es muß auch die Annahmeerklärung vor jenem Zeitpunkt formgültig beurkundet sein. PrOVG. 11. Juli 12 AM. 1912, 110.
8. Eine bloße nicht übertragene Verkaufsofferte begründet die Steuerfreiheit gemäß § 63 auch dann nicht, wenn die Urkunde darüber vor dem 1. Januar 1911 errichtet worden ist. RG. 3. Juli 14 AM. 1914, 259.
9. Beruht der steuerpflichtige Eigentumsübergang auf mehreren einander folgenden Veräußerungsgeschäften, so ist § 63 nur anwendbar, wenn auch die Urkunde über das letzte Veräußerungsgeschäft schon vor dem 1. Januar 1911 in öffentlich beglaubigter Form errichtet oder bei einer Behörde eingereicht worden war. SächsOVG. 7. Okt. 12 Jahrb. 19, 274 = AM. 1912, 178. Ebenso Kais. Rat in Els.-Lothr. 22. Febr. 13 AM. 1913, 146.
10. Die Vorschrift des § 63 ist auf das Enteignungsverfahren nicht anwendbar, da weder der Planfeststellungsbeschluß noch der Enteignungsbeschluß als Veräußerungsgeschäft angesehen werden kann. PrOVG. 21. Nov. 13 E. 65, 36 = AM. 1914, 55.
11. Die Vorschrift des § 63 gilt nicht für die Zeit vom 1. Januar bis 31. März 1911, sondern in allen Fällen, in denen seit dem 1. Januar 1911 der Eigentumsübergang erfolgt.

Als Veräußerungsgeschäft im Sinne des § 63 ist das dem dinglichen Rechtsvorgange zugrunde liegende Rechtsgeschäft nach § 5 anzusehen, das den Veräußerer zur Uebertragung des Eigentums verpflichtet. Vorverträge und Verkaufsangebote gehören nicht dahin. BadVGH. 2. Oktober 12 AM. 1912, 159.

§ 65.

Lit. Hörmann, Zum § 65 Abs. 2 ZStG. BlBayFW. 21, 33.

1. Die Vorschrift des § 65 findet nur Anwendung in den daselbst in Abs. 1 und 2 genannten besonderen Fällen und nicht auch in Fällen, in denen der Erbschaftserwerb infolge Ausschlagung der dafür abgefundenen Erben erfolgt. SächsOVG. 5. Juni 13 Jahrb. 21, 68 = AM. 1913, 245.
2. Die Vorschriften des § 65 Abs. 1 und 2 stellen sich als Uebergangsvorschriften dar, deren Sinn und erkennbarer Zweck darauf hinweist, daß sie nur zugunsten der Steuerpflichtigen anzuwenden sind. SächsOVG. 20. Nov. 13 Jahrb. 21, 147 = AM. 1914, 53.
3. Abweichend: Die Anwendung dieser Vorschrift ist nicht davon abhängig, daß der erwerbende Erbe durch sie steuerlich begünstigt wird. Begriff der Erbauseinandersetzung im Sinne des § 65. BadVGH. 15. März 12 AM. 1912, 27.
4. Der Begriff der Auseinandersetzung im § 65 Abs. 1 umfaßt jede Regelung, durch die die bisherige Gemeinschaft zwischen den Berechtigten beseitigt wird. PrOVG. 17. Febr. 14 AM. 1914, 156.

§ 66.

1. Der auf § 66 Abs. 1 beruhende Beschluß des Bundesrats vom 13. Februar 1913 gestattet nicht die völlige Ausschaltung des § 65 im Fall eines bezüglichen Antrags des Steuerpflichtigen, sondern nur die Ermäßigung der nach § 65 festgesetzten Steuer. PrOVG. 19. Okt. 15 E. 70, 40.

§ 68.

1. Die Stammgüter der Standesherren sind der Zuwachssteuer in vollem Umfang unterworfen. PrOVG. 1. Mai 14 E. 67, 46.
2. Die Erhebung von Zuwachssteuer bei der Veräußerung von Grundstücken, die einen Teil eines Fideikommisses gebildet haben, wird durch die nach § 68 in Aenderung des § 89 RStempG. vorgesehene Umsatzsteuerersatzabgabe für gebundenen Grundbesitz nicht ausgeschlossen, und zwar auch dann nicht, wenn der Verkaufspreis der freien Verfügung des Veräußerers entzogen oder wenn anläßlich des satzungsmäßigen Erwerbes von Ersatzgrundstücken gleichfalls Zuwachssteuer zu erheben ist. PrOVG. 24. Sept. 15 E. 70, 44 = AM. 1916, 8.

§ 72.

1. Für die Anwendung des § 72 Abs. 2 Satz 2 auf die im § 63 bezeichneten Fälle ist es ohne Belang, ob der Eigentumsübergang in der Zeit der materiellen Rückwirkung des Gesetzes — 1. Januar bis Ende März 1911 — oder in die spätere Zeit — nach dem Inkrafttreten des Gesetzes — fällt. PrOVG. 2. Dez. 12 E. 62, 76 = AM. 1913, 59.
2. Rechtsgültigkeit des Gesetzes, auch soweit es den vor seinem Erlaß entstandenen Wertzuwachs versteuert. SächsOVG. 18. Mai 14 Jahrb. 22, 132.
3. Zuschläge zur Umsatzsteuer, die bei mehr als zehnjähriger Eigentumsdauer erhoben werden, sind nicht als Zuwachssteuer im Sinne des § 72 anzusehen, wenn ihre Erhebung davon abhängig ist, daß der gegenwärtige Wert des Grundstücks den bei dem früheren Eigentumswechsel gezahlten Erwerbspreis um mehr als die Höhe des Steuerzuschlags übersteigt. PrOVG. 18. Januar 12 AM. 1912, 8.

Sachregister.

(Die Zahlen verweisen auf die Seiten.)

A.

B.

C.

D.

E.

F.

J (j).

K.

L.

M.

N.

O.

P.

S.

T.

U.

Z.